RAFAEL ROJAS

LAS REPÚBLICAS DE AIRE

UTOPÍA Y DESENCANTO EN LA REVOLUCIÓN DE HISPANOAMÉRICA

taurus historia

Av. Universidad 767, Col. del Valle
México, 03100, D. F.
Teléfono (0155) 5420 7530
www.editorialtaurus.com.mx

Primera edición: noviembre de 2009

ISBN: 978-607-11-0366-6

Impreso en México

Agradecimientos

La investigación que sustenta este libro no hubiera sido posible sin el respaldo de mi institución en la ciudad de México, el Centro de Investigación y Docencia Económicas (CIDE).

A sus directores Carlos Elizondo Mayer Serra y Enrique Cabrero, a sus coordinadores académicos Blanca Heredia, Alejandro Villagómez y David Arellano, todo mi agradecimiento.

Gracias a dos sabáticos concedidos por el CIDE, en los primeros semestres de 2007 y de 2009, tuve oportunidad de concentrarme en la investigación y de consultar fuentes en México y Estados Unidos.

A mis colegas y amigos de la División de Historia y a sus directores Jean Meyer, Luis Medina y Clara García, que me apoyaron durante el proceso de investigación y debatieron algunos de los capítulos en nuestro seminario interno, mi gratitud.

Los profesores Carlos J. Alonso y Anke Birkenmaier de la Universidad de Columbia, y Arcadio Díaz Quiñones y Jeremy Adelman de la Universidad de Princeton, facilitaron mi estancia en Nueva York en 2007.

Los profesores Nicolás Shumway, César Salgado y Jossianna Arroyo garantizaron la estadía de un semestre en la Universidad de Texas en Austin, como Profesor Tinker. A todos ellos, a Jonathan Brown y a Paola Bueché, del Teresa Lozano Long Institute of Latin American Studies (LLILAS), y a Margo Gutiérrez, de la Nettie Lee Benson Library, gracias.

Finalmente, debo agradecer, también, a quienes están más cerca: a mi familia en la ciudad de México, a Ailyn y los niños, por su paciencia y su compañía; a Pablo, en Barcelona, por su cariño, y a Lichi y Ceci, por su amistad.

Ciudad de México, 12 de octubre de 2009.

Índice

Introducción

Éste es un libro sobre los dilemas intelectuales de los primeros republicanos de Hispanoamérica. Se entiende, aquí, por primera generación republicana aquella que encabezó la guerra de independencia contra España, que defendió la autonomía de los reinos de Ultramar en las Cortes de Cádiz y que intervino en la edificación constitucional y política de los nuevos Estados, entre 1810 y 1830. El predominio de aquel republicanismo como corriente intelectual y política se mantuvo hasta 1848, cuando se producen cambios importantes dentro de los nuevos países y en sus relaciones con Estados Unidos y Europa. Pero el auge de ese primer republicanismo puede enmarcarse entre la segunda y la tercera décadas del siglo XIX.

Muchos próceres de las independencias hispanoamericanas (Francisco Miranda, José de San Martín, José Artigas, Bernardo O' Higgins, Miguel Hidalgo, José María Morelos...) tuvieron escasa o nula participación en la hechura de las nuevas repúblicas, ya fuera porque en la década de 1820-1830 habían muerto o porque estaban exiliados o marginados de la actividad pública por los nuevos caudillos. Sin embargo, un buen número de republicanos participó en los movimientos separatistas o en los intentos reformistas del liberalismo gaditano y, tras la emancipación, se involucró en el diseño constitucional y se incorporó a los gobiernos nacionales o locales de Hispanoamérica.

Los caraqueños Simón Bolívar (1783-1830) y Andrés Bello (1781-1865), los mexicanos fray Servando Teresa de Mier (1763-1827) y Lorenzo de Zavala (1788-1836), los cubanos Félix Varela

(1788-1853) y José María Heredia (1803-1839), el peruano Manuel Lorenzo de Vidaurre (1773-1841) y el guayaquileño Vicente Rocafuerte (1783-1847) son sólo ocho ejemplos de las decenas de letrados y estadistas de Hispanoamérica que intervinieron de manera protagónica en aquella "fase" histórica del "designio constitucional", como la llamó Juan Marichal, para distinguirla de la siguiente, la del "liberalismo romántico" (1830-1868).[1]

En este libro se abordan muchas situaciones y figuras previas o posteriores al momento republicano, como Manuel de la Bárcena y Benito Juárez, Benjamín Vicuña Mackenna y Pedro Santacilia, el autonomismo gaditano o el expansionismo estadounidense. También se estudian las amistades políticas de algunos de aquellos republicanos con contemporáneos suyos en Estados Unidos, como Joel Roberts Poinsett, primer representante diplomático de Washington en México y figura central del monroísmo, o Jane McManus Storm Cazneau (Cora Montgomery), tal vez el principal contacto de los últimos republicanos dentro del cabildeo expansionista sureño y promotora de la doctrina del Destino Manifiesto entre los exiliados hispanoamericanos de Nueva York y Nueva Orleans, a mediados del siglo XIX.

Son varias las aristas del primer republicanismo hispanoamericano que se tocan aquí: el discurso sobre la comunidad antes de los nacionalismos, las colonias migratorias diseñadas por los políticos federalistas, la escritura y la enseñanza de la historia, los nexos entre literatura y política, las narrativas fronterizas de hispanoamericanos sobre Estados Unidos y de estadounidenses sobre Hispanoamérica, el rol comunicador de ciudades portuarias como Filadelfia y Nueva Orleans, los reflujos de la Ilustración, el cesarismo constitucional y la melancolía de los caudillos. Esa multiplicidad de tópicos atraviesa tres ejes de tensión o dilemas intelectuales que podrían resumirse de la siguiente manera: revolución y república, exilio y traducción, utopía y desencanto.

---

[1] Juan Marichal, *Cuatro fases de la historia intelectual latinoamericana*, Madrid, Cátedra, 1978, pp. 28-29.

Otros historiadores se han interesado en las biografías y las ideas del primer republicanismo hispanoamericano (Jaime E. Rodríguez O., José Antonio Aguilar, Alfredo Ávila Rueda, Christopher Domínguez Michael, Carolina Guerrero, Víctor Peralta Ruiz, José Antonio Piqueras…).[2] En este libro se propone una aproximación de conjunto a los fundadores de las primeras repúblicas hispanoamericanas desde la perspectiva de la historia intelectual. Interesan aquí no sólo la vida y las ideas de aquellos letrados y estadistas o las constituciones y gobiernos que ellos diseñaron, sino también sus lecturas y escrituras, sus redes afectivas y políticas, sus entusiasmos y desalientos ante la inmensa obra de descolonización emprendida en 1810.

REVOLUCIÓN Y REPÚBLICA

Las revoluciones de independencia en Hispanoamérica fueron, al mismo tiempo, un conflicto militar, un proceso de cambio político y una rebelión popular.[3] Como toda revolución o toda guerra, quienes se involucraron en aquella experiencia lo hicieron por razones diversas y contradictorias. No pocos se levantaron en armas porque querían alcanzar un autogobierno criollo sobre los reinos y provincias del imperio borbónico. Muchos lo hicie-

[2] Jaime E. Rodríguez O., *El nacimiento de Hispanoamérica. Vicente Rocafuerte y el hispanoamericanismo, 1808-1832*, Quito, Universidad Andina Simón Bolívar, 2007; José Antonio Aguilar, *En pos de la quimera. Reflexiones sobre el experimento constitucional atlántico*, México, CIDE/ FCE, 2000; José Antonio Aguilar y Rafael Rojas, comps., *El republicanismo en Hispanoamérica. Ensayos de historia intelectual y política*, México, CIDE/FCE, 2002; Alfredo Ávila Rueda, *Para la libertad. Los republicanos en tiempos del imperio (1821-1823)*, México, UNAM/Instituto de Investigaciones Históricas, 2004; Christopher Domínguez Michael, *Vida de fray Servando*, México, ERA/Conaculta/INAH, 2004; Carolina Guerrero, *Liberalismo y republicanismo en Bolívar (1819-1830). Usos de Constant por el Padre Fundador*, Caracas, Universidad Central de Venezuela, 2005; Víctor Peralta Ruiz, "Ilustración y lenguaje político en la crisis del mundo hispánico", *Nuevo Mundo. Mundos Nuevos*, núm. 7, febrero de 2007; José Antonio Piqueras, *Félix Varela y la prosperidad de la patria criolla*, Madrid, Fundación Mapfre/Ediciones Doce Calles, 2007.

[3] Tulio Halperin Donghi, *Revolución y guerra. Formación de una élite dirigente en la Argentina criolla*, Buenos Aires, Siglo XXI, 1972, pp. 123-167.

ron porque, más que a Madrid, rechazaban la hegemonía de las ciudades capitales sobre su región. No faltaron quienes se levantaron en armas para proteger un modo de vida tradicional o para ascender socialmente a través de la guerra y la política.

En los últimos años, varios autores (John Tutino, Florencia Mallon, Eric Van Young...), provenientes de la historia social marxista o de los estudios poscoloniales y subalternos, han advertido sobre la necesidad de estudiar las ideologías como parte constitutiva de las prácticas políticas populares.[4] La guerra de independencia, de acuerdo con estos estudios, no fue un movimiento político o ideológicamente homogéneo y organizado, sino un conjunto de rebeliones, no siempre capitalizadas por las élites criollas, que estallaron en el momento de la fractura del imperio borbónico. Durante los años de la insurrección, entre 1810 y 1824, esas élites intentaron conducir aquellas rebeliones bajo formas constitucionalmente laxas, en muchos casos federales y confederales, de organización de los territorios emancipados.

Tras la entrevista de Guayaquil entre San Martín y Bolívar, en 1822, cuando los venezolanos y neogranadinos desplazan a los rioplatenses y chilenos en la consumación de la independencia andina, y, sobre todo, tras las batallas de Ayacucho y Junín en 1824, comienza un reajuste de aquellas constituciones de guerra, impelido por la defensa bolivariana de repúblicas centralizadas y presidencialistas que aspirarían a una confederación regional en el Congreso de Panamá, convocado en diciembre de 1824. Ése es el momento en que las nuevas élites letradas y políticas de Hispanoamérica aceleran el proceso de representación e imaginación de sus comunidades con el fin de transformarlas en las "ciudadanías virtuosas" de las nacientes repúblicas.[5]

---

[4] John Tutino, *From Insurrection to Revolution in Mexico. Social Bases of Agrarian Violence, 1750-1940*, Princeton, Princeton University Press, 1986; Florencia E. Mallon, *Peasant and Nation. The Making of Postcolonial Mexico and Peru*, Berkeley, University of California Press, 1995; Eric Van Young, *The Other Rebellion. Popular Violence, Ideology, and the Mexican Struggle for Independence, 1810-1821*, Stanford, Stanford University Press, 2001.

[5] Benedict Anderson, *Imagined Communities*, Londres y Nueva York, Verso, 1983; Fernando Escalante, *Ciudadanos imaginarios*, México, El Colegio de México, 1992.

El primer gesto de ese proceso simbólico es la constatación de una heterogeneidad étnica, regional, económica y cultural, producida por el orden estamental y corporativo del antiguo régimen y acentuada por la guerra, que esas élites diagnostican, en la mayoría de los casos, como obstáculos para la construcción republicana. Buena parte de los diseños constitucionales, codificaciones jurídicas, políticas fiscales, proyectos educativos, estrategias de escritura histórica, panteones heroicos, ceremoniales cívicos, manuales de instrucción moral y alianzas diplomáticas, impulsados por aquellas élites, contenían discursos y prácticas de homogeneización republicana de la diversidad.

A la heterogeneidad social se sumó, desde los primeros años poscoloniales, una rápida diversificación del campo político y la esfera pública, provocada por las tensiones legislativas, la rivalidad entre caudillos, la formación de nuevas élites locales, la irradiación de logias masónicas y sociedades secretas, y los primeros brotes de guerra civil. Las diversas modalidades de control de la vida pública que se intentaron en las dos primeras décadas independientes, por la ausencia de una plataforma simbólica propiamente nacional, gravitaron hacia la consolidación de soberanías regionales o hacia la creación de un marco constitucional favorable a la proyectada confederación hispanoamericana.

En esas dos dimensiones, la de la homogeneización cívica de las nuevas comunidades y la de la constitución de repúblicas confederables, es posible detectar las diferencias entre el primer republicanismo hispanoamericano y los liberalismos y conservadurismos románticos que se articularán en la región a mediados del siglo XIX.[6] En síntesis, podría afirmarse que el republicanismo originario no propuso enfrentar esa heterogeneidad por

[6] Sobre las diferencias entre republicanismo, liberalismo y conservadurismo en el pensamiento político y en la historia latinoamericana, existe nutrida bibliografía. Menciono sólo algunos títulos: Natalio R. Botana, *La tradición republicana. Alberdi, Sarmiento y las ideas políticas de su tiempo*, Buenos Aires, Sudamericana, 1984; Paul Anthony Rahe, *Republics Ancient and Modern. Classical Republicanism and the American Revolution*, Chapel Hill, The University of North Carolina, 1992; Alicia Hernández Chávez, *La tradición*

medio de estrategias anticorporativas, contra el clero, el ejército o los cabildos, a la manera liberal, ni por medio de una reconfiguración estamental de las sociedades, a partir de esos mismos cuerpos del antiguo régimen, como intentaron algunos gobiernos conservadores.[7]

Tanto en sus dilemas intelectuales y constitucionales, como en sus escrituras y sus políticas, los primeros republicanos fueron referentes de los liberales y los conservadores románticos. Estos últimos, creadores de las historias nacionales hispanoamericanas, los ubicaron dentro sus respectivas genealogías ideológicas. Sin embargo, el cotejo de esas genealogías con los textos del primer republicanismo nos persuade de las diferencias entre unos y otros. La distinción entre los diversos legados intelectuales hispanoamericanos del siglo XIX, borrada, en buena medida, por los nacionalismos y los socialismos del siglo XX, debe ser restituida para avanzar en una comprensión plural de la construcción de los Estados.

Además de las liberales y conservadoras, otras genealogías procesaron aquel republicanismo de manera teleológica. Aquellos letrados y estadistas (Bolívar, Bello, Rocafuerte, Vidaurre, Mier, Zavala, Varela y Heredia) fueron americanistas. La idea de

---

republicana del buen gobierno, México, FCE, 1993; Biancamaria Fontana, comp., *The Invention of the Modern Republic*, Cambridge, Cambridge University Press, 1994, pp. 206-225; Jürgen Heideking y James Henretta, comps., *Republicanism and Liberalism in America and Germany, 1750-1850*, Cambridge, Cambridge University Press, 2002, pp. 187-208; Maurizio Viroli, *Republicanism*, Nueva York, Hill and Wang, 2002; John W. Maynor, *Republicanism in Modern World*, Cambridge, Polity Press, 2003, pp. 20-60; Vincent C. Peloso y Barbara A. Tenenbaum, comps., *Liberals, Politics, and Power State Formation in Nineteenth Century Latin America*, Athens, University of Georgia Press, 1996, pp. 1-29 y 59-89; Marcello Carmagnani, *Consitucionalismo y orden liberal: América Latina, 1850-1920*, Turín, Otto Editore, 2000; Jaime E. Rodríguez O., *The Divine Charter. Constitutionalism and Liberalism in Nineteenth Century Mexico*, Lanham, Bowman and Littelfield Publishers, 2005, pp. 35-64.

[7] Dos casos emblemáticos de liberalismo y conservadurismo en la Hispanoamérica de mediados del siglo XIX serían el mexicano José María Luis Mora y el ecuatoriano Gabriel García Moreno. Véase Charles Hale, *El liberalismo mexicano en la época de José María Luis Mora (1821-1853)*, México, Siglo XXI, 1972; Peter V.N. Henderson, *Gabriel García Moreno and Conservative State Formation in the Andes*, Austin, University of Texas Press, 2008.

la región que los ocho compartían no estaba asociada a nociones de identidad cultural, religiosa o étnica, como las que difundirían los romanticismos y positivismos en la segunda mitad del siglo. De ahí que lo americano, para ellos, no estuviera adjetivado por lo "latino" o lo "hispano", conceptos portadores de formas de representación simbólica que establecen límites o fronteras demasiado rígidos con el otro gran territorio del Nuevo Mundo: la América del Norte. Esa americanidad sin adjetivos ha sido reclamada por las más diversas ideologías continentales desde fines del siglo XIX.[8]

Tanto el hispanoamericanismo como el panamericanismo, el latinoamericanismo como el antiimperialismo han localizado el imaginario americano de los primeros republicanos en el origen de sus tradiciones. Bolívar, por ejemplo, ha sido presentado como el padre del nacionalismo continental que arranca en las últimas décadas del siglo XIX, se refuerza en la coyuntura del 98 y desemboca en las izquierdas revolucionarias y socialistas del siglo XX. Pero Bolívar aparece también como el fundador del panamericanismo de formato imperial que surge, ligado a la figura de James G. Blaine, el senador por Maine y secretario de Estado, bajo las presidencias de James Garfield, Chester Arthur y Benjamin Harrison, entre 1881 y 1891, e impulsor de la primera Conferencia Americana, contra la que se movilizó la pasión literaria y política de José Martí.[9]

En una historiografía tan intensamente ideológica como la cubana, por ejemplo, son perceptibles ambas versiones. Antes de

---

[8] Edmundo A. Heredia, *La guerra de los congresos: el panhispanismo contra el panamericanismo*, Córdoba, Junta Provincial de Historia, 2007.

[9] Joseph Byrne Lockey, *Orígenes del panamericanismo*, Caracas, Gobierno de Venezuela, 1976; Alejandro Tulea Chopitea, *La primera Conferencia Internacional Americana (1889-1890)*, México , IPGH, 1990; Edward P. Crapol, *James G. Blaine: Architect of Empire*, Washington, Scholarly Resources, 2000; David Healy, *James G. Blaine and Latin America*, Columbia, University of Missouri Press, 2001; José Carlos Ballón, *Martí y Blaine en la dialéctica de la Guerra del Pacífico*, México, CCYDEL/UNAM, 2003; Salvador E. Morales, *Primera conferencia panamericana. Raíces del modelo hegemónico de integració*, México, Centro de Investigación Jorge L. Tamayo, 1994; Carlos Marichal, coord., *México y las conferencias panamericanas. Antecedentes de la globalización*, México, SRE, 2002.

la Revolución de 1959, importantes historiadores liberales como Herminio Portell Vilá y Emeterio Santovenia, involucrados en el panamericanismo de los años treinta y cuarenta, presentaron a Bolívar como precursor de las estrategias interamericanas del *New Deal*.[10] Después de la Revolución, más de un historiador cubano ha sostenido la tesis contraria: que Bolívar era el padre, en realidad, del "nuestroamericanismo" que se articula como reacción al relanzamiento de la hegemonía de Estados Unidos, tras la caída del dominio español en el Caribe, luego de la guerra de 1898. En esas versiones, que llegaron hasta la Academia de Ciencias de la URSS y que establecían una absoluta continuidad entre la Doctrina Monroe, el Destino Manifiesto y las intervenciones estadounidenses en México, Centroamérica y el Caribe, Bolívar es visto como precursor del antiimperialismo de las izquierdas marxistas del siglo XX.[11]

"Las revoluciones y los gobiernos se suceden por nuestros países como el viento", escribía Bernardo O'Higgins, exiliado en Lima, a su amigo y compañero de armas, José de San Martín, exiliado en París, el 5 de septiembre de 1831.[12] Cómo hacer frente a la inestabilidad poscolonial fue el gran dilema de aquellos republicanos y el punto de mayor divergencia entre ellos. El modelo boliviano, de república centralista con senado hereditario y presidente vitalicio, autorizado para nombrar sucesor, que Bolívar y Sucre promovieron a partir de 1826, fue rechazado por Vidaurre, Rocafuerte, Mier, Heredia y otros letrados y políticos hispanoamericanos de la misma generación. La oposición al proyecto bolivariano y la decepción que a partir de entonces

[10] Herminio Portell Vilá, *Bolívar y el panamericanismo*, La Habana, Sociedad Colombista Panamericana, 1939, pp. 5-18. Ésa es la misma tesis de Daniel Guerra Íñiguez en *Bolívar, creador del panamericanismo actual*, Caracas, Imprenta Nacional, 1946.

[11] Francisco Pividal, *Bolívar: pensamiento precursor del antiimperialismo*, La Habana, Casa de las Américas, 1977, pp. 119-126; Anatoli Nikolaevich Glinkin, *El latinoamericanismo contra el panamericanismo desde Simón Bolívar hasta nuestros días*, Moscú, Editorial Progreso, 1984, pp. 13-22; Academia de Ciencias de la URSS, *El panamericanismo, su evolución histórica y esencia*, Moscú, Redacción de "Ciencias Sociales Contemporáneas", 1982.

[12] José de San Martín, *Su correspondencia*, Madrid, Editorial América, 1919, p. 35.

muchos experimentaron ante la figura del Libertador no fue la única, pero sí una de las causas del fracaso del Congreso de Panamá y de la soñada confederación hispanoamericana.

Traducción y exilio

Joseph Brodsky describió la condición del exilio como un "levar chanclas" en el que el exiliado debe "luchar y conspirar sin descanso para recuperar su significación, su papel de guía, su autoridad".[13] Todos los exilios del siglo XX —rusos y rumanos en París; irlandeses, italianos y judíos en Nueva York, españoles, chilenos y argentinos en México...— han sido epopeyas de sobrevivencia donde el inmigrante se familiariza con los dilemas de la sociabilidad y el reconocimiento. La historia hispanoamericana está marcada por múltiples modalidades de diásporas y exilios: desde esclavos africanos hasta trabajadores asiáticos, pasando por millones de europeos y estadounidenses que se involucraron en la construcción de las naciones del Nuevo Mundo, y millones de hispanoamericanos que se desplazaron a sus antiguas metrópolis.

Masivas o elitistas, las emigraciones no sólo han poseído un carácter épico, ligado a esa batalla por la aceptación de que hablaba Brodsky, sino una naturaleza lingüística, determinada por la necesidad de traducir entre diversas lenguas o dentro de distintas variantes de una misma lengua. Integrarse a la subjetividad de un país ajeno es, también, aprender a manejar su idioma y a trasladar mensajes de un entorno de significación histórica a otro. Durante la fundación de las repúblicas hispanoamericanas, eso fue lo que hicieron muchos intelectuales y políticos con las ideas ilustradas, republicanas y liberales que se producían en Europa y Estados Unidos.

El exilio y la traducción que, como ha visto Henry Kamen, han sido constantes en la historia cultural de España, se mani-

---

[13] Joseph Brodsky, *Del dolor y la razón*, Barcelona, Destino, 2000, pp. 32-44.

festaron también en la fractura del imperio borbónico y la construcción de nuevos Estados nacionales sobre el territorio de los antiguos reinos y provincias coloniales.[14] Para aquellos fundadores, huir del absolutismo castellano y refugiarse en Londres o Filadelfia fue tan común como luego sería escapar de caudillos y dictaduras latinoamericanas y asentarse en París o Nueva York. Entre 1810 y 1830, por poner como límite el año de la muerte de Simón Bolívar, los creadores de la Hispanoamérica moderna vivieron en una suerte de soberanía flotante, que migraba su residencia entre diversas capitales de la región o entre el Nuevo Mundo y el Viejo.

La tradición del exilio, en la época de la independencia, comienza, como han recordado Karen Racine y Jeremy Adelman, con el criollo venezolano Francisco de Miranda.[15] Antes de su primera invasión a Venezuela, en 1806, Miranda había viajado por Europa, Gran Bretaña y Estados Unidos, y había tomado parte en la guerra de independencia de ese país y en la Revolución francesa. Con su imprenta a cuestas, Miranda es el prototipo del ilustrado hispanoamericano que, en las últimas décadas del siglo XIX, se transforma de viajero criollo en "revolucionario trasatlántico", para usar la expresión de Racine. Miranda, el viajero, el exiliado y el revolucionario, es la figura emblemática y, a la vez, fundadora de una cultura política atlántica en la que la oposición al absolutismo monárquico se convierte en una plataforma hemisférica que trasciende colonias, imperios, naciones y formas de gobierno. A partir de él, el arquetipo del exiliado se reproducirá en la historia intelectual y política del siglo XIX hispanoamericano.

José María Heredia, el gran poeta romántico de la América española, traductor de Chateaubriand y de Byron, se exilió de su

---

[14] Henry Kamen, *The Desinherited. Exile and the Making of Spanish Culture*, Nueva York, Harper Perennial, 2008, pp. 136-212.

[15] Karen Racine, *Francisco de Miranda: A Transatlantic Life in the Age of Revolution*, Wilmington, Scholarly Resources, 2003; Jeremy Adelman, "An Age of Imperial Revolutions", *American Historical Review*, abril de 2008, pp. 319-340.

natal Cuba en 1823, vivió por breve tiempo en Nueva York y se estableció, finalmente, en México, donde murió en 1839. Otro de los grandes románticos hispanoamericanos, el caraqueño Andrés Bello, vivió en Londres entre 1811 y 1829, donde editó importantes publicaciones como *El Censor Americano* (1820), *La Biblioteca Americana* (1823) y *El Repertorio Americano* (1826). A partir de 1830 se instaló en Santiago de Chile, donde después de décadas de trabajo pedagógico, filosófico, jurídico y crítico, que incluyó la fundación y rectoría de la Universidad de Chile y la redacción del *Código civil de la República* (1856), murió en 1865.[16]

Gabriel García Márquez narró admirablemente los últimos días de Simón Bolívar, en el itinerario final por el río Magdalena, de Bogotá a Turbaco, Soledad, Barranquilla, Santa Marta y, finalmente, a San Pedro Alejandrino. El Libertador murió en medio de la dubitación de encabezar una nueva guerra de independencia contra los caudillos nacionales o exiliarse en Europa, desencantado de la nueva América y sus posibilidades de constituir un único país. En los últimos meses de su vida, Bolívar reiteró en cartas a diversos destinatarios una serie de frases que transmitían aquel desaliento ante la falta de consenso en torno a un modelo eficaz de organizar las repúblicas. Una de esas frases era: "la única cosa que se puede hacer en América es emigrar".

Otro libertador, José de San Martín, héroe de las independencias del Río de la Plata, Chile y Perú, vivió exiliado en Bruselas entre 1824 y 1829 y, en 1833, se estableció definitivamente en París. El más importante prócer de la independencia en el Sur murió en 1850, en Boulogne sur Mer, reconocido no sólo por miembros de la generación del 37 como Alberdi y Sarmiento, quien alcanzó a visitarlo en Grand Bourg, sino por el principal enemigo de éstos: el caudillo Juan Manuel de Rosas.[17] La correspondencia entre San Martín y Rosas comienza en 1838, cuando

---

[16] Antonio Cussen, *Bello and Bolívar. Poetry and Politics in the Spanish American Revolution*, Cambridge, Cambridge University Press, 1992, pp. 73-144 y 145-178.

[17] Beatriz Celina Doallo, *Exilio del Libertador*, Buenos Aires, Instituto de Investigaciones Históricas Juan Manuel de Rosas, 1997, p. 93-100.

el primero ofrece sus servicios al segundo para defender a Argentina en caso de guerra contra Francia, y termina poco antes de la muerte del Libertador en 1850.[18]

Muchos de los problemas simbólicos de la construcción de las repúblicas hispanoamericanas en las primeras décadas poscoloniales son legibles en esas cartas: el panteón heroico, la rivalidad entre caudillos, la guerra civil, el reparto de empleos públicos, el culto a los padres fundadores, las relaciones con las potencias atlánticas, la melancolía y el exilio.[19] En una de las últimas cartas, de mayo de 1846, San Martín, que también había escrito frases de desaliento similares a las de Bolívar —"cuando uno piensa que tanta sangre y sacrificio no han sido empleados más que para perpetuar el desorden y la anarquía, se le llena el alma del más cruel desconsuelo"— recupera la fe ante la firmeza que cree ver en los argentinos que desafían las amenazas de Francia y Gran Bretaña: "los interventores habrán visto por este *échantillon* que los argentinos no son empanadas que se comen sin más trabajo que abrir la boca".[20]

En *El general en su laberinto* (1989), García Márquez reconstruye un diálogo virtual entre Bolívar y su "edecán cantor", Agustín de Iturbide, hijo del general del mismo nombre que, al mando del Ejército Trigarante, consumó la independencia de México en septiembre de 1821. Iturbide, hijo de otro prócer exiliado —el emperador derrocado vivió entre 1823 y 1824 en Liorna, Italia, hasta que fue ejecutado en Padilla, Tamaulipas, cuando, como San Martín, intentaba ofrecer sus servicios a la defensa de la patria amenazada por la Santa Alianza— le dice a Bolívar: "tengo a nadie en México. Soy un desterrado". A lo que el general responde: "Aquí todos lo somos [...] La vaina es que dejamos de ser españoles y luego hemos ido de

[18] Juan B. Genta, ed., *Correspondencia entre San Martín y Rosas (1838-1850)*, Buenos Aires, Ediciones del Restaurador, 1950; Fermín Chávez, ed., *Correspondencia de San Martín y Rosas*, Buenos Aires, Theoría, 1975.

[19] *Ibid.*, pp. 22-23 y 29-31.

[20] *Ibid.*, p. 40.

aquí para allá, en países que cambian tanto de nombres y de gobiernos de un día para otro, que ya no sabemos ni de dónde carajos somos".[21]

Uno de los más perseverantes enemigos de Iturbide, fray Servando Teresa de Mier, figura central del republicanismo mexicano, pasó toda su vida entrando y saliendo de cárceles y exilios. Traductor de Thomas Paine, Mier, al igual que varios de sus contemporáneos, vivió en Londres y en Filadelfia, donde coincidió con otros republicanos hispanoamericanos (Torres, Rocafuerte, Vidaurre, Varela) que, como él, intentaban difundir en sus países las ideas de la república y el federalismo.[22] Las colonias de exiliados hispanoamericanos, en Filadeldia durante los años veinte y en Nueva Orleans durante los cuarenta y cincuenta, realizaron una impresionante labor de traducción de textos republicanos y federalistas del inglés al castellano y del castellano al inglés. Esas traducciones se embarcaban hacia La Habana, Veracruz, Buenos Aires y otros puertos hispanoamericanos, y eran leídas por los actores políticos de la independencia.

El debate contemporáneo sobre la filosofía de la traducción, en autores como George Steiner, Paul Ricoeur y Umberto Eco, resulta pertinente para pensar aquella empresa de traducción doctrinal.[23] Mezclando ideas de los tres, la traducción del republicanismo atlántico y del federalismo estadounidense que realizaron aquellos exiliados fue, a la vez, un acto de comprensión, de interpretación y de negociación. Muchos de los conceptos políticos que aquellos hispanoamericanos encontraron en la tradición anglosajona poseían versiones propias en las ilustraciones mediterráneas e, incluso, en el liberalismo gaditano que algunos de ellos defendieron en la primera etapa de la guerra

---

[21] Gabriel García Márquez, *El general en su laberinto*, México, Diana, 1998, p. 190.

[22] Fray Servando Teresa de Mier, *Escritos inéditos*, México, INEHRM, 1985, p. 359.

[23] George Steiner, *Después de Babel. Aspectos del lenguaje y la traducción*, México, FCE, 2005, pp. 23-70; Paul Ricoeur, *Sobre la traducción*, Barcelona, Paidós, 2005, pp. 17-58; Umberto Eco, *Decir casi lo mismo. Experiencias de la traducción*, Barcelona, Random House Mondadori, 2008, pp. 292-324.

de independencia. La traducción de una a otra lengua y de una a otra filosofía fue un importante proceso de la historia intelectual de esas décadas.

UTOPÍA Y DESENCANTO

Lectores de Colón, Cortés y Las Casas, de cronistas y evangelizadores de Indias, de tratadistas del neotomismo español y de filósofos de las ilustraciones francesa e italiana, los primeros republicanos de Hispanoamérica miraron sus sociedades a través del prisma de aquellas lecturas. Muchas visiones de Bolívar, Bello, Rocafuerte y Zavala sobre las comunidades indígenas, mestizas y negras de Hispanoamérica reproducían el imaginario racista y civilizatorio sobre América, construido por la Ilustración europea. Esos reflujos ilustrados en las élites letradas y políticas de los nuevos Estados nacionales generaron, en buena medida, la tensión entre utopía y desencanto que predomina en la documentación republicana.[24]

El epistolario, las memorias y hasta las constituciones redactadas por aquellos fundadores trasmitían esa doble condición. Por un lado, el acento regenerador de los discursos propició una multiplicidad de figuraciones utópicas: la promesa del Nuevo Mundo, la idea de Hispanoamérica como emporio, el impulso de alcanzar y rebasar en pocos años la prosperidad de Estados Unidos, la búsqueda del gobierno perfecto, las comunidades ideales de las colonias migratorias, la confederación de Estados soberanos y libres. Pero junto con la idealización de la voluntad regeneradora actuaba un diagnóstico sombrío sobre la constitución moral de la ciudadanía hispanoamericana y el peso de la herencia colonial y absolutista de la monarquía católica.

Andrés Bello fue uno de los primeros en advertir que aquel malestar en la cultura republicana estaba motivado, en buena

[24] La tensión conceptual entre "esperanza" e "ilusión" en la modernidad ha sido explorada por Claudio Magris en los ensayos que conforman *Utopía y desencanto*, Barcelona, Anagrama, 1999.

medida, por los reflujos de la Ilustración. En sus observaciones sobre la monarquía de julio francesa, de 1830, Bello, al igual que Heredia desde México, sugería que para que la "experiencia de la generación pasada" no se perdiera "para la presente", era necesario "caminar progresivamente a la perfección del sistema social, esto es, al orden asociado con la libertad".[25] En ese "caminar progresivamente", que Bello vio encarnado en el Chile de Portales, se encontraba una prevención contra los reflujos ilustrados que el republicanismo traducía bajo múltiples formas constitucionales. Ya en un comentario sobre la *Colección de los viajes y descubrimientos* de Martín Fernández de Navarrete, en el *Repertorio Americano*, Bello llamaba a controlar los entusiasmos:

> No es, como algunos piensan, el entusiasmo de teorías exageradas o mal entendidas lo que ha producido y sostenido nuestra revolución. Una llama de esta especie no hubiera podido prender en toda la masa de un gran pueblo, ni durar largo tiempo en medio de privaciones, horrores y miserias, cuales no se han visto en ninguna otra guerra de independencia. Lo que lo produjo y sostuvo fue el deseo inherente a toda gran sociedad de administrar sus propios intereses y de no recibir leyes de otra, deseo que en las circunstancias de América había llegado a ser una necesidad imperiosa.[26]

Sin embargo, en los años veinte y treinta, la mayoría de los republicanos creyó en el alcance rápido de un gobierno perfecto, parecido a la constitución histórica de sus pueblos, que regeneraría en poco tiempo las comunidades hispanoamericanas. El resultado de esa ingeniería constitucional fue, en buena medida, un sentimiento melancólico entre los fundadores de las nuevas repúblicas que reforzó aún más los elementos autoritarios y cesaristas de los primeros gobiernos. Hacia 1837, Bello observaba

---

[25] Andrés Bello, *Obras completas. Temas de historia y geografía*, Caracas, Ministerio de Educación, 1957, t. XIX, pp. 98-99.

[26] *Ibid.*, p. XVI.

con tristeza que poco a poco se imponía una "filosofía moral y política" que manejaba dos alternativas fatales: "o que los sudamericanos han sido condenados por el cielo a un pupilaje eterno, o que hubieran sido más capaces de gobernarse a sí mismos continuando otro siglo en la peor de todas las escuelas en que un pueblo ha podido hacer el aprendizaje de la existencia política".[27]

La melancolía, esa enfermedad del alma monárquica o imperial que Roger Bartra ha rastreado en tradiciones tan diversas como el Siglo de Oro, el nacionalismo mexicano y la filosofía moderna, también era sufrida por los forjadores de las repúblicas hispanoamericanas.[28] Con la ineludible certidumbre de que repúblicas fundadas bajo el signo del desencanto estarían llamadas a experimentar un devenir atribulado y confuso. El discurso de la frustración y las prácticas cesaristas dejaron un cuantioso legado intelectual y político en la historia hispanoamericana de las dos últimas centurias. Sus efectos todavía se sienten en la primera década del siglo XXI, interrogando el sentido fundacional de aquella gesta.

[27] *Ibid*, p. 114.

[28] Roger Bartra, *El duelo de los ángeles. Locura sublime, tedio y melancolía en el pensamiento moderno*, México, FCE, 2005, pp. 119-167.

LAS FRONTERAS DE UTOPÍA

Un viejo paradigma historiográfico, que atraviesa todo el siglo XX, interpretó Hispanoamérica como una porción del mundo poseedora de una cultura no sólo propia sino superior a la de Estados Unidos y el norte de Europa, por sus raíces católicas y latinas. El origen del mismo puede localizarse en los años previos y posteriores a la intervención estadounidense en la guerra de independencia de Cuba contra España, en 1898, que culminó con la pérdida de las últimas posesiones españolas en el Caribe y el Pacífico. Su nacimiento se asocia, frecuentemente, con la obra de algunos importantes escritores de fines del siglo XIX, como el uruguayo José Enrique Rodó, el cubano José Martí, el argentino Manuel Ugarte y el peruano Francisco García Calderón. Pero, por lo general, esa genealogía no interroga críticamente sus conexiones con el conservadurismo decimonónico, que se opuso a Estados Unidos desde una defensa del antiguo régimen de la monarquía católica hispana, ni repara en las diferencias ideológicas de esos cuatro autores, entre sí, y con muchos de sus discípulos en el siglo XX.[1]

En *El sueño de la Madre Patria* (2005), Isidro Sepúlveda distingue las ideas de aquellos intelectuales —Rodó era liberal, Martí republicano, Ugarte socialista, García Calderón demócrata— y de muchos que, como ellos, de un lado y otro del Atlántico, se

---

[1] Sobre la crítica a Estados Unidos desde la tradición latinista y católica del conservadurismo del siglo XIX, véase la antología *Pensamiento conservador. 1815-1898* (Caracas, Biblioteca Ayacucho, 1978), compilada por José Luis Romero y Luis Alberto Romero.

opusieron a la hegemonía hemisférica de Estados Unidos a partir de 1898.[2] El espectro ideológico de aquella oposición fue sumamente variado, desde la derecha protofascista hasta la izquierda comunista, en las primeras décadas del siglo XX. Pocas confluencias doctrinales había entre el panhispanismo peninsular de Rafael María de Labra o Rafael Altamira y Crevea, y el hispanoamericanismo racial de Ernesto Quesada o Carlos Bunge, o entre los antiimperialismos de Víctor de Valdivia y Víctor Raúl Haya de la Torre, Rufino Blanco Fombona y José Vasconcelos.[3] La intervención de Estados Unidos en la guerra de independencia de Cuba y la afirmación de su hegemonía económica y militar sobre México, Centroamérica y el Caribe, en la primera mitad del siglo XX, generó múltiples reacciones que no deben asumirse como ramas de un tronco común.

El predominio de genealogías, como las construidas por Roberto Fernández Retamar y otros ontólogos, que homogeneizan los legados intelectuales hispanoamericanos, ha generado una falsa identidad entre toda forma de representación utópica de la América hispana y los nacionalismos latinoamericanos que se articulan en las primeras décadas de la pasada centuria, como respuesta legítima al relanzamiento del poderío de Estados Unidos en la región.[4] De acuerdo con esos linajes, antes de aquellos discursos identificatorios de América Latina, como comunidad cultural diferenciada y virtuosa, no hubo indicios de racionalidad utópica en Hispanoamérica. Una revisión de la historia intelectual hispanoamericana en la primera mitad del siglo XIX y, en especial, del proceso de independencia de los antiguos virreinatos borbónicos, nos persuade de la existencia de discursos utópicos republicanos, excluidos o asimilados por la tradición antiimperialista del siglo XX.

---

[2] Isidro Sepúlveda, *El sueño de la Madre Patria. Hispanoamericanismo y nacionalismo*, Madrid, Fundación Carolina/Centro de Estudios Hispánicos e Iberoamericanos, 2005, pp. 77-97.

[3] *Ibid.*, pp. 99-153.

[4] Roberto Fernández Retamar, *Caliban and Other Essays*, Minneapolis, University of Minnesota Press, 1989, pp. 3-55.

El doble proceso de exclusión o asimilación del primer republicanismo hispanoamericano (Bello, Heredia, Mier, Varela, Vidaurre, Rocafuerte, Zavala...) por los discursos nacionalistas del siglo XX es, sobre todo, notable en el caso de Simón Bolívar. Al igual que casi todos los próceres de la independencia hispanoamericana, el legado de Bolívar no es invisibilizado pero sí procesado por esos nacionalismos, que atribuyen al Libertador ideas propias de los paradigmas identificatorios que se construyen en torno a 1898.[5] Ese proceso genealógico, sin embargo, no fue iniciado por las ideologías nacionalistas del siglo XX sino por las liberales y conservadoras del siglo XIX, que edificaron los panteones heroicos de las nuevas repúblicas y concibieron las primeras historias nacionales de la región. Ya en las historiografías liberales de mediados de aquel siglo (Mitre, Lastarria, Altamirano, Ramírez, Restrepo, Bachiller, y Morales...), los héroes de la independencia comenzaban a ser presentados como lo que no eran: liberales románticos de la generación de 1848, jacobinos anticorporativos o descolonizadores radicales.[6]

Aunque murió en 1895, José Martí fue un hombre del 98. Su culto, como el de Bolívar, opera desplazamientos del legado martiano hacia los nacionalismos latinoamericanos e, incluso, hacia las izquierdas socialistas del siglo XX, difícilmente sostenibles desde la hermenéutica de textos como *Nuestra América* (1891) o las deslumbrantes crónicas de Nueva York. Ni en Martí ni en Bolívar existió una contraposición entre ambas Américas a partir de identidades culturales diferenciadas, como las que concibió el positivismo, o de ideologías binarias, como las que ideó el marxismo. A pesar de haber producido su obra en la segunda mitad del siglo XIX, Martí, por su rechazo a la eugenesia civilizatoria, por su eclecticismo doctrinal y por su entrega a la creación de

[5] Germán Carrera Damas, *El culto a Bolívar. Esbozo para un estudio de la historia de las ideas en Venezuela*, Caracas, Grijalbo, 1989, pp. 43-49.

[6] Antonio Annino y Rafael Rojas, *La independencia. Los libros de la patria*, México, FCE/CIDE, 2008, pp. 56-85; Christopher Schmidt-Nowara, *The Conquest of History. Spanish Colonialism and National Histories in the Nineteenth Century*, Pittsburgh, University of Pittsburgh, 2006, pp. 15-52.

una república "con todos y para el bien de todos", en Cuba, puede ser considerado un republicano tardío, más que un liberal romántico o un socialista del siglo XX.[7]

La mayor resistencia que el primer republicanismo hispanoamericano ejerce a la invención liberal o nacionalista de tradiciones intelectuales reside en su articulación en un momento (1810-1848) previo a la consolidación del Estado nacional en la región, al despliegue de discursos de legitimación local o continental, producidos por las élites poscoloniales y a la reconstitución imperial de Washington en los años de la doctrina del Destino Manifiesto y la guerra contra México. Ese momento debe ser comprendido en su especificidad histórica y no como una plataforma doctrinal que se reactiva con cada apropiación teleológica de los legados culturales. Desde una perspectiva cuidadosa de la historia intelectual, tan distante de cualquier estructuralismo como de cualquier historicismo, ese momento bolivariano del pasado político de Hispanoamérica podría entenderse, siguiendo la analogía de Quentin Skinner, como un republicanismo antes de las repúblicas, no carente de racionalidad utópica.[8]

El elemento emancipatorio de toda utopía ha facilitado la conexión exclusiva de las representaciones de una sociedad ideal latinoamericana con los discursos nacionalistas y socialistas de los dos últimos siglos. Pero desde el Renacimiento y la Ilustración, las utopías, como documentaba en su clásico estudio Karl Mannheim, no son figuraciones comunitarias de una u otra ideología sino construcciones de la diversidad religiosa, mítica e ideológica del mundo moderno, en las que se encuentran

---

[7] Ésa es una de las ideas que he intentado proponer en un par de libros: *José Martí: la invención de Cuba* (Madrid, Colibrí, 2000) y *Motivos de Anteo. Patria y nación en la historia intelectual de Cuba* (Madrid, Colibrí, 2008). Para una distinción entre el liberalismo romántico y el positivista, en el siglo XIX, ver el todavía vigente ensayo de Leopoldo Zea, *Dos etapas del pensamiento en Hispanoamérica. Del romanticismo al positivismo*, México, El Colegio de México, 1949.

[8] Quentin Skinner, *La libertad antes del liberalismo*, México, Taurus/CIDE, 2004, pp. 43-64.

anabaptistas, liberales, conservadores o comunistas.[9] Nicolas M. Williams halló elementos utópicos en Blake y en Milton, pero también en Edmund Burke, padre, según muchos, de la tradición conservadora.[10] En el último capítulo de otro libro clásico, "A Framework for Utopia", Robert Nozick criticaba las fáciles idealizaciones emancipatorias de las comunidades modernas pero admitía que el trasfondo intelectual de la racionalidad utópica es múltiple y, por momentos, ineludible.[11]

La pluralidad ideológica de las utopías, vindicada por Mannheim, tiene que ver con el subsuelo histórico sobre el que descansa cualquier representación de una comunidad ideal. En su crítica al texto clásico de Mannheim, Paul Ricoeur sostenía que, en efecto, utopía e ideología estaban interrelacionadas bajo las formas plurales del espectro político moderno, pero cuestionaba la persistencia de una visión dualista y tradicional, que identificaba lo utópico o ideológico con formas de ruptura o desvío de la realidad o la racionalidad.[12] A través de los casos de Marx y Saint Simon, de Weber y Fourier, Ricoeur demostraba que los discursos y las prácticas de ideólogos y utopistas estaban ligados a un proceso de imaginación social, cuyas raíces se encontraban en las dinámicas de la vida política moderna.

Casi todos los estudiosos de utopías y antiutopías, desde Moro y Campanella hasta Huxley y Orwell, han señalado su familiaridad con imágenes fuertes del Estado, propias de aquella modernidad política. En el caso de las representaciones utópicas de Hispanoamérica en el momento republicano nos encontramos con la peculiaridad de que las mismas fueron producidas no

---

[9] Karl Mannheim, *Ideología y utopía. Introducción a la sociología del conocimiento*, México, FCE, 1941, pp. 248-285. Véase también Franco Venturi, *Utopia and Reform in the Enlightenment*, Cambridge, Cambridge University Press, 1971.

[10] Nicolas M. Williams, *Ideology and Utopia in the Poetry of William Blake*, Nueva York, Cambridge University Press, 1998, pp. 98-140.

[11] Robert Nozick, *Anarchy, State, and Utopia*, Nueva York, Basic Books, 1974, pp. 297-334. Véase también Irving Louis Horowitz, *Ideology and Utopia in the United States, 1956-1976*, Nueva York, Oxford University Press, 1977, y Rick Tilman, *Ideology and Utopia in the Social Philosophy of the Libertarian Economics*, Westport, Greenwood Press, 2001.

[12] Paul Ricoeur, *Ideología y utopía*, Barcelona, Gedisa, 2001, pp. 45-61.

sólo antes de la nación y el nacionalismo, como significantes de los discursos públicos, sino antes de la edificación de las estructuras administrativas y jurídicas, económicas y fiscales de los Estados modernos. Esa condición previa, que teleológicamente ha sido presentada por algunos historiadores como "protonacional", permitió también la apropiación ideológica del primer republicanismo hispanoamericano por el liberalismo y el conservadurismo de mediados del siglo XIX. Bolívar, por ejemplo, es una referencia básica de liberales y conservadores latinoamericanos de aquella centuria.

El momento republicano posee la especificidad de producirse sin remisiones culturalistas a la "nación" o al "Estado". Lo que entonces se entiende por esos conceptos es algo muy diferente del significado que ambos adoptarán desde la segunda mitad del siglo XIX. Esto no quiere decir que los primeros republicanos fueran inconscientes de las diferencias entre las colonizaciones del Norte y el Sur de las Américas, que ignoraran las particularidades "étnicas" de las civilizaciones sajonas y latinas, que desconocieran las disimilitudes religiosas entre catolicismo y protestantismo, que no advirtieran la diversidad y el mestizaje raciales producidos durante los tres siglos coloniales, o que subvaloraran el peso de las tradiciones corporativas y estamentales del antiguo régimen hispánico. La intelección de esas diferencias, sin embargo, no los condujo a una ontologización cultural, moral o política de lo "hispanoamericano" o lo "latinoamericano".

El rico debate historiográfico contemporáneo sobre la construcción de esas ontologías culturales en los dos últimos siglos (Richard Morse, Glen C. Dealy, Claudio Véliz, Howard J. Wiarda...) no ha reparado suficientemente en la singularidad del momento republicano.[13] Los primeros republicanos de Hispanoamérica

---

[13] Richard Morse, *El espejo de Próspero: un estudio de la dialéctica del Nuevo Mundo*, México, Siglo XXI, 1999, pp. 17-28, 97-111, 112-123 y 124-150; Richard Morse, *New World Soundings. Culture and Ideology in the Americas*, Baltimore, Johns Hopkins University Press, 1989, pp. 131-168; Glen C. Dealy, *The Public Man. An Interpretation of Latin American and Other Catholic Countries*, Amherst, The University of Massachusetts Press, 1977, pp. 33-70 y 71-88; Glen C. Dealy, *The Latin American's Spirit and Ethos*, Oxford,

no pensaban las Américas como dos "mundos", con "culturas políticas" ontológicamente distintas, según la idea de Morse en su primer libro, pero tampoco entendían el "Nuevo Mundo" como una comunidad homogénea, política o culturalmente, como sugiere el propio Morse en su segundo libro. Poco tiene que ver la idea republicana de Hispanoamérica desarrollada por aquellos intelectuales con los proyectos "antiimperialistas" de los nacionalismos y socialismos del siglo XX o con los proyectos "panamericanistas" promovidos por Washington, las oligarquías o las derechas latinoamericanas desde fines del siglo XIX. Esas dos continuidades seculares, la del "panamericanismo" y la del "latinoamericanismo", son igualmente cuestionables.[14]

Lo distintivo de aquellas utopías republicanas se localizaba en una concepción permeable de las fronteras simbólicas. Toda vez que Hispanoamérica no aparecía como un territorio culturalmente ontologizado, sus fronteras con la otra América eran asumidas como lugares de diálogo, no de confrontación, tal y como habían sido planteadas algunas utopías cristianas de la época de la conquista y la evangelización, como las de Colón, Las Casas o Vasco de Quiroga. Los "paradigmas evanescentes" y las "resonancias del Nuevo Mundo" de que habla Morse aludían entonces a bordes comunicativos o "zonas de contacto", para utilizar la noción propuesta por Mary Louise Pratt en su estudio de las miradas occidentales sobre América Latina.[15] El concepto de "transculturación" manejado por Pratt proviene de la conocida obra del antropólogo cubano Fernando Ortiz *Contrapunteo cubano del tabaco*

Westview Press, 1992, pp. 3-16; Claudio Véliz, *The New World of the Gothic Fox. Culture and Economy in English and Spanish America*, Berkeley, University of California Press, 1994, pp. 45-114; Howard J. Wiarda, *Catholic Roots and Democratic Flowers. Political Systems in Spain and Portugal*, Westport, Praeger, 2001, pp. 9-38, 81-104, 191-202.

[14] Dos enfoques divergentes sobre la tradición panamericana se encuentran en Salvador E. Morales, *Primera conferencia panamericana. Raíces del modelo hegemónico de integración*, México, Centro de Investigación Científica Jorge L. Tamayo, 1994, y Carlos Marichal, coord., *México y las conferencias panamericanas. Antecedentes de la globalización*, México, SRE, 2002.

[15] Mary Louise Pratt, *Imperial Eyes. Travel Writing and Transculturation*, Nueva York, Routledge, 1992, pp. 1-14.

y el azúcar (1940), pero la idea republicana de la frontera debe más a otra obra menos famosa de la tradición ensayística cubana: la *Teoría de la frontera* (1961) de Jorge Mañach.[16]

Antes de la nación

Entre 1810 y 1848, es decir, durante las cuatro décadas que abarcan las guerras de independencia, el establecimiento de las repúblicas en América Latina y el inicio de la construcción de los nuevos Estados, las modernas identidades nacionales de la región aún no estaban configuradas. A mediados del siglo XIX, países como Argentina, Uruguay y Paraguay surgieron de la fragmentación del virreinato del Río de la Plata. Perú, Colombia y México preservaron en buena medida el territorio primordial de sus antiguos virreinatos —Perú, Nueva Granada y Nueva España—, aunque algunas jurisdicciones subordinadas a los mismos, como Centroamérica, Panamá y Quito, dieran lugar a nuevas entidades políticas. Chile, Venezuela y Guatemala nacieron de viejas capitanías generales, y un país como Bolivia fue, como ha visto Robert Harvey, la reorganización administrativa y jurídica del Alto Perú virreinal.[17]

La creación de identidades políticas nacionales en América Latina, durante la primera mitad del siglo XIX, fue un proceso

---

[16] Jorge Mañach, *Teoría de la frontera*, San Juan, Universidad de Río Piedras, 1970, pp. 61-77. Véase también Scott Michaelsen y David E. Johnson, comps., *Teoría de la frontera. Los límites de la política cultural*, Barcelona, Gedisa, 2003, pp. 25-60.

[17] Robert Harvey, *Los libertadores. La lucha por la independencia de América Latina (1810-1830)*, Barcelona, RBA, 2002, pp. 523-530. Véase también, Marcos Kaplan, *Formación del Estado nacional en América Latina*, Buenos Aires, Amorrortu, 1969, pp. 199-229; Tulio Halperin Donghi, *Historia contemporánea de América Latina*, La Habana, Editorial de Ciencias Sociales, 1990, pp. 184-223; John Lynch, *Las revoluciones hispanoamericanas. 1808-1826*, Barcelona, Editorial Ariel, 1989, pp. 9-43 y 336-350; Leslie Bethell, comp., *Historia de América Latina. América Latina independiente, 1820-1870*, Barcelona, Crítica, 1991, t. VI, pp. 42-104; Jaime E. Rodríguez O., *La independencia de la América española*, México, El Colegio de México/FCE, 1996, pp. 256-282; François Chevalier, *América Latina. De la independencia a nuestros días*, México, FCE, 1999, pp. 550-558.

sumamente complejo que, en efecto, demandó de las nuevas élites un esfuerzo de ingeniería simbólica para "imaginar" e, incluso, "inventar" las nuevas naciones.[18] Algunos historiadores (Anthony Pagden, François Xavier Guerra, Antonio Annino, Jeremy Adelman...) han insistido en que la independencia produjo un vacío en el ejercicio borbónico de la soberanía imperial, que intentaron llenar las viejas identidades regionales y locales de los pueblos, las ciudades y las provincias. La fuerza de una o varias ciudades, en un territorio ex virreinal, determinó, en buena medida, el tránsito hacia regímenes unitarios, como Colombia y Venezuela, o federalistas, como Argentina y México, que asumieron el pacto republicano más como una distribución de competencias políticas y administrativas entre el centro y la periferia que como un contrato entre el ciudadano y la nación, o entre el individuo y el Estado.[19]

Las naciones latinoamericanas, tal y como se conocen desde mediados del siglo XIX, eran, por tanto, entidades simbólicas inexistentes en los años previos y posteriores a la independencia. Los proyectos de integración política promovidos por estadistas, como Simón Bolívar y Lucas Alamán, e instituciones continentales, como los Congresos de Panamá (1826) y Tacubaya (1828), se inspiraron, por un lado, en esta ausencia de soberanías nacionales y, por el otro, en la localización de enemigos (Fernando VII y la Santa Alianza) y aliados (Gran Bretaña y Estados Unidos) comunes. Aquellos proyectos de unión fracasaron, entre otras

---

[18] Benedict Anderson, *Imagined Communities*, Londres y Nueva York, Verso, 1983, pp. 47-64; Edmundo O'Gorman, *La invención de América*, México, FCE, 1958, pp. 134-136.

[19] Anthony Pagden, *Spanish Imperialism and the Political Imagination. Studies in European and Spanish-American Social and Political Theory, 1513-1830*, New Haven y Londres, Yale University Press, 1990, pp. 133-153; François Xavier Guerra, "De lo uno a lo múltiple: dimensiones y lógicas de la independencia", en Anthony McFarlane y Eduardo Posada-Carbó, comps., *Independence and Revolution in Spanish America. Perspectives and Problems*, Londres, University of London, 1999, pp. 43-68; Antonio Annino, "Soberanías en lucha", en Antonio Annino, Luis Castro Leiva y François Xavier Guerra, comps., *De los imperios a las naciones: Iberoamérica*, Zaragoza, Ibercaja, 1994, pp. 229-253; Jeremy Adelman, *Sovereignty and Revolution in the Iberian Atlantic*, Princeton, Princeton University Press, 2006, pp. 344-393.

razones, porque apelaban a una institucionalidad federal, ajena a Hispanoamérica, como reconoció el propio Bolívar, a un sentimiento de pertenencia continental también inexistente o a la eficaz oposición de potencias hegemónicas del Atlántico como Gran Bretaña y Estados Unidos.

Las voces *América* y *americanos* fueron usadas por los primeros políticos de Hispanoamérica con singular polisemia. En México, por ejemplo, los insurgentes Miguel Hidalgo, Ignacio López Rayón y José María Morelos se referían a la "nación americana", la "independencia y libertad de América" o la "ciudadanía de la América Septentrional" como localizaciones históricas de un sujeto ambiguo: el "americano".[20] Unas veces, el significado del gentilicio incluía sólo a los criollos de la Nueva España y sus regiones aledañas, es decir, a los nacidos en ese inmenso territorio que la Constitución de Cádiz llamaba *América Septentrional*: "Nueva España con la Nueva Galicia y Península de Yucatán, Guatemala, provincias internas de Oriente, provincias internas de Occidente, isla de Cuba con las dos Floridas, la parte española de la isla de Santo Domingo y la isla de Puerto Rico".[21] Otras veces se extendía a todos los españoles residentes en la parte más orgánica de esa América, esto es, a peninsulares y criollos, indios y mestizos de la Nueva España, Nueva Galicia, provincias internas de Oriente y Occidente, y Yucatán.

La noción de lo *americano*, contrapuesta a lo *europeo*, remitía, en una zona del discurso separatista, a una entidad simbólica mayor, que comprendía toda Hispanoamérica, desde la Patagonia hasta Nuevo México. Esta implicación es notable, sobre todo, en el imaginario plenamente republicano del separatismo que compartieron caudillos como José María Morelos y Simón Bolívar. En los *Sentimientos de la nación* (1813) de Morelos se establecía que "la América es libre e independiente de España y de otra nación, gobierno o monarquía", a diferencia del *Acta so-*

[20] Felipe Tena Ramírez, *Leyes fundamentales de México, 1808-1864*, México, Porrúa, 1964, pp. 21, 23, 29 y 31.

[21] *Ibid.*, p. 61.

lemne de la declaración de independencia, de ese mismo año, que hablaba de la "América Septentrional", o de la Constitución de Apatzingán, del año siguiente, en la cual ya aparecía el nombre más específico de "América Mexicana".[22] En el caso de Morelos, esa tendencia a referirse a la "América", sin adjetivos, coincidía con un nativismo antiespañol ("que los empleos los obtengan sólo los americanos"), motivado, en parte, por el recelo ante posibles amenazas a la seguridad de la nueva república ("que no se admitan extranjeros, si no son artesanos capaces de instruir y libres de toda sospecha") y también por la identificación que él y otros separatistas hispanoamericanos hacían entre "España" y los "españoles", y el gobierno interventor francés.[23]

En su análisis del discurso político de los líderes de la insurgencia novohispana, especialmente de José María Morelos, Ana Carolina Ibarra argumenta que incluso éste, a pesar de su republicanismo, compartía con sus contemporáneos la ambivalencia entre autonomía e independencia que generaba el predominante imaginario fernandista de los criollos hispanoamericanos entre 1810 y 1814.[24] Como recuerda Ibarra, Morelos recomienda a Rayón, antes de entrar en Oaxaca, a fines de 1812, que elimine toda alusión a Fernando VII, no porque rechace la figura del monarca borbónico sino por "la notoria suerte que le ha cabido a este grandísimo hombre".[25] Ya en los *Sentimientos de la nación* y, sobre todo, en la Constitución de Apatzingán, donde el Congreso de Chilpancingo declara que la dependencia del trono español "queda rota para siempre jamás", y se anuncia la creación de un poder ejecutivo no dinástico, el concepto de independencia adquiere una mayor transparencia. Aun así, como recuerda Ibarra, la idea de que la América Septentrional "recobra el ejercicio de su soberanía usurpado", en aquellos textos

---

[22] *Ibid.*, pp. 29-32.

[23] *Ibid.*, p. 30.

[24] Ana Carolina Ibarra, "El concepto *Independencia* en la crisis del orden virreinal", en Alicia Mayer, coord.., *México en tres momentos: 1810, 1910, 2010*, México, Instituto de Investigaciones Históricas-UNAM, 2007, pp. 267-279.

[25] *Ibid.*, p. 275.

todavía remite a la invasión de Francia y al trono ilegítimo de los Bonaparte.[26] De hecho, durante los procesos a Morelos, que ha estudiado Carlos Herrejón, el líder insurgente declaró que luego de la restauración de Fernando VII en el trono, en 1814, había continuado la lucha porque él creía que el rey español regresaba a gobernar "bajo las disposiciones que Napoleón le daría [...] y como en sí miraba con odio a Napoleón, aborrecía igualmente cualquier cosa que dominara de él".[27]

Varios estudiosos han reparado en la singularidad del lenguaje político de Morelos cuando éste utiliza los términos *sentimiento* y *nación* en su famoso documento. En el primero de aquellos "sentimientos" se hablaba de exponer al mundo las "razones" de la independencia y libertad de "América" de "España" o cualquier otra "nación, gobierno o monarquía". No sería descartable que Morelos utilizara estos tres últimos conceptos como sinónimos y que, al asumir que España estaba bajo el dominio de Francia, pensara que la nación americana, por medio de la soberanía dimanada de su pueblo, debía constituir un nuevo gobierno, no monárquico sino republicano. Morelos habla de "nación" y "patriotismo", refiriendo este último a los hijos de Anáhuac, es decir, a los nacidos en la parte "septentrional" de América. Pero es probable que cuando se refiere a la nación americana, contra la "que tanto se ha declarado el enemigo español", esté pensando, no tanto en toda Hispanoamérica como territorio, sino como población, como comunidad. Tal vez para Morelos la patria era Anáhuac y la nación América.[28]

La noción de *sentimiento* no deja de ser peculiar en el lenguaje político del primer republicanismo hispanoamericano.

---

[26] *Ibid.*, p. 277.

[27] *Ibid.*, p. 275. Véase también Carlos Herrejón Peredo, *Los procesos de Morelos*, Zamora, El Colegio de Michoacán, 1985, p. 428.

[28] Sobre los nombres políticos del México independiente, véase Alfredo Ávila Rueda, "México: un viejo nombre para una nueva nación", en José Carlos Chiaramonte, Carlos Marichal y Aimer Granados, comps., *Crear la nación. Los nombres de los países de América Latina*, Buenos Aires, Sudamericana, 2008, pp. 271-284; Dorothy Tanck de Estrada, "En búsqueda de México y los mexicanos en el siglo XVIII", en José Carlos Chiaramonte, Carlos Marichal y Aimer Granados, *op. cit.*, pp. 257-270.

No hay, por supuesto, indicios de que Morelos haya realizado lecturas de la gran filosofía moral ilustrada, especialmente de aquella que, como la escocesa, desarrolló particularmente el tema de los sentimientos. La *Investigación sobre los principios de la moral* (1751), de David Hume, o la *Teoría de los sentimientos morales* (1759), de Adam Smith, son textos que no figuran en el campo referencial de aquellos sacerdotes insurgentes de la Nueva España. Sin embargo, en Morelos hay un lenguaje típicamente republicano, en el que se reiteran palabras como *patriotismo*, *virtud* y *vicio*, que se habían naturalizado en los acervos del pensamiento cristiano e ilustrado. Es conocido el estudio de Pocock sobre la rearticulación de esos conceptos en los mundos anglosajón y francés, en el siglo XVIII, cuando Maquiavelo es leído por Montesquieu y Harrington.[29] Pero existe otra ruta arqueológica, tal vez, de más fácil acceso, que es la propuesta por Franco Venturi en su gran estudio sobre la tradición jurídica italiana.[30] Ilustrados italianos como Muratori, Filangieri y Beccaria fueron traducidos al castellano, en España y en Nueva España, y leídos por la primera generación criolla del siglo XIX, a la que pertenecía Morelos. Aquellas ideas jurídicas, como advirtiera Carl Schmitt, entroncaron con el pensamiento neotomista español (Vitoria, Suárez, Soto, Covarrubias, Ayala) y con la tradición del "derecho de gentes" y la "guerra justa" en los Países Bajos y Europa del Norte (Grocio, Pufendorf, Bynkershoek, Vattel), y conformando una plataforma propicia para la formación discursiva del republicanismo cristiano.[31]

Al colocar la nación en un horizonte sentimental, Morelos describía la búsqueda de una idea de América como cuerpo con voluntad y voz, es decir, como comunidad o ciudadanía, inte-

[29] J. G. A. Pocock, *El momento maquiavélico. El pensamiento político florentino y la tradición republicana atlántica*, Madrid, Tecnos, 2002, pp. 559-605.

[30] Franco Venturi, *Ilustración y Reformas en el siglo XVIII. De Muratori a Beccaria*, México, Instituto Mora, t. II, 2007. Véase el interesante trabajo de Adriana Luna González, "La recepción de Gaetano Filangieri en José María Luis Mora: un primer acercamiento", *Istor*, México, núm. 29, 2007, pp. 120-149.

[31] Carl Schmitt, *El nomos de la tierra*, Granada, Comares, 2002, pp. 139-159.

grada bajo una religión y una moral católicas, y no bajo un "espíritu" o identidad étnica o cultural, como los que defenderán los nacionalismos románticos del siglo XIX. El segundo, el tercero y el cuarto de aquellos sentimientos tenían que ver con la religión y el clero, y en ellos se afirmaba el catolicismo como único credo, sin tolerancia de otro, se citaba a san Mateo en la potestad exclusiva del clero secular para sostener el dogma y se rechazaba el pago de otras obvenciones que no fueran los diezmos y primicias. Pero a partir de aquí, el verbo cambiaba, y ya no se decía lo que la "nación" era sino lo que debía ser, con lo cual los "sentimientos" comenzaban a ser presentados como deseos: "que la religión católica sea", "que el dogma sea"..., en una inscripción del principio desiderativo de toda racionalidad utópica. Así, el republicanismo cristiano de Morelos no sólo manifestaba su convicción de que la nación americana era una feligresía o una comunidad de ciudadanos fieles que practicaban una misma religión, sino que poseía una voluntad de regeneración moral cuyos testimonios se rendirían en la guerra separatista.

Es muy probable que ese republicanismo cristiano fuera bastante específico de la Nueva España, aunque un estudio reciente de la historiadora francesa Marie-Danielle Demélas ha encontrado una simbología similar en el discurso de las guerrillas del Alto Perú, comandadas por José Miguel Lanza, y la famosa "republiqueta" de Ayopaya. Durante casi quince años, aquellos guerrilleros, indígenas y mestizos en su mayoría, otorgaron un sentido "providencial" o "encantado" a su lucha contra el realismo borbónico, identificando este último con el sacrilegio y la herejía ilustradas, y traduciendo muchas fórmulas mágicas del sincretismo religioso andino en visiones guerreras, en torno al "carisma", la "gracia" o el "sacrificio" de sus caudillos, lo que facilitó la cohesión militar y política de aquella insurgencia.[32] Los guerrilleros andinos, relata Demélas —quien sigue de cerca las ideas de Serge

[32] Marie-Danielle Demélas, *Nacimiento de la guerra de guerrilla. El diario de José Santos Vargas (1814-1825)*, La Paz, Instituto Francés de Estudios Andinos, 2007, pp. 380-390.

Gruzinski en *La Pensée métisse* (1999)— vivían dentro de una república cristiana en la que, además de celebrar todas las fiestas y ceremonias católicas —Navidad, Pascua, Santa Rosa de Lima, San Miguel, Corpus Christi...— se le demandaba al ciudadano-soldado un compromiso devocional con la guerra.[33]

En su dimensión propiamente gubernamental, ese republicanismo se plasma, por ejemplo, en el capítulo décimo de la Constitución de Apatzingán, en la que se prevé el establecimiento de un Supremo Gobierno integrado por tres individuos, iguales en autoridad, que alternará por cuatrimestres en la presidencia de la república. El orden en que gobernarían los miembros de ese triunvirato sería elegido por un sorteo organizado en el Congreso. Estas instituciones y prácticas, tomadas de la república romana, colocaban el poder americano, por primera vez, fuera del vínculo con la soberanía de Fernando VII y la dinastía borbónica. Cuando aquel capítulo constitucional fue publicado, en octubre de 1814, ya Fernando VII llevaba siete meses gobernando España, por lo que la ruptura con su trono no dejaba lugar a dudas. Así lo entendió fray Servando Teresa de Mier, tal vez el republicano más vehemente de la generación siguiente, la de los años veinte, cuando se oponía al Plan de Iguala, los Tratados de Córdoba y el imperio de Iturbide con el argumento de que ya el Congreso de Chilpancingo había proclamado la forma republicana de gobierno, siete años atrás. Mier sostendrá entonces que, para los "anahuacenses", ese congreso tenía la misma legitimidad que el de Cádiz para los liberales peninsulares y que, por tanto, el antecedente de la república de Morelos no podía ser ignorado:

> El Congreso de Chilpancingo, que no era menos legítimo para nosotros que el de Cádiz para los españoles (pues uno y otro eran por necesidad de suplentes, aunque ni en uno ni en otro lo eran todos), declaró nuestra emancipación y la independencia de México desde el 6 de noviembre de 1813, y dio una Constitución republicana, que

[33] *Ibid.*, pp. 377-378.

> aunque la hayan censurado los necios inquisidores y otros satélites del despotismo, y en realidad peque por fanática, lejos de ser irreligiosa, sus bases son republicanas y muy buenas. Desde entonces data la libertad de Anáhuac y la independencia de la república anahuacense, y a ningún particular le es dado variar el pacto social decretado por un Congreso constituyente.[34]

Es interesante que Mier aluda a la naturaleza "fanática, lejos de ser irreligiosa", de la Constitución de Apatzingán, que provenía de los primeros sentimientos de la nación de Morelos. Mier, a diferencia de otros republicanos de su generación que compartieron la experiencia de Filadelfia, como el ecuatoriano Vicente Rocafuerte, el peruano Manuel Lorenzo de Vidaurre o el cubano José María Heredia, no era partidario de la tolerancia religiosa. De hecho, en la sesión del 9 de agosto de 1822, durante el primer Congreso Constituyente, Mier y Zavala —quien años después, bajo la influencia del caso texano reconsiderará el tema—, se pronunciaron por la "prohibición de libros contrarios a la religión", y el primero llegó a hablar del "desprecio en que están en Europa los que citan a Rousseau, Voltaire y otros autores de igual calaña que se han merecido la execración general".[35] Aun así, el principio de la intolerancia religiosa, reiterado en la Constitución federal de 1824, no era para aquellos republicanos un elemento de afirmación nacionalista —como han señalado David Brading, Jacques Lafaye y Enrique Florescano, el guadalupanismo remitía a un patriotismo criollo que, sin embargo, no debería entenderse como "protonacionalista"— sino un "hecho" americano, como dirá el poeta católico cubano José Lezama Lima.[36]

---

[34] Fray Servando Teresa de Mier, *Escritos inéditos*, México, INEHRM, 1985, p. 406.

[35] Fray Servando Teresa de Mier, *Ideario político*, Caracas, Biblioteca Ayacucho, 1978, p. 246.

[36] Jacques Lafaye, *Quetzalcóatl y Guadaluope. La formación de la conciencia nacional en México*, México, FCE, 1977; David Brading, *Los orígenes del nacionalismo mexicano*, México, ERA, 1980; Enrique Florescano, *Memoria mexicana*, México, FCE, 2002; Enrique Florescano, *El mito de Quetzalcóatl*, México, FCE, 1995; José Lezama Lima, *La expresión americana*, México, FCE, 1993.

En Rocafuerte y en Vidaurre, por ejemplo, era clara la defensa de la tolerancia religiosa bajo el principio de que "toda religión dominante es opresora".[37] Al igual que en las cartas de Heredia sobre Estados Unidos y en el viaje de Zavala a ese país en 1830, la libertad de cultos es presentada por Rocafuerte como la mejor garantía para el desarrollo de una religiosidad civil: "la separación de la religión del Estado establece una rivalidad de buena conducta entre todas las sectas cristianas, que es muy favorable al desarrollo de la moral pública, la que facilita las operaciones del gobierno por los hábitos de obediencia que esparce".[38] Pero también, para aquellos primeros republicanos, incluyendo a Mier, la idea de la nación estaba ligada, de algún modo, a la heterogeneidad de su cuerpo cívico, por la cercanía que todos ellos guardaban con el naturalismo ilustrado de fines del siglo XVIII y, especialmente, con Humboldt. La unidad de la república aparece casi siempre planteada como el gobierno prudente de una diversidad que en algunos de ellos, a diferencia de Bolívar, por ejemplo, no se ve como desventaja sino como beneficio. El peruano Vidaurre, a propósito de la tolerancia religiosa en Estados Unidos, es, junto con Heredia, quien mejor trasmite esa idea de una nación heterogénea:

> Aquí se adora a Dios según el rito que más acomoda. Son innumerables los diversos cultos, y unos a otros ni se turban ni se inquietan. Aún hay algo más admirable: asisten los unos a las iglesias de los otros, y observan el mismo orden que allí se advierte. Un cuáquero es amigo de un católico y de un presbiteriano. El judío concurre a su sinagoga, alterna con todos y no es visto con desprecio. Los masones tenemos nuestra logia pública, que es uno de los más soberbios monumentos. Esta sociedad filantrópica, que asustó a

[37] Vicente Rocafuerte, *Ensayo sobre la tolerancia religiosa*, México, Bibliófilos Mexicanos, 1962, pp. 168-169.

[38] *Ibid.*, p. 169. Ver también José María Heredia, *Antología herediana*, La Habana, El Siglo XX, 1939, pp. 102-120; Lorenzo de Zavala, *Viaje a Estados Unidos de Norteamérica*, México, Bibliófilos Mexicanos, 1963, pp. 103-120.

los papas y a los reyes, aquí es protegida como fuente copiosa de virtud y libertad.[39]

La dialéctica entre homogeneidad y heterogeneidad a que se enfrenta todo gobierno republicano fue, por lo menos, atisbada por aquellos intelectuales y políticos de la primera generación hispanoamericana. Es cierto que en muchos de ellos se produjo una visión asimétrica, similar a la que encontraremos luego en Martí, por la cual es celebrada la diversidad racial, religiosa y migratoria de Estados Unidos mientras que la pluralidad étnica y cultural de Hispanoamérica es invisibilizada o sometida a la corrección moral de una ciudadanía virtuosa, definida en términos integradores o postétnicos. Pero en Rocafuerte, Vidaurre y Heredia, por ejemplo, la idea de una república habitada por ciudadanos religiosa y étnicamente diversos, pero iguales en derechos y deberes, llega a alcanzar momentos de mucha elocuencia. Vidaurre, por ejemplo, señalaba que en las repúblicas la "política es unir", sin interferir en el culto del otro, de tal manera que la palabra *tolerantismo* resulte "absurda": "los cultos no deben ser tolerados sino libres: no debe haber privilegio de uno respecto del otro". Y entre esos cultos incluía no sólo los de las grandes religiones occidentales sino también a los musulmanes y los budistas.[40] El peruano resumirá el dilema entre homogeneidad jurídica y heterogeneidad cultural de las repúblicas, desde un punto de vista intelectual, como el reto de conciliar el naturalismo ilustrado de Raynal y el republicanismo neoclásico de Maquiavelo: "si hubiera un sabio que purificase las obras de Maquiavelo y de Raynal, se sacarían de ellas las lecciones más sublimes de política, libres ya de su veneno".[41]

El "veneno" al que se refería Vidaurre, en relación con Maquiavelo, era el mismo que denunció Federico el Grande sobre

---

[39] Manuel Lorenzo de Vidaurre, *Los ideólogos. Plan del Perú y otros escritos*, Lima, Comisión Nacional de Sesquicentenario de la Independencia del Perú, 1971, t. I, p. 108.

[40] *Ibid.*

[41] *Ibid.*, p. 284.

el supuesto divorcio entre política y moral, pero en relación con Raynal tenía que ver con las visiones discriminatorias y estereotipadas de ilustrados imperiales (Buffon, Marmontel, De Pauw...) sobre la población hispanoamericana, especialmente sobre los mestizos y los criollos.[42] Como es sabido, varios de aquellos primeros republicanos, como el padre Mier, reaccionaron contra los prejuicios sobre la "inferioridad de los habitantes de los trópicos", si bien en la mayoría de esas reacciones hacían de Humboldt un caso aparte.[43] En las defensas recurrentes que Mier hizo de Humboldt es legible tanto la vindicación de una línea del naturalismo ilustrado, no discriminatoria de las subjetividades americanas, como de un discurso providencial y utópico sobre la Nueva España que los republicanos adoptaron sin hacerlo desembocar en un nacionalismo. En su *Manifiesto apologético,* Mier recurría a Humboldt para contraponer la promesa de Anáhuac a la promesa de Estados Unidos, sin dejar de trasmitir, nunca, su admiración por el gran vecino:

> El manantial está en América, principalmente en México, que según los cálculos del barón de Humboldt produce la mitad del oro y la plata que el resto del mundo entero y puede sextuplicarlo. Los españoles están empeñados en cegar la fuente. Cada americano que matan son dos brazos menos que la hagan correr; es un consumidor que falta a la Europa y paraliza allá una porción de brazos.[44]

Todavía en mayo de 1823, durante los debates del Congreso Constituyente, Mier apelaba a Humboldt para oponerse a un federalismo en el que los estados con mayor población —México, Puebla, Guadalajara, Guanajuato y Oaxaca— quedarían menos favorecidos que los que tenían menor población, como era el caso de los norteños que él representaba.[45] Pero en el utopismo

[42] Antonello Gerbi, *La disputa del Nuevo Mundo,* México, FCE, 1960, pp. 33-48, 50-72.

[43] *Ibid.,* pp. 263-298.

[44] Fray Servando Teresa de Mier, *Escritos inéditos,* p. 130.

[45] Fray Servando Teresa de Mier, *Ideario político,* p. 268.

de Mier, y en toda su defensa de la unidad de la nueva república, no hay rastros de nacionalismo. Cuando por entonces Mier recordaba la formación de su republicanismo, insistía en la certeza de que la forma republicana de gobierno era la más conveniente porque era la que "constituía toda la América del Sur y el resto de la Norte", por lo que México no debía conformarse políticamente de manera excepcional. Había, sin duda, en su pensamiento un mesianismo, ligado a la defensa juvenil del culto a la virgen de Guadalupe, pero la idea de la regeneración que conllevaba no convertía a la Nueva España en nación elegida, o providencialmente marcada, entre el conjunto de naciones americanas. "Lo que yo prediqué —dirá, intentando deshacer equívocos, al final de su vida— fue que la América, no más pecadora que el resto del mundo, entró también en el plan de redención del género humano".[46]

Ese Mier republicano, que va de la *Memoria política instructiva*, en 1821, al discurso de las profecías y sus últimas intervenciones en el Congreso Constituyente, entre 1823 y 1824, está lejos ya del providencialismo guadalupano de su juventud. En una memoria personal, presentada cuando tomó protesta como diputado por Monterrey ante el Congreso de 1822, Mier recordó que, en su famoso sermón de 1794, él no había predicado la negación del mito de la Virgen de Guadalupe sino su "defensa" y "realce".[47] Pero más adelante, cuando rememora su papel en aquella polémica, intenta rebajar el patriotismo mesiánico del culto: Jesucristo había mandado a sus apóstoles a que anunciaran la redención "a toda criatura que estuviese bajo el cielo, en el mundo entero, hasta lo último de la tierra".[48] La virgen santísima, según Mier, no había aguardado que pasaran mil seiscientos años para ser "nuestra madre y señora" —"¿se había estado mirándolo bajar al ['linaje de los indios'] a los in-

[46] *Ibid.*, p. 239.

[47] *Ibid.*, p. 238.

[48] *Ibid.*, p. 239.

fiernos dieciséis siglos, sin echarle una ojeada de compasión hasta que vinieron a degollarlos y esclavizarlos apóstoles de cimitarra?"— sino que "lo fue desde que lo comenzó a ser de todos los cristianos".[49]

La explicación que entonces da Mier del arribo del apóstol santo Tomás es, si se quiere, demográfica y geográfica, pero no providencialista: un apóstol, por lo menos, tenía que llegar a la "mitad del globo, la parte mayor del mundo que es la que nosotros habitamos".[50] Algo de ese distanciamiento de las implicaciones mesiánicas del culto guadalupano aparece en la *Carta de Jamaica* (1815) de Bolívar, que Mier debió haber leído. Allí el Libertador señala que el mito del "regreso de Quetzalcóatl" cumple funciones simbólicas similares a las del Hermes o el Buda de la América del Sur "que resignó su administración y los abandonó, les prometió que volvería después que los siglos designados hubiesen pasado".[51] A lo que agrega: "pero no es el héroe, gran profeta o dios del Anáhuac, Quetzalcóatl, el que es capaz de operar prodigios beneficiosos".[52] No eran los mitos nacionales, según Bolívar y Mier, los que harían la obra de la "regeneración", sino el gobierno republicano y la confederación de Hispanoamérica.

La americanidad bolivariana

La noción de lo americano en Simón Bolívar es legible, entre otros textos, en la *Contestación de un americano meridional a un caballero de esta isla* (1815) y en el *Discurso ante el Congreso de Angostura* (1819) como un concepto de identidad que englobaba a toda la región latinoamericana, esto es, Hispanoamérica más

---

[49] *Ibid.*

[50] *Ibid.*

[51] Simón Bolívar, *Cartas del Libertador*, Caracas, Banco de Venezuela/Fundación Vicente Lecuna, 1964, t. I, p. 232. Véase David A. Brading, *Mito y profecía en la historia de México*, México, Vuelta, 1988, pp. 78-125.

[52] *Ibid.*, p. 233.

Brasil, Haití, Jamaica o cualquier otra pequeña nación del Caribe francés, holandés y británico. Aunque en el *Discurso* Bolívar se dirigía a un público integrado por "ciudadanos de Venezuela", su mensaje intentaba presentar la constitución de la república venezolana como un paso previo a la integración confederal de aquella América. De ahí que al esbozar la posible "unión" justificara la misma con el argumento de que América Latina era una región culturalmente discernible dentro de Occidente y, como recomendaba Montesquieu en el libro XIX *Del Espíritu de las leyes,* una nación en estado de naturaleza que debía ser constituida políticamente de acuerdo con sus tradiciones y costumbres:

> Tengamos presente que nuestro pueblo no es el europeo, ni el americano del norte, que más bien es un compuesto de África y de América, que una emanación de Europa, pues que hasta España misma deja de ser Europa por su sangre africana, por sus instituciones y por su carácter. Es imposible asignar con propiedad a qué familia humana pertenecemos.[53]

La ambigüedad de la civilización latinoamericana, según Bolívar, provenía de ese tejido cultural heterogéneo que la identificaba. Esta certidumbre bolivariana de que América Latina era un sujeto cultural en busca de una morfología política ya se había plasmado cuatro años antes en la *Contestación de un americano meridional* (1815) o *Carta de Jamaica.* Sólo que aquí la idea de institucionalizar políticamente la comunidad latinoamericana aparecía como un imposible o una utopía, debido a la constatación, tal vez demasiado exhaustiva, de las diferencias entre los miembros virtuales de ese nuevo organismo histórico. La "América Meridional" de Bolívar, que abarcaba desde Panamá hasta el Perú, así como la "América del Sur" de San Martín o la "Septentrional" de Iturbide, eran fragmentos geográficos de un todo político americano más que entidades culturales contrapuestas

---

[53] Simón Bolívar, *Escritos políticos,* México, Porrúa, 1999, p. 124.

a un otro (Estados Unidos) o entre sí. Pero si se leen con cuidado algunos pasajes de aquel texto se tiene la impresión de que Bolívar usaba una retórica utopista con el fin de tantear históricamente la posibilidad de la integración:

> Es una idea grandiosa pretender formar de todo el Mundo Nuevo una sola nación con un solo vínculo que ligue sus partes entre sí y con el todo. Ya que tiene un origen, una lengua, unas costumbres y una religión, debería, por consiguiente, tener un solo gobierno que confederase los diferentes Estados que hayan de formarse; mas no es posible, porque climas remotos, situaciones diversas, intereses opuestos, caracteres desemejantes, dividen a la América. ¡Qué bello sería que el istmo de Panamá fuese para nosotros lo que el de Corinto para los griegos! Ojalá que algún día tengamos la fortuna de instalar allí un augusto congreso de los representantes de las repúblicas, reinos e imperios a tratar y discutir sobre los altos intereses de la paz y de la guerra, con las naciones de las otras tres partes del mundo.[54]

Es curioso, sin embargo, que Bolívar vislumbre un parlamento latinoamericano con "representantes de repúblicas, reinos e imperios". Esto significa que en su proyecto de integración no quedarían excluidos los gobiernos monárquicos que se formaran en el continente. En ese mismo texto, Bolívar recomendaba, en contra de la opción monárquica defendida por el publicista francés Dominique de Pradt en su obra *Des colonies et la révolution actuelle d'Amérique* (1817), la creación de un conjunto de repúblicas unitarias, ya que, a su juicio, ni el "sistema federal", por "ser demasiado perfecto y exigir virtudes y talentos políticos muy superiores", ni la "monarquía mixta de aristocracia y democracia", eran ajenos al Nuevo Mundo.[55] El primero, naturalmente, remitía al modelo estadounidense y, el segundo, al británico,

---

[54] *Ibid.*, p. 88.

[55] *Ibid.*, p. 85.

pero ninguno de los dos avenía con la tradición del absolutismo hispánico. Aunque Bolívar sugería un tipo de república centralista que sintetizara lo mejor de ambas formas de gobierno, es evidente que su visión de los nuevos Estados nacionales era flexible y que, tal vez, con el Brasil de Don Juan en mente, no descartaba la alianza confederal de monarquías y repúblicas.

Bolívar puso a prueba esta flexibilidad en octubre de 1821 al enterarse de la entrada triunfal del Ejército Trigarante en la ciudad de México, tras la firma de los Tratados de Córdoba por el virrey de la Nueva España, Juan O´Donojú, y el general Agustín de Iturbide. Entonces Bolívar se apresuró a felicitar a Iturbide por la "independencia del pueblo mejicano" y a reconocer el "Gobierno Supremo del Imperio Mexicano", acreditando como ministro extraordinario y plenipotenciario de Colombia en México al veracruzano Miguel Santa María, quien propondría un "tratado definitivo que asegure la libertad e independencia de ambos países y les restituya a la faz del mundo la importancia política a que son acreedores por su población y riquezas".[56] Sin embargo, mientras propiciaba estos primeros contactos diplomáticos, Bolívar trasmitía a San Martín su preocupación ante la posibilidad de que Fernando VII aceptara el Plan de Iguala y los Tratados de Córdoba, y se trasladara a México, con el fin de encabezar el nuevo imperio:

> Este nuevo orden de cosas me hace creer, con fundamento, que si el gabinete español acepta el tratado hecho en México entre los generales Iturbide y O'Donojú, y se traslada allí Fernando VII u otro príncipe europeo, se tendrán iguales pretensiones sobre todos los demás gobiernos libres de América, deseando terminar sus diferencias con ellos, bajo los mismos principios que en México. Trasladados al Nuevo Mundo estos príncipes europeos, y sostenidos por los reyes del antiguo, podrán causar alteraciones muy sensibles en los intereses y en el sistema adoptado por los gobiernos

[56] Rafael Heliodoro Valle, *Bolívar en México*, México, Acervo Histórico Diplomático-SER, 1993, pp. 29 y 32-33.

> de América. Así es que yo creo que ahora más que nunca es indispensable terminar la expulsión de los españoles de todo el continente, estrecharnos y garantirnos mutuamente, para arrostrar los nuevos enemigos y los nuevos medios que pueden emplear.[57]

En su carta al general Carlos Soublette, Bolívar reiteraba sus temores ante la instauración de un gobierno monárquico en México: "el trono de México tendrá constantemente pretensiones sobre su limítrofe Colombia, cuyo sistema debe alarmarlo". Y agregaba: "son innumerables los medios y recursos de un gobierno fuerte y enérgico, como el monárquico, para atacar a un vecino que no lo es tanto".[58] Aún así, Bolívar persistió en su defensa del régimen republicano centralista para Sudamérica y, a la vez, intentó promover una alianza diplomática con el imperio de Iturbide. Para ello designó al político veracruzano Miguel Santa María, un republicano convencido, como ministro plenipotenciario de Colombia. Santa María fue recibido por el secretario de Relaciones Exteriores del Imperio, José Manuel Herrera, en marzo de 1822, y durante los dos primeros meses de su gestión intentó promover una diplomacia cuidadosa, capaz de sobreponerse a las diferencias de ambos países en cuanto a la forma de gobierno, y de avanzar en un proyecto de "liga de paz y perpetua amistad entre la República de Colombia y el Imperio de México".[59]

En sus primeras comunicaciones al secretario Herrera, Santa María insistía en presentar la alianza entre Colombia y México como un paso decisivo hacia la creación de "un nuevo orden de relaciones que necesariamente debe subsistir en lo sucesivo, entre países antes incomunicados por el régimen de un sistema colonial".[60] A pesar de que el mayor temor de Bolívar era que el régimen monárquico establecido favoreciera la instalación de

[57] *Ibid.*, p. 31.

[58] *Ibid.*, p. 35.

[59] *Ibid.*, p. 38.

[60] *Ibid.*, p. 39.

un príncipe borbónico en México, la coronación de Iturbide, en mayo de 1822, enturbió estos primeros acercamientos diplomáticos. Ya en septiembre de ese año, el secretario Herrera se quejaba, ante su homólogo colombiano Pedro Gual, de la actitud de Santa María, quien rechazó la investidura imperial de Iturbide, "mostró absoluta denegación en presentarse a ciertos actos de pura urbanidad" y, sobre todo, estuvo implicado en la conspiración republicana del verano, que culminó con la disolución del Congreso.[61]

En una nota diplomática, el Secretario general del Gobierno de Colombia, J. G. Pérez, lamentó que Santa María se hubiera "complicado en los papeles públicos en negocios ajenos a su misión y aun ajenos al espíritu de justicia que rige al Gobierno de Colombia" y anunciaba su repatriación a Colombia.[62] Sin embargo, el gobierno colombiano no llegó a verificar el regreso del diplomático, ya que en diciembre de 1822, Santa María se unió al Plan de Veracruz, encabezado por Antonio López de Santa Anna, que proclamó la forma republicana de gobierno, en contra de Iturbide, y unos meses después, tras la caída del imperio, fue reinstalado como ministro plenipotenciario de Colombia en México. La historiografía no ha esclarecido aún qué tan ajustada a las directrices diplomáticas de Colombia fue aquella actuación francamente opositora de Santa María durante el imperio de Iturbide. Lo cierto es que al instalarse el triunvirato provisional de Mariano Michelena, Miguel Domínguez y Vicente Guerrero, en julio de 1823, Bolívar se apresuró a felicitar a los mexicanos por el "triunfo de las leyes contra los hombres, de la república contra el emperador":

> El pueblo mexicano se ha cubierto de gloria en la lucha desesperada que sostuvo contra la España en doce años de sangre y de

[61] *Ibid.*, p. 45. Véase también Timothy E. Anna, *El imperio de Iturbide*, México, Conaculta/Alianza Editorial, 1991, pp. 112-114; Alfredo Ávila Rueda, *Para la libertad. Los republicanos en tiempos del imperio, 1821-1823*, tesis de doctorado, México, UNAM, 2001, pp. 196-203.

[62] Rafael Heliodoro Valle, *op. cit.*, p. 47.

> suplicios. El galardón de estos heroicos servicios era la libertad absoluta, bajo las leyes inexorables de una sabia república, y así la ha obtenido con gloria de toda la América independiente que veía manchado su suelo con las tablas de un trono de usurpación.[63]

A partir de 1823 las relaciones diplomáticas entre Colombia y México se afianzaron sobre esta identidad republicana, la cual era asumida por Bolívar como un principio de defensa geopolítica frente a España y la Santa Alianza. En el artículo segundo del Tratado de Unión, Liga y Confederación Perpetua entre México y Colombia, firmado en octubre de aquel año por Miguel Santa María y Lucas Alamán, ambos países suscribieron un "pacto perpetuo de alianza íntima y amistad firme y constante para su defensa común, obligándose a socorrerse mutuamente y a rechazar en común todo ataque o invasión que pueda de alguna manera amenazar la seguridad de su independencia y libertad".[64] Y en los últimos artículos, ambas naciones anunciaban su propósito de extender dicho pacto a los "demás Estados de la América antes española" y a convocar a una Asamblea General de Estados Americanos, con representantes plenipotenciarios de cada país, que debería reunirse, primero, en el istmo de Panamá y, luego, en México, "por su posición central entre los Estados del Norte y del Mediodía de esta América antes española".[65]

Aunque en el texto de aquel tratado, los firmantes se cuidaban de referirse a México como nación y no como república, ya que en ese momento aún no se había aprobado la nueva constitución federal, es evidente que el pacto con Colombia reforzaba la idea de una americanidad republicana. Desde un inicio, sin embargo, esa identidad quedó circunscrita a la "América antes española", es decir, a Hispanoamérica. En nombre de ese republicanismo hispanoamericano, Bolívar, a través de Santa

[63] *Ibid.*, p. 49.

[64] *Ibid.*, p. 51.

[65] *Ibid.*, p. 54.

María, solicitó al gobierno de Guadalupe Victoria auxilios pecuniarios para la campaña del Perú, en 1824, y el Congreso federal de México, a petición de fray Servando Teresa de Mier, concedió al Libertador la ciudadanía honoraria, ya que "por sus tratados de íntima alianza entre todas las Repúblicas de América, es y merece serlo ciudadano de todas".[66]

En diciembre de 1824, semanas antes de la victoria de Ayacucho, Bolívar, desde su condición de dictador supremo del Perú, redactó una invitación formal al Congreso de Panamá dirigida a los gobiernos de las repúblicas de Colombia, México, Río de la Plata, Chile y Guatemala. Allí Bolívar hablaba de un "sistema de garantías que, en paz y guerra, sea el escudo de nuestro destino", el cual debía "consolidar el poder de este gran cuerpo político" por medio del "ejercicio de una autoridad sublime (una asamblea de plenipotenciarios, nombrados por cada una de nuestras repúblicas) que dirija la política de nuestros gobiernos".[67] ¿Qué significaba ese "cuerpo político" en términos geográficos y administrativos? La respuesta de Bolívar era ambigua: una asamblea de los gobiernos confederados del "mundo de Colón".[68]

Fray Servando Teresa de Mier, quien junto a Manuel Torres, el agente colombiano en Filadelfia, intentaba impulsar una república en México desde 1821, manejaba una idea similar a la Bolívar, según la cual la "América española" debía dividirse en dos grandes departamentos de una misma república, uno al norte o "Septentrional" y otro al sur o "Meridional".[69] En la defensa de una república mexicana, y en la consecuente oposición al Plan de Iguala y al imperio de Iturbide, inspirados por el abate De Pradt, Mier, como Bolívar, pensaba en las amenazas que implicarían el establecimiento de una monarquía en México, aunque estuviera encabezada por un príncipe nuevo. México era la fron-

[66] *Ibid.*, pp. 58-60.

[67] *Ibid.*, p. 63.

[68] *Ibid.*, p. 64.

[69] Fray Servando Teresa de Mier, *Escritos inéditos*, *op.cit.*, pp. 404 y 421.

tera entre las dos Américas y una organización monárquica de la misma atentaba contra la alianza política del continente. En la búsqueda de argumentos a favor de ese republicanismo hemisférico, Mier, al igual que Bolívar, desembocaba en Colón: el Nuevo Mundo debía adaptar la misma forma de gobierno a las diversas naciones que lo componían.[70]

La confluencia entre Mier y Bolívar no se quedó ahí: la nueva campaña del padre de Nuevo León, a partir de 1823, contra el federalismo, lo entrelazaría nuevamente con el caraqueño. Si se leen bien, las críticas de Mier al federalismo, en el Congreso Constituyente de mediados de 1823, se observará que comienzan con una declaración elogiosa sobre Estados Unidos: la nación mexicana, dice en su defensa de un congreso bicameral, "admira la rapidez de los progresos" de "sus vecinos" y "cree que la forma libre de su gobierno es la causa que los produce".[71] En ese primer debate, Mier se oponía a quienes, a partir de Condorcet, Paine, Sieyés y Destutt de Tracy, defendían la unificación de las cámaras, siguiendo el modelo de la convención francesa, unos, y el de las Cortes de Cádiz, otros. Lo que propone, entonces, es la creación de una cámara de representantes y un senado, como en Estados Unidos, pero sin que el senado asuma la representación de estados confederados, como en el vecino del norte. Mier coincidía con quienes rechazaban una cámara alta federal, con el argumento de que:

> Suponiendo la segunda cámara compuesta como se quiere de dos o tres representantes de cada provincia, resultaría que 990 100 individuos —la suma, por ejemplo, de la población de estados poco habitados, como Zacatecas, Veracruz, San Luis, Durango, Sonora, Nuevo México, Alta California, Nueva California— tendría más diputados que 4 849 900; resultaría que un quinto de la población tendría más votos que cuatro quintos de ella misma; resultaría que el máximo de ciudadanos estaría sometido al mínimo, cuando los

[70] *Ibid.*, p. 253.

[71] Fray Servando Teresa de Mier, *Ideario político, op. cit.*, p. 265.

> diputados de las provincias menos pobladas opinasen de diverso modo que los representantes de las de mayor población.[72]

Pero Mier temía tanto a esa dictadura de una minoría de estados poco poblados, pero con mucho territorio, como los de la frontera norte, como a la tiranía de la mayoría, socialmente entendida, en caso de que no hubiera senado. En su "voto particular" contra la unificación de las cámaras dirá que él no defiende una cámara alta, de "nobles" o "pares", en el sentido aristocrático que dan a esa institución en Gran Bretaña o Francia, sino un senado "de ciudadanos y nada más, pero que posean ciertos haberes para que no estén tan expuestos como los pobres y los menesterosos a la tentación de dejarse ganar por las promesas del gobierno".[73] Aunque entonces vuelve a citar como ejemplo el senado estadounidense, Mier no está pensando en un senado federal, sino en un cuerpo de notables que conjure el peligro de una tiranía mayoritaria. Según Mier, dos naciones que redujeron el poder legislativo a una sola cámara —la Francia de la Asamblea Constituyente y la Convención Nacional, la España de las Cortes de Cádiz— habían fracasado por la ausencia de un elemento compensador de los intereses políticos creados en la representación popular.[74]

Ya en el debate de diciembre de 1823, sobre los artículos 5 y 6 de la Constitución, que establecían la propuesta de una confederación de estados "soberanos" e "independientes", Mier hará un cuestionamiento de la conveniencia de un federalismo radical, en México, desde una perspectiva fronteriza, similar a la que tanto él como Bolívar, Rocafuerte y otros republicanos utilizaron en 1821 y 1822 para oponerse a la solución monárquica del Plan de Iguala y el imperio de Iturbide. Si en la crítica del senado federal Mier argumentaba que los estados más poblados del centro serían víctimas de la voluntad de muchos estados menos poblados, en la periferia, ahora llamará la atención sobre el hecho

---

[72] *Ibid.*, p. 268.

[73] *Ibid.*, p. 283.

[74] *Ibid.*, p. 285.

contrario: que grandes estados fronterizos, pero poco poblados, podrían ser víctimas de provincias físicamente menores pero demográficamente más densas. Mier insinúa, tal vez sin querer, el tema de la ausencia de una estrategia colonizadora en el debate sobre el federalismo, algo que años más tarde desarrollarán algunos federalistas radicales, como Lorenzo de Zavala y Vicente Rocafuerte, pero en un sentido contrario al de Mier. A propósito de la "suma desigualdad de nuestros pretendidos principados", Mier hará la profecía de la "guerra civil":

> Una provincia tiene un millón y medio, otra sesenta mil habitantes; unas medio millón, otras poco más de tres mil como Texas; y ya se sabe que el peje grande, siempre, siempre, se ha tragado al chico. Si intentamos igualar los territorios, por donde deberíamos comenzar en caso de esa federación, ya tenemos guerra civil, porque ninguna provincia sufrirá que se cercene su terreno. Testigos los cañones de Guadalajara contra Zapotlán, y sus quejas sobre Colima, aunque según sus principios, tanto derecho tienen estos partidos para separarse de su anterior capital, como Jalisco para haberse constituido independiente de su antigua metrópoli.[75]

Cuando Mier se refiere aquí al "peje grande", que puede tragarse a Texas, no tiene en mente a Estados Unidos sino a México, el centro contra el que comenzaban a rebelarse los colonos texanos. La amenaza para México no está, entonces, en Estados Unidos sino en la España de Fernando VII, restaurada de manera absolutista por el duque de Angulema y los Cien Mil Hijos de San Luis, y en la Santa Alianza, que anuncia respaldar a Madrid en el proyecto de reconquista de América. Para Mier, la nueva república mexicana, sin llegar a ser unitaria o centralista, debería ser más "compacta" con el doble fin de ser "más análoga a nuestra educación y costumbres" y de estar mejor preparada para hacer frente "a la guerra que nos amaga".[76] Al igual que Bolívar,

---

[75] *Ibid.*, p. 296.

[76] *Ibid.*, p. 289.

Mier pensaba que el federalismo estadounidense era "el colmo de la perfección social" y, además, no era tan radical, ya que "había suprimido el artículo de los estados soberanos en su segunda constitución".[77] México, por la tradición centralista y corporativa de sus instituciones virreinales, y por la composición estamental de su ciudadanía, no estaba preparado para ese sistema, y la condición fronteriza del país demandaba una diferenciación política del vecino. La salida estaba entre Washington y Bolívar, o, más bien, con Washington y con Bolívar. No en balde Mier defendió que un retrato del primero fuera colgado en el salón del Congreso mexicano y que fuera concedida una carta de ciudadanía al Libertador caraqueño, quien "por sus tratados de íntima alianza entre todas las repúblicas de América ya es, y merece serlo, ciudadano de todas".[78]

México como frontera

Durante todo el año 1825, los gobiernos latinoamericanos debatieron los posibles puntos de la agenda de Panamá. A pesar de que el punto 3° de las *Bases para las instrucciones de los ministros para la Asamblea de Panamá* establecía "sostener las formas republicanas", desde un primer momento surgieron preguntas como si se debía o no invitar a "agentes diplomáticos" de la Gran Bretaña, Francia u Holanda, como había sugerido Colombia, o si se admitirían en el Congreso e, incluso, en la Federación, representantes de Brasil, Santo Domingo y Estados Unidos.[79] Los dos ministros plenipotenciarios de México ante el Congreso de

[77] *Ibid.*, pp. 295-296.

[78] *Ibid.*, pp. 287 y 301.

[79] Antonio de la Peña y Reyes, *El Congreso de Panamá y algunos otros proyectos de Unión Hispano-americana*, México, SRE, 1926, p. 9. Para un estudio reciente sobre aquel momento, véase Aimer Granados García, "Congresos e intelectuales en los inicios de un proyecto y de una conciencia continental latinoamericana, 1826-1860", en Carlos Marichal y Aimer Granados García, comps., *Construcción de las identidades latinoamericanas*, México, FCE, 2004, pp. 39-69.

Panamá, José Domínguez y José Mariano Michelena, por ejemplo, preguntaron, en marzo de 1826, al presidente Victoria cuál debía ser la posición mexicana ante la siguiente cuestión: "¿Si se presentan Brasil, Santo Domingo y los Estados Unidos, se admiten como miembros de la Federación? ¿Si no vienen se invitan?". La respuesta del Consejo de Ministros de Victoria fue: "que se admitan si se presentaren, teniendo poderes para entrar en la alianza defensiva y ofensiva".[80]

Ambas cuestiones provocaron encendidos debates dentro del gabinete de Guadalupe Victoria. El representante de México en Londres, el republicano ecuatoriano Vicente Rocafuerte, protestó ante el ministro de Relaciones Interiores y Exteriores, Juan José Espinosa de los Monteros, porque, a su juicio, la invitación a los países europeos se inscribía dentro de una gestión diplomática individual del gobierno de Colombia para lograr una "tregua con España o suspensión de armas por el término de diez hasta veinte años".[81] Según Rocafuerte, en un momento de fortaleza de las nuevas repúblicas hispanoamericanas, frente a España y la Santa Alianza, cuando el objetivo debía ser "uniformar nuestra política" e independizar a Cuba y Puerto Rico, destruyendo, así, los últimos bastiones de la reconquista española en el Caribe, la gestión colombiana era "un error imperdonable y de fatal trascendencia, una deserción de las banderas de la gloria".[82]

La posición antieuropea de Rocafuerte coincidía con la de los sectores radicales yorkinos, partidarios de una invasión separatista a Cuba y Puerto Rico, quienes, a pesar de que su gran aliado, el embajador estadounidense Joel R. Poinsett, había sido instruido por su gobierno para que rechazara una expedición al Caribe, suscribían a pie juntillas la Doctrina Monroe.[83] Roca-

---

[80] *Ibid.*, pp. 18-19.

[81] *Ibid.*, p. 22.

[82] *Ibid.*, p. 24.

[83] Rafael Rojas, *Cuba mexicana. Historia de una anexión imposible*, México, SRE, 2001, pp. 148-183.

fuerte pensaba que una tregua con España, en 1826, era un retroceso de la causa republicana, ya que la Santa Alianza y la Europa continental aprovecharían la distensión diplomática para promover la forma monárquica de gobierno: "¡Qué esperanzas no les alentarán para extender a toda la América una suspensión de armas que tanto humilla la dignidad republicana y tan vasto campo ofrece a sus intrigas para favorecer las miras secretas del emperador del Brasil!".[84] Rocafuerte, como ha documentado José Antonio Aguilar, fue uno de aquellos primeros republicanos hispanoamericanos que, como el mexicano fray Servando Teresa de Mier y el peruano Manuel Lorenzo de Vidaurre, establecieron una sinonimia entre las palabras *América* y *república*.[85]

Reacciones como la de Rocafuerte no impidieron que, finalmente, el imperio de Brasil fuera invitado a nombrar un ministro plenipotenciario ante el Congreso de Panamá. El gobierno de Guadalupe Victoria, que entre 1824 y 1825 había entrado en contacto con el imperio de Pedro I a través de su representante en Londres, José Mariano Michelena —ahora enviado al Congreso de Panamá—, valoró positivamente las ventajas de dicha invitación.[86] Pero Brasil, además de la excepción que representaba su forma de gobierno monárquico, compartía con Estados Unidos y Santo Domingo, entonces bajo el control de la república haitiana de Jean Pierre Boyer, una personalidad cultural no hispanoamericana y una pertenencia geográfica hemisférica, continental, es decir, americana. De manera que la invitación extendida a Brasil y a Estados Unidos al Congreso de Panamá reveló que la alianza confederal a que se aspiraba respondía más a criterios de afinidad de intereses geopolíticos o regionales, muy a tono con la Doctrina Monroe, que a principios rígidos de identidad cultural.

---

[84] Antonio de la Peña y Reyes, *op. cit.*, pp. 25-26.

[85] José Antonio Aguilar y Rafael Rojas, *El republicanismo en Hispanoamérica. Ensayos de historia intelectual y política*, México, FCE/CIDE, 2002, pp. 351-387.

[86] Guillermo Palacios, *Intimidades, conflictos y reconciliaciones. México y Brasil*, México, SRE, 2001, pp. 17-27.

Al final, en la cumbre de Panamá, celebrada entre fines de junio y principios de julio de 1826, sólo participaron los representantes de Colombia, Centroamérica, Perú y México, y únicamente se acreditaron, como invitados no hispanoamericanos, los enviados de Gran Bretaña y los Países Bajos.[87] Las ausencias de Estados Unidos, Brasil, Chile y Argentina, por motivos diversos de logística, incomunicación o recelo, no impusieron un carácter específicamente hispanoamericano al Congreso de Panamá, ya que las cuatro entidades o "partes contratantes" que suscribieron el *Tratado de unión, liga y confederación perpetua* (1826) establecían en el segundo artículo: "el objeto de este pacto perpetuo será sostener en común, defensiva y ofensivamente, si fuere necesario, la soberanía e independencia de todas y cada una de las potencias confederadas de América contra toda dominación extranjera".[88]

El Tratado de Panamá hacía una clara distinción entre las cuatro "partes contratantes" (Colombia, Centroamérica, Perú y México), obligadas a auxiliarse y protegerse mutuamente, y las posibles "potencias confederadas" que integrarían la Asamblea General de Plenipotenciarios de las Potencias Confederadas de América, una suerte de institución parlamentaria panamericana. El artículo XXVI del *Tratado*, por el cual las "partes contratantes" se "obligaban a cooperar a la completa abolición y extirpación del tráfico de esclavos de África", aunque molestara a políticos sureños proesclavistas, como el célebre congresista de Carolina del Sur John C. Calhoun, se avenía con el naciente abolicionismo norteño de Estados Unidos que, tras los Acuerdos de Missouri, cobró aliento en las administraciones de James Monroe (1817-1825) y John Quincy Adams (1825-1829).[89] La princi-

[87] Fabio Lozano y Lozano, *Bolívar, el Congreso de Panamá y la solidaridad americana*, Bogotá, Biblioteca del Museo Nacional, 1948, pp. 3-31; Arístides Silva Otero, *El Congreso de Panamá*, Caracas, Instituto de Investigaciones Económicas y Sociales, 1969, pp. 5-35; Pedro Ortega Díaz, *El Congreso de Panamá y la unidad latinoamericana*, Caracas, Monte Ávila, 1998, pp. 1-16.

[88] Antonio de la Peña y Reyes, *op. cit.*, p. 55.

[89] *Ibid.*, p. 63. Véase también Paul Johnson, *Estados Unidos. La historia*, Buenos Aires, Javier Vergara, 2001, pp. 298-315.

pal preocupación de Washington, en relación con el Congreso de Panamá, era que las repúblicas allí reunidas acordaran una invasión separatista a Cuba y Puerto Rico, no deseada por Estados Unidos, potencia que rivalizaba con Gran Bretaña por el control del Caribe. Como es sabido, el intenso cabildeo de los embajadores estadounidenses en Hispanoamérica y, en especial, del representante en México, Joel R. Poinsett, contribuyó a que eso no sucediera.[90]

El último artículo del *Tratado* estipuló que la sede se trasladara de Panamá a la Villa de Tacubaya, en México, por ser éste un punto más cercano a la frontera entre las dos Américas. El desplazamiento de los trabajos del Congreso de un lugar a otro, que debía verificarse en un plazo de ocho meses a partir del 15 de julio de 1826, fue sumamente difícil y terminó en el fracaso del proyecto. A las diferencias sobre límites territoriales que surgieron en Panamá, entre México y Centroamérica por Chiapas, y entre Centroamérica y Colombia por la costa de Mosquitos, se sumó ahora el celo por el protagonismo de México, en tanto sede de la Asamblea General de Plenipotenciarios. En las dos reuniones que se celebraron en México, la de noviembre de 1827, entre los representantes de Colombia y México, y la de octubre de 1828, entre los delegados colombianos, mexicanos y centroamericanos, predominó un ambiente de tensión y reclamo. En ambas, el ministro de Colombia, Pedro Gual, se quejó de la apatía con que el gobierno de Victoria asumió los trabajos de la confederación, y atribuyó esa pasividad a la influencia que aún ejercían sobre la política mexicana

> aquellos extranjeros que piensan sacar partido de nuestra posición aislada, porque saben profundamente que el mejor modo de preparar el teatro para sus intrigas futuras en cada una de nuestras capitales es mantenerse desunidos y discordes entre sí, contando para el éxito con nuestra inexperiencia y con el escaso caudal de conocimientos administrativos y diplomáticos que hemos podido

[90] Rafael Rojas, *op. cit.*, pp. 108-127.

> adquirir después de nuestra emancipación: que si continuamos como estamos, abandonado cada cual a sus propios recursos y a la infancia de su política, es probable que algún día se vean haciendo una guerra encarnizada los mexicanos, colombianos y peruanos, etc..., no por intereses propios nuestros sino como meros auxiliares, o instrumentos de la política de otros gobiernos.[91]

El ministro de Centroamérica, Antonio Larrazábal, tampoco escatimó recriminaciones al desinterés de México en la instalación de la nueva Asamblea General de Plenipotenciarios y afirmó estar convencido

> de que o México no tenía interés en concurrir por su parte a la realización de la Confederación americana, o repugnaba que la Asamblea se reuniese en su territorio; que cualquiera de estos extremos que fuese cierto, era en su concepto una razón suficiente para retirarse en obsequio mismo de la Confederación, porque de lo contrario era preciso que se hiciese ridículo y despreciable un proyecto tan importante, que en otro tiempo y circunstancias acaso se podrá renovar con mejor éxito.[92]

Algo de razón asistía a Gual y Larrazábal, ya que durante todo 1827 y los primeros meses de 1828 las dos cámaras del Congreso Federal mexicano, divididas por la querella masónica y concentradas en la aprobación de los tratados de amistad y comercio con Gran Bretaña y Estados Unidos, se tardaron en dictar la ratificación de los acuerdos de Panamá, que era un paso previo a la instalación de la nueva Asamblea en Tacubaya.[93] En diciembre de 1827, disgustado por la lentitud del Congreso mexicano, Pedro Gual comunicó a Michelena y Domínguez que regresaría a su país "convencido de la inutilidad de su residencia" en México.[94]

---

[91] Antonio de la Peña y Reyes, *op. cit.*, pp. 130-131.

[92] *Ibid.*, p. 147.

[93] *Historia parlamentaria mexicana. Sesiones secretas. 1825-1828*, México, Instituto de Investigaciones Legislativas, 1984, pp. 191-256.

[94] Antonio de la Peña y Reyes, *op. cit.*, p. 133

Rápidamente los delegados mexicanos se dirigieron al secretario de Relaciones Exteriores e Interiores, Espinosa de los Monteros, y al propio presidente Victoria, quienes urgieron al Congreso para que ratificara los acuerdos de Panamá. Finalmente, el 4 de febrero de 1828 se iniciaron los debates sobre el *Tratado* en la Cámara de Diputados, los cuales se extendieron, sin alcanzar la ratificación, hasta mayo de ese mismo año, cuando el gobierno federal comenzó a presionar para que el asunto pasara al Senado.[95]

El 10 de mayo de 1828, la cancillería mexicana, ahora en manos de Juan de Dios Cañedo, envió a los diputados José Joaquín Herrera, José Ramón Pacheco y Manuel Crescencio Rejón una nota en la que demandaba el tratamiento inmediato de la cuestión por parte de la Cámara de Representantes:

> Es de suma necesidad la conclusión del interesantísimo asunto de los Tratados de Panamá antes de cerrarse las sesiones del Congreso general. El decoro de la nación está altamente comprometido por haber pasado ya catorce meses del término fijado en ellos mismos para su ratificación. El pueblo mexicano y el de todas las naciones interesadas en este negocio está ha mucho tiempo en expectativa del resultado, y los plenipotenciarios cansados ya de esperar la resolución de México, y con presencia de los pasos que lleva este asunto, han llegado a creer que su representación ya está desairada en esta capital, habiendo manifestado consiguientemente decisión de regresarse a sus respectivos Estados, decisión que el Excelentísimo señor Presidente ha podido contener hasta ahora empeñando su palabra en que el asunto se agitaría y despacharía a la mayor brevedad.[96]

La respuesta de los diputados secretarios José Pérez de Palacios y Joaquín Guerrero, ese mismo día, fue contundente: la cámara

[95] *Historia parlamentaria mexicana. Sesiones secretas. 1825-1828*, México, *op.cit.*, 1984, pp. 269-310

[96] Antonio de la Peña y Reyes, *op. cit.*, p. 135.

estimaba que "no debía tomarse por ahora en consideración la convención de contingentes entre las repúblicas de los Estados Unidos Mexicanos, Colombia, Centro América y Perú, ajustada en Panamá".[97] Tres días después, el 13 de mayo de 1828, Juan de Dios Cañedo envió una nota similar al senado, apelando otra vez al "honor comprometido de la República". La reacción del senado fue la misma que la de la cámara: devolver la "convención sobre contingentes entre las repúblicas de los Estados Unidos Mexicanos, Colombia, Centro América y Perú [...] por haber estimado no deberse tomar por ahora en consideración".[98] ¿A qué se debió el estancamiento del debate parlamentario sobre los acuerdos de Panamá en el Congreso Federal de México? ¿Sólo a las presiones que mutuamente se atribuían Poinsett y Ward, los ministros rivales de Estados Unidos y Gran Bretaña?

La lectura de las actas de las sesiones secretas de la Cámara de Diputados arroja que a fines de marzo de 1828 la discusión se interrumpió bruscamente. Durante varios días se había debatido con fruición el artículo 23 del Tratado, que concedía derechos de doble ciudadanía a los nacidos en una "república contratante" y naturalizados en otra. Los diputados mexicanos enmendaron dicho artículo, aduciendo que a los ciudadanos de una república que residieran en otra debían reconocerles los derechos de "naturalizados", no de "ciudadanos", mientras "adquirían ciudadanía, solicitándola ante las autoridades competentes conforme a la leyes del país que adopten".[99] El 24 de marzo se aprobó el artículo 31 del Tratado, el cual establecía que Tacubaya sería la sede de la siguiente reunión, y durante los tres meses siguientes no volvió a tocarse el tema: los diputados se concentraron en la ratificación del Tratado de Límites entre México y Estados Unidos, suscrito el 12 de enero por José Ignacio Esteva, Sebastián Camacho y el embajador Poinsett.[100]

[97] *Ibid.*, pp. 135-136.

[98] *Ibid.*, pp. 136-137.

[99] *Historia parlamentaria mexicana. Sesiones secretas.* 1825-1828, *op. cit.*, pp. 284-285.

[100] *Ibid.*, pp. 294-310.

En aquellos meses de 1828, Carlos María de Bustamante anotaría, en su *Diario histórico de México*, algunas reflexiones sobre los obstáculos y resistencias que la nueva clase política mexicana oponía a los acuerdos de Panamá. Según Bustamante, el tema de la integración: "exige conocimientos de muy profunda política, y aunque tenemos muchos bultos en las personas de muchos diputados, tenemos muy pocos diplomáticos y, sobre todo, tenemos a Mister Poinsett, que tiene interés en que se lleve el diablo la América española".[101] En marzo, tras la salida de Espinosa de los Monteros como secretario de Relaciones Interiores y Exteriores y el nombramiento de Juan de Dios Cañedo, Bustamante volvió a referirse al tema, aduciendo que el presidente Victoria, impulsado por un partidismo masónico yorkino, había relegado a cancilleres moderados, como Lucas Alamán y el propio Sebastián Camacho, recelosos de la naciente hegemonía estadounidense y partidarios de la integración hispanoamericana:

> Si Victoria se hubiera conducido por los consejos de este joven [Camacho] y de Lucas Alamán, su gobierno habría causado la felicidad de América; pero semejante a los ciegos voluntarios, que no ven porque no quieren ver, ha cerrado los ojos a la luz, y como el cerdo de Epicuro después de verla, ha metido el hocico y luego todo el cuerpo en un fangal regodeándose en él como en un lecho de azucenas.[102]

Además de los recelos nacionalistas que aparecieron en el Congreso y de la diplomacia del embajador Poinsett contra el Tratado de Panamá, durante el verano de 1828 estalló la primera crisis de sucesión presidencial en México. Como relata Bustamante en su *Diario histórico de México*, el triunfo del candidato moderado Manuel Gómez Pedraza, el pronunciamiento en su contra de Antonio López de Santa Anna en Perote y la revuelta

---

[101] Josefina Zoraida Vázquez Vera y Héctor Cuauhtémoc Hernández Silva, eds., *Diario histórico de México (1822-1848) del licenciado Carlos María de Bustamante*, CD 1 *1822-1834*, México, CIESAS/El Colegio de México, 2001, lunes 11 de febrero de 1828.

[102] *Ibid.*, martes 11 de marzo de 1828.

de la Acordada, a favor del candidato yorkino Vicente Guerrero, acapararon la atención del gobierno federal, la opinión pública y el Congreso en el segundo semestre de 1828.[103] El resultado fue que el 9 de octubre de 1828, tras un último intento de sensibilizar a la Cámara de Diputados por parte de Larrazábal, Gual, Domínguez y Michelena, los cuatro plenipotenciarios de Colombia, Centroamérica y México se reunieron en Tacubaya y firmaron un "Protocolo" que puede ser leído como testimonio de la frustración del sueño bolivariano.[104]

Sin embargo, el fracaso de la Asamblea de Tacubaya no debe ser atribuido únicamente a las "intrigas de Poinsett", el mítico embajador de Estados Unidos en México, que en aquel entonces estaba concentrado, junto a su amigo Lorenzo de Zavala, en lograr el ascenso al poder de Vicente Guerrero, o a las tribulaciones de la clase política mexicana. En 1828, las nuevas repúblicas hispanoamericanas ya experimentaban un proceso de gravitación hacia conflictos internos que, en unos casos, afianzaban el ámbito nacional y, en otros, favorecían diferendos regionales. Además de que a Tacubaya sólo asistieron los representantes de Colombia y Centroamérica —clara señal de debilidad de la convocatoria—, a fines de aquella década se aceleró la fragmentación nacional de la comunidad hispanoamericana: la Gran Colombia se partió en tres (Venezuela, Colombia y Ecuador) y Centroamérica en cinco (El Salvador, Guatemala, Honduras, Nicaragua y Costa Rica), surgieron o permanecieron pequeños Estados como Bolivia o Paraguay, y naciones con algún peso geopolítico como Brasil, Argentina, Chile o Perú se concentraron en la administración de sus conflictos internos.[105]

---

[103] *Ibid.*, 18/30 de septiembre de 1828.

[104] Antonio de la Peña y Reyes, *op. cit.*, pp. 142-150.

[105] Juan A. Ortega y Medina, "Disociación imperial y unificación latinoamericana", en Charles Minguet, Leopoldo Zea *et. al.*, *Bolívar y el mundo de los libertadores*, México, UNAM, 1993, pp. 97-106; Frank Safford, "Política, ideología y sociedad", en Leslie Bethell,comp., *Historia de América Latina. América Latina independiente*, t. VI, Barcelona, Crítica, 1991, pp. 42-57; Tulio Halperin Donghi, *Historia contemporánea de América Latina*, La Habana, Editorial de Ciencias Sociales, 1990, pp. 147-166; Gustavo y Hélène

Cuando Zavala se reunió con Poinsett, tan involucrado en el cabildeo de Washington contra el Congreso de Panamá, durante su viaje a Estados Unidos de 1830, ambos coincidían en que el tiempo de pensar una confederación hispanoamericana había pasado, entre otras cosas, por el rechazo de varios países al proyecto de constitución boliviana promovido con demasiada vehemencia por Bolívar y Sucre. Desde 1828 el prestigio del Libertador había comenzado a mermar en Perú y Colombia, donde caudillos como Francisco de Paula Santander y letrados como Manuel Lorenzo de Vidaurre desafiaban su autoridad. Siendo encargado de negocios de México en Londres, el guayaquileño Vicente Rocafuerte, uno de los más apasionados promotores de la difusión del republicanismo en Hispanoamérica, comunicaba al gobierno de Guadalupe Victoria, en septiembre de 1828, que Bolívar estaba intentando negociar una reconciliación diplomática con Madrid, en el momento en que Fernando VII organizaba la reconquista de México. Rocafuerte no podía asegurar el rumor de que Bolívar pensaba coronarse, pero sí pensaba que Bolívar "se había quitado la máscara del patriotismo" y que buscaba un entendimiento con la Santa Alianza sobre la base de una presidencia vitalicia, similar a la establecida por él mismo en la Constitución de Bolivia.[106]

Las tensiones entre Bolívar y México se reanudaron en abril del año siguiente, cuando el encargado de negocios del gobierno de Vicente Guerrero en Bogotá, José Anastasio Torrens, confirmó que el Libertador había designado edecán al hijo de Agustín de Iturbide. La noticia se sumó al rumor de que la nueva revuelta encabezada por Bolívar en Venezuela estaba destinada a la creación de una monarquía o una dictadura, respaldada por Gran Bretaña y Europa.[107] La idea llegó a arraigarse tanto en la opinión pública que en la primavera de 1831, cuando

---

Beyhaut, *América Latina III. De la independencia a la Segunda Guerra Mundial*, México, Siglo XXI, 1990, pp. 16-25; Edwin Williamson, *The Penguin History of Latin America*, Londres The Penguin Press, 1992, pp. 233-247.

[106] Rafael Heliodoro Valle, *op. cit.*, pp. 120-121.

[107] *Ibid.*, pp. 123-127.

los principales periódicos mexicanos reseñaron la muerte del Libertador, insistieron en el tópico de la "ambición" y la tendencia monárquica de Bolívar: "Si alguno hubiera podido ser rey de Colombia —dirá *El Sol*— hubiera sido Bolívar; si alguno hubiera podido ser dictador, o, en fin, jefe vitalicio de la República, hubiera sido Bolívar".[108]

Desde fines de la década, federalistas radicales como Rocafuerte y Zavala, conscientes de la imposibilidad de avanzar en una confederación hispanoamericana, empezaban a repensar el rol de México como frontera entre las dos Américas. Si la idea del centralismo bolivariano, que había tenido ecos mexicanos en Carlos María de Bustamante, Lucas Alamán y, en menor medida, en fray Servando Teresa de Mier, estaba ligada a la formación de una unión sudcontinental, descartada ésta, el federalismo mexicano aparecía como una forma de organización territorial, cuya funcionalidad remitía al lugar de México, no en Hispanoamérica, sino en la América Septentrional o, más específicamente, entre Guatemala y Estados Unidos. Ni Rocafuerte ni Zavala, como tampoco Mier, veían a Estados Unidos o a Guatemala como potenciales enemigos —más les preocupaban, por ejemplo, los piratas de Nueva Orleans—, pero advertían el problema de poseer grandes territorios despoblados en la frontera Norte.

La formulación más clara de esta nueva idea de una nación fronteriza se encuentra en las páginas dedicadas por Rocafuerte al tema de la colonización en su *Ensayo sobre la tolerancia religiosa* (1831). Allí, el guayaquileño sostendrá que la "libertad de cultos era la base de todo sistema de colonización" y describirá las dificultades que para la población de territorios, como el istmo de Coatzacoalcos, en Veracruz, generaba la intolerancia de otra religión que no fuera la católica.[109] Luego Rocafuerte trasladó su reflexión al caso de las Californias y Texas, donde, a su en-

---

[108] *Ibid.*, pp. 128-129.

[109] Vicente Rocafuerte, *Ensayo sobre la tolerancia religiosa*, México, Bibliófilos Mexicanos, 1962, pp. 206-207.

tender, el gobierno de México debía promover el asentamiento de europeos y crear "colonias mexicanas, que irían extendiéndose desde el río Colorado hasta el Sabina, y establecerían una frontera capaz de contener cualquier ataque".[110] Según el guayaquileño, quien desde su posición como diplomático mexicano en Londres, durante el gobierno de Guadalupe Victoria, había intentado respaldar el asentamiento de una colonia de escoceses en la Alta California, la reticencia de México a tolerar otras religiones colocaba a este país en desventaja frente a su vecino del norte y frente otros países latinoamericanos como Brasil, Argentina y Colombia.[111] El hispanoamericanismo de Rocafuerte seguía siendo intenso y, en algún pasaje de su ensayo, llega, incluso, a utilizar el concepto moderno de *identidad*:

> El que haya viajado a Buenos Aires, Colombia, Perú, Chile, Centroamérica, habrá observado que todos los americanos somos hijos de unos mismos padres, todos hemos recibido la misma educación, profesamos la misma religión, hablamos el mismo idioma, tenemos los mismos usos y costumbres, estamos plagados de las mismas visiones y adornados de las mismas cualidades, en fin, somos en todo y por todo verdaderos hermanos. Existiendo tal identidad de circunstancias, ¿cómo en unos países se ha proclamado la tolerancia religiosa y en otros no?[112]

La explicación, según Rocafuerte, no estaba en la mayor o menor ilustración, o en el mayor o menor nacionalismo, sino en la fuerza que poseía el clero en países como México. Esta limitación impedía un proyecto colonizador en la zona fronteriza que diversificara religiosa y étnicamente la ciudadanía y reforzara las economías de los estados menos productivos. Al igual que Vidaurre, Rocafuerte celebra la heterogeneidad cultural que generan las migraciones de ingleses, suizos y alemanes,

110 *Ibid.*, p. 216.
111 *Ibid.*, pp. 208-209.
112 *Ibid.*, p. 210.

pero le agrega el tópico del "blanqueamiento", más propio del liberalismo romántico que del primer republicanismo hispanoamericano: "la población escocesa es fuerte, robusta, blanca y de hermosos colores; mezclándose, como era natural, con los indígenas, hubiera blanqueado y mejorado la raza de nuestros indios".[113] Pero las ideas de Rocafuerte fueron rechazadas en México —su ensayo fue sometido a un juicio de imprenta durante el primer gobierno de Anastasio Bustamante— no por su racismo, sino por su laicismo.

A pesar del respaldo que le brindaron importantes políticos mexicanos, como el jalisciense Juan de Dios Cañedo, el juicio de imprenta contra el *Ensayo sobre la tolerancia religiosa* promovido por sectores clericales, cercanos a la administración de Anastasio Bustamante y Alamán, y la reacción de ese mismo gobierno contra el *Fénix de la Libertad*, un periódico editado por Rocafuerte, que lo llevó a la cárcel de Chalco, convencieron al guayaquileño de que era hora de regresar a la patria.[114] Para Rocafuerte, Heredia y muchos de los que como ellos dos habían impulsado un americanismo continental, que rebasara las fronteras territoriales construidas por la lógica jurisdiccional del imperio borbónico, la hora de los republicanos errantes había quedado atrás y era preciso involucrarse en las políticas nacionales. A la altura de 1830, era evidente que la revolución hispanoamericana no había logrado constituir repúblicas confederables en una unión supranacional. Quedaba comprobar, a partir de entonces, si los nuevos países serían capaces de construir sus respectivos Estados nacionales.

---

[113] *Ibid.*, p. 208.

[114] Vicente Rocafuerte, *Un americano libre*, México, SEP, 1947, pp. 56-60. Véase también Jaime E. Rodríguez O., *El nacimiento de Hispanoamérica. Vicente Rocafuerte y el hispanoamericanismo, 1808-1832*, Quito, Universidad Andina Simón Bolívar, 2007, pp. 287-292.

De reino a república

El proceso político iniciado en el verano de 1808, tras la invasión napoleónica a España, estuvo fuertemente marcado por un patriotismo local que, lo mismo en la metrópoli que en los territorios de Ultramar, impulsó a las élites peninsulares y criollas a reclamar la autonomía de reinos, ciudades y provincias del imperio borbónico, en nombre de las leyes de la monarquía católica. La ambivalencia o la sinonimia entre los conceptos de autonomía e independencia se propagaron no sólo en la prensa y la panfletografía que surgieron tras las libertades gaditanas, sino en el pensamiento político de los propios líderes del separatismo hispanoamericano.

Una reconstrucción del significado del término *autonomía* en la tradición monárquica española, y su actualización en la legislación gaditana de 1812, nos permitiría desembocar en una lectura comparada de dos textos tardíos del autonomismo hispanoamericano: el *Manifiesto al mundo sobre la justicia y la necesidad de la independencia de la Nueva España* (1821), del canónigo santanderino Manuel de la Bárcena, quien fuera rector del Seminario de Valladolid de Michoacán y miembro de la Regencia entre 1821 y 1822, y el *Proyecto de instrucción para el gobierno económico político de las Provincias de Ultramar* (1822), del sacerdote habanero Félix Varela y Morales, diputado a las Cortes de Madrid durante el Trienio Liberal.[1]

[1] Sobre el convulso periodo del Trienio Liberal, véase Miguel Artola, *La España de Fernando VII*, Madrid, Espasa Calpe, 1999, pp. 529-666.

El interés de una hermenéutica paralela de estos textos podría defenderse con la observación de que ambos aparecen en el momento de máxima decantación entre autonomismo y separatismo en la Nueva España y casi todos los reinos hispanoamericanos. En el último tramo de la guerra separatista, y perfilados por la condición eclesiástica y el bagaje doctrinal de ambos, Bárcena y Varela, a diferencia de algunos de sus contemporáneos, como fray Servando Teresa de Mier o Simón Bolívar, no justificaban, entre 1821 y 1823, la independencia a partir de las virtudes de un gobierno republicano, sino que demandaban el autogobierno de los reinos y provincias desde las leyes católicas del antiguo régimen.

Antropólogos y lingüistas, como James Clifford y George Steiner, han destacado el papel de la hermenéutica y la traducción en los procesos de contacto entre culturas y religiones distintas.[2] Dicho enfoque podría trasladarse con provecho al estudio de las grandes transformaciones ideológicas de los dos últimos siglos. La rápida evolución del monarquismo parlamentario de los liberales gaditanos al republicanismo federal o unitario de los estadistas hispanoamericanos, entre 1810 y 1823, puede ser estudiada como un proceso de traducción en el que se involucran lecturas de diversas tradiciones doctrinales y, por momentos, contradictorias, como las de la monarquía católica española, las ilustraciones francesa e italiana, la monarquía parlamentaria británica y el republicanismo federal estadounidense.

En *Después de Babel* (1975), dice Steiner: "la polisemia, la aptitud de una palabra para significar distintas cosas, esa diferencia que cubre desde el matiz hasta la antítesis, caracteriza al lenguaje de la ideología".[3] La lectura y la traducción de textos políticos entre diversas tradiciones atlánticas, y dentro de la propia tradición hispánica, acompañó el proceso ideológico de la in-

[2] James Clifford, *Routes, Travel and Translation in the Late Twentieth Century*, Cambridge, Massachusetts, Harvard University Press, 1997, pp. 17-46; George Steiner, *Extraterritorial*, Madrid, Siruela,2002, pp. 17-24.

[3] George Steiner, *Después de Babel. Aspectos del lenguaje y la traducción*, México, FCE, 2005, p. 55.

dependencia. El término *autonomía*, aunque se difundió ampliamente en España desde las últimas décadas del siglo XIX y a partir de 1978 adquirió rango constitucional con el "estatuto de las autonomías", experimentó una compleja reproducción en los años previos y posteriores a la invasión napoleónica de 1808 y la llamada "eclosión juntera" de ese año.[4]

El sentido pactista de la monarquía católica, desde la época de los Austrias, poseía una lógica territorial basada en la coexistencia política de diversos reinos y provincias. En el periodo borbónico, el modelo castellano se impuso en Aragón y, durante las reformas de Carlos III y Carlos IV, esa limitación del pactismo, desde la perspectiva regalista de los nuevos gobernantes, avanzó sobre otras regiones bajo la forma de una centralización administrativa y política. Entre la división territorial borbónica, que se puso en práctica de 1799 a 1805, y la reorganización provincial de Javier de Burgos, en 1833, tuvo lugar aquella reproducción del concepto de autonomía a que hemos hecho referencia, y que involucra de manera natural la cuestión americana.[5]

Desde la convocatoria a representantes americanos y peninsulares para la integración de la Junta Central, en la primavera de 1809, el imaginario autonomista, que había brotado desde el verano del año anterior en casi todas las audiencias y ayuntamientos americanos, comenzó a gravitar sobre Cádiz. En aquella convocatoria se decía que "los vastos dominios", clasificados como "reinos, provincias e islas", que "España posee en las Indias, no son propiamente colonias o factorías como los de otras naciones, sino una parte esencial e integrante de la monarquía española".[6] La idea de un reino de reinos, como es sabido, quedó

[4] Manuel Chust, *1808. La eclosión juntera en el mundo hispano*, México, FCE/El Colegio de México, 2007, pp. 11-50.

[5] Eduardo Garrigós, *Las autonomías: historia de su configuración territorial*, Madrid, Anaya, 1995, pp. 10-25; José Luis de la Granja Sainz, Justo G. Beramendi y Pere Anguera, *La España de los nacionalismos y las autonomías*, Madrid, Síntesis, 2001, pp. 8-17. Véase también Juan Pablo Fusi y Guadalupe Gómez-Ferrer, *Historia de España de Menéndez Pidal. La España de las autonomías*, Madrid, Espasa, 2007, t. II, pp. 43-62.

[6] Manuel Chust, *op. cit.*, p. 32.

plasmada en el artículo décimo de la Constitución de Cádiz y el título sexto de esa misma Carta se dedicó íntegramente al gobierno político de los pueblos y a las diputaciones provinciales, una institución que, en más de un sentido, podría ser llamada "americana", y que reaparece con fuerza durante el Trienio Liberal.[7]

En el caso de los dos documentos que aquí se analizan, el *Manifiesto al mundo* (1821) de Manuel de la Bárcena y el *Proyecto autonómico* (1822) de Félix Varela, es notable el proceso de radicalización interna que experimentó el autonomismo hispanoamericano entre 1808 y 1823. En sus últimas versiones, y al borde ya del tránsito hacia el republicanismo federal o unitario, los autonomistas hispanoamericanos buscaban una conciliación entre la legitimidad dinástica de Fernando VII y el autogobierno de los reinos y provincias de Ultramar, a partir de sus propias instituciones locales y regionales, y, en algunos casos, de la formación de una nueva entidad nacional bajo el imperio borbónico. Bárcena y Varela, como veremos, tradujeron al lenguaje de la monarquía católica la teoría liberal de la soberanía del pueblo y el gobierno representativo.

Sin suscribir una hipótesis genética o teleológica, podría decirse que el pactismo autonomista, de raíz habsbúrguica, pudo ser traducido en términos republicanos por muchos intelectuales hispanoamericanos, debido a que el mismo poseía dos elementos constitutivos de todo republicanismo: la soberanía popular y la lógica representativa.[8] Ese "preterismo dinámico", como lo llamó Villoro, podría ser entendido como una mutación de la idea de libertad, según los antiguos, en idea de la libertad, según los modernos, al modo de la célebre conferencia

---

[7] Nettie Lee Benson, *La diputación provincial y el federalismo mexicano*, México, El Colegio de México, 1955, pp. 22-84. Véase también Manuel Chust, *La cuestión nacional americana en las Cortes de Cádiz*, Valencia, UNED-UNAM, 1999.

[8] Sobre el elemento republicano en el pactismo de antiguo régimen véanse los clásicos estudios de Luis Villoro, *El proceso ideológico de la independencia*, México, SEP, 1986, pp. 191-220, y François Xavier Guerra, *Modernidad e independencias. Ensayos sobre las revoluciones hispánicas*, Madrid, Mapfre, 1993, pp. 149-176.

de Benjamin Constant en el Ateneo de París, o como una presencia de la "república antes del republicanismo", similar a la que ha encontrado Quentin Skinner en la teoría neorromana de los Estados libres.[9]

Algo que diferencia a Varela y a Bárcena, así como a algunos de los más importantes letrados de la independencia (Vicente Rocafuerte, fray Servando Teresa de Mier, Manuel Lorenzo de Vidaurre o Lorenzo de Zavala, por ejemplo), de Bolívar, Sucre, San Martín y otros caudillos de aquella gesta es que los primeros tuvieron un contacto mayor con esa rica tradición política proveniente del derecho indiano que, como ha notado Juan Carlos González, influyó poderosamente en la conformación del liberalismo gaditano y en el proceso de descolonización.[10] Donde Bolívar vio una "existencia política nula", como dice en la *Carta de Jamaica* (1815), aquellos letrados vieron una experiencia de soberanías locales y provinciales que podía aprovecharse en la creación del gobierno representativo republicano y federal.[11]

Dos proyectos autonómicos tardíos

En 1821, Félix Varela y Manuel de la Bárcena eran todavía fernandistas o se presentaban como tales, sin serlo plenamente.[12] El primero había escrito un "Elogio a su Majestad, el Señor Fernando VII", que leyó en la Sociedad Patriótica de La Habana,

---

[9] Benjamin Constant, *Escritos políticos*, Madrid, Centro de Estudios Constitucionales, 1989, pp. 257-285; Quentin Skinner, *La libertad antes del liberalismo*, México, Taurus/CIDE, 2004, pp. 15-42.

[10] Juan Carlos González, *Influencia del derecho español en América*, Madrid, Mapfre, 1992, pp. 26-32. Ver también Ismael Sánchez Bella, Alberto de la Hera y Carlos Díaz Rementería, *Historia del derecho indiano*, Madrid, Mapfre, 1992, y Carlos J. Hernando Sánchez, *Las indias en la monarquía católica. Imágenes e ideas políticas*, Valladolid, Universidad de Valladolid, 1996.

[11] Simón Bolívar, *Cartas del Libertador*, Caracas, Banco de Venezuela/Fundación Vicente Lecuna, 1964, t. I, p. 222.

[12] Sobre el fernandismo en la Nueva España, véase Marco Antonio Landavazo, *La máscara de Fernando. Discurso e imaginario monárquicos en una época de crisis. Nueva España, 1808-1822*, México, El Colegio de México, 2001.

el 12 de diciembre de 1818. Allí Varela hablaba del puerto habanero como una nueva Fenicia, en la que desembarcaban "las mercancías preparadas con diligencia, por el laborioso habitante de las riberas del Támesis".[13] El presbítero cubano no sólo pasaba por alto el restablecimiento del absolutismo en 1814, la persecución contra los liberales en la península o la feroz contrainsurgencia en Hispanoamérica, sino que identificaba a Fernando VII con la herencia ilustrada de su abuelo, Carlos III, y el fomento de la agricultura, el comercio y la industria. Según Varela, el monarca español era un perfecto déspota ilustrado, bajo cuyo reinado la isla de Cuba estaba alcanzando un grado de civilización admirable:

> Madrid vio florecer las artes y las letras por los esfuerzos de Fernando VII, a quien debe la fundación de la real academia, del jardín botánico y otros talleres de Minerva; pero La Habana ha conseguido iguales ventajas y espera hacer iguales progresos [...] Los trabajos de Linneo serán conocidos e imitados por la juventud de La Habana, las artes deberán sus progresos a la ilustre ciencia que coronó las sienes de Lavoisier; el comercio y la agricultura experimentarán el benéfico influjo de los trabajos de Smith; todo promete prosperidades, y las generaciones futuras repetirán el nombre de Fernando VII como principio de tantos bienes.[14]

Varela, por lo visto, no observaba contradicción alguna entre fernandismo y constitucionalismo, o entre absolutismo y liberalismo.[15] El Rey, aunque hubiera abolido la Constitución en 1814, era una figura central de la misma, tal y como apuntaba el sacerdote habanero en sus *Observaciones sobre la constitución política de la monarquía española* (1820), escritas a partir de la cátedra cons-

[13] Félix Varela, *Escritos políticos*, La Habana, Editorial de Ciencias Sociales, 1977, p. 250.

[14] *Ibid.*, pp. 257-258.

[15] Véase Roberto Breña, *El primer liberalismo español y los procesos de emancipación de América, 1808-1824. Una revisión historiográfica del liberalismo hispánico*, México, El Colegio de México, 2006, pp. 323-344.

titucional que impartiera en el Seminario de San Carlos y San Ambrosio, por iniciativa del obispo Juan José Díaz de Espada y Landa.[16] El centro de aquellos comentarios a la Constitución de Cádiz de 1812 era el concepto de *soberanía*, cuya interpretación Varela tomaba directamente de una *Proclama a los habitantes de Galicia* del 3 de marzo de 1820, escrita por el militar y político gallego —aunque nacido en Santa Fe, Nueva Granada— Pedro Agar y Bustillo, presidente de la Junta Suprema de La Coruña a inicios del Trienio Liberal, en la que se sostenía que el texto gaditano era la ley de leyes "de los antiguos reinos que forman las Españas".[17]

Glosando el *Diario de las Cortes* de Cádiz, entre 1810 y 1812, Varela reconstruía la argumentación de los constituyentes sobre el artículo tercero, que rezaba: "la soberanía reside esencialmente en la nación, y por lo mismo pertenece a ésta exclusivamente el derecho de establecer sus leyes fundamentales". A su entender, dicha expresión debía ser interpretada, en concordancia con las Sagradas Escrituras, no como negación sino como complementación de la doctrina del derecho divino de los reyes. Al residir la soberanía "esencialmente" en la nación, ésta detentaba el "primer poder y el origen de los demás". La autoridad pasaba, pues, de Dios a la nación y de ésta al Rey, quien, como gobernante, dice Varela, "no tiene derecho a serlo por naturaleza", sino que "es constituido por elección o por consentimiento de la sociedad".[18]

De acuerdo con el derecho natural, que para Varela era la realización histórica del derecho divino, la autoridad pasaba de Dios al padre de familia, quien reproducía "los vínculos de la misma naturaleza" y daba origen a pueblos y reinos. Esta interpretación cristiana del origen de la autoridad fue expuesta en las Cortes de Cádiz por el quiteño José Mejía Lequerica, diputado por el virreinato de la Nueva Granada, a quien Varela llama

[16] Félix Varela, *op. cit.*, pp. 25-28.

[17] *Ibid.*, p. 29.

[18] *Ibid.*, p. 34.

"Demóstenes americano". En una célere intervención, el 29 de diciembre de 1811, Mejía había sostenido que el poder real, al ser traspasado por Dios al primer hombre, del primer hombre al padre de familia y del padre de familia a los pueblos, era "regulado" por estos últimos, organizados en forma de municipios, provincias y reinos. La fuente doctrinal de Mejía era, naturalmente, la Biblia, aunque interpretada a partir de los neotomistas españoles (Suárez, Vitoria, De Soto), de los teóricos del derecho natural (Grocio, Pufendorf) y de los tratadistas del iluminisno italiano (Filanghieri, Beccaria, Genovesi...). Su base de comprobación, sin embargo, era la historia de los reyes españoles:

> Los españoles desde la fundación de la monarquía han regulado la instalación y sucesión de los reyes por el solo santo principio de ser la suprema, la única inviolable ley, la salud del Estado. Así es que en Aragón se les decía al colocarlos sobre el trono: *nosotros, que cada uno de por sí, somos iguales a vos, y todos juntos muy superiores a vos*, y que la Corona de Castilla no dejó la augusta de los infantes de la Cerda para ceñir la del príncipe Don Sancho, su tío; ni el Conde de Trastamara fue preferido al legítimo sucesor de Don Pedro el Cruel (de cuyos troncos descienden y por cuya sucesión reinan los Borbones de España), sino por la utilidad y exigencia pública, manifestada la decisiva voluntad de las Cortes, aunque débil representación entonces de la soberanía del pueblo.[19]

En la octava observación sobre la Constitución de Cádiz, la referida a los ayuntamientos y juntas provinciales, Varela retomó esta idea cristiana del derecho natural de los pueblos, que veía expuesta también en la *Teoría de las Cortes de León y Castilla* de Francisco Martínez Marina, para discutir la funcionalidad de las instituciones municipales y regionales. Aquí Varela reproducía las intervenciones del Conde de Toreno y Agustín Argüelles a propósito de que los ayuntamientos y las juntas provinciales no podían considerarse corporaciones representativas, como habían

[19] *Ibid.*, p. 37.

pensado algunos juntistas americanos en 1808 (Azcárate, Verdad y Talamantes, por ejemplo), sino, únicamente, como "agentes subalternos" del poder ejecutivo. Unas y otros, diputaciones y ayuntamientos, según los constitucionalistas peninsulares, no "representaban" a los pueblos, ya que en la "nación no hay más representación que la del congreso nacional".[20] Toreno y Argüelles pensaban que si no se limitaba el poder de los municipios y las provincias al "gobierno económico" de las comunidades, de acuerdo con el interés de sus vecinos, y se le concedían atribuciones legislativas, entonces se amenazaba el principio unitario de la monarquía, debido a que esos cuerpos, convertidos en soberanos, "existirían separadamente y formarían una nación federada, en vez de constituir una sola e indivisible nación".[21]

En este punto, el presbítero habanero se limitaba a reconstruir fríamente la argumentación de Toreno y Argüelles, que predominó en la redacción de los dos capítulos del título sexto de la Constitución de Cádiz, dedicados al "gobierno interior de las provincias y los pueblos".[22] Sin embargo, más adelante insistía en que los ayuntamientos y las diputaciones, en tanto "agentes subalternos del poder ejecutivo", tenían atribuciones decisivas, como educación, escuelas, salubridad, hospitales, hospicios y casas de expósitos, que debían desempeñarse de acuerdo con el interés de los naturales y vecinos. Dado el amplio volumen de atribuciones y competencias que poseían ambas instituciones, Varela proponía introducir la noción de un cuarto poder, distinto del ejecutivo, el legislativo y el judicial, al que llamaba "poder municipal".[23] Esta teoría de la autoridad local y regional, que retomaba la tradición más radical del juntismo americano de 1808, aunque sin llegar a cuestionar el carácter unitario de la monarquía española, dotaba a las instituciones locales y re-

---

[20] *Ibid.*, p. 92.

[21] *Ibid.*, pp. 92-93.

[22] Felipe Tena Ramírez, *Leyes fundamentales de México. 1808-1864*, México, Porrúa, 1964, pp. 95-99.

[23] Félix Varela, *op. cit.*, p. 94.

gionales de un contenido funcional deliberativo, consultivo y contencioso, que las convertía, de hecho, en una intersección entre los tres poderes de la monarquía católica.

En estos comentarios de 1820, Félix Varela bordeaba los límites políticos de la Constitución de Cádiz de 1812. Dos años después, instalado en Madrid como representante habanero a las nuevas Cortes, Varela se daría a la tarea de proponer reformas a dicha Constitución que facilitaran el autogobierno de los reinos, provincias y municipios de Ultramar. Dos de las reformas propuestas por Varela a las Cortes fueron el proyecto de *Decreto sobre la abolición de la esclavitud en la isla de Cuba y sobre los medios de evitar los daños que pueden ocasionarse a la población blanca y a la agricultura*, presentado en el otoño de 1822, y el *Proyecto de gobierno autonómico para las provincias de Ultramar*, presentado en febrero de 1823.[24] Esta última propuesta de reforma puede ser leída como un desarrollo de aquella idea del "poder municipal", apenas anotada en las *Observaciones*, pero inscrita en una emergente perspectiva autonomista que todavía respetaba los límites de la monarquía unitaria española.

La premisa de Varela para proponer el autogobierno autonómico de las provincias de Ultramar estaba tomada de *Del espíritu de las leyes*, de Montesquieu: la diferencia de "localidad, clima, población, estado económico, relaciones, costumbres e ideas" entre la metrópoli peninsular y sus posesiones americanas. De aprobarse, continuaba Varela en su preámbulo, las reformas honrarían "la gloria de la magnánima nación española", sin "interrumpir las relaciones generales y el sistema político de la nación" y "estrechando los lazos de amistad que deben unir a los españoles de ambos hemisferios".[25] Y aquí llama la atención que Varela, consciente de la radicalización republicana del proceso de la independencia en Hispanoamérica, hable siempre de "provincias", no de "reinos", pero, al mismo tiempo, nunca circunscriba explícitamente sus reformas a las islas del Caribe. Con la

[24] *Ibid.*, pp. 260-281.

[25] *Ibid.*, p. 278.

frase "españoles de ambos hemisferios", el sacerdote cubano intentaba englobar a todos los pueblos hispanoamericanos que reconocieran la legitimidad de la monarquía constitucional. La metáfora utilizada por Varela no podía ser más elocuente: "erigir un coloso estribado en dos mundos, y cuyas partes perfectamente asimiladas no puedan separarse ni por los esfuerzos de la malicia ni por el imperio de los tiempos".[26]

El proyecto de reforma de Varela que —aunque escrito en la primavera de 1822, fue retrasado casi un año para su presentación y, naturalmente, nunca fue debatido ni aprobado, debido a la disolución de las Cortes en 1823— consistía en tres medidas concretas para reforzar la autoridad de los ayuntamientos y las diputaciones provinciales: 1) incrementar el número de los municipios, estableciendo un ayuntamiento por cada veinticinco casas; 2) conceder a las diputaciones provinciales el estatus jurídico de cuerpos consultivos, "haciendo que haya en la diputación un individuo por cada partido y exigiendo que el que se nombre por un partido tenga todos los conocimientos locales, por haber nacido en él", y 3) aumentar la cantidad de los diputados provinciales, "de modo que jamás bajen de siete, aunque sea menor el número de partidos".[27] En la fundamentación de su proyecto, Varela no llegaba a proponer el carácter representativo del poder municipal o provincial, pero sí advertía que, de no reforzarse las instituciones locales y regionales, la representación nacional no sería suficiente para contener el despotismo de la burocracia peninsular: "las leyes desgraciadamente se humedecen, debilitan y aun se borran atravesando el inmenso océano, y a ellas sustituye la voluntad del hombre, tanto más temible cuanto más se complace en los primeros ensayos de su poder arbitrario, o en su antigua y consolidada impunidad".[28]

Las reformas propuestas por Varela, y respaldadas en Madrid por los diputados Pablo Santafé, Leonardo Santos Suárez, José

---

[26] *Ibid.*, p. 278.

[27] *Ibid.*, pp. 278-279.

[28] *Ibid.*, p. 279.

Meléndez, Manuel Vismanos, Ramón Luis Escovedo y José María Quiñones, profundizaban el concepto de autonomía provincial y local de Miguel Ramos Arizpe y otros liberales gaditanos y del Trienio Liberal, el cual, como mostrara Nettie Lee Benson en su clásico estudio, influyó decisivamente en el tránsito al federalismo republicano en México. En la Constitución de 1812 se establecía un ayuntamiento por cada comarca de mil almas, se contemplaba la posibilidad de que las diputaciones provinciales tuvieran menos o más de siete miembros y se exigía como condición para ser elegido por el partido ser natural o vecino, con cinco años de residencia para el ayuntamiento y siete para la diputación provincial. La figura del jefe político, nombrado por el Rey y que presidía ambos cuerpos, tenía un peso ineludible en los artículos 309 y 324 de aquella constitución.[29] Varela, en cambio, siempre alude críticamente a esta figura, que considera símbolo del mal gobierno de la burocracia peninsular, y propone que los líderes de los municipios y las provincias sean únicamente los nacidos en ellos.

Unos meses antes de la redacción de este proyecto de autonomía por un diputado americano a las Cortes de Madrid, había aparecido en México y en Puebla el *Manifiesto al mundo. La justicia y la necesidad de la independencia de la Nueva España* (1821) del arcediano y gobernador del Obispado de Valladolid de Michoacán, Manuel de la Bárcena.[30] Desde lecturas similares a las de Varela (la Biblia, san Agustín, Grocio, Montesquieu y, sobre todo, el abate francés Dominique de Pradt), Bárcena proponía dos maneras de entender la independencia novohispana: "como un pueblo subyugado, que recobra su libertad y soberanía" o "como una colonia, que habiendo llegado a un crecimiento competente, se emancipa de la metrópoli".[31] La

[29] Felipe Tena Ramírez, *op. cit.*, pp. 95-99.

[30] Alfredo Ávila Rueda, "El cristiano constitucional: libertad, derecho y naturaleza en la retórica de Manuel de la Bárcena", *Estudios de Historia Moderna y Contemporánea de México*, México, vol. 25, 2003, pp. 5-41.

[31] Manuel de la Bárcena, *Manifiesto al mundo. La justicia y la necesidad de la independencia de la Nueva España*, México, Oficina de Mariano Ontiveros, 1821.

primera correspondía al derecho, que él llamaba, "de los indígenas", y la segunda, al "derecho de los colonos". Dos derechos que, a su entender, tenían orígenes y connotaciones distintas, por lo que la visión del reino novohispano de Bárcena estaba muy lejos de ser la moderna que trasciende toda distinción estamental dentro de una comunidad.

Bárcena procedía, además, enfatizando la excepcionalidad de la Nueva España dentro "las Américas", una región que, a su juicio, no debía "formar una sola nación, sino dividirse en muchas".[32] Los dos elementos distintivos de esa excepcionalidad eran, precisamente, la heterogeneidad de derechos entre los súbditos, que provenía del antiguo régimen, y la gigantesca extensión del reino, que impedía que la Nueva España se organizara como una simple monarquía moderada y la obligara a adoptar la forma de un gobierno imperial. Por la vía del excepcionalismo, Bárcena tomaba distancia del pensamiento republicano contemporáneo hispanoamericano, fuera en la versión unitaria de Bolívar o en la semifederal de Mier, y de hecho, a pesar de dedicar varias páginas a demostrar la ilegitimidad de la conquista, dejaba a un lado el principal punto de convergencia con este último, esto es, el argumento de que el reino de la Nueva España recuperaba su soberanía en ausencia del Rey.

El principal énfasis del *Manifiesto al mundo* estaba puesto en eso que Bárcena llamaba el "derecho de los colonos", es decir, en la idea de que la colonia novohispana se había desarrollado tanto bajo el imperio español que, a principios del siglo XIX, estaba en condiciones de constituirse ella misma en una nueva nación y, sobre todo, un nuevo imperio. Alguna resonancia del *Ensayo político sobre el reino de la Nueva España* de Humboldt había en esa tesis, pero, sobre todo, un parentesco con la argumentación que encabezaba la proclama del Plan de Iguala: la grandeza de España se había trasplantado en la Nueva España, y ahora el inmenso virreinato, con sus 144 460 leguas cuadradas y sus seis millones de habitantes, tenía que conformar el imperio de la América Sep-

---

[32] *Ibid.*, p. 3.

tentrional. A pesar de la vehemencia con que Bárcena hablaba de la "necesidad" y la "justicia" de la "independencia", esta última no era presentaba como un acto de deslealtad sino como un reclamo o una demanda legal y pacífica a la metrópoli peninsular. Así, en uno de los pasajes centrales del texto, afirma:

> ¿Qué fue lo que juramos? ¿Fidelidad al Rey? Se la guardamos; que nos gobierne el Rey, eso es lo que queremos: fidelidad al Rey, pero no a los virreyes serviles y despóticos, no a los intrusos y temerarios: juramos obediencia a las leyes, pero no a los tiranos; a las leyes, no a las arbitrariedades: juramos cumplir la Constitución, pero ella no se ha cumplido entre nosotros. La España con su proceder nos ha dispensado el juramento. El pacto está disuelto. Además, en la misma Constitución hemos jurado no ser esclavos, no se nos quiera pues eludir como a niños, no se nos quiera fascinar con juramentos, que los juramentos no se instituyeron para vínculos de inequidad: respetamos como el que más la religión del juramento: somos cristianos por la gracia de Dios, somos leales al Rey, pero no somos fatuos: en una palabra: hemos jurado ser leales; pero no hemos jurado ser bestias.[33]

Al igual que en el Plan de Iguala, Bárcena utilizaba el símil filial de los padres y los hijos: "son las colonias con respecto a las metrópolis, lo que los hijos con respecto a los padres, les están sujetos mientras necesitan de su protección; más cuando llegan a la edad varonil, entonces la misma naturaleza los llama a formar nuevas familias".[34] El crecimiento del virreinato había producido, según Bárcena, una diferenciación entre colonia y metrópoli y, al mismo tiempo, una diferenciación dentro de la propia colonia, debido a su extensión geográfica y su densidad demográfica. Esa idea de la diferenciación interna, que luego veremos reaparecer en el mensaje del Congreso General Constituyente a los "habitantes de la federación", firmado por Lorenzo de Za-

---

[33] *Ibid.*, p. 7.

[34] *Ibid.*, p. 8.

vala, Manuel de Viya y Cosío y Epigmenio de la Piedra, en octubre de 1824, llevará a Bárcena a hablar, en un sentido similar al de Varela, de un "disforme edificio", levantado a ambos lados del Atlántico, que debía ser reconstruido.

¿Cómo podía reconstruirse dicho edificio si el reino de la Nueva España se declaraba independiente? Las respuestas de Manuel de la Bárcena eran ambivalentes y, por momentos, contradictorias. Unas veces habla de "dinastía mexicana" y otras pide a España un Rey; al principio del texto defiende la Constitución de Cádiz, pero al final la cuestiona: "no trato de hacer crítica de la constitución española, pero sí diré que es injusta con respecto a este reino, pues, violando los derechos del hombre, excluye de la clase de ciudadanos a más de la tercera parte de sus habitantes".[35] Pero a pesar de esta ambivalencia entre una monarquía con rey extranjero y otra con rey mexicano, que cuestiona la tipología de Edmundo O'Gorman en su clásico ensayo *La supervivencia política novohispana. Reflexiones sobre el monarquismo mexicano* (1969), en las páginas finales del *Manifiesto,* Bárcena optaba por que el trono de la Nueva España fuera ocupado por Fernando VII o algún príncipe de la dinastía borbónica. Que el mismo Rey de los reinos peninsulares reinara en la Nueva España no implicaba, únicamente, la titularidad del poder ejecutivo, sino su ejercicio, ya que, aunque el imperio de la América Septentrional fuera una monarquía con su propia constitución y con su propio congreso nacional, las relaciones económicas y políticas entre Madrid y México eran imaginadas como preferenciales o, incluso, como las que caracterizan a una confederación:

> Déjanos pues, ¡oh, España!, déjanos gozar de nuestra libertad: si nos has hecho beneficios, corona tu obra, y sea la instalación de la monarquía mexicana el último acto de tu autoridad paternal. Danos un rey, y conviértase la cadena de dependencia, en lazos de amor, piedad y gratitud: considera que el padre que nunca quisiera reconocer a su hijo como hombre, sería injusto porque no se crece

[35] *Ibid.*, p. 15.

para no salir de niño. Danos un Rey, y tendrás nuestra plata y nuestro oro. Danos un Rey [...:] nosotros no nos oponemos a la unión, la naturaleza es la que se opone: nosotros no nos separamos, el océano nos separa: nosotros no conspiramos contra nuestro Rey, sino contra su ausencia. ¡Ojalá que Fernando pudiera estar sentado en dos tronos al mismo tiempo![36]

A diferencia del proyecto autonómico de Varela, que se centraba en las instituciones municipales y provinciales, aquí la autonomía era asumida como el estatus jurídico y político de todo un reino. Bárcena, al contrario del presbítero habanero, no temía rebasar el límite de la constitución de una monarquía representativa y autónoma bajo la legitimidad borbónica del emperador de las Españas. Lo que para el cubano era una posibilidad, el coloso imperial con un pie en la península y otro en América, para el mexicano representaba casi un imposible o, por lo menos, una incógnita: ¿podía Fernando VII sentarse en dos tronos a la vez? Sí podía, y Bárcena, que conocía la historia de la monarquía católica española, sabía que el mito del águila bicéfala tenía una larga tradición en los reinos peninsulares. A través de Bizancio, la fórmula de los dos tronos había pasado a España, con Carlos V, y se había mantenido como símbolo de la dinastía de los Habsburgo hasta 1700. Precisamente de esa tradición pactista de los Austrias provenían las principales nociones del autogobierno de naturales y vecinos en los cuerpos del reino, aprovechadas por Félix Varela y Manuel de la Bárcena en los últimos años del imperio borbónico en Hispanoamérica.

El resuelto apoyo de Bárcena al Plan de Iguala contribuyó a su movilidad política dentro de la regencia del Imperio de la América Septentrional. Como miembro de esa institución, Bárcena, junto a Agustín de Iturbide, Isidro Yáñez y Manuel Velázquez de León, firmó importantes decretos en el otoño de 1821, como el del "juramento y proclamación de la independencia en todas las ciudades y pueblos que no lo hubieran hecho", el de la

[36] *Ibid.*, p. 21.

creación de juntas de "calificadores de impresos útiles" en cada ayuntamiento y el de la convocatoria a las elecciones de diputados al primer congreso.[37] El papel de Bárcena, como miembro de la Regencia, fue especialmente destacado en la organización del primer congreso. En una "indicación" dirigida a la Soberana Junta Provisional, Bárcena, Yáñez y Velázquez de León proponían que el poder legislativo "estuviera integrado por dos salas, una con representantes del clero y representantes militares, un procurador de cada uno de los ayuntamientos y un apoderado de cada audiencia, y la otra con diputados electos directamente por el pueblo, a razón de uno por cada cincuenta mil habitantes".[38] La "Ley de Elecciones" de 1821 fue concebida de acuerdo con ese criterio corporativo de antiguo régimen.[39]

Pero el liberalismo de Bárcena, a diferencia del de Varela, experimentó aquel redescubrimiento del pactismo de los Habsburgos, sin avanzar hacia una radicalización republicana. En el documento *Sin poner la inquisición la religión se sostiene* (1822), Bárcena instaba al Consejo de Estado del imperio de Iturbide a que "impidiera la introducción de libros contrarios a la religión y detuviera la circulación y venta de los ya existentes". Sin llegar a proponer un restablecimiento del Tribunal del Santo Oficio, Bárcena recomendaba que las autoridades eclesiásticas elaboraran un índice de "libros y estampas subversivos, en cuanto ataquen la religión del Estado y tiendan a trastornar el orden y la tranquilidad públicas", para que los jueces y alcaldes populares procedieran a su incautación en las aduanas y prohibición en las imprentas.[40] Tanto

---

[37] "Decreto de la Junta Provisional de 6 de octubre de 1821", *Gaceta Imperial Extraordinaria de México*, t. I., núm. 9, pp. 64-66; "Decreto de 17 de noviembre de 1821", *Noticioso General*, t. VIII, núm. 143, pp. 1-4.

[38] *Indicación dirigida por la Regencia del Imperio a S. M. la Soberana Junta Provisional*, México, Imprenta Imperial de D. Alejandro Valdés, 1821, pp. 1-4.

[39] *La Regencia Gobernadora Interina del Imperio a todos sus habitantes*, Puebla, Oficina de D. Pedro de la Rosa, Impresor del Gobierno Político Militar y de Hacienda, 1821, pp. 1-2.

[40] *Sin poner inquisición la religión se sostiene*, México, Imprenta Imperial, 1822, pp. 1-6.

la Regencia como el Consejo de Estado del imperio de Iturbide, a los que perteneció Bárcena, aplicaron el *Reglamento general de la libertad de imprenta*, adoptado por las Cortes Españolas en 1820, con un criterio sumamente proclerical y contrailustrado, y preservaron el fuero eclesiástico en la impartición de justicia.

Esa moderación política no impidió, sin embargo, que el patriotismo de Bárcena se radicalizara, aunque sin desembocar, como en el caso de Varela, en un republicanismo vehemente. Cuando en 1822 un libelista peninsular publicó anónimamente el *Manifiesto a los hombres de la justicia que llama justicia el Dr. D. Manuel de la Bárcena*, en Filadelfia, la respuesta al mismo, a cargo de P. F. S., reflejó la fuerte identidad criolla e iturbidista del clérigo michoacano.[41] Para Bárcena la independencia de la Nueva España había sido obra, fundamentalmente, de élites criollas, convencidas de que el estatus de reino autónomo era un derecho histórico impostergable. La "justicia" de esa soberanía era tal que podía prescindir de la voluntad de España para su desarrollo, como se comprobó durante la breve experiencia del imperio de Iturbide. Bárcena, a diferencia de Varela, no abrazó con entusiasmo la causa republicana, pero, al igual que el presbítero habanero, se separó de la política y regresó a sus funciones eclesiásticas, como arcediano de la catedral de Morelia, hasta su muerte en 1830.

La persistencia del ideario autonomista, en los días finales del régimen colonial español, nos persuade, una vez más, de la complejidad de las ideas políticas que acompañaron el proceso de la independencia hispanoamericana. Toda revolución es un asunto de ideas, como nos recuerda el historiador argentino Elías J. Palti, y aquella revolución, la de independencia, la madre de todas las revoluciones modernas en la región, se produjo en un momento de singular intensidad en el tráfico intelectual del Atlántico.[42] La

[41] P.F.S., *Respuesta a las imposturas de un folletista español. O sea Tapaboca al Libelista autor del anónimo publicado en Filadelfia intitulado: Manifiesto a los hombres de la justicia que llama justicia el Dr. D. Manuel de la Bárcena*, México, Imprenta de Doña Herculana del Villar y Socios, 1822, pp. 1-24.

[42] Elías J. Palti, *El tiempo de la política. El siglo* xix *reconsiderado*, Buenos Aires, Siglo xxi, 2007, pp. 21-56.

circulación y recepción de doctrinas políticas, entre Europa y América, en las tres primeras décadas del siglo XIX, moldeó, en buena medida, a los sujetos históricos de la independencia. Manuel de la Bárcena y Félix Varela tradujeron en términos del monarquismo católico y del constitucionalismo gaditano las ideas de soberanía popular y gobierno representativo que el liberalismo atlántico dispuso como los dos pilares conceptuales de la edificación del Estado nacional en Occidente.

La traducción republicana

Mientras Varela y Bárcena intentaban construir las identidades políticas de un "reino" o un "imperio" autónomos, a partir de sus instituciones provinciales o de su trono dinástico, otros políticos americanos de la misma generación, como Lorenzo de Zavala, de Yucatán, Juan Gómez Navarrete, de Jalisco, y Francisco Molinos del Campo, de la ciudad de México, evolucionaban a toda velocidad hacia el republicanismo federal. Diputados a las Cortes de Madrid durante el Trienio Liberal, estos novohispanos presentaron, en junio de 1821, una propuesta de constitución de tres gobiernos autónomos en la América de Ultramar: uno en la zona septentrional, que abarcaría el virreinato de la Nueva España, las provincias internas y Guatemala; otro que integraría Nueva Granada y Tierra Firme, y un último que comprendería los virreinatos del Perú y el Río de la Plata, más Chile.[43] Las capitales de los tres reinos serían México, Santa Fe y Lima, y sus instituciones políticas no sólo eran imaginadas como ejecutivas sino, también, como legislativas.

La idea de los diputados novohispanos, elaborada en casa del también representante novohispano Francisco Fagoaga, re-

[43] *Exposición presentada a las Cortes por los diputados de Ultramar*, Madrid, Imprenta de don Diego García y Compoy, 1821, pp. 2-5; Lorenzo de Zavala, *Obras. El historiador y el representante popular*, México, Porrúa, 1969, pp. 677-694; Manuel Ferrer Muñoz, *La formación de un Estado nacional en México. El imperio y la república federal*, México, UNAM, 1995, pp. 60-61.

tomaba el viejo sueño de Pedro Pablo Abarca de Bolea, Conde de Aranda, de dividir en tres reinos las posesiones americanas, pero iba más allá. En su famosa memoria a Carlos III, tras la firma del Tratado de París (1783) que aseguró el reconocimiento de la independencia de las trece colonias del norte de América por Gran Bretaña, Aranda profetizaba que la nueva república federal amenazaría las posesiones españolas en el continente y recomendaba instalar a tres infantes en los tronos de México, Tierra Firme y el Perú, confiriendo a Carlos III el estatus de Emperador de la Península y Ultramar. En el verano de 1821, sin embargo, los diputados novohispanos proponían algo más: dotar esos tres reinos de una vida legislativa propia y de una capacidad de autogobierno más amplia que la que imaginaba Aranda. Cada entidad poseería sus propias cortes, con lo cual la representación parlamentaria no se verificaría únicamente en Madrid, y contaría con una "delegación", encabezada por un "sujeto" nombrado por el Rey, más cuatro ministerios (Gobernación, Hacienda, Gracia y Justicia, y Guerra y Marina), que ejercerían el poder ejecutivo.

El proyecto, que fue respaldado por cuatro decenas de representantes (Miguel Ramos Arizpe, Pablo de la Llave, Tomás Murphy, Lucas Alamán, José Mariano Michelena, Manuel Gómez Pedraza y José María Quiroz y Millán, entre otros), ofrecía a Madrid el incentivo de la asunción de la deuda contraída por la Nueva España con la metrópoli y del compromiso de entregar a la Península la suma de 200 millones de reales en el espacio de seis años y otros 40 millones más para la defensa de los reinos. Aunque la división tripartita de los reinos era la misma ideada por el conde Aranda, los diputados americanos del Trienio Liberal contemplaban la ampliación del número de cortes, introduciendo un principio jurisdiccional más dependiente de las soberanías provinciales y locales que de la administración central de los virreinatos. Esta visión no sólo era reflejo de los propios intereses regionales, dentro de la Nueva España, que cada uno de ellos representaba, sino del avance de la lógica federalista que experimentaba el autonomismo gaditano desde 1808.

Zavala, Navarrete y Molinos del Campo, en 1821, se presentaban como herederos de legisladores americanos de la generación anterior, como el chileno Joaquín Fernández de Leiva, el neogranadino José Mejía Lequerica, el guatemalteco Antonio Larrazábal y Arrivillaga, los habaneros Andrés Jáuregui, Juan Bernardo O'Gavan y Francisco de Arango y Parreño y los novohispanos Miguel Guridi y Alcocer, José María Couto y Miguel Ramos Arizpe, que habían levantado la voz de las provincias y reinos ultramarinos en las Cortes de Cádiz.[44] El contexto histórico de los dos momentos de despliegue de las soberanías locales y regionales, en el mundo hispánico, el de 1808-1814 y el del Trienio Liberal, tenían en común una retirada del absolutismo, como consecuencia de las abdicaciones de Carlos IV y Fernando VII en Bayona, en el primer caso, y del restablecimiento de la Constitución de Cádiz, en el segundo.[45] Sin embargo, a pesar del lapso absolutista de seis años (1814-1820) que media entre una y otra coyuntura y de las guerras de independencia, el proceso de afirmación de las identidades jurídicas territoriales, sobre todo en Hispanoamérica, fue continuo.[46]

Desde un punto de vista conceptual, ese proceso podría englobarse dentro de lo que los historiadores del derecho español Carlos Garriga y Marta Lorente han llamado la "cultura jurisdiccional" de la Constitución de Cádiz. La construcción del Estado liberal moderno, en el mundo hispánico de la primera mitad del siglo XIX, estuvo fuertemente marcado por esa concepción jurisdiccional, propia de la monarquía católica, en la que el orden jurídico estaba determinado por la existencia de corporaciones y territorios con fuertes tradiciones pactistas de antiguo régimen.[47]

[44] Roberto Breña, *op. cit.*, p. 125.

[45] Jean-René Aymes, *La guerra de independencia en España (1808-1814)*, México, Siglo XXI, 2008, pp. 93-115; Miguel Artola, *La guerra de independencia*, Madrid, Espasa Calpe, 2008, pp. 9-34.

[46] Manuel Chust, "La revolución municipal, 1810-1823", en Juan Ortiz Escamilla y José Antonio Serrano, *Ayuntamientos y liberalismo gaditano en México*, México, El Colegio de Michoacán/Universidad Veracruzana, 2007, pp. 19-54.

[47] Carlos Garriga y Marta Lorente, *Cádiz, 1812. La Constitución jurisdiccional*, Madrid, Centro de Estudios Políticos y Constitucionales, 2007, pp. 59-65.

Esa visión pluralizada del derecho, como se manifiesta en el caso de las cofradías, la nobleza indígena, el Consulado de Mercaderes, la Academia de Bellas Artes de San Carlos, el Tribunal de Minería y el Ayuntamiento de la ciudad de México, en el virreinato de la Nueva España, estudiados por Clara García Ayluardo, Margarita Menegus, Guillermina del Valle Pavón, Tomás Pérez Vejo, Ernest Sánchez Santiró y Esteban Sánchez de Tagle, no puede identificarse mecánicamente con la noción de "privilegio", desarrollada por el abate Sieyés y buena parte de la tradición liberal anticorporativa del siglo XIX iberoamericano.[48]

El autonomismo gaditano y la intensa reproducción de las soberanías periféricas, dentro del imperio español, a partir de 1808, no están desligados de esa cultura jurisdiccional, que tuvo en la Constitución de Cádiz su plasmación más renovada. Desde que la Junta Central se trasladó de Madrid a Sevilla, a fines de 1808, los particularismos regionales comenzaron a presionar al centro metropolitano. Los liberales sevillanos y granadinos se opusieron a que las funciones de las juntas provinciales fueran reducidas a "observación y defensa" y protestaron por sentirse "degradados del poder".[49] La Junta local de Sevilla, como recuerda Pérez Garzón, llegó a hablar de una "forma de gobierno republicana", asociada a las autonomías provinciales: "aunque la constitución de España es en sí y debe ser en adelante monárquica, la forma del actual gobierno es absolutamente republicana".[50] Las juntas andaluzas formulaban la misma idea de un modo más nítido: "las juntas provinciales creadas por un pueblo reducido a la orfandad [...] reúnen legítimamente toda la representación, autoridad y poder. En una palabra, forman una república que tiene en depósito una monarquía".[51]

[48] Beatriz Rojas, comp., *Cuerpo político y pluralidad de derechos. Los privilegios de las corporaciones novohispanas*, México, CIDE/Instituto Mora, 2007, pp. 9-44.

[49] Juan Sisinio Pérez Garzón, *Las Cortes de Cádiz. El nacimiento de la nación liberal (1808-1814)*, Madrid, Síntesis, 2007, pp. 167-168.

[50] *Ibid.*, p. 168.

[51] *Ibid.*

Este republicanismo local contribuyó al debilitamiento del discurso colonial dentro del liberalismo hispánico —el decreto del 22 de enero de 1809 de la Junta Central, por ejemplo, decía explícitamente que los "dominios que España posee en las Indias no son propiamente colonias o factorías como las de otras naciones sino una parte esencial e integrante de la monarquía"— y a un afianzamiento del autonomismo a ambos lados del Atlántico.[52] Tras la crisis de la Junta Central, Manuel José Quintana intentó con su famoso manifiesto a "los españoles americanos", desde el Consejo de Regencia, afianzar el nuevo vínculo representativo:

> Desde este momento, os veis elevados a la dignidad de hombres libres, no sois ya los mismos que antes, encorvados bajo un yugo mucho más duro mientras más distantes estabais del centro del poder, mirados con indiferencia, vejados por la codicia y destruidos por la ignorancia. Vuestros destinos ya no dependen ni de los Ministros ni de los Virreyes ni de los Gobernadores: están en vuestras manos.[53]

Desde que comenzó el proceso de elección de los diputados americanos a las Cortes de Cádiz, en los virreinatos de Nueva España, Perú y Santa Fe, y en las capitanías generales de Puerto Rico, Cuba, Santo Domingo, Guatemala, Provincias Internas, Venezuela, Chile y Filipinas, la presión de las soberanías regionales sobre las capitales virreinales e imperiales, que venía con fuerza desde la formación de la Junta de Madrid, no hizo más que crecer.[54]

Ya instaladas las Cortes, las intervenciones de los diputados americanos fueron decisivas en la cuestión de los estamentos —abolición del tributo indígena, preservación de la esclavitud y ampliación de derechos para las castas— y en la cuestión de

---

[52] *Ibid.*, pp. 168-169.

[53] Federico Suárez, *El proceso de convocatoria a Cortes (1808-1810)*, Pamplona, Ediciones de la Universidad de Navarra, 1982, p. 453. Véase también Rafael Comenge, *Antología de las Cortes de Cádiz*, Madrid, Imprenta de Prudencio Pérez de Velasco, 1911, pp. 729-746.

[54] Ángel Martínez Velasco, *La formación de la Junta Central*, Pamplona, Ediciones de la Universidad de Navarra, 1972, pp. 53-80 y 117-126.

los cuerpos locales o, más específicamente, de las autonomías municipales y provinciales.[55] José Barragán Barragán llamaba la atención sobre la vehemencia con que los novohispanos Ramos Arizpe, Guridi y Alcocer, y Guereña y Garayo, de Coahuila, Tlaxcala y Durango, respectivamente, y el guatemalteco Larrazábal, defendieron que tanto en la Península como en Ultramar se instalaran las mismas tres secretarías de Gobernación, Gracia y Justicia, Hacienda y Guerra y Marina, con lo cual demostraban que su interés no gravitaba únicamente hacia las soberanías regionales sino, también, hacia los poderes centrales de cada reino.[56] Pero, como reconocía el propio Barragán más adelante, la prioridad de aquellos legisladores era el reforzamiento de la autonomía de los cabildos y las diputaciones provinciales, subordinando a este proceso, por ejemplo, la extensión de derechos políticos para las castas y las comunidades indígenas.[57] El autonomismo de los novohispanos y el guatemalteco despertó la suspicacia del conde de Toreno y otros legisladores peninsulares, que temían que "ese sistema condujera a un federalismo como el norteamericano y socavara las bases de la monarquía".[58] Los diputados americanos replicaron que era una "ilusión temer el federalismo", un sistema que Ramos Arizpe, por ejemplo, conocía muy bien por la experiencia de Texas, aduciendo que el "principio" corporativo y estamental de los ayuntamientos y las provincias aseguraba la lealtad a la Corona.

La representación americana en las Cortes de Cádiz, entre 1810 y 1814, fue nutrida y dinámica: según Federico Suárez, quien corrigió las cifras de Rafael María de Labra, Ramón Solís y otros autores, en la primera etapa, la de los trabajos constitu-

[55] Marie Laure Rieu-Millán, *Los diputados americanos en las Cortes de Cádiz*, Madrid, CSIC, 1990, pp. 108-145, 147-167, 169-176, 220-230 y 239-252. Véase también Rafael María de Labra, *Los diputados americanos en las Cortes de Cádiz*, Madrid, Establecimiento del Sindicato de Publicidad, 1911, pp. 9-39.

[56] José Barragán Barragán, *Temas del liberalismo gaditano*, México, UNAM, 1978, pp. 65-66.

[57] *Ibid.*, pp. 66-68.

[58] *Ibid.*, p. 69.

cionales, intervinieron 68 diputados de América y Asia, contando los tres de Filipinas, mientras que en la segunda, la de la legislatura de 1813-1814, participaron 69.[59] La búsqueda de un federalismo republicano dentro una constitución monárquica católica se instaló en la memoria política de los hispanoamericanos y emergió, nuevamente, entre 1820 y 1823, con el breve ejercicio parlamentario del Trienio Liberal. Ya para entonces, algunos de aquellos legisladores como Ramos Arizpe, quien regresaría a las Cortes de Madrid, o el ecuatoriano Vicente Rocafuerte, quien en 1814 había sido representante del Virreinato del Perú, por la provincia de Guayaquil, estaban desembocando plenamente en el republicanismo federal, desde una radicalización del autonomismo gaditano. Algunos debates en las Cortes de Madrid, durante el Trienio Liberal, nos permiten entender esa radicalización como un proceso hermenéutico en que las ideas pactistas del antiguo régimen hispánico se traducen en prácticas de representación regional dentro de un federalismo moderno. Las biografías políticas del cubano Varela o del yucateco Zavala son reveladoras de aquel viaje de Cádiz a Washington, como referente del nuevo republicanismo atlántico.

Durante la segunda experiencia constitucional, los diputados americanos votaron a favor de la supresión de diezmos, monasterios y mayorazgos, y de la reintegración al derecho civil del procedimiento criminal contra eclesiásticos.[60] Junto a esta disposición a favor de un Estado laico, demostraron una especial sensibilidad contra los abusos de las autoridades ante supuestos delitos de imprenta, como en el sonado caso del Marqués de Castelar, quien arrestó al cadete Gaspar Aguilera por haber publicado dos "papeles que podían ser sediciosos e injuriar a todas las clases", y que fue remitido a proceso judicial por las Cortes.[61] Pero también los diputados americanos reiteraron la perspectiva ilustrada, heredada de los tronos borbónicos de fines del siglo

---

[59] Federico Suárez, *Las Cortes de Cádiz*, Madrid, Rialp, 2002, pp. 47-53 y 161-164.

[60] Cristóbal de Castro, *Antología de las Cortes de 1820*, Madrid, Establecimiento Tipográfico Hijos de J. A. García, 1910, pp. 239-249, 309-334 y 336-356.

[61] *Ibid.*, pp. 249-253.

XVIII, de favorecer la sociabilidad autónoma de los criollos por medio del apoyo a las sociedades patrióticas.[62] En la primavera de 1821, cuando el secretario de Estado y del Despacho de la Gobernación de Ultramar, Ramón Gil de la Cuadra, presentó una memoria en la que trataba la cuestión americana, los diputados criollos se prepararon para defender los intereses de las soberanías locales y provinciales.

En aquella memoria se hacían planes para los "negociados de caridad, sanidad, instrucción, industria" e, incluso, para la conducción política de los reinos americanos, como si las guerras de independencia no estuvieran al borde de romper el vínculo colonial. Gil de la Cuadra intentaba aplacar la incertidumbre de los legisladores peninsulares con alusiones a la "moderación" que se observaba en Caracas y Buenos Aires, y que permitiría una reconciliación con la Corona.[63] El secretario se refería al envío de comisarios reales a Hispanoamérica con el fin de negociar la "suspensión de hostilidades y el juramento de la Constitución".[64] Pero a pesar de la confianza que intentaba trasmitir, en medio del colapso irreversible del imperio, el final de aquella memoria parecía la invocación de un milagro: "¡Ojalá que todas las bendiciones del Cielo caigan desde ahora sobre aquel suelo infortunado!", que las "rivalidades por diferencias insignificantes y pueriles" se dejen a un lado, que americanos y peninsulares admitan que "son hermanos y miembros de una misma familia" y que "la concordia entrelace eternamente los amigos brazos de los españoles de ambos mundos".[65]

No sólo los diputados americanos, sino algunos peninsulares como Moreno Guerra reaccionaron contra aquel discurso encubridor e indulgente. El legislador cuestionaba el silencio de las Cortes sobre la grave situación americana —"esa América,

[62] *Ibid.*, pp. 356-368.

[63] F. Martínez Yagües, *Antología de las Cortes de 1821 a 1823*, Madrid, Imprenta de Valentín Tordesillas, 1914, pp. 378-417.

[64] *Ibid.*, p. 379.

[65] *Ibid.*, p. 417.

esa América, van diez años de guerra y no se ha dicho nada en el Congreso de ella"— y pedía al gobierno una exposición clara de los resultados de las negociaciones de los comisionados reales y exigía, incluso, la presentación en Cortes de diputados de Costa Firme, leales a la Constitución o partidarios de Bolívar.[66] Contra el hermetismo oficial, Moreno Guerra insistía en que la situación en Chile, Buenos Aires, Caracas, Perú y Guayaquil era grave y que "no hablar nada de América, en un estado de circunstancias como en el que estamos, es insufrible".[67] La elusión del tema americano en las Cortes reproducía los síntomas de un trauma: "no debemos engañarnos a nosotros mismos, debemos conocer el estado de la América; la mitad separándose de la otra mitad, degollándose, arruinándose, y de esto no se habla, no se toma providencia".[68] La respuesta que intentó articular Martínez de la Rosa persistió en aquella elusión del conflicto, presentando como prioridad de la coyuntura internacional española las reacciones desde Europa y la Santa Alianza contra el constitucionalismo liberal en la Península.

Como ha estudiado Manuel Chust Calero, la propuesta de Ramos Arizpe, Zavala, Fagoaga, Couto y Michelena, el 21 de marzo de 1821, a favor de que se estableciera una diputación provincial en cada intendencia de América, en caso de que no contara con una, fue una estrategia eficaz para enfrentar el tema de la pacificación desde el punto de vista del naciente federalismo.[69] Con esto, los representantes novohispanos colocaban el dilema de la soberanía en una perspectiva diferente de la que impulsaba el Plan de Iguala y los Tratados de Córdoba, aunque en la práctica ninguno de ellos se opusiera a un entendimiento entre Juan O'Donojú y Agustín de Iturbide. El Plan de Iguala, más en consonancia con las tesis de Dominique de Pradt, bus-

---

[66] *Ibid.*, p. 230.

[67] *Ibid.*

[68] *Ibid.*, p. 231.

[69] Manuel Chust Calero, *Federalismo y cuestión federal en España*, Barcelona, Universitat Jaume I, 2004, pp. 35-42.

caba la afirmación de la autonomía de un reino —el Imperio de la América Septentrional—, mientras que los diputados americanos aspiraban a la plena autonomía de los pueblos y las provincias.[70] La tensión entre estas dos visiones de la autonomía, similar a la que puede leerse en los proyectos de Varela y Bárcena, tendría un efecto considerable en la crisis del imperio de Iturbide y la transición al federalismo mexicano a fines de 1823.[71]

El proyecto ya citado de Zavala, Navarrete y Molinos del Campo, en junio de 1821, también se inscribió en aquella demanda de intervención en la cuestión americana desde una perspectiva pacificadora. La propuesta, respaldada por 49 de los 52 diputados de Ultramar —sin contar los 30 suplentes—, aprovechó la fragilidad de la Corona y el debilitamiento de las posiciones absolutistas para defender un régimen autonómico de autogobierno y autorrepresentación. Como bien ha señalado José María Portillo Valdés, el autonomismo local y provincial que emerge durante la crisis de 1808, y que reivindicaban de manera radicalizada aquellos legisladores en 1821, tenía raíces profundas en la cultura jurídica y política de la monarquía católica. En tratadistas del siglo XVIII, como Pedro José Pérez Valiente o Lorenzo de Santayana y Bustillo, se manejaba la idea de los pueblos como pequeñas repúblicas perfectas que, a través de su autogobierno, sentaban las bases de la soberanía real y el ordenamiento corporativo de la monarquía hispánica.[72] Incluso en una obra menos conocida, del alicantino Juan Sempere y Guarinos, quien juró lealtad a José Bonaparte y fue nombrado por este juez de las Juntas de Negocios Contenciosos de Madrid,

---

[70] Guadalupe Jiménez Codinach, *México en 1821. Dominique de Pradt y el Plan de Iguala*, México, Universidad Iberoamericana/ Ediciones el Caballito, 1982, pp. 12-17.

[71] Timothy E. Anna, *The Mexican Empire of Iturbide*, Lincoln, University of Nebraska Press, 1990, pp. 189-216; Timothy E. Anna, *Forging Mexico, 1821-1835*, Lincoln, University of Nebraska Press, 1998, pp. 34-72 y 139-175.

[72] José María Portillo Valdés, " 'Libre e independiente'. La nación como soberanía", en Alfredo Ávila Ruela y Pedro Pérez Herrero, comps., *Las experiencias de 1808 en Iberoamérica*, Madrid y México, Universidad de Alacalá de Henares/UNAM, 2008, pp. 29-48; José María Portillo Valdés, *Crisis atlántica. Autonomía e independencia en la crisis de la monarquía hispánica*, Madrid, Fundación Carolina-Marcial Pons Historia, 2006.

titulada *Observaciones sobre las cortes y sobre las leyes fundamentales de España* (1810), es legible esa idea del republicanismo local, asociado a los fueros y privilegios de los pueblos, que provenía de las tradiciones romanas y góticas de la monarquía cristiana, a pesar de su crítica a las interpretaciones de Pedro Valiente.[73]

La compleja transición política del virreinato de la Nueva España a la primera República Federal, entre 1821 y 1823, fue obra de un vertiginoso proceso de traducción de ideas que, en buena medida, sintetiza los dilemas de la reestructuración política hispanoamericana. Desde un punto de vista territorial o jurisdiccional, dicho proceso siguió a grandes rasgos el itinerario, descrito por Nettie Lee Benson, de las antiguas diputaciones provinciales a los nuevos estados confederados.[74] Sin embargo, desde la perspectiva de la forma de gobierno y de la identidad política del naciente Estado nacional, el tránsito fue más dramático aún: de reino a imperio y de imperio a república. Las traducciones del autonomismo gaditano, desde una cultura republicana y federalista, contribuyeron poderosamente a un cambio político de tal magnitud y en tan poco tiempo. La breve experiencia imperial en México no otorga a ese país un carácter excepcional dentro de aquel proceso histórico sino que permite comprender el dilema entre república y monarquía, durante la revolución hispanoamericana, con toda su riqueza intelectual y política.

[73] Juan Sempere y Guarinos, *Observaciones sobre las cortes y sobre las leyes fundamentales de España*, Madrid, Biblioteca Nueva, 2007, pp. 77-88.

[74] Nettie Lee Benson, *La diputación provincial y el federalismo mexicano*, México, El Colegio de México, 1955, pp. 22-84 y 85-140.

TRADUCTORES DE LA LIBERTAD

La historia de los intelectuales en Hispanoamérica, región poscolonial por excelencia, no sería concebible sin una reconstrucción de los desplazamientos migratorios y políticos, de los viajes y exilios de las élites letradas.[1] Desde sus orígenes, a principios del siglo XIX, el movimiento independentista del continente estuvo encabezado por intelectuales (Francisco de Miranda, Simón Bolívar, Mariano Moreno, Bernardo O'Higgins, José María Morelos...) que, provenientes del clero, el ejército o la jurisprudencia, defendieron la separación de la metrópoli para conformar nuevas soberanías nacionales sobre la base del gobierno representativo. La independencia, además de una guerra, era una revolución intelectual, un asunto de ideas y lenguajes políticos: era preciso abandonar el modo antiguo de pensar la comunidad para organizarla republicanamente.[2] Como se observa en los casos de Miranda, Bolívar y O'Higgins, el viaje, la traducción y el contacto directo con las monarquías parlamentarias de Europa, además de la lectura de clásicos de la Ilustración, fueron experiencias formativas.

En las páginas que siguen intentaremos reconstruir un momento singular de los primeros exilios hispanoamericanos: la colonia de intelectuales y políticos, conformada en Filadelfia,

[1] Un estudio similar, aunque en sentido inverso, sobre las representaciones del mundo hispánico en la historia intelectual de Estados Unidos, se encuentra en Iván Jaksic, *Ven conmigo a la España lejana*, México, FCE, 2007, pp. 15-27.

[2] Elías J. Palti, *El tiempo de la política. El siglo XIX reconsiderado*, Buenos Aires, Siglo XXI, pp. 245-258.

durante la tercera década del siglo XIX. Los años en que el mexicano fray Servando Teresa de Mier (1765-1827), el peruano Manuel Lorenzo de Vidaurre (1773-1841), el guayaquileño Vicente Rocafuerte (1783-1847) y el cubano Félix Varela (1787-1853) coinciden en Filadelfia son, también, los de la campaña del Perú, la transición del imperio de Iturbide a la república federal en México, la posibilidad de una invasión separatista a Cuba y Puerto Rico y la formulación de la Doctrina Monroe, en Estados Unidos.[3] Se trata, pues, del momento en que se decide la propagación regional de la forma republicana de gobierno, exceptuando las Antillas y el Brasil, y se produce un discurso de la americanidad, hasta entonces inédito, y que a partir de 1830 será rebasado por los nacionalismos hispanoamericanos y las estrategias hegemónicas de las nuevas potencias atlánticas.[4]

El papel de aquellos intelectuales en la difusión del americanismo republicano fue decisivo. Desde Filadelfia, Rocafuerte, Mier, Vidaurre, Varela y Heredia escribieron a favor de la idea republicana y comentaron o tradujeron documentos básicos de esa tradición como los textos de Thomas Paine, la Declaración de Independencia de las Trece Colonias, la Constitución de Estados Unidos, el *Manual de práctica parlamentaria* de Thomas Jefferson o los discursos de John Quincy Adams. Los folletos, libros y publicaciones editados por aquellos intelectuales se embarcaron rumbo a las más importantes capitales de Hispanoamérica, donde concitaron rechazos, desataron polémicas y provocaron adhesiones. De aquella pedagogía republicana, que propagó nuevas prácticas y nuevos discursos políticos en la región, emergieron las primeras estrategias de construcción del

[3] Jaime E. Rodríguez O., *El nacimiento de Hispanoamérica. Vicente Rocafuerte y el hispanoamericanismo,* Quito, Universidad Andina Simón Bolívar, 2007, pp. 97-114

[4] Aimer Granados García y Carlos Marichal, *Construcción de las identidades latinoamericanas. Ensayos de historia intelectual. Siglos XIX y XX,* México, El Colegio de México, 2004, pp. 11-38; Isidro Sepúlveda, *El sueño de la Madre Patria. Hispanoamericanismo y nacionalismo,* Madrid, Fundación Carolina/Centro de Estudios Hispánicos e Iberoamericanos, 2005, pp. 59-62.

Estado nacional y los primeros intentos de constitución de una ciudadanía moderna.[5]

La difusión continental de la forma republicana de gobierno implicaba una homologación política no absoluta sino relativa. Aunque la adopción de la misma por todos los países era un acto de ruptura con la tradición dinástica y aristocrática del absolutismo borbónico, las repúblicas asumieron diversas modalidades republicanas: federalistas o centralistas, confederales o unitarias, presidencialistas o parlamentarias, dictatoriales u oligárquicas, con mayores o menores poderes emergentes.[6] La propagación del sistema representativo en las Américas, contrariamente a lo que previó Bolívar en su proyecto de confederación continental, manifestó desde un inicio una notable diversidad, debido a las diferentes hermenéuticas que las élites hicieron del principio ilustrado que recomendaba imaginar constituciones parecidas a sus naciones.

Desde el punto de vista constitucional, la ruptura más compleja que debieron realizar aquellos republicanos no fue con la monarquía absoluta sino con la parlamentaria, que la mayoría de ellos admiró en sus variantes gaditana y, sobre todo, británica. La apuesta por la república, entre las élites letradas y políticas de Hispanoamérica, conllevó un proceso de discernimiento de la "vía estadounidense", como le llamó Edmund S. Morgan, dentro de una revolución atlántica en la que el abandono del derecho divino de los reyes, el establecimiento del gobierno representativo y la invención del pueblo soberano estaban bastante generalizados.[7] Algunos republicanos hispanoamericanos (Rocafuerte, Vidaurre, Zavala y Heredia, por ejemplo) rechaza-

[5] Véase, por ejemplo, la difusión del discurso republicano-americanista en Argentina, en Jorge Myers, *Orden y virtud. El discurso republicano en el régimen rosista*, Buenos Aires, Universidad de Quilmes, 2002, pp. 277-285.

[6] Brian Loveman, *The Constitution of Tyranny Regimes of Exception in Spanish America*, Pittsburgh, University of Pittsburgh Press, 1993, pp. 32-58. Ver también José Antonio Aguilar, *El manto liberal*, México, Instituto de Investigaciones Jurídicas-UNAM, 2001.

[7] Edmund S. Morgan, *La invención del pueblo. El surgimiento de la soberanía popular en Inglaterra y Estados Unidos*, Buenos Aires, Siglo XXI, 2006, pp. 251-278.

ron la idea de los "dos cuerpos" del pueblo —el alto y el bajo—, que sostenía la monarquía británica.[8] Otros, como Bolívar, Mier y Bello, intentaron preservarla bajo la forma republicana de gobierno.

LA HOMOLOGACIÓN POLÍTICA

En la historia intelectual y política de Hispanoamérica es discernible, como hemos dicho, un primer momento republicano, entre 1814 y 1830, que arranca con la restauración del absolutismo borbónico y el fracaso del liberalismo gaditano, y culmina con el nacimiento de las soberanías nacionales y la frustración del proyecto bolivariano. En aquellos años, la consumación de la independencia en casi todos los países de la región se dio acompañada por intentos constitucionales de inspiración republicana que convergían en cuatro principios básicos: la soberanía popular, el gobierno representativo, la electividad de la primera magistratura y los derechos ciudadanos. En la Constitución venezolana de 1819, en las de las Provincias Unidas argentinas de 1819, 1825 y 1826, en las chilenas de 1822, 1823 y 1828, en la peruana de 1823 y en la mexicana de 1824 se establecía claramente que el tipo de régimen adoptado era republicano.

Además de una concepción republicana de los derechos y deberes de la ciudadanía, plasmada en los títulos primero, segundo y tercero del texto de Angostura, aquellas constituciones tenían un perfil antimonárquico, el cual se manifestaba en la afirmación de que las nuevas naciones, independizadas de España "no eran patrimonio de una familia o persona". En el discurso de presentación de la Constitución de 1828, el vicepresidente chileno Francisco Antonio Pinto expresaba la naturaleza perfectible de aquel texto constitucional con un argumento típicamente republicano, que tenía como fuente *Del espíritu de las leyes,* de Montesquieu: "los congresos futuros darán sin duda

[8] *Ibid.,* pp. 81-96.

códigos análogos a las instituciones políticas de nuestros país. Veremos entonces desaparecer esa monstruosa disparidad que se observa entre las necesidades de una República y las leyes anticuadas de una Monarquía".[9]

Un componente fundamental del imaginario republicano fue la visión entusiasta de Estados Unidos, en tanto nueva nación americana, surgida a partir de un pacto republicano y federal. La conocida frase de Lorenzo de Zavala, Manuel de Viya y Cosío y Epigmenio de la Piedra en el mensaje del Congreso General Constituyente a los "habitantes de la federación", que sirvió de preámbulo a la Constitución federal de 1824, en el sentido de que la representación mexicana "felizmente tuvo un pueblo dócil a la voz del deber, y un modelo que imitar en la República floreciente de nuestros vecinos del Norte", no fue una declaración aislada en el contexto hispanoamericano.[10] Más adelante, los congresistas mexicanos incorporaban esa admiración por Estados Unidos a una clara defensa de la homologación del gobierno republicano en el continente americano, "con exclusión de todo régimen real":

> Un pacto implícito y eternamente obligatorio liga a los pueblos de la América independiente para no permitir en su seno otra forma de gobierno, cuya tendencia a propagarse es para él irresistible y para aquellos peligrosa. El Nuevo Mundo en sus instituciones ofrece un orden desconocido y nuevo, como él mismo, en la historia de los sucesos grandes que alteran la marcha ordinaria de las cosas; y como la caída de los Césares afirmó en Europa el gobierno monárquico, después de las sangrientas revoluciones políticas y peligrosas que le precedieron, así en el continente de Colón debía necesariamente dominar al fin el democrático, resucitado con me-

---

[9] Montesquieu, *Del espíritu de las leyes*, Madrid, Tecnos, 1987, pp. 7-25; Bernard Manin, "Montesquieu, la república y el comercio", en José Antonio Aguilar y Rafael Rojas, comps., *El republicanismo en Hispanoamérica*, México, FCE, 2002, pp. 13-56.

[10] Felipe Tena Ramírez, *Leyes fundamentales de México. 1808-1964*, México, Porrúa, 1964, p. 163.

joría de las repúblicas antiguas, a fuerza de las inspiraciones vivificadoras de los genios modernos.[11]

Esta idea monroísta fue compartida por la mayoría de los intelectuales y políticos de la primera generación hispanoamericana. En sus memorias, *Un americano libre* (1843), escritas para defenderse de los ataques de la prensa quiteña, favorable al dictador Juan José Flores, el ecuatoriano Vicente Rocafuerte narró la biografía intelectual de aquella generación, en la que figuran el mexicano fray Servando Teresa de Mier, el peruano Manuel Lorenzo de Vidaurre, el venezolano Andrés Bello y los cubanos Félix Varela y José María Heredia. Se trata, como describe Rocafuerte, de un grupo de intelectuales y políticos del primer tercio del siglo XIX hispanoamericano que sigue un itinerario similar: autonomismo criollo, liberalismo gaditano, separatismo, masonería, republicanismo. Letrados que empiezan leyendo a Suárez y Vitoria, a Grocio y Filangieri y terminan leyendo a Montesquieu y Rousseau, a Paine y los federalistas estadounidenses.[12]

El propio Rocafuerte, como es sabido, no sólo jugó un papel decisivo en la caída de Iturbide y la transición a la república federal en México por sus fuertes vínculos con conspiradores republicanos como Miguel Santa María, Miguel Ramos Arizpe y Lallave, sino por su intensa obra de difusión ideológica del republicanismo, la cual consistió, por una parte, en traducciones de la *Historia de la independencia de Norte América* del abate Raynal, *Del espíritu de las leyes* de Montesquieu, del *Contrato social* de Rousseau, de la Declaración de Independencia de 1776, de la Constitución estadounidense de 1787, de discursos de Washington, Jefferson y John Quincy Adams, y, por la otra, en la escritura de varios ensayos en defensa de esa forma de gobierno como *Ideas necesarias a todo pueblo que quiere ser libre* (1821), *Bosquejo ligerísimo de la revolución de México, desde el grito de Iguala hasta la proclama-*

[11] *Ibid*, p. 165.

[12] Vicente Rocafuerte, *Un americano libre*, México, SEP, 1947, pp. 30-41.

ción imperial (1822) y *El sistema colombiano, popular, electivo y representativo es el que más conviene a la América independiente* (1823).[13]

Durante su evolución intelectual, Rocafuerte pasó por las cuatro fases principales de la formación política de aquella generación: fue liberal gaditano, monarquista parlamentario británico, republicano bolivariano y republicano federalista. Como ha documentado Jaime E. Rodríguez O., un momento fundamental de aquella evolución fue la estancia de Rocafuerte en La Habana, junto a sus amigos el argentino José Antonio Miralla y el colombiano José Fernández de Madrid.[14] Fue en ese puerto antillano donde Rocafuerte, quien todavía en varios artículos del periódico *El Argos* y en su famosa *Carta a un amigo americano* (1820), editada por el legendario impresor habanero José Severino Boloña, defendía la monarquía parlamentaria británica, comenzó a cuestionar los límites del liberalismo gaditano. A Rocafuerte le parecía contradictorio que las cortes madrileñas del Trienio Liberal persistieran en preservar el estatuto colonial de los reinos hispanoamericanos y apoyaran la contrainsurgencia.[15] En una serie de artículos para *El Argos*, el intelectual guayaquileño criticó los límites a la libertad de imprenta que imponía el liberalismo gaditano, demandó la total abolición de los diezmos y reseñó, épicamente, las noticias de la guerra de independencia en Sudamérica.[16]

Cuba fue, para Rocafuerte, el lugar de la transición del liberalismo al republicanismo y del inicio de una correspondencia sostenida con Bolívar y destinada a propagar, desde Estados Unidos, la forma republicana de gobierno. Esa transición dejó algunas huellas discernibles en La Habana, donde los debates de

[13] *Ibid.*, pp. 32-36.

[14] Jaime E. Rodríguez O., *El nacimiento de Hispanoamérica. Vicente Rocafuerte y el hispanoamericanismo*, pp. 97-141; Jaime E. Rodríguez O., *Monarquía, constitución, independencia y república: la transición de Vicente Rocafuerte del antiguo al nuevo régimen, 1783-1832*, México, Instituto Mora/El Colegio de Michoacán, 2008, pp. 48-54.

[15] Neptalí Zúñiga, *Colección Rocafuerte*, Quito, Edición del Gobierno del Ecuador, 1947, vol. X, pp. 5-11.

[16] *Ibid.*, pp. 51-127.

Rocafuerte con Tomás Romay y Diego Tanco, de cuyo eco se hizo Félix Varela en sus *Observaciones sobre la constitución política de la monarquía española* (1821), alentaron a una generación más joven, como la de los masones de la conspiración de los Soles y Rayos de Bolívar, en 1823, a asumir el separatismo republicano, y no el autonomismo liberal, como solución a la soberanía de la isla.[17] Cuando Varela, perseguido por la restauración absolutista de Fernando VII, llegó a Nueva York en 1824, tuvo que dar la razón a su amigo Rocafuerte, quien desde 1820 comenzaba a dudar que la autonomía, bajo la Constitución de Cádiz, pudiera resolver el dilema de la soberanía americana planteado por la guerra de independencia.

Para el Rocafuerte republicano, ya en Filadelfia, "la gran cuestión de América bajo su verdadero punto de vista" era la homologación política continental bajo la forma republicana de gobierno. La independencia hispanoamericana era, ni más ni menos, la oportunidad histórica de abandonar el "axioma del divino origen de la soberanía de los reyes" y constituir nuevos estados nacionales de acuerdo con "los principios más extensos de las teorías del liberalismo, descubiertas, explicadas y desarrolladas por Montesquieu, Mably, Filangieri, Constant, Franklin y Madison".[18] Esta idea de la construcción de una nueva comunidad republicana en Hispanoamérica supeditaba las identidades nacionales a la identidad americana continental y, a la vez, afirmaba a Estados Unidos como modelo ideológico e institucional de los nuevos Estados. Dicha condición modélica o paradigmática hacía de Estados Unidos una entidad histórica ambivalente: cercana y distante, propia y ajena. De ahí que Rocafuerte terminara su genealogía del liberalismo con dos republicanos de ese país, Franklin y Madison, y más adelante

[17] Jaime E. Rodríguez O., *op cit*, pp. 50-52.

[18] Vicente Rocafuerte, *Ideas necesarias a todo pueblo americano que quiera ser libre*, Filadelfia, Hunting, 1821; Vicente Rocafuerte, *Bosquejo ligerísimo de la revolución de México desde el grito de Iguala hasta la proclamación de Iturbide*, Filadelfia, Imprenta de Teracoreuf y Naroajeb, 1822; Vicente Rocafuerte, *Las revoluciones de México*, México, Bibliófilos Mexicanos, 1962, p. 15; Jaime E. Rodríguez O., *op. cit*, pp. 71-84.

reseñara con estas palabras su exilio en Washington durante el imperio de Iturbide:

> No soy, ni pretendo ser, un literato, soy un simple patriota lleno de entusiasmo por la libertad, la gloria y prosperidad de América, mi patria. Por no presenciar la tiranía que va a oprimir a la deliciosa ciudad de México, he abandonado las risueñas vistas del precioso valle de Tenochtitlan por las márgenes del Potomac, en cuyas cercanías está el sagrado sepulcro del héroe de los siglos, el grande, el inmortal Washington. Venid aquí, ¡oh, valientes mexicanos!, a consultar sus veneradas cenizas y a su aspecto volveréis a templar vuestras almas. Éste es el oráculo verdadero de la virtud y la libertad.[19]

En un texto menos conocido, *Ensayo sobre tolerancia religiosa* (1831), Rocafuerte desarrolló aún más esta visión entusiasta de Estados Unidos que compartieron los primeros republicanos de Hispanoamérica. Allí el liberal ecuatoriano establecía una distinción entre el "viejo" y el "nuevo" mundo, entre Europa y América, a partir de la contraposición de dos historias de la libertad. En una curiosa inversión de los tópicos antiamericanos de la ilustración y el romanticismo europeos, Rocafuerte pensaba que la diferencia entre ambos mundos, a cada lado del Atlántico, era física y moral. Mientras que la historia cultural europea había producido, desde el Renacimiento y la Reforma, la idea de que "la libertad de conciencia" conducía a la "libertad política", en América se había producido la secuencia contraria: "hemos establecido la libertad política, la que envuelve en sus consecuencias la tolerancia religiosa, y así por diversos caminos que los europeos llegaremos al mismo resultado de civilización".[20]

La libertad religiosa, que en México y otras nuevas repúblicas hispanoamericanas se veía, a su juicio, limitada por el legado de la Constitución de Cádiz, no era, según Rocafuerte, una consecuencia del avance del saber o de la falibilidad de la fe. Su

---

[19] Vicente Rocafuerte, *op. cit*, p. 17.

[20] *Ibid*, p. 159.

aproximación al tema difícilmente podría asimilarse a Kant, Locke o Voltaire, sino que provenía directamente de los republicanos y federalistas estadounidenses: "toda religión dominante es opresora", pensaba Rocafuerte, cuando obstruye el funcionamiento de otras esferas de la civilización, como la industrial, la política o la artística.[21] De ahí que la libertad religiosa debiera agregarse a las libertades "política" y "mercantil" como uno de "los tres elementos de la moderna civilización, que forman la base de la columna que sostiene al Genio de la gloria nacional, bajo cuyos auspicios gozan los pueblos de paz, virtud, industria, comercio y prosperidad".[22]

Ese "genio de la gloria nacional", según Rocafuerte, sólo se había manifestado plenamente en Estados Unidos, y las nuevas naciones hispanoamericanas debían ser fundadas a partir de la misma articulación de libertades religiosas, políticas y económicas. Casi todos los republicanos de la América hispana, que pasaron temporadas en Nueva York, Washington o Filadelfia, durante la primera década poscolonial, llegaron a ideas similares a las de Rocafuerte, aun cuando algunos de ellos, como Mier y Varela, fueran miembros del clero. La experiencia migratoria en esas ciudades de Estados Unidos, en un momento en que todavía se escuchaban los ecos de la epopeya fundadora, a fines del siglo XVIII, y de la última guerra contra Gran Bretaña, en 1812, además de las amistades políticas y los vínculos masónicos con funcionarios estadounidenses y diplomáticos hispanoamericanos, afianzaron el republicanismo de aquellos intelectuales.

Aunque muchos de ellos vivieron la mayor parte del tiempo en Nueva York, la ciudad donde publicaron y conspiraron fue, sobre todo, Filadelfia. Este puerto, que fuera la primera capital de la nueva federación, todavía en las primeras décadas del siglo XIX era el más importante de la costa noreste de Estados Unidos. Con una población de más 60 000 habitantes, Filadelfia había sido el centro legislativo de la revolución de las trece colonias

---

[21] *Ibid.*, pp. 162-168.

[22] *Ibid.*, p. 161.

durante casi dos décadas, y la ciudad principal de Pennsylvania, el estado con más representantes ante la Unión. Allí se habían reunido el primero (1774) y el segundo (1775) Congreso Continental, se habían debatido y firmado la Declaración de Independencia (1776), los Artículos de la Confederación (1777), y la Constitución de 1787, y se había experimentado un típico proceso de ilustración, con nuevas formas de sociabilidad y una esfera pública impresa, conformada por folletos, libros, periódicos y revistas.[23] Filadelfia había sido la ciudad donde Benjamin Franklin editó la *Pennsylvania Gazette* y el *Poor Richard's Almanack*, dos de las publicaciones precursoras de la ilustración americana, y donde a fines del siglo XVIII fue fundada la Franklin Society, una fraternidad masónica de impresores que aún existía en la década del 20.[24]

Desde tan temprano como 1810 es documentable la presencia de republicanos hispanoamericanos en Filadelfia. Entre ese año y 1814 vivió en esa ciudad, como agente oficioso de Venezuela, Manuel García de Sena, traductor de varios fragmentos de obras de Thomas Paine —*Common Sense, The American Crisis, Public Good*—, adaptados por él mismo como justificación de la independencia de la Costa Firme. García de Sena, a partir de Paine, fue uno de los impulsores intelectuales de la Constitución de los Estados Unidos de Venezuela, a la que se opusieron tenazmente Miranda y Bolívar.[25] En una carta a su hermano, de diciembre de 1810, el propio García de Sena parecía coincidir con ambos caudillos al hablar de la "decadencia natural" a que está "sujeto ese Gobierno, acaso el más bello que ha existido ja-

---

[23] Rosalind Remer, *Printers and Men of Capital: Philadelphia Books in the New Republic*, Filadelfia, University of Pennsylvania Press, 1996, pp. 23-45. Véase también Russell F. Weigley, comp., *Philadelphia: A 300 Year History*, Nueva York, W. W. Norton, 1982, pp. 312-330.

[24] *Constitution of the Franklin Society*, Filadelfia, Stewart and Cochran, 1792, pp. 1-15; Claude Fohlen, *Benjamin Franklin: l'Américain des Lumières*, París, Payot, 2000, pp. 277-290.

[25] Manuel García de Sena, *La independencia de la Costa Firme justificada por Thomas Paine treinta años ha*, Caracas, IPGH, 1949, pp. 15-17.

más sobre la tierra, y que se ve puede ser en el más alto grado de perfección a que es capaz de llegar el entendimiento de los hombres".[26] Sin embargo, para García de Sena, como para el resto de los exiliados hispanoamericanos que llegarían años después a Filadelfia, lo importante del mensaje de Paine no era el federalismo sino el antimonarquismo.

Máximas como "los palacios de los reyes están edificados sobre las ruinas de los emparrados del Paraíso", "un deseo de poder absoluto es la enfermedad natural de toda monarquía", "el orgullo de los reyes ha sumergido al género humano en la confusión", "al mal de la monarquía se suma el de la sucesión hereditaria", "la monarquía y la sucesión hereditaria han cubierto [no este o aquel reino] sino todo el mundo de sangre y cenizas", se reprodujeron en castellano entre las élites hispanoamericanas a partir de aquellas traducciones.[27] Esas ideas fueron creando una contraposición eficaz entre monarquía y república, y entre poder dinástico o hereditario y gobierno representativo, que marcó el proceso ideológico de las independencias hispanoamericanas.[28] En las traducciones que hiciera el argentino Mariano Moreno de Filangieri y Rousseau, y en las de Paine que hizo García de Sena, se encuentran, tal vez, las primeras aplicaciones de la tradición republicana atlántica a la revolución Hispanoamérica.[29]

Libros y barcos

La tradición ilustrada de Filadelfia y la importante red naviera que tenía su puerto con otros de la costa este de Estados Unidos, de Gran Bretaña, de Europa y de Hispanoamérica hacían

---

[26] *Ibid.*, p. 32.

[27] *Ibid.*, pp. 37-54.

[28] *Ibid.*, p. 58.

[29] Juan Marichal, *Cuatro fases de la historia intelectual latinoamericana*, Madrid, Cátedra, 1978, p. 30.

de aquella ciudad una plataforma estratégica para los exiliados del Sur. Desde allí podían incidir en la opinión pública estadounidense, cabildear en Washington a favor de sus políticas, editar o traducir periódicos y panfletos y embarcarlos rumbo a Londres, Madrid, La Habana, Veracruz o Buenos Aires. Filadelfia funcionó, en el momento republicano, como un puente que comunicaba las revoluciones hispanoamericanas y su devenir constitucional con la revolución de independencia estadounidense de 1776, a pesar de que la mayoría de los intelectuales y políticos de ambas Américas enfatizaran tanto las diferencias entre ambos procesos. En Filadelfia y, en general, en toda la zona de Pennsylvania, como se verá en el caso de H. M. Brackenridge, las tradiciones viajeras e ilustradas estaban íntimamente entrelazadas con la vida portuaria y la red letrada y comercial del Atlántico.

En su conocida *Autobiography* (1771), Benjamin Franklin había descrito el mundo agitado y promisorio de las imprentas y bibliotecas de la ciudad. Allí se cuenta la facilidad con que los letrados iluministas, en Londres o en Filadelfia, escribían panfletos con títulos como *Disertación sobre la libertad y la necesidad, el placer y el dolor* o *Infalibilidad del humano entendimiento*, los editaban en una imprenta familiar y los vendían en las tabernas. Franklin describe la vida cotidiana de las imprentas como una mezcla de precariedad e ilustración en la que un debate sobre si beber agua o cerveza hace más o menos fuerte a un hombre puede derivar en toda una disputa metafísica.[30] Franklin contó cómo la lectura compartida de libros, entre los círculos ilustrados de la ciudad, fue la que impulsó dos de sus principales proyectos: la creación de una biblioteca por suscripción que, en sus palabras, sería la "madre de todas las bibliotecas de Estados Unidos", y la fundación de la legendaria American Philosophical Society.[31]

[30] Isabel Fraire, comp., *Pensadores norteamericanos del siglo XIX*, México, Siglo XXI, 2004, pp. 79-81.

[31] *Ibid.*, p. 84.

En su defensa de la "promoción de conocimientos útiles en las plantaciones de América", Franklin afirmaba que la diversidad de climas, suelos, subsuelos, vegetaciones, faunas y manufacturas entre las colonias del norte del Atlántico, de Nueva Escocia a Georgia, generaba la necesidad de constituir un centro divulgador del pensamiento, que él veía ubicado en Filadelfia. La idea de este puerto como capital intelectual de Estados Unidos estaba ya formada a mediados del siglo XVIII, y respondía, si se leen los textos de Franklin de aquella época, a una lógica federalizadora como la que luego veremos en el proceso político de la independencia de las trece colonias que culminará con la fundación de Washington como capital política federal. Franklin argumentaba que la Sociedad Americana de Filosofía debía instalarse en Filadelfia por ser ésta "la ciudad más cercana al centro de las colonias continentales, en comunicación con todas ellas hacia el norte y hacia el sur por correo terrestre, y con las islas por mar, y teniendo la ventaja de una buena y creciente biblioteca".[32] La conjunción de barcos y libros, puertos y bibliotecas era, para Franklin, la clave de la ilustración americana.

El interés inicial de Franklin, como ha recordado en su biografía Walter Isaacson, estaba puesto en la historia natural: plantas, minerales, animales, geología, geografía, física, química, con el fin de mejorar la agricultura, el comercio fluvial y marítimo, y las comunicaciones terrestres. Pero muy pronto, como han estudiado Louis B. Wright, Henry F. May, Henry Steele Commager, Eve Kornfeld y otros historiadores, aquella plataforma ilustrada se desplazaría de las ciencias sociales a las humanidades, constituiría una base epistemológica propicia para la dilatación de la esfera pública y la sociabilidad política.[33] En su análisis de la ilustración americana, May destaca ese momento en que, alen-

[32] *Ibid.*, p. 91

[33] Louis B. Wright, *The Cultural Life of the American Colonies*, Nueva York, Harper and Row Publishers, 1957, pp. 126-153; Henry F. May, *The Enlightenment in America*, Oxford, Oxford University Press, 1976, pp. 3-104; Henry Steele Commager, *The Empire of Reason*, Nueva York, Anchor Press, 1977, pp. 109-175; Eve Kornfeld, *Creating an American Culture, 1775-1800*, Nueva York, Palgrave, 2001, pp. 110-148.

tadas por Benjamin Rush, la iglesia presbiteriana de Filadelfia se renueva con lecturas de Newton, Linneo, Rousseau o Condorcet y la creación de la antes mencionada Sociedad Americana de Filosofía. Bajo la influencia de algunos jacobinos franceses que emigraron a Estados Unidos, como Constantin de Volney, C. M. Talleyrand-Périgord y Moreau de St. Méry, esta asociación y sus miembros más conocidos a fines del XVIII (David Rittenhouse, Thomas Jefferson, Charles Wilson Peale, Robert Morris...) transitaron, según May, de una "ilustración moderada" a otra "escéptica" y "revolucionaria".[34] La prédica de algunos refugiados británicos, como Mattew Carey, Alexander Wilson y Thomas Cooper, amén del más conocido Thomas Paine, también fue importante para la difusión de un radicalismo americano en Filadelfia que sobrevivió a la independencia de Estados Unidos.[35]

El proceso de construcción del modelo republicano federal en Estados Unidos, en las tres primeras décadas del siglo XIX, incluyó una pedagogía cívica y una invención política del "yo nacional", que tuvo a Filadelfia como centro editorial más importante.[36] La "síntesis republicana", producida por John Adams y otros fundadores de aquel Estado, que ha analizado Joyce Appleby, difícilmente habría constituido una herencia intelectual tan gravitante sin los impresos editados en esa ciudad y las redes comerciales del libro que ese puerto tejió a través del Atlántico.[37] En una historia de Filadelfia, publicada a fines de la década del 30, se describía la ciudad como una dinámica conjunción de imprentas, muelles y barcos que conectaban la creación intelectual estadounidense con Europa y América Latina.[38] Daniel Bowen, el autor de aquella historia, relacionaba el es-

---

[34] Henry F. May, *op. cit.*, pp. 105-152 y 153-196.

[35] *Ibid.*, pp. 223-251.

[36] Peter Charles Hoffer, *Revolution and Regeneration*, Athens, The University of Georgia Press, 1983, pp. 102-130.

[37] Joyce Appleby, *Liberalism and Republicanism in the Historical Imagination*, Cambridge, Massachusetts, Harvard University Press, 1992, pp. 188-209.

[38] Daniel Bowen, *A History of Philadelphia: with a Notice of Villages in the Vecinity, Designed as a Guide to Citizens and Strangers*, Filadelfia, D. Bowen, 1839.

plendor de la imprenta en la época jacksoniana con la tradición tipográfica que provenía de los tiempos de Benjamin Franklin, William Blackstone, Alexander Campbell y Mattew Carey.[39]

El impulso que experimentó la imprenta en Filadelfia desde el siglo XVIII se tradujo en una mayor sociabilidad por parte de los propios impresores. En 1810, el desarrollo de la esfera pública propició la fundación de una Philadelphia Typographical Society, en la que los editores de periódicos, folletos y libros atraían a inversionistas y comerciantes que pudieran beneficiarse con la renovación tecnológica de las imprentas.[40] De acuerdo con la documentación de aquella sociedad, Bowen logró identificar algunos de los principales establecimientos de publicación y venta de libros de la ciudad, como Carey, Lea & Blanchard, Collins & Brothers, Kay & Brothers, Grigg & Elliot, Desilver & Co. Henry Perkins o Thomas & Co. Cada una de estas imprentas poseía su propia tienda de libros, folletos y periódicos, donde no sólo el público sino algunos comerciantes de impresos compraban y luego vendían en la misma ciudad o embarcaban rumbo al Atlántico o el río Delawere.[41] Según Bowen, en la tercera década del siglo XIX circulaban en Filadelfia 16 periódicos, 21 revistas, 17 semanarios y varios cientos de libros.[42]

Al igual que en Boston, Nueva York, Nueva Orleans y otras ciudades portuarias de Estados Unidos, las imprentas y tiendas de libros estaban ubicadas en calles estratégicamente bien conectadas con los muelles de donde zarpaban los barcos de vapor: al frente de Market Sreet o en las calles Wharf, Chesnut, Walnut, Spruce y Ceder.[43] La comunicación de los embarcaderos con las vías marítimas o fluviales del Atlántico y el río Delawere aseguraba una red de tráfico interamericano del libro que se favoreció del crecimiento comercial de Filadelfia entre la segunda mitad

[39] *Ibid.*, pp. 124-125 y 133-135.

[40] *Ibid.*, p. 126.

[41] *Ibid.*, p. 127.

[42] *Ibid.*, pp. 127-129.

[43] *Ibid.*, p. 137.

del siglo xviii y la primera del xix. Tanto la construcción de barcos en el aserradero de la ciudad como el incremento de la actividad mercantil, referida en la documentación de la Cámara de Comercio y de la Philadelphia Navy Yard, destacada por otro historiador del siglo xix, John Thomas Scharf, crearon condiciones ideales para la elección de Filadelfia como plataforma de difusión de las ideas republicanas y federales de la revolución estadounidense.[44] Los primeros republicanos de Hispanoamérica fueron conscientes de esa localización estratégica de la ciudad en el mercado intelectual atlántico. Antes de fugarse del Morro de La Habana, y pensando en las ventajas de Filadelfia como centro de reunión de los hispanoamericanos partidarios de la forma republicana de gobierno, el padre Mier escribió:

> Téngase entendido que aunque Nueva Orleans es uno de los grandes puertos de Estados Unidos, hay 30 días de navegación (12 por el estimbote o buque de vapor) a los estados del norte, donde está la población principal, el gobierno y el poder. El Congreso se reúne de noviembre a marzo cada año en Washington, y allí está siempre el presidente con los ministros. El banco nacional está cerca de Filadelfia, como también están muy cerca Baltimore y Nueva York.[45]

Mier pensaba desde entonces que Filadelfia era la ciudad ideal para la instalación de un "ministro plenipotenciario" de la "república independiente de Anáhuac" que recaudara dinero para la causa y para "tratarse con alguna decencia, ser respetado y hacer viajes".[46] La ubicación del banco en esa ciudad era una de las principales motivaciones de su elección, ya que Mier, por la experiencia de las dificultades y el fracaso de la expedición de Francisco Xavier Mina, pensaba que el dinero era el "nervio" de

[44] *Ibid.*, pp. 143-145 y 149. Véase también John Thomas Scharf, *History of Philadelphia, 1609-1884*, Filadelfia, L. H. Everts & Co., 1884.

[45] Fray Servando Teresa de Mier, *Escritos inéditos*, México, INEHRM, 1985, p. 225.

[46] *Id.*

la guerra y fantaseaba con la idea de que Estados Unidos donara 12 millones a la independencia de México: "sobre un giro de doce millones está libre el Anáhuac sin remedio".[47] Apenas unos años después, de paso por Filadelfia, su compatriota Lorenzo de Zavala encontraba ventajas similares en ese puerto:

> Esta gran ciudad fundada por William Penn, habitada al principio por unas cuantas familias cuáqueras, hoy presenta el aspecto de una de las ilustres metrópolis de Europa, con mejor belleza y mucho mayores esperanzas de prosperidad. Desde cuatro leguas se descubren en el río sus torres, sus altos edificios, sus observatorios y el humo que se eleva en una columna colosal hacia el cielo.[48]

Filadelfia fascinaba a Zavala por sus teatros y museos y, sobre todo, por sus bancos y sus navíos: allí está la casa matriz de la banca estadounidense, creada en 1816, y allí se había construido el "portentoso *Pennsylvania*, el mayor buque construido hasta hoy [...], ciento cincuenta cañones y mil cuatrocientos hombres. Su ancla mayor pesa diez mil ciento setenta y una libras. El largo del navío es de doscientos veinte pies y cincuenta y ocho de ancho. Tiene cinco puentes".[49] De Estados Unidos, como potencia naval, también escribió desde Filadelfia el peruano Manuel Lorenzo de Vidaurre, admirador del tratado sobre la "mar libre" de Grocio. Vidaurre, uno de los pocos hispanoamericanos de su época versados en la obra republicana de Maquiavelo, tanto en *El Príncipe* como en los comentarios a las *Décadas de Tito Livio*, anotó con pasión:

> Viajero pensador, no busques ejemplos en Maquiavelo, ven a presenciarlos en los Estados Unidos de América. Aquí el ardiente patriotismo tiene las arcas de estos hombres libres siempre abiertas para cuanto mira al engrandecimiento de su patria. Ve en Nueva

[47] *Id.*

[48] Lorenzo de Zavala, *Viaje a Estados Unidos del Norte de América*, México, Bibliófilos Mexicanos, 1963, p. 127.

[49] *Ibid.*, p. 129.

> York un canal superior al de Languedoc, ve otros muchos: cuando llegues ya estará construido el de Filadelfia. No hay estancos pero hay riquezas, porque hay libertad.[50]

Para Vidaurre, la visión entusiasta de la ciudad estaba ligada no sólo a los libros —allí leyó a Maquiavelo y a Adam Smith— sino también a los bancos y los barcos:

> Cuando en los Estados Unidos de América lograron su independencia, no había en ellos un solo buque de tres palos. En el día suben a miles los mercantiles y a 70 los de guerra. Es decir, un estado marítimo era aún más triste que aquel en que se hallan nuestras minas. Como en la América del Norte el verdadero patriotismo dio ser y vida a ese tráfico, en que fundaba su esperanza y su grandeza, del mismo modo nosotros debemos velar en el adelantamiento y perfección de nuestras minas; sacando del seno de la tierra ejércitos y armadas, población y abundancia, poder y fuerza. Los bancos, dice el gran Adam Smith, no aumentan los capitales, sino que animan los que las naciones tienen en sí, y se hallan muertos e inertes. Parece que esta cláusula se dictó para nosotros. Nuestros capitales permanecen, pero es preciso que un semidiós los saque del sepulcro. Este genio será el primer fundador del banco.[51]

La experiencia del exilio en Filadelfia dejó una huella profunda en la memoria de aquellos republicanos. A fines de 1823, el padre Mier, inmerso en sus batallas parlamentarias contra el federalismo radical, durante el segundo Congreso Constituyente, defendía la organización de la ciudad de México como capital federal con el argumento de que, a diferencia de Washington, la ciudad mexicana permitía una vida pública intensa, que no tenía lugar en el distrito estadounidense. Entonces Mier seguía pensando que la "ciudad principal" de Estados Unidos era Fila-

---

[50] Manuel Lorenzo de Vidaurre y Escalada, *Los ideólogos. Plan del Perú y otros escritos*, Lima, Comisión Nacional del Sesquicentenario de la independencia del Perú, 1971, t. I, p. 114.

[51] *Ibid.*, p. 127.

delfia, lo cual explicaba que en cuanto concluían los trabajos legislativos, las legaciones extranjeras y muchos representantes y senadores se trasladaban de Washington a ese puerto para continuar sus trabajos desde allí.[52]

Republicanos en Filadelfia

En las citadas memorias *Un americano libre* (1843), Rocafuerte contó la llegada a Filadelfia de los republicanos de su generación. Hasta 1822, su biografía era muy parecida a la de Mier, Varela y Vidaurre: juntista en 1808, diputado ante las Cortes de Cádiz por la provincia de Guayaquil, peregrinación por Europa tras la restauración del absolutismo en España, iniciación en la masonería, exilio bolivariano en Filadelfia y Nueva York.[53] Pero la instalación en aquellas ciudades de Estados Unidos había sido fraguada en La Habana, un año antes, donde coincidieron, por lo menos, tres de ellos, Mier, Varela y Heredia, y donde, a través del poeta argentino José Antonio Miralla y el político colombiano José Fernández Madrid, se habían relacionado con una sociedad secreta que conspiraba a favor de Bolívar y la independencia hispanoamericana.[54] Como ha escrito Christopher Domínguez Michael, durante los años veinte "el corredor Habana-Filadelfia sustituyó al eje Londres-Cádiz" en aquellas redes de conspiración intelectual, política y masónica.[55] Hasta el peruano Vidaurre tuvo su experiencia cubana, ya que entre 1821 y 1822, vivió en Puerto Príncipe, Camagüey, donde se desempeñó como oidor de la Audiencia.[56]

---

[52] Fray Servando Teresa de Mier, *Ideario político*, Caracas, Biblioteca Ayacucho, 1978, p. 324.

[53] Vicente Rocafuerte, *Un americano libre*, pp. 19-31.

[54] Christopher Domínguez Michael, *Vida de fray Servando*, México, ERA/Conaculta, 2004, pp. 593-596.

[55] *Ibid*, p. 594.

[56] Alfonso Pérez Bonany, *Manuel L. de Vidaurre*, Lima, Biblioteca de Hombres del Perú, 1964, pp. 20-40.

La figura central de la colonia hispanoamericana en Filadelfia, entre 1821 y 1822, era Manuel Torres, ministro y *purchasing agent* de la Gran Colombia en Estados Unidos, quien residía en aquella ciudad desde fines del XVIII. Torres no sólo tenía contactos diplomáticos regulares con Monroe y Adams, sino que había hecho amistad con importantes personalidades de aquella ciudad como el banquero Nicholas Biddle, el magnate naviero Stephen Gerard, el comerciante Richard Meade y el editor de *The Aurore*, el principal periódico de Filadelfia.[57] Torres, como es sabido, alojó y ayudó a Rocafuerte y a Mier y los introdujo en círculos masónicos, políticos y periodísticos de la ciudad. Las cartas entre Torres y Mier, recogidas por Yael Bitrán Goren, dan una buena idea de la relación de aquellos intelectuales con los impresores de Filadelfia y de la prioridad que Torres concedía a la edición y el embarque de libros y folletos hacia Hispanoamérica.[58] A la muerte de Torres, en 1822, Rocafuerte heredó aquella red y la puso a disposición de otros hispanoamericanos que llegarían a Filadelfia a fines de ese año y en 1823, como el peruano Manuel Lorenzo de Vidaurre y los cubanos Félix Varela y José María Heredia.

Torres se había familiarizado con la comunidad de impresores de Filadelfia desde antes de la generalización de la guerra separatista en Hispanoamérica. En 1811, la imprenta Palmer había dado a conocer, en inglés y castellano, un método de enseñanza del español adaptado del lingüista y educador francés Nicolas Gouin Dufief.[59] Al final de aquel manual de gramática, Torres insertaba una serie de lecturas en las que era perceptible su intención de difundir entre los lectores hispanoparlantes de

[57] Christopher Domínguez Michael, *op. cit*, pp. 596-598. Véase, también Jaime E. Rodríguez O., *El nacimiento de Hispanoamérica, op. cit.*, pp. 17-18 y Charles H. Bowman Jr., "The Activities of Manuel Torres as Purchasing Agent, 1820-1821", *The Hispanic American Historical Review*, vol. 48, núm. 2, mayo de 1968, pp. 234-246.

[58] Yael Bitrán Goren, *Servando Teresa de Mier en los Estados Unidos; la cristalización del republicano*, tesis de licenciatura, México UNAM, 1992, pp. 267-287.

[59] Manuel Torres, *La naturaleza descubierta en su modo de enseñar las lenguas a los hombres*, Filadelfia, Imprenta de T. & G. Palmer, 1811.

Estados Unidos la idea de una autonomía cultural hispanoamericana por medio de "extractos" de lo que llamaba "prosa y versos elegantes". De diversos cronistas de Indias, tomaba descripciones de la ciudad de México, de la grandeza del imperio azteca, el reconocimiento del volcán Popocatépetl por Diego de Ordaz, la carta de relación de Hernán Cortés sobre la fundación del primer ayuntamiento de Veracruz, el "razonamiento" de Xicoténcatl contra los españoles, el de Moctezuma ante Cortés y la respuesta de éste al emperador mexica.[60]

Ya cuando la guerra separatista estaba más avanzada y Torres había entrado en contacto con Bolívar, dio a conocer en la misma editorial Palmer, de Filadelfia, un influyente manifiesto sobre la importancia del comercio entre Estados Unidos e Hispanoamérica. Aunque adoptaba la forma de un tratado descriptivo sobre las monedas, los pesos y las unidades de medida que utilizaban los reinos hispanoamericanos en su comercio exterior, el texto incluía una valoración crítica del estado político, el gobierno, el suelo, el clima y la producción de aquellas colonias.[61] Torres ofrecía datos actualizados sobre las exportaciones anuales de Nueva España, Yucatán, Guatemala, Nueva Granada, Venezuela, Perú, Buenos Aires, Chile, Cuba, Santo Domingo y Puerto Rico, agrupando estos reinos y capitanías generales en seis áreas comerciales: Mesoamérica, Centroamérica, Caribe, los Andes, Sudamérica Norte y Sudamérica Sur.[62] El argumento central de su exposición era que Gran Bretaña y Francia obtenían mayores ventajas comparativas del comercio con Hispanoamérica que Estados Unidos, y que si este último aplicaba una estrategia aduanal que ofreciera incentivos a los exportadores de la región desplazaría a aquellas potencias como principal socio comercial de sus vecinos.[63]

---

[60] Manuel Torres, *Dufief's Nature Displayed in Her Mode of Teaching Language to Man*, Filadelfia, T. & G. Palmer, 1811, pp. 475-490.

[61] Manuel Torres, *An Exposition of the Commerce of Spais America with Some Observations upon Its Importance to the United States*, Filadelfia, G. Palmer, 1816, pp. 2-5 y 7-21.

[62] *Ibid.*, pp. 33-36.

[63] *Ibid.*, pp. 64-99 y 111-119.

Además de Palmer, otro de los impresores de Filadelfia que, a instancias de Torres y Rocafuerte, respaldó a los hispanoamericanos fue Jean François Hurtel, conocido como John F. Hurtel o Juan Francisco Hurtel, descendiente de una familia de colonos de Alabama, quien editaba traducciones de libros franceses y españoles en Filadelfia desde la segunda década del siglo XIX. En 1817, por ejemplo, Hurtel publicó el popular manual de la época del imperio napoleónico *Art of Dancing, Rules of Deportment and Descriptions of Manners of Civility*, de J. H. Gourdoux-Daux, y comenzó a interesarse en la cuestión hispanoamericana con tres impresos: *El triunfo de la libertad sobre el despotismo. Réplica de los hebreos después del cautiverio de Babilonia* y *Homilía del Cardenal Chiaramonti*, del caraqueño Juan Germán Roscio, y *Reply to the Author of the Letter on South America and Mexico*, un folleto dirigido al presidente Monroe y atribuido al propio Manuel Torres.[64]

Junto a la reedición de la *Brevísima relación de la destrucción de las Indias*, de Las Casas, preparada por Mier, Hurtel publicó tres textos básicos del primer republicanismo hispanoamericano: la *Memoria político-instructiva* (1822) de Mier y las *Cartas americanas, políticas y morales* (1823) y el *Plan del Perú* (1823) de Vidaurre.[65] La plataforma doctrinal de estas obras, como es sabido, era la misma que la de Rocafuerte en *Ideas necesarias* (1821) —a la que el ecuatoriano había agregado como apéndices traducciones de Paine, del discurso de Adams el 4 de julio de 1821, de la Declaración de Independencia, de los Artículos de la Confederación y de la Constitución de 1787— y coincidía también con la estrategia boliva-

[64] Juan Germán Roscio, *El triunfo de la libertad sobre el despotismo*, Caracas, Biblioteca Ayacucho, 1996, pp. 264-271; Monica Henry, "Les prèmieres publications révolutionnaires des exilés hispano-américans aux Etats-Unis", *Transtlantica. Revue D'Études Américaines*, núm. 2, 2006, pp. 1-8.

[65] Fray Servando Teresa de Mier, *Memoria político-instructiva enviada desde Filadelfia, en agosto de 1821, a los gefes independientes del Anáhuac, llamado por los españoles Nueva España*, Filadelfia, J. F. Hurtel, 1821; Manuel Lorenzo de Vidaurre y Encalada, *Cartas americanas, políticas y morales que contienen muchas reflexiones sobre la guerra civil de las Américas*, Filadelfia, Jun. F. Hurtel, 1823, 2ts; Manuel Lorenzo de Vidaurre y Encalada, Plan de Perú, *defectos del gobierno español antiguo. Necesarias reformas. Obra escrita por el ciudadano Manuel de Vidaurre a principios del año 10 en Cádiz y hoy aumentada con interesantes notas*, Filadelfia, Juan Francisco Hurtel, 1823.

riana y monroísta: la defensa de la forma republicana de gobierno para Hispanoamérica. Vidaurre, más explícito que Rocafuerte y Mier en cuanto a sus lecturas filosóficas, dejaba ver su entusiasmo por textos clásicos de la independencia estadounidense, como *Common Sense* (1776) y *Rights of Man* (1791), de Thomas Paine, y por la reciente crítica a la monarquía católica española lanzada por José Blanco White en sus *Letters from Spain* (1822).

Vidaurre, quien al igual que Varela todavía era fernandista en 1821, radicalizó su republicanismo durante la breve estancia en Filadelfia, que coincidió con el fin del Trienio Liberal y el avance de la gesta separatista.[66] Esto es notable en la factura del texto del Plan de Perú, que había sido escrito inicialmente en 1810, en España, cuando era diputado a las Cortes de Cádiz, y titulado *Plan de las Américas.* En la versión original de aquel escrito, el peruano se apoyaba en la tradición ilustrada del monarquismo representativo (Montesquieu, Beccaria y Filangieri, sobre todo) para defender el autogobierno de los reinos de Ultramar y para identificar el absolutismo con una forma despótica de gobierno. Sin embargo, ya en la edición de 1823 y, sobre todo, en *Las cartas americanas,* sin abandonar aquellas referencias ilustradas, incorpora el enfoque republicano, citando a Maquiavelo, Bentham y Paine, y proponiendo, incluso, una abolición del fuero eclesiástico, muy a tono con la "denuncia de la cruel tiranía de las leyes clericales" sostenida por Blanco White.[67]

La edición de Filadelfia del *Plan del Perú,* en 1823, no dejaba dudas sobre el giro republicano que daba el intelectual peruano: el libro aparecía dedicado a Bolívar y en el mismo se insertaba, además de su "renuncia" como funcionario de la audiencia de Puerto Príncipe, una exposición de "los motivos políticos que obligan a la isla de Cuba a declarar inmediatamente su independencia".[68] La rápida radicalización republicana de Vidaurre, así

[66] Víctor Peralta Ruiz, "Ilustración y lenguaje político en la crisis del mundo hispánico", *Nuevo Mundo. Mundos Nuevos,* núm. 7, febrero de 2007, pp. 1-23.

[67] Manuel Lorenzo de Vidaurre, *Cartas americanas,* t. II, pp. 40-41 y 74; José Blanco White, *Cartas de España,* Madrid, Alianza Editorial, 1972, pp. 88-94.

[68] Manuel Lorenzo de Vidaurre, *Plan del Perú,* pp. 197-225.

como la de Rocafuerte, Mier y Varela, debe entenderse, como ha señalado Roberto Breña, no sólo como un efecto de la restauración absolutista en España, del triunfo militar de la causa independentista o del respaldo de Estados Unidos a la misma, sino, también, como consecuencia de la traductibilidad doctrinaria y constitucional que aquellos letrados establecieron entre sus lecturas ilustradas y sus lecturas republicanas. El liberalismo antiabsolutista era una plataforma giratoria, que lo mismo podía desembocar en la abierta defensa de la república que en lo que Vidaurre llamaba un "acomodo de ideas republicanas a una monarquía moderada".[69]

Otro de los impresores de Filadelfia que se interesó en el tema hispanoamericano fue el católico irlandés William Stavely, dueño, primero, de la editorial Stavely & Bringhurst y luego de Stavely & Co. Durante décadas, Stavely publicó, en su imprenta del número 70 de Third Street, múltiples libros católicos, como los "reportes pastorales" de la Iglesia de la Epifanía, y varios textos de historia natural.[70] Cuando el padre Félix Varela llega a Estados Unidos, en diciembre de 1823, entra muy pronto en contacto con Stavely, probablemente no por la vía de Rocafuerte, sino por la de sus contactos con la comunidad católica de Nueva York y el respaldo del obispo de La Habana, Juan José Díaz de Espada y Landa, y del recién nombrado obispo de Nueva York, el francés Jean Dubois, quien intentaba relacionarse con la cada vez más creciente colonia irlandesa.[71] Al año siguiente, residiendo ya en Filadelfia, Varela publica en la editorial de Stavely la segunda edición de sus *Lecciones de filosofía* (1824), en las que defendía una idea del "entendimiento humano" a partir de Locke y Condillac, y los tres primeros números de *El Habanero*,

[69] Víctor Peralta Ruiz, *op. cit.*, p. 21; Roberto Breña, *El primer liberalismo español y los procesos de emancipación de América, 1808-1824. Una revisión historiográfica del liberalismo hispano*, México, El Colegio de México, 2006, pp. 456-490.

[70] *Pastoral Reports of the Church of Epiphany*, Filadelfia, William Stavely, 1840-1857.

[71] Obispo Espada, *Ilustración, reforma y antiesclavismo*, La Habana, Editorial de Ciencias Sociales, 1990, pp. 122-143, Felipe Estévez, "La contribución social del padre Varela en Estados Unidos", en Roberto Esquenazi-Mayo, comp., *El padre Varela. Pensador, sacerdote, patriota*, Washington D. C., Georgetown, 1998, pp. 55-64.

una revista política, científica y literaria, redactada íntegramente por el sacerdote cubano.[72]

Así como Vidaurre, en sus *Cartas americanas*, había seguido el modelo de las *Letters from Spain*, inspiradas, a su vez, en las *Cartas persas* de Montesquieu, Varela aprovecharía la experiencia de *El Español*, la revista editada por Blanco White en Londres, para la concepción de *El Habanero*. A pesar de lo que anunciaba el prospecto de la revista, el contenido de la misma apenas estuvo dedicado a la ciencia y la literatura. En el primer número aparecieron breves artículos sobre la "temperatura del agua del mar a considerables profundidades", la "acción del magnetismo en el titanio", la "propagación del sonido" y los experimentos del "profesor Silliman en el Chryoforo de Wollaston", unas pruebas de globos aerostáticos bajo la nieve.[73] A partir del número siguiente, la sección de "ciencia y literatura" prácticamente desapareció —sólo en el tercer número se publicó una viñeta firmada por Mr. J. Newman, dando la noticia de "una máquina inventada para medir con la corredera lo que anda un buque"— y la publicación se concentró en los temas de Cuba, la consumación de las independencias en Hispanoamérica y la posibilidad sobre el auxilio de México y Colombia a la descolonización de las islas caribeñas.[74]

La posición de *El Habanero* sobre este último tema, a diferencia de lo que la tradición nacionalista de la historiografía cubana ha establecido, fue flexible. Luego del resuelto apoyo a una separación republicana de España, que dejaba atrás visiones fernandistas y autonomistas —en diciembre de 1818, Varela había leído un elogio de Fernando VII en la Sociedad Patriótica de La Habana, y todavía, en febrero de 1823, había presentado un proyecto de gobierno autonómico para las provincias de Ultramar, en las Cortes de Madrid—, el sacerdote y filósofo cubano

[72] Félix Varela, *Obras*, La Habana, Editora Política, 1991, t. I., pp. 177-246; Félix Varela, *El Habanero. Papel político, científico y literario*, Miami, Ediciones Universal, 1997, pp. IX-XXXIV.

[73] *Ibid.*, pp. 35-46.

[74] *Ibid.*, pp. 134-135.

se opuso a una invasión de México y Colombia a favor de la independencia antillana.[75] En los primeros números de *El Habanero*, Varela argumentó que una "revolución interviniendo una fuerza extranjera" sería "funestísima" porque la "nación invasora" demandaría una "recompensa más allá de los límites de la obligación", y se manifestaba "contra la unión de Cuba a ningún gobierno", ya que "deseaba verla tan isla en política como lo es en la naturaleza".[76] Sin embargo, en los números quinto y sexto de aquella publicación Varela parecía aceptar esa solución, por considerarla mayoritaria: "¿Es necesario, para un cambio político en la isla de Cuba, esperar las tropas de Colombia o México? En mi opinión no, en la de muchos sí; y como en casos semejantes conviene operar con la opinión más generalizada, si ésta lo fuese, yo contra la mía me conformo a ella".[77]

El dilema de Varela terminó a principios de 1826, cuando el gobierno de John Quincy Adams, en vísperas del Congreso de Panamá, donde Bolívar pensaba tratar el asunto, estableció una posición contraria al auxilio de la independencia de Cuba y Puerto Rico. En el último número de *El Habanero*, Varela reprodujo un discurso del presidente Adams, con el cual concordaba, en el que se argüía el peligro de que la invasión provocara que las islas cayeran en las manos de otra potencia europea que no fuera España.[78] En el momento en que Varela concluyó su publicación, *El Habanero* se había convertido en una lectura de referencia entre los separatistas cubanos. Varios alcaldes, regidores y síndicos de Puerto Príncipe impugnaron la revista desde la isla, y el cónsul español en Filadelfia, Hilario de Rivas Salmón, y el ministro de España en Washington, Francisco Tacón, redactaron informes contra el sacerdote, que enviaron a Madrid y a Roma.[79]

---

[75] Félix Varela, *Escritos políticos*, La Habana, Editorial de Ciencias Sociales, 1977, pp. 247-258 y 277-281.

[76] Félix Varela, *El Habanero*, pp. 91-95.

[77] *Ibid.*, p. 168.

[78] *Ibid.*, p. 224.

[79] Félix Varela, *Escritos políticos*, pp. 282-288.

En la primavera de 1825, Fernando VII emitió un decreto para "impedir la introducción en la península e islas adyacentes del indicado folleto, que no contento con excitar a los fieles vasallos de S. M. a la rebelión, lleva la osadía al punto de querer vulnerar el sagrado carácter de su legítimo Soberano".[80]

Los últimos números de *El Habanero* aparecieron cuando Varela se había trasladado de Filadelfia a Nueva York. Sin embargo, el sacerdote cubano mantuvo por algún tiempo más la colaboración con Stavely, ya que la novela histórica *Jicoténcatl*, la primera del género en Hispanoamérica, fue editada, a instancias de Varela, en esa imprenta en 1826. La novela, cuya autoría ha sido atribuida al propio Varela y, sobre todo, al poeta cubano José María Heredia, quien también se había exiliado por su implicación en la conjura masónica "Soles y Rayos de Bolívar", narraba la historia del héroe de Tlaxcala, que decide abandonar la alianza con los conquistadores y unirse a la resistencia que encabeza Cuitláhuac, pero es descubierto por Cortés y ahorcado en Texcoco.[81] El texto, por su épica anticolonial, se inscribió cómodamente en el corpus bibliográfico republicano, conformado en Filadelfia y difundido en las nuevas capitales hispanoamericanas.

Las redes afectivas y políticas de Rocafuerte y Varela son perceptibles en la articulación de aquel centro difusor de ideas republicanas. El joven Heredia, autor de la *Oda al Niágara* y el *Himno del desterrado*, amigo de ambos, pasó todo 1824 y la primera mitad de 1825 en Nueva York y realizó, por lo menos, una visita a Varela en Filadelfia en abril del 24. En sus cartas familiares, Heredia contó el viaje de Nueva York a Filadelfia, a través del río Delaware, admirado siempre por el orden y la tranquilidad de los pueblos de la costa este. Como muchos europeos e hispanoamericanos de su generación, Heredia celebraba la prosperidad material y la paz social de Estados Unidos, sin dejar de

---

[80] Félix Varela, *El Habanero*, p. 178.

[81] Alejandro González Acosta, *El enigma de Jicoténcal. Estudio de dos novelas sobre el héroe de Tlaxcala*, México, UNAM, 1997, pp. 119-196.

establecer persistentes contrastes con Gran Bretaña, España y, sobre todo, Francia, que era el modelo de civilización que había aprendido a admirar en sus lecturas de Chateaubriand. El orden estadounidense, según el joven romántico del Caribe, era envidiable pero monótono:

> Filadelfia es la primera ciudad de Estados Unidos. Su población excede de 100 000 almas y aun dicen que de 130 000. Es bellísima, y debe serlo aún más cuando los árboles que adornan sus calles y plazas estén en completo estado de vegetación. Sin embargo, aquella misma regularidad de sus casas y casi completa igualdad de sus edificios causan no sé qué fatiga al que los contempla; y como que me abrumaba el cúmulo de esfuerzos reiterados e iguales que debió costar a los hombres la erección de aquellas filas de casas tan uniformes e inmensas. Di, si quieres, que soy un majadero; pero esto es lo cierto, y por lo mismo me agrada más la brillante irregularidad de Nueva York. Cuando desde el depósito que domina la ciudad eché la vista sobre ella, no sabía qué le faltaba; hasta que observé que sólo sobresalían dos torres de iglesias en aquella masa inmensa de habitaciones de hombres. Estas mismas torres, vistas al venir desde el río, en un día nebuloso, parecen dos fantasmas suspendidos en los aires sobre la ciudad, a causa de su aislamiento y elevación.[82]

Al igual que Rocafuerte y Mier, Heredia valoró las ventajas de Filadelfia como puerto y como importante sede financiera del norte de Estados Unidos para la empresa difusora del republicanismo en Hispanoamérica. Entre todos los edificios públicos de la ciudad, que los ojos del poeta registran maravillados —el salón masónico, el museo, la prisión, las iglesias de diversas confesiones, la casa de moneda, la Biblioteca, la Casa del Estado, el hospital de los cuáqueros...— el que más lo impresiona es el Banco de Estados Unidos. Su establecimiento en Filadelfia hace de ese

[82] José María Heredia, *Antología herediana*, La Habana, El Siglo XX, 1939, pp. 104-105.

puerto, según Heredia, no sólo la capital ilustrada de la América republicana, por la cantidad de periódicos e imprentas que en ella existen, sino el centro financiero del Nuevo Mundo:

> El banco de los Estados Unidos es todo de mármol blanco, y del gusto griego más sencillo y puro. Consta de un solo piso: está aislado entre una gran baranda de hierro, y presenta a Chesnutt Street y a la calle paralela dos fachadas iguales de la más sublime belleza. Consisten en un pórtico de ocho soberbias columnas, y que se sube por diez a ocho escalones de mármol blanco [...] también cada salón tiene sólo una puerta, y señalado el lugar de otras dos, y tres ventanas con tablones soberbios de mármol. El edificio recibe su luz por las ventanas de los costados. Sin duda es el más bello que he visto sobre la tierra, y me gozo de pasearme debajo de su pórtico, donde siempre reina una deliciosa frescura. Creo que esta fábrica se tomó por modelo el Partenón de Atenas; pero dudo que éste, aun en tiempo de su mayor lustre, igualase en sencilla elegancia y belleza al edificio americano.[83]

La fascinación de Heredia con la "pureza y la transparencia del mármol" lo conduce a una divagación estética sobre Estados Unidos como reedificación de las repúblicas clásicas de Grecia y Roma. El banco de Filadelfia le interesa a Heredia como institución financiera y, a la vez, como obra arquitectónica neoclásica que "presenta a la vista atónita el esfuerzo vendedor del espíritu humano".[84] La breve estancia del poeta en Filadelfia produce un tipo de reflexión filosófica, frecuente en el viajero romántico, que remite con frecuencia a evocaciones de la creación divina o del hombre como demiurgo de la modernidad. Ese tipo de pensamiento se percibe, también, en su apasionante descripción del esqueleto del gigantesco mamut que pudo ver en el Museo de Historia Natural de la ciudad. A partir de una fábula de los indios de aquel país, Heredia asocia la desaparición

[83] *Ibid.*, pp. 102-103.

[84] *Ibid.*, p. 103.

de esas gigantescas criaturas, que alguna vez dominaron la tierra, con las profecías apocalípticas que anunciaban la destrucción del hombre por una "revolución de la naturaleza":

> Después de siglos y siglos han aparecido esos huesos, para indicárnoslo, como el desnudo mástil de un navío que arrastrado a las playas por las ondas anuncia vagamente un ignorado naufragio. Y nosotros, nosotros también, sufriremos igual suerte el día que se abra una página de cólera en el libro eterno de los destinos, y los seres que nos sucedan buscarán tal vez noticias nuestras tan vanamente como queremos nosotros penetrar en las tinieblas insondables que nos separan de la época en que existió sobre la tierra ese gigantesco cadáver.[85]

De regreso a Nueva York, en la confluencia de Crosswicks Creek, Heredia divisó Bordentown, el lugar donde José Bonaparte había levantado su mansión Point Breeze y donde viviría hasta 1832. La visión de Heredia sobre el ex rey de España estaba muy lejos, ya, de aquel odio a Pepe Botella, el usurpador de 1808. Como otros republicanos de Filadelfia, Heredia sabía que Bonaparte era aceptado en los círculos masónicos de Estados Unidos, que era amigo personal de Henry Clay, Daniel Webster y el presidente Adams, que recibía visitas del general Lafayette y que, en 1817, había rechazado el ofrecimiento del trono de México que le hizo Francisco Javier Mina antes de embarcarse, fatídicamente, en Galveston rumbo a las costas de Tamaulipas.[86] Heredia, que se detuvo en Bordentown sólo para ver la mansión, contaba en sus cartas que cuando el coche pasó cerca de la misma logró ver a José recibiendo a una muchacha que había viajado en su mismo vapor desde Filadelfia. El espectáculo de aquel encuentro le pareció a Heredia de una "sencillez patriarcal y admirable": "la mujer que excitaba las atenciones de un

[85] *Ibid.*, p. 104

[86] *Ibid.*, pp. 105-107; Owen Connelley, *The Gentle Bonaparte*, Nueva York, Macmillan, 1968, pp. 70-87; A. Levasseur, *Lafayette in America in 1824 and 1825. Journal of a Voyage to the United States*, Filadelfia, Crey and Lea, 1829, pp. 137-139.

monarca había hecho el viaje sola, en medio de cuarenta hombres, demasiado protegida por la fuerza sublime de las costumbres y la salvaguardia de las leyes".[87] Sin embargo, la memoria política de Heredia se rebelaba contra aquella nueva imagen de José, como si buscara un pretexto para afirmar, nuevamente, su republicanismo:

> El palacio de José no está restaurado aún, después que un incendio consumió el que había edificado. Es digno notar que, cuando esto sucedió, todos los habitantes de Bordentown corrieron a auxiliarle, aunque fue en medio de la noche. José publicó en los periódicos una carta, en que daba gracias más bien con el tono de un monarca que con el de un conciudadano. Decía que jamás había dudado que los habitantes de Bordentown sabrían agradecerle que hubiese fijado entre ellos su habitación. Los orgullosos americanos lo tomaron a mal y no faltó quien se lo dijera, añadiéndole que la seriedad de semblante con que recibieron la noche del incendio sus favorecedores sonrisas debía haberle demostrado el ningún caso que de ellas hacían, y que sólo habían venido en su socorro por un sentimiento común de beneficencia y humanidad. ¡Justo castigo al indiscreto orgullo del conde de Survilliers![88]

La visita a Point Breeze, en Bordentown, hizo pensar a Heredia en la atiborrada memoria de José Bonaparte:

> ¡Oh vicisitud de las cosas humanas! ¡Cómo debe meditar en ella el habitador de aquel palacio, cuando desde sus ventanas tienda la vista por la inmensa perspectiva que le ofrecen los márgenes del Delaware! ¡Nápoles! ¡Madrid! ¡Filadelfia! ¡Cómo, mirando correr aquel soberbio río, a sus pies, repasará las varias situaciones de su azarosa vida! ¿Bendecirá al cielo, tal vez, porque después de tantas borrascas le ha traído a vivir en paz, en medio de esta gente tan fiera y generosa? Sospecho que no; porque el suceso que antes he refe-

---

[87] *Ibid*, p. 105.

[88] *Ibid.*, p. 106.

> rido, y el hacerse llamar aún "rey" por su servidumbre, hace ver que no tiene en su alma el temple necesario para gozar de su venturoso estado presente, cuando todavía quiere figurarse cercado de la usurpada brillantez que le dio en un tiempo la corona.[89]

Desde Nueva York, Varela y Heredia continuaron aquella labor de promoción del republicanismo hispanoamericano. La primera edición de las poesías de Heredia fue gestionada por el presbítero cubano, en 1825, en la casa editora Behr y Kahl, de esa ciudad.[90] El volumen, así como la novela histórica *Jicoténcatl*, fue elogiosamente reseñado por el poeta estadounidense William Cullen Bryant, quien tradujo, además, la *Oda al Niágara* al inglés.[91] Junto a su misión pastoral y su trabajo con la comunidad de inmigrantes irlandeses, Varela, a pesar del fracaso del Congreso de Panamá y de la persistencia del orden colonial en la isla, continuó editando y traduciendo textos republicanos. En 1826 tradujo el *Manual of Parliamentary Practice* de Thomas Jefferson, y entre 1828 y 1831 emprendió, con su discípulo y amigo José Antonio Saco, también exiliado en Nueva York, la edición de *El Mensajero Semanal*, otra publicación que, aunque crítica del régimen colonial español, se acercaba más a una posición reformista que separatista.[92]

Para inicios de la década del 30, casi todos los exiliados, menos los cubanos, se habían repatriado, involucrándose fuertemente en la vida pública de sus países. Mier fue diputado por Nuevo León al Congreso Constituyente de 1823-1824, donde defendió una fórmula intermedia entre el federalismo norteamericano y el

---

[89] *Id.*

[90] José María Heredia, *Poesías*, Nueva York, Librería de Behr y Kahl, 1825, pp. 4-10.

[91] E. R. Moore, "José María Heredia in the United States and Mexico", *Modern Language Notes*, vol. 65, núm. 1, enero de 1950, pp. 41-46.

[92] Thomas Jefferson, *Manual de práctica parlamentaria para el uso del Senado de los Estados Unidos*, Nueva York, Newton, 1826; Antonio Hernández Travieso, *El padre Varela. Biografía del forjador de la conciencia cubana*, La Habana, Jesús Montero, 1949, pp. 140-173.

centralismo bolivariano. Vidaurre llegó a ser presidente de la Corte Suprema del Perú y, tal vez, el escritor político más reconocido de su época. Rocafuerte fue gobernador de Guayaquil y presidente de Ecuador, entre 1835 y 1839. En sus memorias, escritas al final de una carrera política de medio siglo, evocó con nostalgia los años de Filadelfia como una época promisoria en la que una fraternidad "americana", en torno a la causa común de la independencia, borraba las distinciones entre peruanos, chilenos, bolivianos, ecuatorianos o granadinos.[93] Recordaba entonces que en sus tres libros del periodo de Filadelfia —*Ideas necesarias...*, *Bosquejo ligerísimo...* y *El sistema colombiano...*— había vinculado esa "fraternidad" a la uniformación republicana del sistema gubernativo continental.

Pero Rocafuerte era consciente de que aquel americanismo errante llegaba a su fin y que los hispanoamericanos debían reconciliarse con sus patrias chicas. Él mismo, que había sido un ferviente defensor de los federalismos y las inmigraciones, que había colaborado con los gobiernos de Colombia y México, con Bolívar y Victoria, regresó a Guayaquil y a Quito a hacer política en nombre del "sentimiento patriótico" y contra los "usurpadores" colombianos, que "apoyados en las bayonetas de sus mercenarios jenízaros, convertían en patrimonio el país de su nacimiento".[94] El sueño bolivariano, que en Filadelfia había experimentado, tal vez, su mayor desarrollo intelectual, llegaba a su fin y las realidades nacionales de Hispanoamérica imponían su conflictiva presencia.

---

[93] Vicente Rocafuerte, *Un americano libre*, pp. 36-39.

[94] *Ibid.*, p. 45.

José María Heredia
y la tradición republicana

El primer republicanismo hispanoamericano fue, de algún modo, la matriz ideológica de los liberalismos y conservadurismos que se articularon en la región en los años 30 y 40. Las genealogías entre ese republicanismo y los proyectos liberales de la generación del 37 en Argentina (Echeverría, Sarmiento, Alberdi) o de José María Luis Mora o Valentín Gómez Farías en México son bastante conocidas.[1] Menos, pero igualmente desarrolladas, son las conexiones entre los primeros republicanos y las corrientes conservadoras y monarquistas que, en Ecuador, Bolivia y México, sobre todo, se difundieron a mediados de la década del 40 como reacción al fracaso de los experimentos constitucionales.[2]

La emergencia de una generación de intelectuales y políticos mexicanos, públicamente autodenominados "conservadores", también ha sido localizada por la historiografía hacia mediados del siglo XIX. Tradicionalmente se mencionan, como antecedentes intelectuales de un conservadurismo antirrepublicano o antiliberal, que gravitaría sobre la esfera pública mexicana —por lo menos, entre 1846 y 1867—, la posición moderada de Fran-

---

[1] Juan Marichal, *Cuatro fases de la historia intelectual latinoamericana*, Madrid, Cátedra, 1978, pp. 28-29 y 42-55; Charles Hale, *El liberalismo en la época de José María Luis Mora (1821-1853)*, México, Siglo XXI, 1972.

[2] Ana Gimeno, *Una tentativa monárquica en América. El caso ecuatoriano*, Quito, Ediciones del Banco Central de Ecuador, 1988, pp. 25-31; Peter V. N. Henderson, *Gabriel García Moreno and Conservative State Formation in the Andes*, Austin, University of Texas Press, 2008, pp. 145-176.

cisco Manuel Sánchez de Tagle en el Congreso Constituyente de 1835-1836, la célebre carta de José María Gutiérrez de Estrada al presidente Anastasio Bustamante, en 1840, y la campaña pública a favor de la monarquía, emprendida, a mediados de aquella década, por los periódicos *El Tiempo* y *El Universal*.[3]

Más allá de que esta definición del conservadurismo ha sido construida desde la hegemonía histórica de la tradición liberal y, por tanto, de manera teleológica y binaria, es evidente que, entre el gobierno de Mariano Paredes y Arrillaga (1846) y el imperio de Maximiliano (1863-1867), pasando, desde luego, por la última dictadura de Santa Anna (1853-1855) y el bando conservador durante la guerra de Reforma (1857-1859), se perfila una corriente dentro de la clase política mexicana (Lucas Alamán, José María Gutiérrez Estrada, Juan Nepomuceno Almonte, Joaquín María de Castillo y Lanzas, Manuel Diez de Bonilla, José Fernando Ramírez, Luis Gonzaga Cuevas...) que se identifica con el cuestionamiento del liberalismo y la forma republicana de gobierno.

Sin embargo, una de las primeras veces —si no la primera— que la denominación de "conservador" es asumida públicamente, y también como reacción a ciertos "excesos" del liberalismo y el federalismo, fue antes de 1840 e, incluso, de 1835. Me refiero al periódico *El Conservador*, editado en la ciudad de Toluca, capital del Estado de México, entre junio de 1831 y los primeros meses de 1832, y que fuera impulsado por el gobernador Melchor Múzquiz, el vicegobernador Manuel Muria, el secretario de Gobernación José Ramón Malo y los magistrados de la Audiencia estatal Agustín Fernández de Salvador, José María Esquivel, Ma-

---

[3] Edmundo O'Gorman, *La supervivencia política del reino de la Nueva España. Reflexiones sobre el monarquismo mexicano*, México, Fundación Cultural Condumex, 1969, pp. 10-25; Gastón García Cantú, *El pensamiento de la reacción mexicana. Historia documental (1810-1859)*, t I., México, UNAM, 1994, pp. 60-74; Alfonso Noriega, *El pensamiento conservador y el conservadurismo mexicano*, México, UNAM, 1993, vol. I, pp. 140-157; Elías J. Palti, comp., *La política del disenso. La polémica en torno al monarquismo y las aporías del liberalismo* (1848-1850), México, FCE, 1998, pp. 7-58; Humberto Morales y Will Fowler, *El conservardurismo mexicano en el siglo XIX*, Puebla, Benemérita Universidad Autónoma de Puebla, 1999, pp. 115-186.

riano Buenabad, Antonio Barquera y Manuel Díaz. El principal redactor de aquel periódico y autor de sus páginas editoriales fue el poeta romántico de origen cubano José María Heredia, quien se había establecido en México desde 1825, gracias a gestiones del presidente Guadalupe Victoria, y que en ese momento era oidor de la Audiencia mexiquense.

Valdría la pena una mayor aproximación al proyecto editorial de *El Conservador*, que se detenga en tres de sus condiciones históricas. Primero, el papel del gobierno del Estado de México, en tanto actor político que gestó aquel periódico, y su relación con el gobierno federal, encabezado entonces por Anastasio Bustamante y Lucas Alamán, el llamado "gabinete de los hombres de bien" que emergió del pronunciamiento de Xalapa en contra del régimen de Vicente Guerrero. Luego, la propia figura de José María Heredia como intelectual público de la primera República Federal y su intervención en el proyecto editorial de *El Conservador*. Finalmente, habría que definir con mayor cuidado el tipo de conservadurismo que defendió aquella publicación y su lugar dentro las tradiciones republicana, liberal y conservadora del México posvirreinal.

Conservar… qué

El general coahuilense Melchor Múzquiz, veterano de la insurgencia y fundador de la logia escocesa *El Sol*, era un político cercano a las posiciones liberales moderadas de José María Luis Mora y Francisco Manuel Sánchez de Tagle, quien había sido el vicegobernador, durante su primer mandato al frente del estado, entre 1824 y 1827. Múzquiz fue un decidido impulsor de la constitución estatal, redactada por José María Luis Mora, y un rival incansable del político yucateco Lorenzo de Zavala, líder de la corriente radical yorkina dentro de la clase política mexiquense. En 1827, en pleno ascenso yorkino, Zavala alcanzó la jefatura del gobierno estatal, la cual le sirvió de plataforma regional para combatir la candidatura presidencial de Manuel Gómez Pedraza, respaldada por Múzquiz, apoyar enérgicamente a Vicente Guerrero e, incluso, reemplazar las funciones de gobernador con las de secretario de Hacienda hasta noviembre de 1829.

Aunque la legislatura estatal, mayoritariamente yorkina, no se opuso al plan de Xalapa contra el presidente Guerrero, importantes líderes estatales, como el propio general Múzquiz, tomaron parte en el mismo. El ascenso al poder federal de Anastasio Bustamante y sus principales colaboradores (Lucas Alamán, José Ignacio Espinosa, Joaquín de Iturbide, José Antonio Facio, Rafael Mangino y José María Ortiz Monasterio), en enero de 1830, implicó el exilio de Lorenzo de Zavala, la rápida destitución del gobernador en funciones, Joaquín Lebrija, y la remoción de la legislatura estatal yorkina, que controlaba la política regional desde 1827. La recomposición de las élites mexiquenses, en los primeros meses de 1830, favoreció, naturalmente, a Melchor Múzquiz, quien regresaba a Tlalpam y Toluca con el respaldo del nuevo gobierno federal.[4]

Ésta fue la coyuntura que favoreció el proyecto editorial de *El Conservador*. En el verano de 1830, ya Múzquiz y Muria encabezaban el gobierno del Estado de México, cuya sede fue trasladada de Tlalpam a Toluca; una nueva legislatura de tendencia moderada, o más bien antiyorkina y antizavalista, había sido elegida, y el representante regional en el Senado federal, Félix López y Vergara, era cercano a Manuel Gómez Pedraza y a Lucas Alamán. La íntima relación del nuevo liderazgo estatal y el "gabinete de los hombres de bien" se hizo explícita, como veremos, a través de los editoriales de *El Conservador*. De algún modo podría decirse que en esta publicación, el gobierno de Bustamante y Alamán encontró un medio de transmisión indirecta de su propio proyecto político. Un medio que, por el hecho de estar ubicado en la periferia más próxima, la del Estado de México, podía ocultar su conexión gubernamental.

---

[4] Michael P. Costeloe, *La primera república federal de México (1824-1835)*, México, FCE, 1975, pp. 249-306; Charles W. Macune Jr., *El Estado de México y la federación mexicana*, México, FCE, 1978, pp. 164-172.

El primer número de *El Conservador* apareció en Toluca, el 1 de junio de 1831, y el texto editorial que lo encabezó, redactado por Heredia, enfatizaba la consonancia entre la publicación y el momento político, esperanzador y estable, inaugurado por la administración de Bustamante y Alamán. Según Heredia, México iniciaba una nueva etapa de su historia independiente, destinada a consolidar el orden republicano y federal establecido en la Constitución de 1824, cuya principal garantía de éxito no era otra que el abandono del partidismo masónico que había conducido a la revuelta de la Acordada, al ilegítimo gobierno de Guerrero y al pronunciamiento de Xalapa.

> Tenemos el gusto de empezar nuestras tareas en una época de esperanzas para la República. Apagado el incendio de la guerra civil, amortiguadas las pasiones rencorosas y la efervescencia de los partidos, cuya larga lucha por el poder ha dado tantos días de sangre y luto a la patria, desengañados los pueblos del vértigo revolucionario, y persuadidos por una dolorosa experiencia de que sólo pueden ser felices bajo los auspicios de la paz y con la observancia de las leyes, parece que todo anuncia días serenos y apacibles, después de la tormenta que nos ha combatido por espacio de cuatro años.[5]

Heredia, como tantos liberales de los años treinta, asociaba el descalabro de la república con el conflicto de la primera sucesión presidencial republicana, que comenzó en 1828, y con el papel de las logias masónicas en el mismo. Sin embargo, al insistir en la contraposición entre orden legal y revolución partidista, Heredia se acercaba a un horizonte doctrinal común, compartido, desde fines del siglo XVIII, por liberales y conservadores europeos, por Burke y Constant, por Smith y De Maistre, que atribuía la estabilidad del régimen político al ejercicio

[5] *El Conservador*, Toluca, Imprenta del Gobierno, dirigida por Juan Matute González, núm. 1, 1 de junio de 1831, pp. 1-3.

moderado de las pasiones públicas.[6] Es sumamente significativo que en aquel primer editorial *El Conservador* apelara a dos experiencias históricas: "el ejemplo de la República vecina del Norte [...], que muestra palpablemente las inmensas ventajas, que se descubren en abstracto en la mente menos reflexiva" de la forma republicana y federativa de gobierno: "la más perfecta que ha podido resultar de las combinaciones del ingenio humano", y el ejemplo de la "revolución de Francia en el último año", la cual, "si triunfa sobre sus enemigos, logrará un gobierno regular y próspero, bajo los auspicios de la libertad, afianzado en leyes sabias y justas".[7]

Ambos regímenes, la república federal estadounidense y la Monarquía de Julio francesa, habían surgido de dos revoluciones, y toda revolución, al decir de Heredia, "cualquiera que sean sus últimos resultados, causa, por lo pronto, calamidades y trastornos".[8] Sin embargo, la gran transformación liberal del antiguo régimen, lo mismo en Europa que en América, era inconcebible sin la experiencia del cambio revolucionario. El verdadero desafío de los regímenes nuevos era, precisamente, preservar las instituciones liberales —y, en el caso de Estados Unidos y México, republicanas y federales— por medio de la moderación política, el orden legal y la virtud ciudadana. Esas tres palabras cardinales, *moderación*, *orden* y *virtud*, compendiaban los valores políticos de Heredia y los editores de *El Conservador*.

> Sólo necesitamos de moderación y virtudes para gozar de todos los frutos de la gloriosa transformación política que tantos héroes y mártires compraron con su sangre generosa. Que el gobierno sea justo, y los gobernados abjuren la ambición y los rencores. Rompamos, pues, para siempre la cadena fatal de los resentimientos

---

[6] Edmund Burke, *Textos políticos*, México, FCE, 1996, pp. 255-258; Benjamin Constant, *Escritos políticos*, Madrid, Centro de Estudios Constitucionales, 1989, pp. 7-20; Joseph de Maistre, *Consideraciones sobre Francia*, Madrid, Tecnos, 1990, pp. 3-8; Adam Smith, *Teoría de los sentimientos morales*, México, FCE, 2004, pp. 57-59.

[7] *El Conservador*, *op. cit.*, pp. 1-3.

[8] *Ibid.*

> políticos. Olvidemos hasta las denominaciones que serían ridículas a no haber tantas calamidades y crímenes, y, echando un velo impenetrable sobre el pasado, ocupémonos con celo y sinceridad en un porvenir más dichoso y tranquilo.[9]

Aunque Heredia defendía la "adhesión al pacto federativo, garante de la unidad nacional y el orden público", tampoco soslayaba el hecho de que las fallas constitucionales del régimen republicano había que encontrarlas en la atomización confederal que la Carta Magna de 1824 había generado: "si la constitución actual tiene vicios o defectos, poseemos afortunadamente el gran *desideratum* de las antiguas repúblicas, cuya falta causó sus trastornos y ruina, en la facultad perpetua de reformar y perfeccionar".[10] Los problemas del régimen constitucional, según Heredia, estaban relacionados con el pacto confederal que se armó durante la oposición al imperio de Iturbide y que decidió la transición de 1823, y no en la forma republicana de gobierno, la cual no sólo debía ser defendida, sino profundizada por medio de una nueva ideología cívica que colocara en el centro de su simbología el culto a la epopeya y los héroes de la independencia. Esa ideología republicana, promotora de ciertas prácticas de veneración civil en torno a la gesta de 1810, contribuiría, a su entender, a crear una mentalidad fundacional.

En buena medida, la idea de Heredia y los editores de *El Conservador* era que la nueva república necesitaba de tradiciones y rituales, de mitos y leyendas que pudieran conformar la liturgia de una religión civil. El culto a la revolución de independencia, entendida como un evento más del devenir republicano de la humanidad, ayudaría a preservar el nuevo orden y a evitar el estallido de otras revoluciones. Con el fin de reafirmar esta idea, Heredia, quien acostumbraba publicar sus poemas y críticas literarias en otro periódico editado por el gobierno mexiquense, la famosa *Miscelánea* (1829-1832), insertó en aquel primer nú-

---

[9] *Ibid.*

[10] *Ibid.*

mero de *El Conservador* el poema "Al genio de la libertad". En esta composición, Heredia intentaba reconstruir la marcha del espíritu republicano a lo largo de la historia. Antes de implorar al "genio de la libertad" que descendiera al "Anáhuac agitado", Heredia se detenía en dos momentos del devenir republicano: Roma y Estados Unidos:

> ¡Genio de la libertad, mi voz te implora [...]!
> De Maratón los ecos resonaron,
> con espanto de déspota vencido.
> después en Roma de funesto olvido
> preservaste los nombres inmortales
> de Bruto, Cincinato y de Camilo
> y de otros mil cuya sublime frente
> adornó el laurel su vasto foro.[11]

Unos cuantos versos después, el "genio de la libertad" se posaba sobre Estados Unidos:

> Al septentrión de América elegiste
> luego por tu mansión, el noble
> inspiraste de Washington divino,
> y presidiste a su mortal destino
> y consagraste a su sencillo techo.[12]

Finalmente, el espíritu republicano era invocado desde México:

> Mi voz te implora,
> el ruego escucha de quien fiel te adora.
> Ven, desciende al Anáhuac agitado
> por el tumulto atroz de las facciones,
> y su furor sangriento sofocado
> respiren los humanos corazones.[13]

---

[11] *Ibid.*

[12] *Ibid.*

[13] *Ibid.*

En unos pocos versos, Heredia reconstruía el itinerario clásico de la tradición republicana.[14] En dicho itinerario, el momento estadounidense era particularmente decisivo para Heredia y los primeros liberales mexicanos. Heredia, como es sabido, había vivido año y medio en Nueva York —entre el invierno de 1823 y el verano de 1825— y era un gran admirador de la gesta de independencia de las trece colonias, de la república federal estadounidense y, sobre todo, de la figura de George Washington. En el primer número de la *Miscelánea*, de septiembre de 1829, Heredia había traducido y publicado un fragmento de los *Voyages en Amérique, en France et en Italie* (1827) de Chateaubriand, en el que este famoso autor francés establecía un paralelo entre Washington y Napoleón, sumamente favorable al primero. Como señala Darrin McMahon, la influencia de Chateaubriand, Lammenais, De Maistre y otros autores del naciente conservadurismo francés en el romanticismo literario atlántico fue poderosa.[15] Chateaubriand, quien había conocido personalmente a ambos políticos, afirmaba que aunque Washington no pertenecía, como Bonaparte, a la "raza de los Alejandros y los Césares, que supera la estatura de la especie humana", sus "acciones silenciosas" lo convertían en un "héroe de nueva especie, que no sólo tiene el encargo de sus destinos, sino también de los de su patria, y no arriesga lo que no le pertenece".[16]

> Cada uno se ve recompensado según sus obras: Washington eleva una nación a la independencia: magistrado retirado, se adormece tranquilamente bajo su techo paterno, en medio del sentimiento

---

[14] J. G. A. Pocock, *The Machiavellian Moment*, Nueva Jersey, Princeton University Press, 1975, pp. 20-35; Quentin Skinner, *Los fundamentos del pensamiento político moderno*, México, FCE, 1985, t. I, pp. 164-215; Phillipe Petit, *Republicanismo. Una teoría sobre la libertad y el gobierno*, Barcelona, Paidós, 1999, pp. 17-31; José Antonio Aguilar y Rafael Rojas, *El republicanismo en Hispanoamérica. Ensayos de historia intelectual y política*, México, FCE/CIDE, 2002, pp. 13-137.

[15] Darrin M. McMahon, *Enemies of the Enlightenment. The French Counter-Enlightenment and the Making of Modernity*, Nueva York, Oxford University Press, 2002.

[16] *Miscelánea. Periódico Crítico y Literario*, núm. 1, Toluca, septiembre 1829, Imprenta del Gobierno, dirigida por Juan Matute, núm. 1, p. 9.

> de sus compatriotas y de la veneración de todos los pueblos. Bonaparte quitó a una nación su independencia: emperador caído, se vio precipitado al destierro y el temor del mundo no le creyó bastante seguro bajo la responsabilidad del Océano. Mientras luchaba con la muerte, débil y encadenado sobre una roca, Europa no osó deponer las armas [...] La república de Washington subsiste; el imperio de Bonaparte cayó [...] Washington y Bonaparte salieron del seno de una república: hijos ambos de la libertad, el primero le fue fiel, y el segundo traidor.[17]

Antes de conocer este texto de Chateaubriand, Heredia había escrito su poema "A Washington" durante una visita a la tumba de Mount Vernon, en 1824. La virtud que más destacaba el poeta del primer presidente de Estados Unidos era la de haber sido un "esclavo de las leyes" y un fundador de instituciones republicanas y federales perdurables: "Alzado a la primera magistratura,/ de tu patria la suerte coronaste,/ y en cimientos eternos afirmaste/ la paz, la libertad sublime y pura". La "grandeza moral" de Washington, según Heredia, se debía a la humildad con que construyó un edificio político estable, para luego, tras sus dos presidencias continuas (1789-1797), retirarse a la vida privada: "potente y con virtud; libre y tranquilo;/ esclavo de las leyes; del universo asilo; asombro de naciones y de reyes".[18]

Esta idea sobre la cristalización histórica de la herencia republicana en Estados Unidos fue desarrollada por Heredia en otros poemas como "En el aniversario del 4 de julio de 1776" (1825) —donde se hablaba de la "sagrada libertad" como un "numen de vida" y un "cetro divino" que pasa de Atenas a Roma y "huye proscrita" de Europa a América— y, sobre todo, en su artículo "Washington".[19] Aquí Heredia continuaba el paralelo con Napoleón, establecido por Chateaubriand, pero insis-

[17] *Ibid.*, pp. 10-11.

[18] José María Heredia, *Niágara y otros textos*, Caracas, Biblioteca Ayacucho, 1990, pp. 62-64.

[19] *Ibid.*, pp. 65-66.

tiendo, una vez más, en la perdurabilidad del legado del héroe estadounidense, en la "lección sublime de virtud" de Washington: "el único hombre público que por consentimiento ha obtenido un nombre inmortal, y lo que aún es más glorioso, un nombre puro, inmaculado".[20]

Es curioso observar, en este sentido, el similar tratamiento de las figuras de Napoleón y Bolívar en la poesía de Heredia. A diferencia de Washington, Bonaparte era un héroe caído: "¿Cómo cayó...? Vencido, abandonado,/ en un peñasco silencioso expira, dando ejemplo a los déspotas terribles./ Al contemplar su fin desventurado, / clama la historia, que su genio admira:/ no hay opresión, por fuerte, irresistible".[21] En su célebre poema de 1827, Heredia, quien había sido un ferviente admirador de Simón Bolívar y hasta había sido perseguido y condenado a muerte por la Capitanía General de Cuba por su implicación en la conspiración que, en 1823, fraguó la sociedad secreta llamada "Soles y Rayos de Bolívar", expresó su desencanto con la figura del Libertador: "Cual cometa serás, que en su carrera/ por la atracción del sol arrebatado,/ se desliza en el éter, y abrasado/ se pierde al fin en su perenne hoguera.../ Creador de tres naciones/ ¿te querrás abatir hasta monarca?/ ¡Vuelve los ojos...! A Iturbide mira/ que de Padilla en la fatal arena/ paga de su ambición la dura pena".[22]

No es gratuita, tampoco, la fuerte referencia de Chateaubriand en el republicanismo de Heredia y *El Conservador.* En su largo ensayo "Literatura francesa contemporánea", que apareció en *Miscelánea* en el verano de 1831, Heredia colocaba al autor de *Atala, René* y *Le Génie du Christianisme* junto con otros dos grandes antibonapartistas: Madame de Staël y Benjamin Constant.[23] El romanticismo conservador de Chateaubriand, clara-

[20] *Ibid.*, pp. 211-214.

[21] *Ibid.*, pp. 113-114.

[22] *Ibid.*, pp. 87-88.

[23] *Miscelánea. Periódico Crítico y Literario,* Toluca, Imprenta del Estado, dirigida por el ciudadano Juan Matute González, junio de 1831, segunda época, núm. 2, pp. 44-52; núm. 3, agosto de 1831, pp. 86-93 y núm. 4, septiembre de 1831, pp. 102-106.

mente expuesto en el *Essai sur les révolutions* (1797), resultaba muy atractivo a liberales de la generación de Heredia, que simpatizaron fervorosamente con la independencia y tomaron parte en la insurrección contra España, pero que hacia 1830 comenzaban a desencantarse frente a la oscilación entre anarquía y dictadura que experimentaban las nuevas repúblicas hispanoamericanas.[24]

Chateaubriand cuenta en *Mémoires d'outre-tombe* que en los primeros años de la Restauración, mientras era representante por Orleans en la Cámara de los Pares y defendía a Luis XVIII en escritos como *La monarquía según la carta* y *El rey ha muerto: ¡viva el rey!*, fundó, junto con otros intelectuales monarquistas (Bonald y Lamennais, especialmente), el periódico *Conservateur*. Esta publicación defendió la monarquía constitucional y parlamentaria, que según Chateaubriand se basaba en el principio de que el "rey reina pero no gobierna", insistiendo, sobre todo, en la religión y la moral como premisas espirituales y pedagógicas del nuevo orden.[25]

Aunque desde un punto de vista republicano, Heredia, admirador del autor de *René*, se inspiró, para su proyecto editorial, en el título, algo del sentido político y el énfasis pedagógico de aquel periódico. Uno de los textos más sonados de aquella publicación francesa fue el artículo "De la moral de los intereses materiales y de la de los deberes", en el que Chateaubriand cuestionó el desinterés de la nueva corona francesa por la formación de ciudadanos leales a la monarquía. Al defender la "moral del deber" sobre la "moral del interés", Chateaubriand estaba respaldando la restauración monárquica con argumentos típicamente republicanos.

El Conservador canalizó la frustración política de los primeros republicanos mexicanos. En el "Prospecto" de la publicación, aparecido el 22 de junio de 1831, deliberadamente en *El Sol*

---

[24] Christopher Domínguez Michael, *Vida de Fray Servando*, México, ERA/Conaculta, 2004, pp. 174-178.

[25] François-René Chateaubriand, *Memorias de ultratumba*, Barcelona, Acantilado, 2004, t. II, pp. 1453-1455.

—un periódico de ascendencia masónica escocesa y partidario del gobierno de Bustamante y Alamán—, los editores celebraban el "restablecimiento de la Constitución y las leyes", la "convalecencia del vértigo revolucionario", la "elusión de la sima de la anarquía" y de los "males extremos a que sin duda nos hubiera conducido la intolerancia de las facciones". Heredia y los editores de *El Conservador* partían de la certidumbre de que la caída de Guerrero y la instalación del "gabinete de los hombres de bien" habían creado, finalmente, las premisas necesarias para la consolidación republicana. La misión de *El Conservador* era, pues, contribuir a preservar el orden político, restablecido por la nueva administración federal:

> He aquí sencillamente las consideraciones que nos han movido a publicar en esta ciudad (Toluca) un periódico semanario, el que para que corresponda a los grandes objetos que nos hemos propuesto llevará el título de *Conservador.* Será conservador, porque procurará mantener ese entusiasmo, que desde el pronunciamiento memorable del Plan de Xalapa anima a los pueblos para hacer frente al desorden y a la inmoralidad; ese entusiasmo reflexivo, que ha hecho suceder al fanatismo imperioso e intolerante, pero versátil, de las facciones, una voluntad decidida y calmada, que se explica aun en los ángulos más remotos de la república, y que reclama con energía el imperio exclusivo de la ley. Será conservador, porque trabajará constantemente en someter al yugo suave de la moderación a los espíritus exaltados, que en los cambios políticos parecen empeñarse en hacer odiosos los planes más saludables y benéficos. Será conservador, porque si bien se proponen sus editores indicar las reformas que juzguen convenientes a nuestras instituciones, están muy distantes de promoverlas con ligereza, y en esta delicada materia procederán con la circunspección y los miramientos que demanda su importancia, persuadidos de que así como en la pintura no es menos difícil retocar un cuadro que trazarlo, así en la política exige tanta meditación instituir como reformar. Y aunque de lo expuesto inferirá cualquiera que el *Conservador* será federal, juzgamos oportuno manifestar desde ahora que nos

imponemos el deber de sostener denodadamente nuestra actual constitución, porque estando íntimamente persuadidos de su conveniencia, creemos que nunca se trabajará demasiado en procurar su estabilidad por toda especie de medios.[26]

¿Qué había que conservar, según Heredia y los políticos mexiquenses? Ni más ni menos: el orden republicano y federal de 1824, constantemente amenazado por la anarquía y la dictadura, por las facciones y el caudillismo. Para preservar dicho orden eran necesarias dos condiciones: una nueva cultura cívica, basada en el patriotismo republicano, y una nueva cultura jurídica, derivada de una legislación y un código penal acordes al régimen constitucional adoptado. En los números de *El Conservador*, correspondientes al verano de 1831, Heredia se encargaría de trabajar en esas dos direcciones. Su larga serie de artículos, titulada "Patriotismo", y la Junta Patriótica del Grito de Dolores, constituida en Palacio Nacional el 30 de junio de 1831, de la que sería miembro activo, fueron muestras de aquel intento por dotar al republicanismo de tradiciones y rituales. El proyecto de código penal y la también larga serie de artículos "Penas", ambos publicados en el verano de 1831 en *El Conservador*, serían reveladores de la importancia que aquellos políticos mexiquenses concedían a la consolidación del orden legal y de la nueva cultura cívica que debería acompañarlo.

Legalidad y patriotismo

Los editores de *El Conservador* pensaban que un elemento fundamental de la consolidación republicana y federal en México era la difusión de una cultura cívica que afianzara el respeto a la ley y el amor a la patria. Heredia y otros republicanos de su generación, como estudiara José de Onís, tenían en mente la experiencia estadounidense, sobre todo en lo concerniente a la

[26] *El Sol*, 22 de junio de 1831, p. 4.

relación entre las leyes y las costumbres, así como el papel de la educación política y la religión civil en la construcción de una nueva ciudadanía.[27] Esos componentes del republicanismo y el federalismo de Estados Unidos, que apenas unos años después Alexis de Tocqueville describiría en el capítulo noveno del primer libro de *La democracia en América*, eran sumamente atractivos para los primeros políticos hispanoamericanos.[28] En la década del 30, la democracia jacksoniana afinaba aquellos resortes republicanos y federalistas, y los líderes mexicanos intentaban hacer lo mismo en condiciones políticas más precarias.[29]

Las dos referencias históricas cardinales de los escritos patrióticos y jurídicos de Heredia, en *El Conservador*, eran la monarquía parlamentaria de Luis Felipe de Orleans y la democracia popular de Andrew Jackson. De la primera, respaldada por autores tan admirados como Chateaubriand, Constant, Guizot y Tocqueville, le atraía la defensa de la moderación, la crítica de la cultura revolucionaria y el encauzamiento del sistema representativo desde concepciones notabiliarias.[30] De la segunda, tomaba el patriotismo republicano, la educación cívica, el respeto a la ley y la oposición a las facciones.[31] Lo curioso es que esta mezcla era puesta en función de una reacción contra los excesos de la masonería yorkina en los años veinte y, en especial, durante el breve gobierno de Vicente Guerrero. Esa condición reaccionaria, ligada a una defensa del orden legal y a una exaltación del tra-

[27] José de Onís, *Los Estados Unidos vistos por escritores hispanoamericanos*, Madrid, Cultura Hispánica, 1956, pp. 155-280.

[28] Alexis de Tocqueville, *La democracia en América*, México, FCE, 2001, pp. 286-301; André Jardin, *Alexis de Tocqueville. 1805-1859*, México, FCE, 1988, pp. 144-156; Sheldon S. Wolin, *Tocqueville Between Two Worlds. The Making of a Political and Theoretical Life*, Princeton, Princeton University Pres, 2001, pp. 409-427.

[29] Allan Nevins, Henry Steele Commanger y Jeffrey Morris, *Breve historia de los Estados Unidos*, México, FCE, 1994, pp. 168-177.

[30] Michel Winock, *Les voix de la liberté. Les écrivains engagés au XIX siècle*, París, Seuil, 2001, pp. 17-46; André Jardin, *Historia del liberalismo político*, México, FCE, 1989, pp. 318-328.

[31] Louis Hartz, *La tradición liberal en los Estados Unidos*, México, FCE, 1994, pp. 97-118; José Guilherme Merquior, *Liberalismo viejo y nuevo*, México, FCE, 1993, pp. 62-73.

dicionalismo republicano, le confería al discurso de aquellos liberales cierto tono conservador.[32]

Es interesante que ya para entonces no hubiera rastros de liberalismo gaditano en Heredia. El poeta santiaguero, al igual que Varela, había celebrado la restauración de la Constitución de Cádiz en 1820 y la posibilidad de afianzamiento de una monarquía parlamentaria, bajo el trono de Fernando VII, a ambos lados del Atlántico: "viva el Rey que a la Iberia ha tornado/ Su primero esplendor y su gloria;/ sus pinceles prepare la historia/ de Fernando adorable en loor".[33] Como en Rocafuerte, en Vidaurre, en Zavala, en Mier o en Varela, el republicanismo herediano, al entrar en contacto con la experiencia de Estados Unidos, corta sus vínculos con el liberalismo gaditano. El liberalismo que seguirá interesando a Heredia será el francés de la Restauración y la Monarquía de Julio, de Constant y Tocqueville.

En su texto "Patriotismo", aparecido en los números 3, 5 y 11 de *El Conservador*, Heredia desglosaba su filosofía política. El punto de partida del escrito era que el "patriotismo", una "virtud divina" cuyo "carácter distintivo", en un régimen republicano es el "desinterés", por su trasfondo afectivo y pasional, se convertía en un "engañoso pretexto", aprovechado por facciones y demagogos para cometer "crímenes y desaciertos".[34] La observación de Heredia sobre el patriotismo en el México de 1831 era tajante: toda vez que "el provecho individual siempre se mezcla en los negocios públicos" podía afirmarse que la virtud patriótica había desaparecido. Otros autores, como Francisco Ibar y Juan Wenceslao Barquera, habían señalado ese vacío y habían insistido en la necesidad de apuntalar el ceremonial cívico de la nueva república. Lo curioso es que Heredia retomaba aquel llamado desde un relato de la historia nacional un

[32] E. M. Cioran, *Ensayo sobre el pensamiento reaccionario*, Madrid, Montesinos, 2000, pp. 32-35.

[33] José María Heredia, *Poesías completas*, La Habana, Colección Histórica Cubana y Americana, 1941, vol. II, p. 30.

[34] José María Heredia, "Patriotismo", *El Conservador*, núms. 3, 5 y 11, 15 de junio de 1831, 29 de junio de 1831, 13 de agosto de 1831, pp. 4-7, 6-7, 5-8.

tanto heterodoxo, que ubicaba el origen del mal en la caída de Iturbide y criticaba los excesos del radicalismo yorkino.

"La nación perdió al ilustre jefe, que fuera hoy el apoyo de su tranquilidad y poder. De entonces acá hemos visto disputar el mando supremo, y aun los puestos de inferior clase, como un rico botín de guerra" —escribía Heredia—. Los años culminantes de esa contaminación moral de la política, atizada por las logias masónicas y el panfletismo popular, habían sido 1828 y 1829. En ese momento, según Heredia, el "aspirantismo, monstruo desorganizador" había desplazado a la "virtud", en tanto principio rector de la vida republicana. Para recuperar el eje moral de la vida pública mexicana era necesario, entonces, subordinar las ambiciones personales al bien común y los intereses particulares a la supremacía de la ley. A juicio de Heredia, la oportunidad de lograr esa reconstrucción del orden político estaba dada por el régimen de Xalapa y por la existencia de una constitución republicana y federal que sólo merecía respeto. A pesar de la degeneración moral descrita, las palabras finales del artículo "Patriotismo" eran esperanzadoras:

> Por fortuna, entre las repúblicas independientes de España, la nuestra es la única que se presenta hoy tranquila bajo el influjo de una Constitución, que se ha conservado intacta [...] Imitemos a nuestros vecinos del Norte, donde cada ciudadano es un centinela que vigila sobre el cumplimiento de la ley fundamental, y la roca en que se estrellan las pretensiones de la ambición y de la demagogia: su interés está vinculado en los adelantos de las ciencias y la industria, y como ellas no pueden florecer en medio de las convulsiones públicas, miran como enemigo capital a todo el que pueda perturbar la paz de que disfrutan.[35]

A continuación del artículo "Patriotismo", Heredia publicó una reseña histórica de México, entre 1808 y 1830, cuya finalidad no era otra que afirmar el Plan de Xalapa como un hito de regene-

[35] *Ibid.*

ración republicana. Allí se hablaba de la "falta de capacidad militar y política de Hidalgo", de las "atrocidades que perpetraron o permitieron los primeros insurgentes, que causaron la desolación del país, provocando represalias horribles, y que malograron la obra de la independencia, desacreditando su augusta causa". En sintonía con este juicio sobre Hidalgo, Heredia elogiaba a Morelos como "uno de esos genios prodigiosos que producen las revoluciones" y hablaba de la Junta de Zitácuaro, el Congreso de Chilpancingo y la Constitución de Apatzingán como la "cumbre de su gloria". Sin embargo, afirmaba que "los honores de Chilpancingo produjeron en la mente de Morelos una infatuación deplorable", a la que "podía atribuirse la expedición insensata de Valladolid, en cuyo ataque y la batalla subsiguiente de Puruarán perdió casi todo su valor el ejército y el fruto de tres años de afanes y victorias".[36]

De Iturbide, en cambio, Heredia sólo destacaba virtudes: "el genio del Plan de Iguala organizó como por encanto una fuerza irresistible, y los tiranos quedaron yertos, petrificados de pavor ante el héroe, cual si hubieran visto abrirse la tremenda urna de los hados". Del pasado contrainsurgente de Iturbide, el poeta decía: "El coronel don Agustín, cuya pericia, valor y actividad infatigable le habían hecho en terror de los insurgentes en la época anterior".[37] Este relato de la gesta separatista, centrado en la figura de Iturbide en tanto padre de la patria, se contraponía ligeramente al del magistrado Juan Wenceslao Barquera, quien en sus primeros discursos por el aniversario del 16 de septiembre, en Tlalpam y Toluca, intentaba conciliar el legado de Hidalgo, Morelos e Iturbide y enfatizaba, muy a tono con las corrientes yorkinas, el rol de Guerrero como continuidad entre el periodo insurgente y el periodo trigarante.[38] Desde este en-

[36] *Ibid.*

[37] *Ibid.*

[38] Junta Cívica de Tlalpam, *Aniversario del primer grito de nuestra independencia, solemnizado en la ciudad de Tlalpam, residencia provisional de los Supremos Poderes del Estado Soberano de México,* Tlalpam, Imprenta del Gobierno del Estado Libre de México, a cargo de Juan Matute y González, 1827, pp. 35-44; Juan Wenceslao Barquera, *Dis-*

foque iturbidista, más cercano a la masonería escocesa, Heredia impulsó la creación de la Junta Patriótica del Grito de Dolores, en junio de 1831, una iniciativa respaldada por la administración de Bustamante y Alamán, y que le conferiría la titularidad de orador principal en las celebraciones del 16 de septiembre, en Toluca, en 1831, 1834 y 1836.

En los discursos del 16 de septiembre, pronunciados por Heredia en la Plaza Mayor de Toluca, se reiteraba una visión saturnina de la gesta separatista y republicana en México. Los grandes próceres de la independencia, con Iturbide a la cabeza —"los destinos de la patria parecían personificarse en su gloria y su fortuna"—, habían sido sacrificados en la orgía de sangre que desató la guerra civil. A partir de 1822, la historia política de México era una sucesión de pronunciamientos militares que arrastraba a los caudillos detrás de sí. El saldo, según Heredia, era aterrador: "el libertador de Anáhuac [Iturbide] y un presidente de la república [Guerrero], benemérito de la patria, ensangrentando el patíbulo; otro presidente [Victoria] y un vicepresidente [Bravo], también benemérito de la patria, sujetos a un ostracismo duro, y bebiendo mezcladas con lágrimas las aguas de ríos extranjeros".[39] Era preciso, entonces, dejar atrás la "fiera borrasca de las disensiones", las "tristes y deplorables pasiones", y reconstruir el orden legal de la república desde una conciencia cívica, inspirada por el culto a los héroes de la patria. Esa memoria patriótica debía edificarse a partir de una clara reivindicación de Iturbide:

> ¡Padre y libertador de Anáhuac!, recibe en tu sangriento sepulcro el tributo de lágrimas y gratitud de la nación que redimiste y no fue cómplice en tu abominable asesinato. En este día de júbilo, ¿quién podrá olvidar al autor de la independencia, ni dejará de gemir la fatalidad de su destino? ¿Qué alma de hiel y de fango osará

---

curso patriótico que en el aniversario del primer grito de nuestra independencia, solemnizado en la ciudad de Toluca, residencia provisional de los Supremos Poderes del Estado Soberano de México, Toluca, Imprenta del Gobierno, a cargo del ciudadano Juan Matute y González, 1830, pp. 1-24.

[39] *El Sol,* núm. 835, 13 de octubre de 1831, p. 5.

> hoy discernir sus errores entre el esplendor de su beneficio inmenso? A despecho de pasiones rencorosas, su nombre sublime será bendecido por cuantos mexicanos conserven una centella de patriotismo, mientras los últimos rayos del sol que nos alumbra coloreen de púrpura las cumbres de nuestras montañas.[40]

A pesar de la diferencia de coyunturas políticas, Heredia volvería sobre el mismo tópico en sus discursos de 1834 y 1836.[41] En el de 1834 se quejaba del desinterés por la celebración del 16 de septiembre que había predominado en 1832 y 1833, debido a la guerra civil. En este sentido, advertía: "temamos, señores, que las discordias civiles no sólo impidan la celebración o disminuyan el brillo de las fiestas cívicas, sino entibien y acaso extingan el entusiasmo patriótico". También en 1836 se quejaría de la crisis provocada por el giro constitucional al centralismo y la guerra de Texas, pero reiteraría su esperanza de que, finalmente, se alcanzara la estabilidad política del país. En ambos discursos, pronunciados en momentos de moderación política y cuestionamiento público del jacobinismo, Heredia alabó la figura de Antonio López de Santa Anna, pero lo hizo colocando siempre al caudillo veracruzano por debajo de Iturbide:

> El guerrero que en la noble constelación de los campeones de la independencia brilló con lustre sólo inferior al grande Iturbide, el que en 1822 fundó la República, en 1823 proclamó la Federación, en 1829 consolidó la obra de Dolores e Iguala, en 1832 derribó una usurpación sanguinaria, en 1833 salvó en Guanajuato la Constitución y en 1834 ha restituido la paz, enfrenado una demagogia bárbara y restablecido las garantías.[42]

La insistencia de Heredia en la necesidad de que México dispusiera de un ceremonial cívico, basado en el culto a ciertas efemé-

---

[40] *Ibid*, p. 6.

[41] José María Heredia, *Niágara y otros textos*, pp. 239-247.

[42] *Ibid.*, pp. 239-247.

rides —el 16 de septiembre de 1810 (Grito de Dolores), el 27 de septiembre de 1821 (entrada triunfal del Ejército Trigarante a la ciudad de México), la derrota de Barradas en Tampico en 1829— y en la veneración de un panteón heroico —Hidalgo, Morelos, Guerrero, Victoria, Santa Anna, con Iturbide a la cabeza— estaba relacionada con la admiración que sentía el poeta cubano por la experiencia republicana y federal de Estados Unidos. Los rituales cívicos del patriotismo estadounidense eran, para Heredia, un elemento constitutivo del republicanismo, ya que involucraban a la ciudadanía en una moralidad y una simbología comunes, construidas a partir de un conjunto de mitos de origen y destino, de la evocación emotiva de hitos y leyendas de la epopeya nacional y de la transmisión, por medio de la opinión pública y las instituciones educativas, de las vidas virtuosas y ejemplares de los héroes de la patria. Ese ceremonial cívico no sólo contribuía a difundir el respeto a las leyes, sino que ayudaba a preservar la paz, durante el delicado proceso de construcción del Estado nacional.[43]

Dotar de tradiciones al republicanismo mexicano implicaba, también, desarrollar instrumentos legislativos que propendieran a la obediencia de un orden jurídico moderno. El periódico *El Conservador* dedicó un espacio considerable a la promoción del nuevo Código Penal del Estado de México y al debate sobre la reforma de las leyes novohispanas. En el número 4 (22 de junio de 1831) apareció el artículo "Legislación", seguido del sumario del nuevo Código Penal. La propuesta de legislación penal, obra de los miembros de una comisión del Supremo Tribunal de Justicia y Audiencia (Mariano Esteva, Agustín Gómez Eguiarte, Francisco Ruano y José María Heredia), se movilizaba "contra los defectos de la legislación que nos rige, y que forma un caos de tinieblas y confusiones, en el que juez y ciudadano se afanan inútilmente por hallar la norma segura de su conducta y la firme garantía de sus derechos".[44]

[43] Ray Raphael, *Founding Myths. Stories that Hide Our Patriotic Past,* Nueva York, The New Press, 2004, pp. 247-277; Joseph J. Ellis, *Founding Brothers. The Revolutionary Generation,* Nueva York, Vintage Press, 2002, pp. 3-19.

[44] *El Conservador,* núm. 4, 22 de junio de 1831, p. 7.

El Código Penal, exhaustivamente dividido en "delitos contra la sociedad", "delitos contra los particulares" y "delitos de policía", dedicaba todo un capítulo a los "delitos contra la Constitución" ("contra la libertad del Estado", "contra la religión" y "contra la libertad individual") y otro, de diez artículos, a los "delitos contra la seguridad del Estado y contra la tranquilidad y el orden público". Entre estos últimos, figuraban varios dirigidos contra la práctica recurrente de los pronunciamientos militares, como la "rebelión", el "armamento ilegal de tropas", la "sedición", "motines", "tumultos", "asonadas", "facciones y parcialidades", "confederación y reuniones prohibidas" y "resistencia a la ejecución de las leyes". El capítulo v del Código Penal, titulado "Delitos y culpas de los funcionarios públicos en el ejercicio de sus cargos", contenía la tipificación de doce infracciones de la ley por motivo de corrupción: "prevaricación", "sobornos", cohechos", "regalos", "malversación", "extorsiones", "estafas"...[45]

En el número 8 de *El Conservador*, Heredia continuó este trabajo de afianzamiento de la nueva cultura jurídica con su artículo "Penas". Aquí Heredia defendía la nueva legislación penal a partir del clásico deslinde republicano entre "ambición" y "virtud" —"las ideas de poder y superioridad son tan lisonjeras y tentadoras que apenas hay virtud que las rehúse"— y desarrollaba la crítica de la concepción casuística y estamental del derecho, heredada de la administración de justicia virreinal.[46] Aunque Heredia, como juez republicano, dedicaba una buena parte de su disertación al tratamiento de los delitos comunes, es evidente que una de sus mayores preocupaciones estaba relacionada con la dificultad de disponer de mecanismos eficaces para evitar que el ejercicio profesional de la política y la administración se convirtiera en un negocio, fácilmente aprovechable por las pasiones y las lealtades a caudillos y logias.

El discurso de la "virtud" y el "deber", en tanto energías compensatorias de las "pasiones" y los "intereses", ha sido reivindi-

[45] *Ibid.*, pp. 8-11.

[46] *El Conservador*, núm. 8, 20 de julio de 1831, pp. 5-7.

cado por autores contemporáneos, como Gilles Lipovetsky y Helena Béjar, como un enunciado cardinal de la tradición republicana.[47] Esta tradición que, como ha estudiado J. G. A. Pocock, divulgó el tópico de la contraposición entre "virtud" y "comercio" de mediados del XVIII a mediados del siglo XIX, llegó a Heredia, probablemente, por la vía del romanticismo conservador de Chateaubriand. En su citado artículo "De la moral de los intereses materiales y de la de los deberes", aparecido en el *Conservateur,* Chateaubriand escribía:

> El deber tiene su origen en la divinidad, informa la familia, donde crea relaciones reales entre el padre y los hijos; de ahí, al pasar a la sociedad, regula en el orden político las relaciones del rey con el súbdito [...], el deber es, pues, un hecho muy concreto, ya que confiere a la sociedad humana la única existencia duradera que puede tener.

Por el contrario, el interés, según Chateaubriand, era una "ficción", sobre todo "cuando se lo toma como ocurre hoy en un sentido puramente material, puesto que por la noche ya no es lo que era por la mañana, puesto que a cada instante cambia de naturaleza, puesto que, basado en la fortuna, cambia de forma permanente igual que ella".[48]

Durante los últimos meses de 1831, el periódico *El Conservador* mantuvo la agenda del tradicionalismo republicano por medio de proyectos de instrucción cívica, como la edición por partes de las *Lecciones de historia universal* escritas por el propio Heredia, de la defensa de la ley relativa a la provisión de canongías o de la cobertura sumamente crítica de sucesos políticos como el restablecimiento del orden constitucional en Yucatán.[49] En el tema

[47] Gilles Lipovetsky, *El crepúsculo del deber. La ética indolora de los nuevos tiempos democráticos,* Barcelona, Anagrama, 1994, pp. 15-30; Helena Béjar, *El corazón de la república. Avatares de la virtud política,* Barcelona, Paidós, 2000, pp. 39-82.

[48] François-René Chateaubriand, *op. cit,* t. II, pp. 1455-1459.

[49] *El Conservador,* núm. 25, 19 de noviembre de 1831, pp. 4-6, y núm. 26, 26 de noviembre de 1831, pp. 11-13.

de Yucatán, Heredia y los editores de *El Conservador* trataron de ajustar sus posiciones a la visión federalista moderada del gabinete de Bustamante y Alamán. De ahí que en algún momento del artículo "Asuntos de Yucatán", Heredia sostuviera que los "Supremos Poderes de la Nación" no debían "aprobar los actos del cuerpo anómalo que con el nombre de *Convenio* ha regulado soberanamente los destinos de Yucatán". Más adelante, luego de afirmar que no estaba en su ánimo "promover escenas de horror y de sangre", Heredia proponía al ejecutivo federal que no tolerara las inclinaciones secesionistas de los yucatecos: "la aprobación de los actos legislativos de la Convención equivaldría a sancionar de antemano todos los atentados futuros contra el sistema y reconocer el principio autárquico de cualquier facción de la masa nacional, siempre que la animan el descaro y la audacia".[50]

No fue hasta diciembre de 1831, cuando el descontento frente al gobierno de Bustamante y Alamán se hizo más visible, que *El Conservador* comenzó a apartarse, cuidadosamente, de la posición oficial. En el número 27, del 3 de diciembre de 1831, Heredia reprodujo una representación de su amigo Andrés Quintana Roo al Congreso Federal, en la que se quejaba de la persecución que contra él había desatado el Ministro de Guerra, José Antonio Facio. En el número 28 del 10 de diciembre de 1831, volvía a la crítica del "gabinete de los hombres bien" con la detallada denuncia del arresto y condena a muerte, por parte del comandante general de Jalisco, Ignacio Inclán, subordinado del ministro Facio, del autor de un impreso donde se le llamaba "tirano". Heredia no sólo repudiaba el comportamiento represivo de Inclán, sino que elogiaba la actitud del administrador de imprenta del gobierno estatal, quien defendió al escritor del libelo, y criticaba el silencio de la prensa gobiernista, encabezada por el *Registro Oficial*, en torno al escándalo.[51]

---

[50] *Ibid.*, p. 12.

[51] *El Conservador*, núm. 27, 3 de diciembre de 1831, pp. 7-9, núm. 28, 10 de diciembre de 1831, pp. 11-13.

Aunque al final del artículo sobre la represión en Guadalajara Heredia aseguraba "no dudar que el Supremo Gobierno, con una conducta enérgica, franca y justa en estas circunstancias, vindique su opinión altamente comprometida", en un pasaje de la defensa de Quintana Roo había alcanzado un tono casi opositor. Si bien *El Conservador*, a diferencia de otros periódicos liberales moderados como el *El Observador de la República Mexicana* y *El Fénix de la Libertad*, no aprovechó el asesinato de Guerrero para oponerse públicamente al gobierno de Bustamante y Alamán, en aquel artículo de Heredia es posible leer un verdadero hartazgo frente al autoritarismo del gabinete, personificado por el ministro de Guerra José Antonio Facio. En aquel artículo, la prosa política de Heredia llega, por momentos, a una pasión que él mismo parecía desaconsejar en los primeros artículos de *El Conservador* y en su discurso del 16 de septiembre:

> Que el Ministro infractor, alentado por la impunidad, haya atropellado con escándalo hasta el sagrado de la inviolabilidad legislativa; que sus aduladores y subalternos, para imponer silencio a las pocas voces que osan reclamar en la tribuna los abusos del poder, hayan inferido impunemente a representantes de la nación ultrajes que la ley castiga con severidad, aun cuando lo sufre el más infeliz, el más oscuro de los ciudadanos [...] La prensa enmudece al paso de providencias sofistas y vías de hechos escandalosos, pero que logran su objeto con aterradora impunidad [...] Se pide justicia, se invoca la Constitución ultrajada y la respuesta es una paliza, un auto de prisión [...] Las cámaras se ocupan del Museo, nos recetan canónigos, a querer o no, y aprueban bulas del papa. En verdad es triste nuestra suerte.[52]

La lectura de la correspondencia de Heredia en la Navidad de 1831 nos persuade de que el poeta cubano estaba considerando, desde entonces, sumarse al levantamiento que planeaba Antonio López de Santa Anna, en Veracruz, aunque esa decisión lo

[52] *Ibid.*, p. 8.

enemistara con el gobierno de Múzquiz, leal a Bustamante. En una carta a su amigo Tomás Gener, exiliado en Nueva York, del 25 de diciembre, le comentaba:

> La situación de ese país es cada día más triste. Los inicuos hipócritas que ocupan el Ministerio han declarado la guerra a toda libertad y cada comandante militar es tan absoluto como Fernando VII. Las Cámaras se componen de egoístas, bribones o cobardes, y callan en medio de los horrores más inauditos. El gobierno, que se reconoce cargado con la execración universal se apoya en los soldados y el clero, ha restablecido la formidable jerarquía eclesiástica y tolera o aplaude que se destruyan imprentas por la fuerza armada, que los generales, por diversión, encapillen a los impresores para fusilarlos, y que los oficiales apaleen a los representantes de la nación que aún osan reclamar las iniquidades de los ministros.[53]

Aunque en esa misma carta Heredia afirmaba que en el Estado de México "estaban libres del efecto inmediato de esas tropelías por la integridad del general Múzquiz", al final le pedía a Gener que enseñara su carta a Lorenzo de Zavala, de quien decía ser un "amigo fiel y que tanto le ha probado su afecto", y que le recomendara "que no se arroje a venir, pues lo matarían irremisiblemente".[54]

Entre enero y octubre de 1832, Heredia estuvo involucrado en la guerra civil, cerca de Andrés Quintana Roo y Antonio López de Santa Anna, de quien sería consejero, por lo que el periódico *El Conservador* dejó de publicarse. En octubre de 1832, siendo presidente interino su amigo Melchor Múzquiz, regresó a Toluca, aunque sin perder sus vínculos con Santa Anna. Entre los últimos meses de 1832 y los primeros de 1833, Heredia se puso a las órdenes de Lorenzo de Zavala, de nuevo gobernador del estado, y editó el periódico santannista *El Fanal*. Hasta

[53] Manuel García Garófalo Mesa, *Vida de José María Heredia en México. 1825-1839*, México, Botas, 1945, p. 422.

[54] *Ibid.*

febrero de 1833, cuando fuera elegido diputado a la legislatura del Estado de México, fungió, junto con Andrés Quintana Roo, como representante mexiquense ante el presidente constitucional Manuel Gómez Pedraza y el jefe del ejército Antonio López de Santa Anna. Entre febrero y julio de 1833, cuando dimitió como diputado de la IV Legislatura del Congreso del Estado de México, Heredia desplegó una labor legislativa moderada que, en más de una ocasión entró en conflicto con el reformismo liberal, impulsado desde la ciudad de México, por Valentín Gómez Farías, y que era defendida por legisladores mexiquenses como Antonio Escudero, José del Villar y Bocanegra, Juan de Dios Lazcano, José Joaquín Valdés y José Joaquín Solórzano Vizcarra. El choque entre el federalismo moderado de Heredia y el liberalismo radical de la corriente zavalista pasó, en la primavera de 1833, a la opinión pública, por medio de la airada polémica entre los dos principales periódicos estatales *El Fanal* y *El Reformador.* Tras su renuncia a la legislatura, provocada, en buena medida, por el desgaste de aquella exposición en la esfera pública, Heredia se concentró en su obra poética y crítica y en los trabajos al frente del Instituto Literario del Estado de México, del que fuera fundador y director.[55]

Un legislador romántico

José María Heredia ha sido considerado por la historiografía literaria como uno de los autores emblemáticos de la transición del neoclasicismo al romanticismo en Hispanoamérica. Desde Marcelino Menéndez Pelayo hasta José Miguel Oviedo, pasando por Anderson Imbert y Pedro Henríquez Ureña, los estudios canónicos sobre la literatura hispanoamericana del siglo XIX han colocado a Heredia, junto al ecuatoriano José Joaquín Olmedo (1780-1847) y el venezolano Andrés Bello (1781-1865), en el centro de la pri-

---

[55] *Ibid.*, pp. 440-511.

mera generación de las letras poscoloniales.[56] Para esa tradición historiográfica, poemas como "En el teocali de Cholula" y "Niágara" son composiciones que aceleraron el avance de las poéticas románticas en la literatura hispanoamericana del siglo XIX.

Durante los dos últimos siglos, la bibliografía herediana ha insistido en la canonización romántica de Heredia. Muchos críticos literarios hispanoamericanos de la primera mitad del siglo XX, como Enrique Piñeyro, José María Chacón y Calvo, Manuel Pedro González o Lomberto Díaz, y algunos estudiosos contemporáneos como María C. Albin, Salvador Arias, Roberto Méndez y Tilman Altenberg, han insinuado paralelos entre la vida y la obra de Heredia, y la biografía intelectual y política de otro icono del romanticismo occidental: Lord Byron.[57] Ciertos atributos de la poesía de Heredia, quien tradujo al autor de *Don Juan* y *Childe Harold*, como la melancolía, el destierro, la fascinación por la naturaleza y el discurso de la libertad, lo asociaban a la impronta de Byron. Las peregrinaciones del poeta inglés por el Mediterráneo, el exilio en Italia, la decepción frente al derrumbe del mito napoléonico —expuesta en su *Ode to Napoleon Buonaparte* (1814)— y, sobre todo, su oposición a la Santa Alianza, y su entrega a la independencia de Grecia, convirtieron a Byron en el modelo de un romanticismo poético y político,

---

[56] Marcelino Menéndez Pelayo, *Historia de la poesía hispanoamericana*, Madrid, Librería de Victoriano Suárez, 1911, t. I, pp. 228-253; Pedro Henríquez Ureña, *Corrientes literarias en la América Hispana*, México, FCE, 1954, pp. 98-115; Anderson Imbert y Eugenio Florit, *Literatura hispanoamericana. Antología e introducción histórica*, Nueva York, Holt, Rinehart and Winston, 1970, pp. 264-265; José Miguel Oviedo, *Historia de la literatura hispanoamericana*, Madrid, Alianza Editorial, 2001, t. II, pp. 67-72.

[57] Enrique Piñeyro, *Hombres y glorias de América*, París, Garnier y Hermanos, 1903, pp. 300-315; José María Chacón y Calvo, *Estudios heredianos*, La Habana, Trópico, 1939, pp. 34-52; Manuel Pedro González, *José María Heredia*, México, El Colegio de México, 1955, pp. 123-130; Lomberto Díaz, *Heredia, primer romántico hispanoamericano*, Montevideo, Géminis, 1973, pp. 93-126; María C. Albin, *Gertrudis Gómez de Avellaneda y José María Heredia: del mito insular a una fábula de fundación*, tesis de doctorado, Yale University, 1995, pp. 47-60; Salvador Arias, *Aire y fuego en la raíz*, México, Universidad Autónoma del Estado de México, 2001, pp. 110-125; Tilman Altenberg, *Melancolía en la poesía de José María Heredia*, Madrid, Iberoamericana, 2001, pp. 170-185; Roberto Méndez, *José María Heredia: la utopía restituida*, Santiago de Cuba, Editorial Oriente, 2003, pp. 64-80.

cuya versión hispanoamericana debía traducirse en una identidad heroica republicana.[58]

Una de las conexiones más visibles entre Heredia y Byron fue el interés de ambos por la independencia de Grecia del Imperio Otomano. Antes de que Byron se involucrara en la causa griega y viajara a ese país mediterráneo, Heredia, desde Cuba, escribió el poema "A la insurrección de la Grecia en 1820", donde aparece la que es, tal vez, su primera alusión a la independencia cubana de España. Para Heredia, lo mismo que para Byron, la revolución griega formaba parte de una reconstitución republicana de los Estados modernos, que honraba la tradición clásica grecolatina. En aquel poema decía Heredia: "miro a mi patria, a la risueña Cuba, que la frente/ eleva al mar de palmas coronada,/ por los mares de América tendiendo/ su gloria y su poder: miro a la Grecia/ lanzar a sus tiranos indignada,/ y a la alma Libertad servir de templo".[59] Al año siguiente, en 1821, Heredia dedicó otro poema más a la independencia griega, que comenzaba con estos versos: "Jamás puede un tirano/ la cadena cargar al pueblo fuerte/ que enfurecido se alza, lidia, triunfa/ o sufre noble muerte".[60]

A la tradición historiográfica del romanticismo se suma otra, la nacionalista cubana, que ha contribuido a establecer a Heredia, no sólo como icono romántico, sino como precursor de la independencia de la isla. Para la mayoría de los intelectuales cubanos de los siglos XIX y XX (Félix Varela, José de la Luz y Caballero, José Martí, Fernando Ortiz, Jorge Mañach...), y también para los principales críticos literarios de la isla (Domingo del Monte, Enrique Piñeyro, José María Chacón y Calvo, Cintio Vitier...), Heredia, el poeta del "Himno del desterrado", "La estrella de Cuba" y "Emilia", el traductor de Rousseau y Byron, más que el lector e imitador de Menéndez Valdés, fue un constante opositor al régimen colonial español. Esa tradición, que llega

---

[58] Benita Eisler, *Byron. Child of Passion, Fool of Fame*, Nueva York, Vintage Books, 2000, 678-733; Fiona MacCarthy, *Byron. Life and Legend*, Nueva York, Farrar, Straus and Giroux, 2002, pp. 464-524.

[59] José María Heredia, *Poesías completas*, vol. II, p. 41.

[60] *Ibid.*, p. 43.

hasta nuestros días dentro y fuera de la isla, percibe, sin fundamento, a Heredia dentro las posiciones más radicales del republicanismo y el liberalismo mexicanos de las dos primeras décadas poscoloniales, y se resiste a admitir el desencanto político que el poeta experimentó a partir de 1829 y que lo llevó a adscribirse a las corrientes más moderadas de la época, abjurar de sus ideas separatistas, escribirle al capitán general Miguel Tacón y, finalmente, viajar a La Habana colonial en 1836.[61]

Dos textos son reveladores de esta tradición nacionalista, resistente al reconocimiento de la frustración y el moderantismo de Heredia en el México de los años treinta: *Heredia. La incomprensión de sí mismo* (1938), de Rafael Esténger, la mejor biografía del poeta escrita en la época republicana, y *La novela de mi vida* (2002), pieza de narrativa histórica de Leonardo Padura Fuentes. El primero presentaba a Heredia como un "yorkino radical", partidario incondicional de Guerrero y Zavala, que con los textos de *El Conservador* había intentado adaptarse a las restricciones de un gobierno autoritario. Sobre la "carta inoportuna" al capitán general de Cuba, de abril de 1836, escribía Esténger:

> El proscrito está dispuesto a liquidar su leyenda de conspirador impenitente. Toma la pluma de ave con plena seguridad de la trascendencia política que va a tener la carta que escribe desde Toluca al general Tacón [...] ¿No le temblaría la mano, la mano fina y pálida que escribió tantos versos restallantes, al vaciar su desengaño íntimo?.[62]

---

[61] Ángel Aparicio Laurencio, *José María Heredia. Trabajos desconocidos y olvidados*, Madrid, Ediciones Universal, 1972, pp. 11-27; Julio Garcerán de Vall, *Heredia y la libertad*, Miami, Ediciones Universal, 1978, pp. 151-188; Matías Montes-Huidobro, *El laúd del desterrado*, Houston, Arte Público Press, 1995, pp. VII-XIX; Ana Cairo, *Heredia entre cubanos y españoles*, Santiago de Cuba, Editorial Oriente, 2003, pp. 9-47; Leonardo Padura Fuentes, *José María Heredia. La patria y la vida*, La Habana, Ediciones Unión, 2003, pp. 7-53.

[62] Rafael Esténger, *Heredia. La incomprensión de sí mismo*, La Habana, Editorial de Ciencias Sociales, 2003, p. 91.

Con la imaginación del novelista, Padura, confunde a Guadalupe Victoria con Vicente Guerrero, presenta *El Conservador* como un periódico siempre opositor, y la carta a Tacón y el viaje a Cuba como una celada de Domingo del Monte, amigo de Heredia que el novelista convierte en rival y traidor.[63]

Según esta tradición, el respaldo de Heredia al gobierno del Estado de México, encabezado por Melchor Múzquiz, y los artículos de *El Conservador*, tan en sintonía con el proyecto político de Bustamante y Alamán, fueron tan sólo un ardid, una jugada de adaptación a una coyuntura política cambiante que luego, bajo el gobierno de Gómez Farías y el regreso de Zavala a la jefatura del estado, sería abandonada por su arraigado liberalismo. Quienes han observado de cerca la biografía política de Heredia en México (Manuel García Garófalo Mesa, María del Carmen Ruiz Castañeda, Luis Mario Schneider, Alejandro González Acosta...) destacan, sin embargo, no sólo las posiciones oscilantes de Heredia dentro de la vida pública mexicana, sino su recurrente tendencia a la moderación.[64] Aunque era yorkino, Heredia se opuso a las leyes de expulsión y desocupación de españoles en 1827 y 1829, respaldó el Plan de Xalapa en 1830, se opuso a las reformas liberales de 1833 y 1834 y respaldó el tránsito al centralismo entre 1835 y 1836.

La biografía política de José María Heredia ilustra, pues, la trayectoria de un republicano que hacia 1830, como tantos otros intelectuales hispanoamericanos de la época poscolonial, toma distancia frente a los excesos del federalismo y el liberalismo, e intenta conducir su desencanto por vías constitucionales. En la década siguiente, muchos de esos republicanos frustrados se transformarían en conservadores y monarquistas o actuarían

[63] Leonardo Padura Fuentes, *La novela de mi vida*, Barcelona, Tusquets, 2002, pp. 249 y 285-297.

[64] Manuel García Garófalo Mesa, *op. cit.*; María del Carmen Ruiz Castañeda y Luis Mario Schneider, "Introducción", *El Iris. Periódico Crítico y Literario*, México, Instituto de Investigaciones Bibliográficas-UNAM, 1988, pp. XI-LXIII; Alejandro González Acosta, *El enigma de Jicotencal. Estudio de dos novelas sobre el héroe de Tlaxcala*, México, UNAM, 1997, pp. 136-204.

como precursores intelectuales de las corrientes conservadoras y monárquicas que se difundieron en Hispanoamérica a mediados del siglo XIX.[65] La frustración del republicanismo hispanoamericano, en las dos décadas posteriores a la independencia, fue el caldo de cultivo de la articulación doctrinaria y constitucional del primer conservadurismo en la región.

La vida de José María Heredia en México, luego de la clausura de *El Conservador*, fue reveladora de ese desencanto, provocado, en buena medida, por la naturaleza apasionada y oscilante de sus propias posiciones públicas. Entre fines de 1832 y febrero de 1833, desde *El Fanal*, Heredia respalda a Manuel Gómez Pedraza como presidente legítimo de México y reprueba la administración de Bustamante y Alamán, que apoyó en su momento. En diciembre de ese año es designado, junto con su amigo Andrés Quintana Roo, comisionado del Estado de México ante Antonio López de Santa Anna, para la reconstrucción de la república federal. En el número 35 de *El Fanal*, Heredia, rápidamente adaptado a la nueva coyuntura política, escribe una apología de Vicente Guerrero ("campeón de libertades [...], nudo brillante que unió las épocas de Dolores e Iguala [...], ser gigantesco, dotado de cualidades heroicas [...], en cuya administración no corrió una gota de sangre por opiniones políticas") y defiende el procesamiento de los ministros del gabinete de Bustamante: "el asesinato de esta noble víctima descuella por su atrocidad entre la multitud de crímenes cometidos por esa facción impía, enemiga eterna de la libertad y la gloria de la República, y tan justamente fulminada por la reprobación nacional". Y culmina: "los cobardes asesinos serán consignados a la execración de los siglos venideros por la pluma de algún nuevo Tácito; y los nombres de Alamán, Facio y Espinosa pasarán a las generaciones futuras como los de Seyano y Tigelino, para ser el tipo inmortal de la perfidia, la ferocidad y la infamia".[66]

---

[65] José Luis Romero y Luis Alberto Romero, *Pensamiento conservador (1815-1898)*, Caracas, Editorial Ayacucho, 1986, pp. IX-XL.

[66] Manuel García Garófalo Mesa, *op cit.*, pp. 432-440.

Heredia, favorecido por la corriente zavalista que estaba de regreso, fue elegido diputado en la IV Legislatura del Estado de México para el bienio 1833-1834. Sin embargo, sus funciones sólo duraron cinco meses, y su elección fue sumamente disputada. En las primeras sesiones del Congreso, el diputado Antonio Escudero, presidente de la Comisión Revisora de las credenciales, pidió que se declarara "no conforme a la ley fundamental del estado" la elección de Heredia. La *Constitución política del Estado de México,* redactada por José María Luis Mora y aprobada en febrero de 1827, siendo gobernador Melchor Múzquiz, establecía en su artículo 119 que "para ser elegido diputado al Congreso del estado se requería ser ciudadano en el ejercicio de sus derechos y mayor de 25 años", y el artículo 17 especificaba que "era ciudadano del estado, el natural o naturalizado en cualquier punto de la república mexicana, y vecino del estado".[67] Los únicos cargos para cuyo desempeño se requería haber nacido en territorio mexicano, de acuerdo con aquella constitución, eran los de gobernador, teniente gobernador y prefecto.

Al parecer, el proceso de naturalización de Heredia en 1825, cuando puso residencia permanente en México, no llegó a completarse nunca. En la defensa que hizo Heredia de su credencial, el 16 de febrero de 1833, ante el congreso del Estado de México, el poeta se remontó a los años de 1818 y 1819 cuando residió en México, mientras su padre era funcionario de la audiencia virreinal, para argumentar que, de acuerdo con el Plan de Iguala, él quedó comprendido en el artículo 12 de ese documento que declaró mexicanos a todos los habitantes de la América Septentrional. Sus detractores negaron validez a tal juicio, aduciendo que al viajar a Cuba en febrero de 1821 y regresar a México en 1825, el poeta cubano había quedado fuera del periodo de vigencia del Plan de Iguala y de la reforma de las leyes gaditanas de naturalización por la Constitución de 1824. Heredia, por lo visto, no viajó a México en 1825, como han repetido

[67] Mario Colin, *Constituciones del Estado de México. 1827, 1861, 1870, 1917,* México, Biblioteca Enciclopédica del Estado de México, 1974, pp. 17 y 33.

tantos historiadores, con un pasaporte mexicano, sino sólo con un salvoconducto, y tampoco recibió la naturalización formal de manos del presidente Victoria.[68]

Más adelante, Heredia defendía su credencial con datos de su biografía política como el haber sido secretario del despacho presidencial de Guadalupe Victoria entre 1825 y 1826, juez de distrito en Veracruz en 1827 y miembro del juzgado de Cuernavaca en 1828: tres cargos para los que, según él, se requería la naturalización, y por los que ésta podía considerarse otorgada *de facto* por el Senado federal. Sus dos principales adversarios en el congreso estatal, Antonio Escudero y José del Villar y Bocanegra, sin embargo, persistieron en el rechazo a la diputación del cubano con argumentos propios del federalismo radical que entonces predominaba. Según ellos, una ley estatal del 17 de mayo de 1830 que reformaba los artículos constitucionales de 1827 exigía que, para optar por una diputación, cualquier extranjero debía haber obtenido, previamente, la ciudadanía en el mismo estado.[69] El diputado Francisco Suárez Iriarte, que compartía muchas de las posiciones de Escudero y Villar, debió reconocer que la apelación de Heredia al Plan de Iguala era válida, ya que la revocación del mismo se refería únicamente a la forma de gobierno, además de que los dos años de residencia del cubano en el estado lo hacían en ejercicio de sus derechos como ciudadano, aunque hubiera irregularidades en el proceso de naturalización.

A pesar de la poderosa objeción de Escudero y Villar, en parte alimentada por un ajuste de cuentas con la amistad entre el poeta y el gobernador Múzquiz y su consabido respaldo a la administración de Bustamante, Heredia se defendió con elocuencia y, a la vez, con desgano, en tres intervenciones. El Congreso estatal, persuadido por el eficaz discurso a favor del cubano del diputado zavalista Mariano Arizcorreta —"en la isla de Cuba, el señor He-

[68] Rafael Rojas, *Cuba mexicana. Historia de una anexión imposible*, México, SRE, 2001, pp. 244-255.

[69] Manuel García Garófalo Mesa, *op. cit.*, pp. 442-449.

redia, rodeado de viles satélites del tirano español, prestó servicios constantes y enérgicos a la sagrada causa de la libertad: vióse sentenciado a muerte. Un asilo a los libres se le presentó en la República de México"—, eligió finalmente a José María Heredia como diputado y primer secretario propietario de la IV Legislatura del Estado de México. La debatida elección de Heredia, aunque marcó sensiblemente su comportamiento ulterior en la legislatura, le dio notoriedad al poeta y hasta le facilitó su incorporación a tres comisiones importantes del Congreso estatal: la de Justicia, la de Instrucción Pública y la de Corrección de Estilo.[70]

La disputa por la credencial hirió el orgullo de Heredia, quien, desde las primeras semanas, se propuso acaparar el liderazgo de la oposición legislativa. Tan sólo en marzo de 1833, el primer mes de su desempeño como legislador, Heredia se opuso a cuatro iniciativas impulsadas por la corriente zavalista, encabezada por Escudero, Villar, Joaquín Solórzano Vizcarra, Román García y el general Juan de Dios Lazcano: 1) la que proponía que se concediera el título de "beneméritos del estado" a los generales Antonio López de Santa Anna, José Antonio Mejía, Juan Arango, Gabriel Valencia, Esteban Moctezuma y José Cuesta, y a los ciudadanos Valentín Gómez Farías y José Salgado; 2) la que aspiraba a la "proscripción" en el territorio del Estado de México de los asesinos de Vicente Guerrero; 3) la que demandaba que los estados de la federación tuvieran autoridad para legislar sobre el "suministro de medios para distribución" del ejército, como armamento y vestuario, y 4) la que concedía a las legislaturas de los estados facultad para dirigir al Congreso federal las propuestas de reformas constitucionales que estimasen convenientes.[71]

A las dos segundas, que reflejaban el federalismo radical alentado por la administración reformista de Valentín Gómez Farías desde México y respaldada, en Toluca, por Zavala, Heredia se opuso con los argumentos típicos del federalismo moderado que dos años después impulsaría el giro al centralismo. Heredia reco-

[70] *Ibid.*, p. 452.

[71] *Ibid.*, pp. 456-472.

nocía que la constitución de 1824 "tenía grandes vicios y defectos", pero se preguntaba: "¿Qué será de nosotros si destrozamos en la Constitución el sentido de unidad nacional, la garantía de libertad e independencia, el pacto supremo, la base misma de nuestra sociedad?".[72] A las dos primeras, sin embargo, un republicano como Heredia, defensor del culto heroico y el ceremonial cívico, quien, además, presumía de su amistad con Santa Anna, debió enfrentarse con mucha sutileza. En este tema, Heredia comenzó por agregar a la lista de quienes deberían recibir el título de "benemérito del estado" al gobernador de Zacatecas, Francisco García. Luego, en una intervención prolongada, el 13 de marzo de 1833, se opuso a la propuesta con el siguiente razonamiento:

> El efecto de semejante declaración, que da a un ciudadano la prerrogativa sublime de elevarse en el concepto público sobre los demás, perderá todo efecto si se extiende a tantas personas. Una dolorosa experiencia, tomada principalmente en la historia contemporánea de América, y en la particular de nuestro país, debiera convencernos de que estos honores sólo puede concederlos de un modo irrevocable y seguro el juicio imparcial de la posteridad. Muchos caudillos que recibieron en vida la apoteosis por haber presidido la libertad de su patria, embriagados luego en la copa del poder y trastornados por el incienso de la adulación, han marchitado sus banderas con atentar a las libertades pública, e intentando reivindicar como una herencia el despotismo que destruyeron. No prodiguemos, pues, una gloria que debe reservarse a los héroes en el porvenir, como un fanal, que hasta el término de su vida los aliente y guíe en la carrera de la virtud y del merecimiento. Espero que estas observaciones, dictadas por el más puro y sincero patriotismo no recibirán una interpretación siniestra, cuando nadie aprecia más que yo los servicios de los sujetos que han mencionado, y muchos de ellos, entre los cuales cuento al general Santa Anna, corresponden a mi afecto, honrándome con su amistad personal y confianza.[73]

---

[72] *Ibid*, 467.

[73] *Ibid.*, p. 457.

Heredia procedía, pues, como un republicano prudente y un federalista moderado, ajeno a las clientelas que se formaban dentro de la clase política federal y estatal. Las diferencias con la gran corriente zavalista de la legislatura se hicieron insoportables para el cubano, quien a fines de marzo presentó una "Exposición de agravios al Congreso", en la que se quejaba del "resentimiento de algunos compañeros" por la "vigorosa oposición que en cumplimiento de su deber había puesto a proyectos que le parecían anárquicos e injustos", y solicitaba una licencia temporal por motivos de salud. La licencia no fue otorgada, y el conflicto entre Heredia y el Congreso estatal, atizado, en buena medida, por el hecho de que el cubano no pertenecía a ninguna de las tres logias del estado —la de Tlalpam, la de Cuernavaca y la de Toluca— pasó de la esfera parlamentaria a la opinión pública, al crearse un nuevo periódico, *El Reformador*, editado en la misma imprenta de Toluca donde se publicaba *El Fanal*. Durante los meses de abril y mayo ambos periódicos sostuvieron una feroz batalla pública en la que Heredia, desde *El Fanal*, sostenía su rechazo a las reformas liberales de Gómez Farías, y la corriente zavalista, desde *El Reformador*, las respaldaba.[74]

Desde los primeros días del debate sobre las credenciales en la IV Legislatura del Estado de México, a mediados de febrero de 1833, Heredia, contra la corriente encabezada por Escudero y Villar, se había opuesto al escrutinio de la "nacionalidad" de los legisladores.[75] En la sesión del 16 de febrero, luego de escuchar la impugnación de Escudero, rehusó defender su mexicanidad, ya que "sería interpretado por la maledicencia como esfuerzos de un aspirantismo degradante", pedía "se declarase inválido su nombramiento y se llamase al suplente a quien correspondiese, bastándole la satisfacción de haber merecido la total confianza de la Junta Electoral" y luego se retiró del salón, dejando por un

---

[74] *Ibid.*, pp. 475-510.

[75] Onoria Céspedes Argote, comp., *José María Heredia y Heredia. Diputado*, México, Instituto de Estudios Legislativos de la LV Legislatura del Estado de México, 2005, t. I, pp. 167-169.

tiempo solo a Ariscorreta en la defensa de su candidatura.[76] La desconfianza que despertaba el cubano tenía un trasfondo nativista, masónico y político, alimentado, en buena medida, por el respaldo electoral que había logrado: Heredia, con 81 votos, había sido, junto con el coronel Félix María Aburto, Rafael Villagrán, Francisco Suárez y Román García, uno de los diputados propietarios más votados. Escudero, por ejemplo, obtuvo sólo 55 votos.[77]

La relación que Heredia, en calidad de diputado secretario, estableció con el diputado presidente, Mariano Ariscorreta, es perceptible en algunos de los pronunciamientos de la IV Legislatura. En las primeras sesiones de febrero de 1833, el Congreso estatal propuso la reconstrucción del Instituto Literario de Tlalpam, que había sido destruido durante la administración anterior. Heredia, fundador de aquella institución, debió haber jugado un papel importante en el rechazo a la cesión del instituto a la Iglesia católica, como habían propuesto algunos políticos conservadores, ligados a la administración de Bustamante y Alamán, así como en el llamado a rescatar la biblioteca "que tantos afanes había costado y que aún conservaba un corto número de libros, habiéndose extraído además muchas de sus preciosidades".[78] De haberse verificado aquel traspaso del instituto a la Iglesia, habría "desaparecido todo cuanto podía enseñar a los mexicanos sus derechos, retrocediendo a los tenebrosos tiempos de la conquista".[79] Por su personal participación en el asunto, Heredia fue nombrado miembro y luego director de la Junta Inspectora del Instituto Literario, que intentó revitalizar aquella institución.[80]

Aquel gesto de declinar su candidatura, en medio del debate de las credenciales, denotaba, sin embargo, un temperamento

[76] *Ibid.*, pp. 180-181.

[77] *Ibid.*, p. 144.

[78] *Ibid.*, p. 208.

[79] *Ibid.*

[80] *Ibid.*, pp. 152-154.

romántico, poco conciliable con las lides parlamentarias. Cansado de las tensiones legislativas y de la imagen de "extranjero" que lo acompañaba, Heredia presentó su renuncia el 2 de julio de 1833. Al día siguiente, en sesión secreta extraordinaria, el Congreso "admitió al ciudadano José María Heredia la dimisión que hace del cargo de diputado" y comunicó la decisión al gobernador Zavala.[81] Desde febrero de ese año, el poeta cubano se había desempeñado, como juez, en esferas subalternas de la administración de justicia o en el mundo editorial, donde logró su mejor desempeño. Sin embargo, el primer intento de plena inserción en la clase política mexicana de este inmigrante terminó en el fracaso. La sensación de extranjería, reforzada por la federalización de las leyes de naturalización y por la superación del momento hispanoamericano de la independencia, acentuó en el poeta cubano la desconfianza frente a la viabilidad del régimen republicano y liberal. Este desencanto no sólo quedó plasmado en la famosa "epístola" a Andrés Quintana Roo —"¿Y el opulento Anáhuac, para siempre/ será ludibrio y compasión del orbe?/ Después que con esfuerzo generoso,/ y torrentes de lágrimas y sangre/ destrozó del ibero el torpe yugo,/ ¿Habrá de ser irremediable presa/ de vil superstición y tiranía,/ o anárquico furor?"— sino que propició un creciente retraimiento de la vida pública que el poeta expresó en cartas a familiares y amigos.[82]

Aunque desde principios de agosto de 1833 ya el Congreso mexiquense había designado a Manuel Robredo como suplente de Heredia, los amigos del cubano en la Legislatura estatal trataron de involucrarlo en la discusión del proyecto de Código Penal. A falta de un documento donde expusiera las razones de su dimisión, la carta que Heredia envió al gobernador Zavala, el 23 de agosto, en la que rechazaba aquella oferta, es reveladora de la creciente melancolía que se apoderaba del poeta:

---

[81] *Ibid.*, pp. 155-156.

[82] José María Heredia, *Niágara y otros textos*, p. 99.

> Sin que se entienda que es mi ánimo rehusar mi cooperación a cualquier trabajo útil al estado, suplico a Vuestra Excelencia se sirva manifestar a la Honorable Legislatura que mi quebrantada salud y las ocupaciones que me impone mi actual laborioso destino casi me imposibilitan para llenar sus deseos.[83]

Que la renuncia de Heredia había sido bajo presión de quienes impugnaban su "mexicanidad" y no mera expresión de esa melancolía es legible en el tono con que el poeta escribe al gobernador: "además, no teniendo facultades para reformar, modificar o redactar de nuevo los artículos a que se hagan objeciones, es claro que mi presencia en la discusión debe ser casi del todo inútil, y sí muy gravosa para mí".[84]

Cuando en mayo de 1834, siendo gobernador del estado el coronel Félix María Aburto, Heredia supo de la amnistía concedida a los separatistas cubanos por la reina regente de España, María Cristina de Borbón, el poeta comenzó a pensar en abandonar México, primero con la intención de establecerse en Estados Unidos, y luego, en 1835, con la ilusión de servir como agregado diplomático en Madrid. En el verano de ese año, Heredia intentó involucrarse en la delegación de México que negociaría la normalización de relaciones con España. Esa misión diplomática, pensaba, le permitiría trasladarse en algún momento a La Habana o Estados Unidos y reunirse con su madre. Sin embargo, Miguel Santa María, jefe de la misión diplomática, designó para la plaza a la que aspiraba Heredia a Juan Nepomuceno Castillo Quintero.[85] Resuelto a viajar a Cuba, Heredia tomó entonces la difícil decisión de escribir al capitán general de la Isla, Miguel Tacón, en la primavera de 1836, solicitándole autorización para visitar a su madre. En aquella carta, Heredia confesó su desilusión política:

[83] Onoria Céspedes Argote, comp., *op cit.*, p. 163.

[84] *Ibid.*, pp. 161-163.

[85] José María Heredia, *Niágara y otros textos*, p. 557.

> Es verdad que ha doce años la independencia de Cuba era el más ferviente de mis votos y que por conseguirla habría sacrificado gustoso mi sangre; pero las calamidades y miserias que estoy presenciando desde hace ocho años han modificado mucho mis opiniones, y vería como un crimen cualquier tentativa para trasplantar a la feliz y opulenta Cuba los males que afligen al continente americano.[86]

La carta de Heredia no era un mero pretexto para viajar a Cuba a visitar a su madre: era la auténtica confesión de un liberal, frustrado ante las inmensas dificultades de construir un orden republicano en Hispanoamérica. Durante su viaje a la isla, entre noviembre de 1836 y enero de 1837, Heredia se reunió con el capitán general Tacón, a quien trasmitió su crítica visión de la situación política de México.[87] A su regreso a Toluca, operada ya la transición al centralismo y siendo presidente Anastasio Bustamante, Heredia, a pesar de sus simpatías por las nuevas corrientes políticas, no fue ratificado como magistrado de la audiencia del Departamento de México. Los dos últimos años de la vida de Heredia en México estuvieron concentrados en el trabajo periodístico, primero en *El Recreo de las Familias,* y luego, durante los primeros meses de 1839 y hasta su muerte en mayo de ese año, en el *Diario de Gobierno,* gestión recomendada por su viejo amigo Antonio López de Santa Anna, y para la cual debió trasladarse a la ciudad de México.[88]

Uno de los últimos escritos históricos de Heredia fue una breve biografía de Washington, en la que se traslucía nuevamente el tradicionalismo republicano del poeta cubano. Heredia volvía, una vez más, sobre el obsesivo paralelo entre Napoleón y Washington, justo en el momento en que México estaba en guerra contra la Francia de Luis Felipe de Orleáns, que él tanto admiraba. En un pasaje de aquel texto, Heredia, al contraponer

[86] *Ibid,* p. 579.

[87] *Ibid,* p. 622.

[88] *Ibid.*, pp. 664-685.

el heroísmo de Washington al caudillismo de Napoleón, parecía referirse, indirectamente, a México, donde, por alguna razón que escapaba a su entendimiento, las tradiciones republicanas no lograban arraigarse. Washington, a diferencia de la mayoría de los caudillos, no "desenvainó su espada por impulso de orgullo militar o de ambición indigna que ve con indiferencia o placer el sacrificio de la sangre humana. La sacó deliberadamente a la voz de la patria, pero con una repugnancia hija de la filantropía, y sin una desconfianza que reconocía el dominio supremo de Dios".[89] Esa "justa moderación" de líderes como Washington era, según Heredia, una diferencia entre el proceso republicano de Estados Unidos y el de Hispanoamérica. Allá, la "noble moderación era una voluntad silenciosa, fundada inalterable, de no admitir tentación alguna". Aquí, las raras veces que se manifestaba, "un triunfo sobre la oportunidad, el poder y todas las tentaciones naturales del ambicioso".[90]

La dicotomía entre Washington y Napoleón no era, para Heredia, un mero ejercicio de escritura plutarqueana. Entre uno y otro héroe podía localizarse el abismo que separaba una república de un imperio. La visión de Estados Unidos en Heredia, como en Zavala, Rocafuerte, Vidaurre, el propio Bolívar y tantos otros republicanos de su generación, seguía siendo, a pesar de todo, sumamente favorable. Pero ya Heredia, al igual que sus contemporáneos, comenzaba a pensar que aquella república de leyes y ciudadanos, de panteones heroicos y ceremoniales cívicos, era inalcanzable. Estados Unidos, el modelo de aquellos fundadores, y la otra América, la del Sur, sin dejar de ser vecinos, eran cada vez más diferentes. La melancolía, sentimiento nutricio del poeta desde sus primeros versos, empezaba a proyectarse sobre el discurso y la práctica política, y amenazaba con corroer el corazón de la utopía hispanoamericana.

---

89 *Ibid.*, p. 658.

90 *Ibid.*, pp. 658-659.

Andrés Bello y la América crepuscular

En un libro todavía reciente, Roger Chartier compendiaba la fecunda tradición de pensadores de la escritura de la historia (Paul Veyne, Hayden White, Michel de Certeau, Paul Ricoeur, Carlo Ginzburg...) que se articuló en las últimas décadas del siglo XX.[1] Luego de una ponderación del principal acierto de estos autores —colocar en el centro de la reflexión historiográfica el problema de la escritura—, Chartier concluía que la disciplina contemporánea seguía arrastrando el dilema de dos epistemologías, con frecuencia enemistadas: la de la memoria y la de la historia.[2] Chartier proponía abandonar los últimos residuos de aquella idea romántica y positivista que argumentaba que la historia comenzaba donde terminaba la memoria. Una y otra, a pesar de inscribir epistemologías diversas, no eran entidades excluyentes.

Durante las primeras décadas poscoloniales, en Hispanoamérica, la memoria estaba ligada a la experiencia de la generación que se enfrentó militar y políticamente a España en las guerras de independencia.[3] Esa memoria, en su trasmisión oral y escrita

---

[1] Cito sólo algunas obras fundamentales: Paul Veyne, *Cómo se escribe la historia*, Madrid, Alianza Editorial, 1983; Hayden White, *Metahistoria. La imaginación histórica en la Europa del siglo XIX*, México, FCE, 1992; Michel de Certeau, *La escritura de la historia*, México, Universidad Iberoamericana, 1993; Paul Ricoeur, *Tiempo y narración*, México, Siglo XXI, 1995; Paul Ricoeur, *La memoria, la historia y el olvido*, Madrid, Trotta, 2003; Carlo Ginzburg, *Ojazos de madera. Nueve reflexiones sobre la distancia*, Barcelona, Península, 2000.

[2] Roger Chartier, *El presente del pasado. Escritura de la historia, historia de lo escrito*, México, Universidad Iberoamericana, 2005, pp. 69-76.

[3] El problema del tiempo en la tradición republicana ha sido planteado por Thomas M. Allen, *A Republic in Time. Temporality and Social Imagination in Nineteenth Century*

a las nuevas generaciones liberales, produjo un rechazo visceral al legado hispánico en algunas corrientes intelectuales y políticas. Algunos historiadores de mediados de siglo, como Lucas Alamán en México y Andrés Bello en Chile, reaccionaron contra los discursos antiespañoles que se propagaron en la esfera pública hispanoamericana de aquellas décadas. Hijos y nietos de españoles, el debate sobre el legado hispánico representaba para ellos una batalla "íntima", como dirá Bello, en la que los hispanoamericanos debían discernir lo propio y lo ajeno "entre los duros y tenaces materiales ibéricos".[4]

La emergencia de una nueva historiografía profesional en la región tuvo que chocar con aquella epistemología de la memoria, que transfería a las sociedades republicanas los "males" y "vicios" del orden colonial.[5] Para muchos historiadores liberales, el antiguo régimen no había desaparecido, y su estructura estamental y corporativa no sólo perduraba sino que reproducía las formas culturales del despotismo. En el caso del Chile decimonónico, Bernardo Subercaseaux y Cristián Gazmuri han señalado el desplazamiento al liberalismo romántico que protagonizó la generación de 1848 y que colocó a Bello, figura central del campo intelectual chileno, en una posición conservadora.[6] Los mediados del siglo XIX fueron, en efecto, un momento de cambio intelectual, que no debería entenderse únicamente, como resultado de la evolución liberal de las élites sino como respuesta a las dictaduras, las guerras civiles, los conflictos entre varios Estados hispanoamericanos y la afirmación de la hegemo-

America, Chapel Hill, University of North Carolina Press, 2008, y Sudhir Hazareesingh, *Intellectual Founders of the Republic. Five Studies in XIX Century French Republican Political Thought*, Nueva York, Oxford University Press, 2001.

[4] Andrés Bello, *Obras completas. Temas de historia y geografía*, Caracas, Ministerio de Educación, 1957, t. XXIII, p. 168.

[5] Antonio Cornejo Polar, *La formación de la tradición literaria en el Perú*, Lima, Centro de Estudios y Publicaciones, 1989, pp. 22-30.

[6] Bernardo Subercaseaux, *Historia de las ideas y de la cultura en Chile*, Santiago de Chile, Editorial Universitaria, 1997, pp. 107-178; Cristián Gazmuri, *El 48 chileno. Igualitarios, reformistas, radicales, masones y bomberos*, Santiago de Chile, Editorial Universitaria/Centro de Investigaciones Diego Barrios Arana, 1999.

nía hemisférica de Estados Unidos, escenificada en la invasión de México de 1847.

La conciencia de un cambio de época estaba arraigada entre los intelectuales de aquella generación. En una carta que Domingo Faustino Sarmiento envió a su amigo chileno José Victorino Lastarria, el 16 de enero de 1852, se hablaba de una "revolución de ideas" en Hispanoamérica. Dos libros, según Sarmiento, eran los mascarones de proa de aquel vuelco intelectual: la *Historia constitucional de medio siglo* (1852), de Lastarria y las *Bases y puntos de partida para la organización política de la Confederación Argentina* (1852), de Juan Bautista Alberdi. Según Sarmiento, el giro liberal que se estaba produciendo, y del que también formaría parte la revolución mexicana contra la dictadura santannista, era tanto un rechazo de la anarquía y la "barbarie" de un Santa Anna, un Francia o un Rosas, criticada por él mismo en *Facundo* (1845), como una ruptura contra el primer republicanismo hispanoamericano, del cual Bello era el último representante vivo:

> Es una especie de revolución de ideas, de *volte face* que por fortuna no necesita justificarse [...] Los hechos han fallado, y la doctrina también. Hacer la historia de las evoluciones parlamentarias de la Europa, es hacer la necrología de todas las verdades por que hemos combatido. Los golpes de Estado, las construcciones *par l'armée*, son el fruto de aquella escuela y la reacción que nos invade por todas partes.[7]

La obra de madurez de Andrés Bello, aquella que va de la fundación de la Universidad de Chile (1842) y los debates historiográficos en *El Araucano*, a mediados de los 40, a la plena codificación jurídica del nuevo Estado nacional chileno, con el *Proyecto de Código Civil* (1853) y el *Código Civil de la República de Chile* (1856), es, de algún modo, un intento por asegurar el orden republicano

[7] Domingo Faustino Sarmiento, *Correspondencia entre Sarmiento y Lastarria (1849-1888)*, Buenos Aires, Artes Gráficas Bartolomé Chiesino, 1954, p. 37.

frente a dos amenazas: la del antiguo régimen que defendían los viejos conservadores y la del romanticismo filosófico que propugnaban los jóvenes liberales. Los primeros buscaban la persistencia del sistema corporativo y estamental de la monarquía católica; los segundos, una erradicación de todo vestigio medieval en la constitución política de las nuevas naciones hispanoamericanas. Bello, en cambio, parecía pensar que las claves del nuevo orden no se hallaban en la Edad Media o la Edad Moderna sino en la Roma antigua.

Pasión y orden

En un editorial que Andrés Bello escribió en *El Araucano,* en febrero de 1842, con motivo del aniversario de la victoria de Chacabuco, el gran letrado y estadista venezolano-chileno sugería el inicio de una nueva época para Hispanoamérica, al iniciarse la tercera década de su independencia. Con una prosa matizada, que eludía siempre los polos opuestos de la confrontación historiográfica, Bello afirmaba que luego del caos prolongado en que habían vivido las nuevas repúblicas tenía que comenzar una reconstrucción económica y política de las nuevas repúblicas sobre bases legales sólidas que reemplazaran la "anarquía" con el "orden" y la "exaltación" con la "prudencia". A pesar del tono profético que Bello adoptó en éste y otros textos de la misma época, su deseo de colocar el argumento en una racionalidad más histórica que utópica era explícito:

> La espantosa y larga anarquía que ha afligido a casi todos los Estados hispanoamericanos desde los primeros tiempos de su independencia nos parece llega ahora a una crisis favorable, que no puede menos que conducir a su última solución. No es éste para nosotros un puro presentimiento, hijo del vivo deseo que nos anima para la paz y felicidad general de los Estados hermanos; es más bien una profunda convicción, fundada en la misma duración del mal, en los crueles desengaños que ha sembrado por todo y en la decisión

general a favor del orden, que ha llegado a ser tema, hasta de los mismos desorganizadores de antes.[8]

Iván Jaksic y Ana María Stuven han descrito muy bien esa "pasión por el orden" que caracterizó la obra intelectual y política de Bello a mediados del siglo XIX latinoamericano.[9] En el mismo texto citado arriba, este intelectual caraqueño habló de la necesidad de una pedagogía republicana que inculcara a los ciudadanos hispanoamericanos el "amor al orden" como antídoto contra la enfermedad de la "anarquía" que se propagaba en el continente.[10] Lo curioso es que Bello, al igual que Bolívar y Heredia, intentara siempre compensar el utopismo propio de la tradición ilustrada y romántica con una racionalidad jurídica y política neoclásica que, muchas veces, remitía más a Roma que a Francia, a Estados Unidos que a la Gran Bretaña.

Tiene razón Jaksic cuando retrata a Bello como un republicano clásico, con una visión destilada del pasado virreinal o una conciencia del legado cultural y religioso del antiguo régimen. Para él, dice Jaksic, "la independencia no significaba un quiebre total con el pasado o la posibilidad de un nuevo orden revolucionario sino una transición hacia el restablecimiento del orden legítimo".[11] Esta idea de la legitimidad como afirmación de derechos históricos acercaba a Bello al republicanismo atlántico, pero también al conservadurismo monárquico que comenzaba a proliferar a mediados del siglo XIX, en México con otro gran letrado y estadista, Lucas Alamán, o en Ecuador con el experimento jesuítico de Gabriel García Moreno.

La conexión entre republicanismo y conservadurismo desde los años treinta y, sobre todo, a partir de los cuarenta, en Hispa-

[8] Andrés Bello, *op. cit.*, p. 119.

[9] Iván Jaksic, *Andrés Bello: la pasión por el orden*, Venezuela, Bid and Co. Editor, 2007, pp. 27-30.

[10] Andrés Bello, *op. cit.*, p. 120; Ana María Stuven, *La seducción de un orden. Las élites y la construcción de Chile en las polémicas culturales y políticas del siglo XIX*, Santiago de Chile, Ediciones de la Universidad Católica de Chile, 2000, pp. 29-54 y 61-74.

[11] Iván Jaksic, *op. cit.*, pp. 30-31.

noamérica tiene que ver con el momento crepuscular que por entonces se vive en el Nuevo Mundo. El Bolívar de García Márquez, en un debate acalorado con el bonapartista francés Diocles Atlantique, en Turbaco, suelta esta frase: "¡Por favor, carajos, déjennos hacer tranquilos nuestra Edad Media!".[12] La certidumbre de que la época fundacional había llegado a su fin es legible en la última documentación de los próceres y, también, en el proceso de codificación jurídica y literaria de las nuevas repúblicas emprendida por letrados como Bello. Una certidumbre o, al menos, una sensación de que el tiempo del crepúsculo, con todas las revanchas contrailustradas que podía generar (duda, religiosidad, superstición, autoritarismo...) y que Morris Berman ha glosado en dos libros ejemplares, se les venía encima.[13]

Por momentos, Bello comulgaba con una noción biológica o terapéutica del tiempo, en la que los dilemas de Hispanoamérica se asociaban a las fases del crecimiento. El tiempo para Bello no sólo ejercía funciones curativas sobre una comunidad "niña" sino que permitía una percepción más equilibrada de los legados intelectuales y políticos del pasado. A diferencia de Bolívar, Iturbide, San Martín, Sucre y otros próceres, descorazonados al final de sus vidas con la suerte de las nuevas repúblicas, Bello llamaba a no perder la fe, y para ello eludía la articulación de falsas utopías. El "amor al orden" era alcanzable por medio de un abandono de las "pasiones infantiles" que caracterizan a todo sujeto en formación. Bello instaba a los líderes intelectuales y políticos de la región a "no desesperarse":

> No debe desesperarse de la suerte de unos países llamados a grandes destinos, aunque extraviados ahora de la senda que conduce a la verdadera felicidad de las naciones por pasiones muy excusa-

[12] Gabriel García Márquez, *El general en su laberinto*, México, Diana, 1998, p. 132.

[13] Morris Berman, *El crepúsculo de la cultura americana*, México, Sexto Piso, 2002, pp. 139-178; Morris Berman, *Edad oscura americana. La fase final del imperio*, México, Sexto Piso, 2007, pp. 14-15.

> bles en la infancia de ellas, y atendido su origen, inexperiencia y todos los antecedentes de su existencia política [...] Nunca hemos desesperado de la suerte de estas nuevas naciones, y aun creemos ver cercano el día de su paz exterior y doméstica, para darse mutuamente la mano y caminar juntas por la vía del orden hacia las mejoras sólidas y la mayor dicha social.[14]

El método, pensaba Bello, consistía en no aspirar al gobierno perfecto, a la sociedad ideal o al traslado mecánico de los sistemas políticos europeos y estadounidenses, sino aprender de la experiencia de los dos gobiernos que, a su juicio, habían construido más rápido un nuevo orden legítimo: Chile y Venezuela. El Chile de Diego Portales (1831-1841), cuyo orden político conservarían luego Manuel Bulnes (1841-1851) y Manuel Montt (1851-1856) y la Venezuela de José Antonio Páez (1839-1843 y 1847-1850) y Carlos Soublette (1837-1839 y 1843-1847) eran regímenes de cierta estabilidad dentro del panorama dictatorial y anárquico de la América Latina de entonces.[15] Ambos regímenes se derivaron de pacificaciones autoritarias de guerras civiles, como la chilena de 1829-1830, que enfrentó a "o'higginistas, estanqueros y pelucones" contra "pipiolos", y las de Venezuela en 1835 y 1839, provocadas por los levantamientos "reformistas" de Armando Mariño y Francisco Farfán.

Cuando Bello escribió aquellos elogios de Chile y Venezuela en 1842, no podía saber que a fines de la década el régimen político venezolano también caería, y que José Antonio Páez, lo mismo que Bolívar, San Martín, O'Higgins, Iturbide y otros próceres de la independencia, tendría que recurrir al exilio al final de su vida. Sin embargo, la visión de Bello de aquellos regímenes, como ha sugerido Iván Jaksic, no era idílica ni acrítica: el viejo letrado sabía que esos gobiernos eran autoritarios, pero le gustaba pensar que con mecanismos de control propios del sis-

[14] Andrés Bello, *op.cit.*, pp. 120 y 122.

[15] Simon Collier, *Chile. La construcción de la república. 1830-1865. Política e ideas*, Santiago de Chile, Universidad Católica de Chile, 2005, pp. 35-83.

tema republicano podrían agregar, a la independencia política conquistada, la libertad civil que Hispanoamérica necesitaba para afianzar el nuevo orden.[16]

Ese orden, que Bello refería constantemente en sus escritos, no era una quimera sino una realidad histórica que debía aspirar a la misma o a más consistencia que el antiguo régimen colonial. De ahí que su edificación requiriera *pasión*, un concepto que en la obra de Bello aparecía procesado por sus lecturas de la filosofía británica de los sentimientos morales. Es sabido que en Londres Bello trabó amistad con James Mill y Jeremy Bentham, quienes lo ayudaron a instalarse en la biblioteca del Jardín Botánico de esa ciudad. A través de la obra del segundo, que Bello ayudó a transcribir, y de otros filósofos franceses, como Theódore Jouffroy, que comentó en *El Araucano*, en el otoño de 1846, y de M. A. Jullien, que había reproducido en el primer tomo de *El Repertorio Americano*, el intelectual y político hispanoamericano se hizo de una personal posición sobre el tema de los sentimientos morales.[17]

Como ha señalado Fabio Morales, Bello tomó de la escuela escocesa y, específicamente, de Smith y Bentham, la idea de que el fin de las acciones humanas está relacionado con la felicidad o, más específicamente, con el placer.[18] Pero Bello utilizó la obra de los franceses para acentuar el republicanismo hispanoamericano frente a la seducción del utilitarismo británico. En un gesto característico de la filosofía decimonónica en América Latina, Bello proponía entonces un "rumbo medio" entre la doctrina del placer como finalidad y la idea de la moral como "obligación o deber", con el fin de proponer una conjunción entre egoísmo y benevolencia que permitiera comprender no sólo los placeres

[16] Iván Jaksic, *op. cit.*, pp. 30-31.

[17] Andrés Bello, *Obras completas. Filosofía*, Caracas, La Casa de Bello, 1981, t. III, pp. 547-577; *El Repertorio Americano*, Caracas, Presidencia de la República, 1973, t. I, pp. 168-194.

[18] Fabio Morales, "La teoría de los sentimientos morales de Andrés Bello", *Anales del Seminario de Historia de la Filosofía*, Caracas, núm. 21, 2004, pp. 194-168. Véase también Arturo Ardao, *Andrés Bello, filósofo*, Caracas, Academia Nacional de Historia, 1986.

del cuerpo sino los del espíritu, el entendimiento, la imaginación y la beneficencia.[19]

La pasión de Bello, en sintonía con algunas visiones de la filosofía política contemporánea, era eso: una proyección pública del entendimiento o un sentido político de la moralidad. De forma similar al Benjamin Constant de Tzvetan Todorov, en Bello podría hablarse no de una "pasión por la democracia", sino de una "pasión por la república" en la que la educación cívica, como en la antigua Roma, era un medio destinado a la conducción política de los sentimientos.[20] Esta pasión por el orden, o por la ley, no es necesariamente, como prueba una compilación de Susan Bandes sobre el tema, un elemento constitutivo de ideologías tradicionalistas o conservadoras.[21] También la tradición republicana pone el acento en la construcción de un orden jurídico donde los derechos del ciudadano alcancen una satisfacción equivalente al ejercicio de sus deberes y donde, como señala Todorov, los valores de "autonomía" y "moderación" intentan liberar las tensiones entre "interés" y "moral".

En las polémicas de Bello, en *El Araucano*, con los jóvenes historiadores liberales José Victorino Lastarria, Jacinto Chacón y Francisco Bilbao es preciso leer, como ha sugerido Joseph Dager Alva, algo más que la simple reacción de un letrado conservador y oficialista.[22] El principal resultado de aquellos debates fue la propuesta de un modo —"método" sería una palabra demasiado espesa— para la escritura y el estudio de la historia hispanoamericana, que Bello sugirió a mediados del siglo XIX. Como se percibe en su comentario sobre la *Historia de la conquista del Perú*, de W. H. Prescott, Bello no estaba pensando únicamente en el tipo de historia que, a su juicio, debía escribirse

[19] *Ibid.*, p. 153.

[20] Tzvetan Todorov, *A Passion for Democracy: Benjamin Constant*, Nueva York, Algora Publishing, 1999, pp. 33-46.

[21] Susan A. Bandes, *The Passion of Law. Critical America*, Nueva York, New York University Press, 2000; Tzvetan Todorov, *op. cit.*, pp. 75-86.

[22] Joseph Dager Alva, "El debate en torno al método historiográfico en el Chile del siglo XIX", *Revista Complutense de Historia de América*, vol. 28, Madrid 2002, pp. 97-138.

y enseñarse en las universidades chilenas.[23] Su objetivo, acorde con una larga experiencia migratoria, era dialogar con una posible historiografía republicana en Hispanoamérica que compartiera las mismas premisas y las mismas finalidades.

El orden que apasionaba a Bello no era únicamente político o jurídico sino intelectual. Un orden de las ideas que se plasma, por ejemplo, en el debate con el prólogo de Jacinto Chacón al *Bosquejo histórico de la constitución del gobierno de Chile durante el primer periodo de la Revolución* (1848), de Lastarria. El modo más simple de comprender aquella polémica es reducirla a que, frente a la historia "filosófica" o *ad probandum*, que bajo la influencia de Voltaire, Herder, Hegel y, sobre todo, Guizot, Cousin y Quinet, proponían Lastarria, Chacón y Bilbao, Bello, resguardado tras la autoridad de Thierry, Sismondi y Barante, propuso una historia "narrativa" o *ad narrandum*. Bello, en efecto, esgrimía a Rousseau contra Voltaire y demandaba "¡Hechos!", pero su argumentación de que el historiador debía conocer la historia de las constituciones antes que la teoría constitucional o de que, antes de filosofar, era preciso "poner en claro los hechos", no era positivista sino ilustrada. Narrar el pasado era, para Bello, pensarlo:

> Poner en claro los hechos es algo más que apuntarlos a la ligera en sumarios descarnados, que no penetran más allá de su parte exterior, tangible. Poner en claro los hechos es escribir la historia; y no merece este nombre sino la que se escribe a la luz de la filosofía, esto es, con un conocimiento adecuado de los hombres y de los pueblos, y esta filosofía ha existido, ha centelleado en las composiciones históricas mucho antes del siglo XIX.[24]

Esta noción del "narrar pensando" nos resulta tan contemporánea como el postestructuralismo y los trabajos de Lawrence Stone, pero a mediados del siglo XIX era vista por muchos como

[23] Andrés Bello, *op. cit.*, pp. 265-291.

[24] *Ibid.*, p. 223.

un atavismo neoclásico que se negaba a aceptar la metafísica romántica. En términos de Hayden White, Bello, como los historiadores alemanes críticos de Herder y Hegel —Humboldt, Niebuhr, Ranke, Droysen—, proponía leer la metahistoria en la historia, advertir las generalizaciones abstractas en la escritura de los eventos y no en la teorización de los mismos.[25] A tono con la idea de los "sentimientos morales", que adquirió en el contacto con los filósofos británicos, el objeto de la historia, según Bello, era el conocimiento del "corazón de la sociedad", el "espíritu de la época", algo más tangible que la "idea absoluta" y, a la vez, más misterioso:

> No se pueden poner en claro los hechos como lo hicieron Tucídides y Tácito, sin un profundo conocimiento del corazón humano; y permítasenos decir (aunque sea a costa de parecer anticuados y rancios) que se aprende mejor a conocer el hombre y las evoluciones sociales en los buenos historiadores políticos de la antigüedad y de los tiempos modernos, que en las teorías generales y abstractas que se llaman "filosofía de la historia", y que en realidad no son instructivas y provechosas, sino para aquellos que han contemplado el drama social viviente en los pormenores históricos.[26]

Las objeciones de Bello a la filosofía de la historia no sólo tenían que ver, por tanto, con los aspectos intelectuales de la cuestión sino, una vez más, con los desafíos de la educación cívica en las nuevas repúblicas. La buena narrativa histórica era importante y necesaria porque contenía ideas modernas y, a la vez, facilitaba la articulación de una comunidad de ciudadanos lectores que pondrían en función de la construcción republicana los sentimientos morales aprendidos. La demanda de claridad en la prosa, que Bello sostendrá siempre durante su periodo chileno, era un componente de la historia no filosófica, donde los conceptos no enturbiaban la narración histórica. A juicio de Bello,

[25] Hayden White, *op. cit.*, pp. 13-52.

[26] Andrés Bello, *op. cit.*, p. 223.

los grandes historiadores —y dentro de esa categoría no citaba a los alemanes antihegelianos sino a ingleses y a franceses como Robertson, Hume, Gibbon, Mahon, Thierry, Thiers, Michelet y Prescott— eran siempre buenos escritores: "no son escritores de un rango oscuro en la república de las letras; ni hay talento tan distinguido que se anonadase o se hiciese inferior a sí mismo, escribiendo la historia como ellos".[27]

La polémica con Chacón y Lastarria, como ha observado Jaksic, todavía estaba afectada por el juicio contra Francisco Bilbao, en 1844, por su ensayo *Sociabilidad chilena* (1844), en el que Bello intervino desde la rectoría de la Universidad de Chile.[28] Bello vio en Bilbao el futuro del liberalismo romántico si la "historia filosófica" se arraigaba en el Chile republicano. Bilbao, que había dado a conocer su célebre escrito en una publicación emblemáticamente titulada *El Crepúsculo*, llamaba a una suerte de exorcismo del pasado hispánico de las naciones hispanoamericanas: "nuestro pasado es España. La España es la Edad Media. La Edad Media se componía en alma y cuerpo del catolicismo y la feudalidad".[29] Contrariamente a lo que por entonces sostenían Bello en Chile y Alamán en México, Bilbao no pensaba en España como una creación de Roma sino como la simbiosis del escolasticismo medieval y "las costumbres originales de los bárbaros del Oriente".[30]

Para Bello, esa argumentación, que mereció un elogió de Edgar Quinet, uno de los defensores de la "historia filosófica", en su obra *El cristianismo y la Revolución francesa* (1848), era el punto de partida de una corriente intelectual que fácilmente desembocaba en el tópico del "envilecimiento" hispanoamericano. Bilbao, quien en una carta a Santiago Arcos afirmaba que el problema de Chile era la "persistencia de la autoridad" sufrió en carne propia ese autoritarismo. La actitud de Bello era, sin dudas, autoritaria

---

[27] *Ibid*, p. 224.

[28] Iván Jaksic, *op. cit.*, pp. 246-247.

[29] Francisco Bilbao, *El evangelio americano*, Caracas, Biblioteca Ayacucho, 1988, p. 5.

[30] *Ibid.*, p. 5.

como el régimen político que él mismo defendía en Chile y Venezuela, pero no "conservadora", como la presentaría Lastarria en sus *Recuerdos literarios.*[31] Para defenderse de los jóvenes liberales, Bello, en dos opúsculos más, aparecidos también en *El Araucano*, en enero y febrero de 1848, y literalmente titulados "Modo de escribir la historia" y "Modo de estudiar la historia", contrapuso, en una suerte de disputa referencial, citas de Thierry, Sismondi y Barante a citas de Cousin, Guizot y Froissart, para demostrar que la "filosofía de la historia" era una "ciencia en mantillas". El alegato final de Bello lograba una curiosa y eficaz mezcla de elementos tradicionalistas y anticoloniales:

> ¡Jóvenes chilenos! Aprended a juzgar por vosotros mismos; aspirad a la independencia del pensamiento. Bebed en las fuentes; a lo menos en los raudales más cercanos a ellas. El lenguaje mismo de los historiadores originales, sus ideas, hasta sus preocupaciones y sus leyendas fabulosas, son una parte de la historia, y no la menos instructiva y verídica. ¿Queréis, por ejemplo, saber qué cosa fue el descubrimiento y conquista de América? Leed el diario de Colón, las cartas de Pedro Valdivia, las de Hernán Cortés. Bernal Díaz os dirá mucho más que Solís y que Robertson. Interrogad a cada civilización en sus obras; pedid a cada historiador sus garantías.[32]

El origen de esta disposición de Bello a una narrativa histórica puesta en función del montaje de un orden republicano hay que encontrarlo en su largo exilio en Londres, entre 1810 y 1829, y en su relación con la filosofía moral británica de la época. Luego de un periodo de ilustración criolla, en su juventud caraqueña, en la que tradujo la *Eneida* de Virgilio y *Zulima* de Voltaire —clasicismo viejo y nuevo—, y acompañó a Humboldt y Bonpland en su exploración de Cerro El Ávila, Bello se trasladó a Londres, junto a Simón Bolívar y Luis López Méndez, en una

[31] José Victorino Lastarria, *Recuerdos literarios*, Santiago de Chile, Ediciones LOM, 2001, p. 58.

[32] Andrés Bello, *op. cit.*, p. 251.

misión de la Junta de Caracas destinada a conseguir respaldo del canciller británico Richard Wellesley. En Londres, afiliado a la logia masónica de los Caballeros Racionales, Bello, como tantos de sus contemporáneos, evolucionó del juntismo gaditano a un separatismo monárquico parlamentarista, y de éste a un pleno republicanismo, en los años veinte.

En las tres publicaciones emprendidas por Bello durante aquella década —*El Censor Americano* (1820), *La Biblioteca Americana* (1823) y *El Repertorio Americano* (1826-1827)— es posible leer el itinerario político de muchos criollos de aquella generación hispanoamericana. La primera y la segunda revistas preservaban, todavía, el formato de las gacetas ilustradas borbónicas, que Bello había conocido durante su juventud en Caracas. Pero ya la tercera publicación se abría plenamente a un republicanismo americano, bajo la influencia doctrinal de la filosofía británica y frente a la consumación del proceso independentista en el continente. En el "Prospecto" del primer tomo de *El Repertorio*, de octubre de 1826, Bello, además de rendir honores a Londres —"metrópoli del comercio, en ninguna parte del globo son tan activas como en Gran Bretaña las causas que vivifican y fecundan el espíritu, en ninguna parte es más audaz la investigación, más libre el vuelo del ingenio, más profundas las especulaciones científicas, más animosas las tentativas de las artes"— anunciaba que la revista rebajaría su perfil ilustrado —"secciones de ciencias naturales y físicas, y ciencias intelectuales y morales"— y se concentraría en la gran demanda del momento: el nacimiento de una "civilización americana":

> Examinar bajo sus diversos aspectos cuales son los medios de hacer progresar en el Nuevo Mundo las artes y las ciencias, y de completar su civilización; darle a conocer los inventos útiles para que adopte establecimientos nuevos, se perfeccione su industria, comercio y navegación, se le abran nuevos canales de comunicación y se le ensanchen y faciliten los que ya existen; hacer germinar la semilla fecunda de la libertad, destruyendo las preocupaciones vergonzosas con que se le alimentó desde la infancia; establecer

> sobre la base indestructible de la instrucción el culto de la moral; conservar los nombres y las acciones que figuran en nuestra historia, asignándoles un lugar en la memoria del tiempo: he aquí la tarea noble, pero vasta y difícil, que nos ha impuesto el amor de la patria.[33]

En los tomos siguientes de *El Repertorio,* Bello fue fiel a las prioridades trazadas en el prospecto. En todos dedicó textos a la historia de la conquista, la evangelización y el auge y la decadencia del sistema colonial, centrados en dos figuras claves: Bartolomé de las Casas, cuyo retrato encabezó y cuya biografía cerró el segundo tomo, de enero de 1827, y el barón Alexander von Humboldt, modelo del pensamiento ilustrado para la primera generación de republicanos hispanoamericanos, de quien publicó un fragmento del *Ensayo político sobre la isla de Cuba,* en el mismo tomo segundo, y los apuntes sobre el viaje por el Orinoco en el tomo cuarto, de agosto de 1827.[34] En todos los volúmenes de *El Repertorio* Bello insertó también textos sobre ortografía, etimología, gramática y escritura castellanas, como muestra de su compromiso con la creación de un lenguaje americano que culminará en la *Gramática de la lengua castellana destinada al uso de los americanos* (1843).[35]

Aunque Bello no desatendió el presente político de los nuevos Estados —en el tomo tercero publicó la *Memoria del gobierno del estado de México* (1827) a la legislatura local y en el cuarto las memorias de los ministros del gobierno de Guadalupe Victoria al Congreso Federal, también en 1827— su mayor interés, en términos históricos, fue la creación, en cada número de la revista, de unos anales de eventos hispanoamericanos, que él mismo tituló "efemérides y fastos americanos".[36] El punto de partida de toda historiografía eran los hechos, a partir de los cuales la educación

---

[33] *El Repertorio Americano,* Caracas, Presidencia de la República, 1973, vol. I, pp. 3-5.

[34] *Ibid.*, vol. II, pp. 249-259 y 179-211; vol. IV, pp. 144-159.

[35] *Ibid.*, vol. I, pp. 27-41, vol. II, pp. 117-140; vol. III, pp. 38-59; vol. IV, pp. 11-25.

[36] *Ibid.*, vol. I, pp. 194-208; vol. II, pp. 211-220; vol. IV, pp. 238-248.

cívica conformaba hitos y héroes que se transmitían pedagógicamente a las nuevas generaciones. Esa función didáctica, según Bello, por la cual el cautiverio y exilio de Miranda, o las batallas de Ayacucho y Junín, se elevaban al rango de mitos épicos, no sólo era una finalidad de la historia sino también de la poesía.

Tiempo y consolación

Andrés Bello, como José María Heredia, no fue un conservador: fue un republicano crítico de los excesos del liberalismo y la democracia. A diferencia del propio Heredia y de otros republicanos de su generación, Bello no tuvo una experiencia de Estados Unidos, como la de Filadelfia o Nueva York, que lo insertara plenamente en el horizonte monroísta. Cuando su amigo fray Servando Teresa de Mier llega a Filadelfia y le escribe que es allí, y no en Londres, donde se están decidiendo los paradigmas constitucionales del Nuevo Mundo, Bello se mantiene firme en su admiración de la monarquía parlamentaria británica como forma óptima de gobierno, aunque sin hacerse ilusiones sobre el verdadero alcance del respaldo de Inglaterra a la independencia hispanoamericana:

> Es verdad que la Inglaterra como las otras grandes potencias de Europa, se alegrarían de ver prevalecer en nuestros países las ideas monárquicas; yo no digo que este sentimiento es dictado por miras filantrópicas: sé muy bien cuál es el espíritu de los gabinetes de esta parte del mar, y nunca he creído que la justicia y la humanidad pesen gran cosa en la balanza de los estadistas, pero sí diré que en este punto el interés de los gabinetes de Europa coincide con el de los pueblos de América; que la monarquía (limitada, por supuesto) es el gobierno que nos conviene y que miro como particularmente desgraciados aquellos países que por sus circunstancias no permiten pensar en esta especie de gobierno.[37]

---

[37] Andrés Bello, *Obras completas*, Caracas, La Casa de Bello, 1984, t. xxv, pp. 115-116.

Al igual que Bolívar y tantos otros fundadores de Hispanoamérica, Bello pensaba que el origen hispánico de las sociedades del Nuevo Mundo creaba obstáculos para la construcción de instituciones políticas modernas. Sin embargo, su visión del pasado virreinal distaba mucho de aquellas que negaban toda politicidad al antiguo régimen. Es conocido, por ejemplo, el pasaje de Bolívar en la *Carta de Jamaica* (1815) en el que, a partir de una lectura extrema de la *Brevísima relación de la destrucción de las Indias* (1552) de Las Casas, afirmaba que "la existencia política de los moradores del hemisferio americano era nula" e insistía en "los vicios de España que contaminaron a América por tres siglos".[38] Bello, en cambio, poseía una visión más ponderada, aunque no acrítica, del pasado virreinal:

> El régimen colonial de las Américas consistía en un artificioso antagonismo de poderes independientes unos de otros, entre los cuales estallaron no pocas veces ruidosos conflictos, que sosegaba la autoridad soberana distante por providencias especiales, que embrollaban más y más una legislación de suyo compleja, formada en varias épocas y bajo diversas inspiraciones. Los virreyes o capitanes generales, colocados al parecer a la cabeza de la administración, no tenían poder alguno sobre las audiencias. La dirección de las rentas estaba confiada en algunas partes a una autoridad peculiar, la de los intendentes generales, que obraban a su vez en entera independencia de los grandes jefes militares y de las audiencias. Aun había ramas especiales de rentas, como el de la moneda en Chile, y el del estanco del tabaco en Venezuela, cuyos directores administraban sus respectivos departamentos con poca o ninguna sujeción a las otras autoridades coloniales. La Iglesia formaba como un Estado aparte. Las municipalidades mismas tenían una sombra de representación popular que trataba de cuando en cuando la marcha de los altos poderes. De aquí una lucha sorda, y una multitud de competencias estrepitosas.[39]

---

[38] Simón Bolívar, *Cartas del Libertador*, Caracas, Banco de Venezuela/Fundación Vicente Lecuna, 1964, t. I, pp. 222 y 227.

[39] Andrés Bello, *op. cit.*, p. 203.

El antiguo régimen no era, pues, apolítico, como afirmaron tantos independentistas, sino intensamente político. En aquel universo fragmentario, de múltiples estamentos, corporaciones y soberanías, había un exceso de políticas que no excluían la defensa de intereses criollos: "en los primeros delegados de la soberanía predominaba sin duda el interés republicano [...], aunque estuvieran dispuestos a concertarse y auxiliarse mutuamente".[40] Sin llegar a una exaltación del derecho corporativo y estamental que sostenía la política de los reinos hispanoamericanos, como la que propusieron Lucas Alamán y otros conservadores, Bello proponía una comprensión justa del antiguo régimen, que permitiera explicar su perdurable estabilidad a lo largo de tres siglos. Comprender mejor el antiguo régimen era una tarea propia de la ingeniería liberal de las nuevas repúblicas, ya que la construcción de un orden legítimo no podía divorciarse de las fuentes doctrinales y las experiencias institucionales del pasado.

En sus dos obras fundamentales como historiador, las *Disertaciones sobre la historia de la República mexicana* (1849) y la *Historia de México* (1849), escritas ambas en los momentos de la guerra contra Estados Unidos y la pérdida de más de la mitad del territorio de la otrora Nueva España, Alamán criticaba a la historiografía liberal "que había querido fundar la justicia de la independencia en la injusticia de la conquista".[41] Alamán enfrentaba a ese imaginario "jacobino" —término también utilizado por Bello— un razonamiento histórico basado en los fines y no en los medios de la "misión civilizadora" de España. Lo importante, a su juicio, no era la crueldad de la conquista sino el saldo institucional y cultural que ésta había dejado, y que él definía como el "noble y religioso origen de la nación mexicana".[42] Ese origen, a su entender, estaba ligado a la "estruc-

[40] *Ibid.*, p. 203.

[41] Lucas Alamán, *Disertaciones sobre la historia de la república mexicana*, México , Conaculta, 1991, p. 108.

[42] *Id.*

tura" de la sociedad novohispana y al complejo sistema político y administrativo del virreinato, descritos en el primer tomo de su *Historia*.[43]

Al igual que Alamán, Bello relacionaba esta narrativa ponderada del antiguo régimen con una explicación racional de la "moderación" de las primeras políticas criollas del siglo XIX, especialmente, las autonomistas y fernandistas del periodo 1808-1823. En su comentario a la *Memoria sobre el primer gobierno nacional* (1847), de Manuel Antonio Tocornal, se observa el interés en valorar el autonomismo y el fernandismo como "conductas no sólo calculadas y sensatas, sino generalmente osadas, al mismo tiempo que necesarias y justas".[44] A partir del propio Tocornal, Bello reitera el tópico republicano de la "falta de preparación del pueblo", pero no, a la manera de Bolívar y San Martín, para sugerir gobiernos fuertes, sino para valorar históricamente los primeros gobiernos moderados:

> Se trataba de ganar los pueblos, y de arrancarlos al partido realista, que tenía sobre ellos el prestigio de preocupaciones profundamente arraigadas, consagradas, según se creía, por la religión misma. Era necesario impelerlos, inspirándoles ideas y sentimientos del todo nuevos, que no podían prender y desarrollarse instantáneamente en las almas. La moderación de las primeras pretensiones no podía menos de hacer odiosas las resistencias, y ya se sabe cuán pendiente y resbaladizo es el sendero en que una vez entra el pueblo conmovido, y la facilidad con que dado el primer paso se le conduce por suaves transiciones a un término lejano, descubriéndole a cada jornada un nuevo horizonte.[45]

El paternalismo republicano, que justificaba la tutela de los caudillos sobre un pueblo "ignorante y supersticioso", apare-

---

[43] Lucas Alamán, *Historia de México*, México, Instituto Cultural Helénico, 1985, t. I, pp. 2-48.

[44] Andrés Bello, *op. cit.*, p. 202.

[45] *Id.*

cía en Bello no como una razón favorable al centralismo, el jacobinismo o las presidencias y senados vitalicios, sino como una evidencia de la necesidad de políticas templadas. Pero el paternalismo republicano tenía una diferencia sustancial con el paternalismo de los Borbones o los Austrias: no buscaba preservar a las comunidades del antiguo régimen, con el fin de evangelizarlas, sino que procuraba su transformación en núcleos de ciudadanos modernos con igualdad ante la ley y derechos y deberes cívicos, sin cuya realización era inconcebible el establecimiento de un nuevo orden político. Según Bello, los primeros caudillos

> obraron como el tutor que defiende los intereses del pupilo, antes de que éste sea capaz de conocerlos. Ejercieron una misión sagrada que la naturaleza impone en todos los tiempos y en todas las circunstancias a la más alta jerarquía social, a favor de las clases menos favorecidas de la fortuna, que nunca necesitan tanto de su tutela, como cuando ignorantes y abatidas no pueden ni invocarla ni apreciarla.[46]

El diseño de una política de la escritura histórica, como han visto varios estudiosos contemporáneos (Enrique Florescano y Enrique Krauze para México, Elías José Palti para Argentina, Alexánder Betancourt para Colombia, Luis Ricardo Dávila para Chile) fue una prioridad para los letrados de las primeras décadas republicanas.[47] La necesidad de contar con archivos y narrativas

---

[46] *Id.*

[47] Enrique Florescano, *Imágenes de la patria*, México, Taurus, 2005, pp. 103-148; Enrique Krauze, *La presencia del pasado*, México, BBVA-Bancomer, 2004, pp. 373-472; Alexánder Betancourt, *Historia y nación. Tentativas de la escritura de la historia en Colombia*, Medellín, La Carreta Editores/Coordinación de Ciencias Sociales y Humanidades de la Universidad Autónoma de San Luis Potosí, 2007, pp. 20-35; Elías Palti, "Las polémicas en el liberalismo argentino", en José Antonio Aguilar y Rafael Rojas, comps., *El republicanismo en Hispanoamérica. Ensayos de historia intelectual y política*, México, FCE/CIDE, 2002, pp. 167-209; Luis Ricardo Dávila, "La nación hispanoamericana y el debate sobre la escritura de la historia", *Tierra Firme*, abril de 2003, vol. 21, núm. 82, pp. 115-137; Antonio Annino y Rafael Rojas, *La independencia: Los libros de la patria*, FCE/CIDE, 2008, pp. 25-56.

fundacionales, que abastecieran los discursos políticos del Estado y el ceremonial cívico de la nación, fue asumida como misión intelectual por aquellas generaciones. En el caso de Bello en Chile, como ha estudiado Dávila, esa estrategia historiográfica alcanzó un nivel hermenéutico e institucional muy sofisticado, y fue seguida con atención desde otros países hispanoamericanos.[48] Bello fue uno de los primeros, por ejemplo, en advertir el dilema, tratado por Antonio Annino para los primeros historiadores de la independencia de México (Lucas Alamán, José María Luis Mora, Lorenzo de Zavala, Carlos María de Bustamante, fray Servando Teresa de Mier...) y por Betancourt para el caso de José Manuel Restrepo en Colombia, de que la narrativa fundacional fuera escrita por los protagonistas de aquella gesta.

> Es verdad que si el carácter de testigo presencial es una garantía de autenticidad, es de temer, por otra parte, que la intervención del autor en los hechos pudiese alguna vez hacerle ver las cosas bajo un aspecto peculiar, teñírselas con el colorido de las afecciones personales, y sin que él mismo lo percibiese, desviarle de aquel sendero angosto en que debe correr la pluma de la historia, dirigida por la razón serena, impasible.[49]

En sus notas para *El Araucano*, a mediados de los cuarenta, sobre la *Historia física y política de Chile* de Claudio Gay, la *Memoria* de José Victorino Lastarria sobre la "influencia social de la conquista y del sistema colonial de los españoles en Chile", la de Diego José Benavente sobre "las primeras campañas en la guerra de la independencia de Chile", la de Antonio García Reyes sobre "la primera escuadra nacional", la ya citada de Manuel Antonio Tocornal sobre "el primer gobierno nacional" y, finalmente, sobre el *Bosquejo histórico de la constitución del gobierno de Chile* (1848) de Lastarria, Bello no sólo propuso un "modo de escribir la historia", como él mismo afirmaría en un opúsculo

---

[48] Luis Ricardo Dávila, *op. cit.*, pp. 115-137.

[49] Andrés Bello, *op. cit*, p. 178.

conocido, sino una política de la escritura histórica, en la cual la narración del pasado no sólo tenía que ver con los hechos de ese pasado sino con la subjetividad del historiador y su rol público. Desde esa perspectiva, las furiosas acusaciones de "falsedad" de Lorenzo de Zavala a Carlos María de Bustamente y a Mariano Torrente, al inicio del *Ensayo crítico de las revoluciones de México desde 1808 hasta 1830*, eran inevitables en un debate historiográfico entre protagonistas, donde la historia y la memoria se confunden.[50]

En la polémica con Lastarria de 1844, esa política intelectual es fácilmente legible. Lastarria proponía estudiar la "influencia de la conquista y del sistema colonial de los españoles" en el Chile independiente como un paso previo a la escritura de la historia de la independencia. ¿Qué sentido tenía, se preguntaba, narrar "sucesos heroicos y brillantes" como "la cordura de Colocolo, la prudencia y fortaleza de Caupolicán, la pericia y denuedo de Lautaro o la ligereza u osadía de Painenancu"? ¿Sólo el de "mover nuestros corazones con el entusiasmo de la gloria o de la admiración"?[51] Lastarria proponía, entonces, una escritura de la historia que no buscara la consolación sino la "utilidad social" por medio de un diagnóstico de los males que aquejaban al cuerpo republicano, que él y otros liberales de su generación atribuían a la herencia hispánica. Pero la inconveniencia de narrar la gesta separatista, antes de una exposición del legado colonial, estaba relacionada con la cercanía de los eventos y el riesgo de la parcialidad:

> Podría haber efectuado un estudio sobre cualquiera de los hechos importantes de nuestra gloriosa revolución; pero me ha arredrado, os lo confieso, el temor de no ser fiel y completamente imparcial en mis investigaciones. Veo que viviendo todavía los héroes de aquellas acciones brillantes y los testigos de sus hazañas, se contes-

---

[50] Lorenzo de Zavala, *Ensayo crítico de las revoluciones de México desde 1808 hasta 1830*, México, Porrúa, 1969, pp. 7-8.

[51] Andrés Bello, *op. cit.*, p, 157.

tan y contradicen a cada paso según los datos más sencillos que nos quedan sobre los sucesos influyentes en el desenlace de aquella epopeya sublime.[52]

Y más adelante, Lastarria resumía el dilema de la falta de distancia de los hechos, que el propio Bello había advertido. La historia de la revolución de independencia no podía escribirse porque la revolución todavía estaba en curso: "Desarrollándose todavía nuestra revolución, no estamos en el caso de hacer su historia filosófica, sino en el de discutir y acumular datos, para trasmitirlos con nuestra opinión y con el resultado de nuestros estudios críticos a otra generación que poseerá el verdadero criterio histórico y la necesaria imparcialidad para apreciarlos".[53]

Las tres objeciones fundamentales de Bello a esta idea eran las siguientes: 1) la relación historiográfica con la epopeya, a pesar de su alto valor pedagógico, no podía establecerse a partir del carácter "sublime" o impoluto de la misma; 2) la cercanía de un acontecimiento no imposibilitaba su narración o su interpretación "filosófica", y 3) el predominio de las pasiones en una política revolucionaria no era incompatible con la visión realista del comportamiento de los héroes. Sin llegar a afirmar que la revolución había concluido, Bello se colocaba en una resistencia a las estrategias románticas de escritura de la historia en el siglo XIX, tan bien estudiadas por Hayden White, que suscribía el legado racionalista o neoclásico de la Ilustración.[54] Ni el heroísmo ni el carácter mítico y reciente de la gesta de independencia podían obstruir una escritura histórica que asumiera la complejidad política y moral de aquel proceso.

No puede juzgarse una vasta epopeya sin ver la colocación, la correspondencia de todas sus partes; pero no es esa sola, ni tal vez la más útil ocupación de la historia: la vida de un Bolívar, de un Sucre,

[52] *Id.*

[53] *Ibid.*, p. 158.

[54] Hayden White, *op. cit.*

> es un drama en que juegan todas las pasiones, todos los resortes del corazón humano, y a que la concentración y la individualidad dan un interés superior.[55]

Al contrario de toda la literatura heroica que, por entonces, difundía el romanticismo (Chateaubriand, Byron, Carlyle...), Bello consideraba la eficacia simbólica de los héroes falibles en la escritura de la historia propia del periodo de fundación republicana. La representación de la "epopeya" como "drama" era de por sí un gesto crítico frente a la creciente mitificación de próceres y batallas que experimentaba la historiografía hispanoamericana, como consecuencia de la institucionalización del ceremonial cívico de las nuevas repúblicas. Bello, como defensor de la pedagogía republicana, no era, en modo alguno, un crítico de aquellas liturgias políticas, pero sí era partidario de evitar la sacralización de los héroes y sus acciones. De ahí que no sólo simpatizara con visiones críticas de la figura de su admirado Bolívar —"la naturaleza lo avasalló [...], el campeón de la independencia fue y debió ser un dictador"— sino que demandara, abiertamente, la exposición de errores y contradicciones de los fundadores del Estado nacional y la narración realista de la violencia practicada por los revolucionarios.

> Es un deber de la historia contar los hechos como fueron, y no debemos paliarlos porque no parezcan honrosos en la memoria de los fundadores de Chile. La injusticia, la atrocidad, la perfidia en la guerra, no han sido de los españoles solos, sino de todas las razas, de todos los siglos; y si entre naciones cristianas afines, y en tiempos de civilización y cultura, ha tomado y toma todavía la guerra un carácter de salvaje y desalmada crueldad, que destruye y ensangrienta por el solo placer de destruir y verter sangre, ¿qué tienen de extraño las carniceras batallas y las duras consecuencias de la victoria entre pueblos en que las costumbres, la religión, el

[55] Andrés Bello, *op. cit.*, pp. 159-160.

> idioma, la fisonomía, el color, todo era diverso, todo repugnante y hostil?[56]

Bello compartía con Lastarria la preocupación de que las memorias de protagonistas de la guerra de independencia ocuparan el lugar de las historias profesionales sobre aquellos sucesos. Pero Bello, en una comprensión cabal del dilema entre "epistemología de la memoria" y "epistemología de historia", planteado, por Roger Chartier, pensaba que los testimonios de los contemporáneos eran indispensables para la conformación de un archivo heterogéneo. El carácter inexacto y contradictorio de las memorias de los protagonistas de un suceso no era necesariamente una desventaja para la organización de fuentes históricas. Las memorias no debían asumirse como un contradiscurso de la historiografía sino como documentos de relativa verosimilitud o como un conjunto de testimonios que debían ser leídos críticamente para evitar la reconstrucción de mitos perniciosos:

> Ni son las memorias contemporáneas o autógrafas tan estériles de provechosa enseñanza, como parece pensar el señor Lastarria. ¿No han sido los *Comentarios* de César el libro favorito de los grandes capitanes? Si las memorias contemporáneas provocan reclamaciones, tanto mejor. La posteridad podrá sacar de la oposición de testimonios la verdad y reducirlo todo a su justo valor. Si no se escribe la historia por los contemporáneos, será necesario que las generaciones venideras lo hagan sobre tradiciones orales adulteradas (porque nada se desfigura y vicia tan pronto como la tradición oral), sobre artículos de gaceta, efusiones apasionadas de bandos políticos, producto de las primeras impresiones, y sobre documentos oficiales, áridos y de veracidad frecuentemente sospechosa.[57]

Había en Bello, por tanto, una visión compleja del archivo, bastante avanzada para su época, que, si bien cargaba con toda la

---

[56] *Ibid.*, pp. 161-162.

[57] *Ibid.*, pp. 160-161.

hegemonía de las fuentes letradas, eludía con acierto la rigidez epistemológica que comenzaban a postular el romanticismo y el positivismo. Esta concepción plural del archivo, que se colocaba antes de cualquier escisión entre literatura e historia, estaba relacionada con la conciencia de época de una América crepuscular, posterior a la polarización entre criollos y peninsulares, y facultada para repensar el antiguo régimen sin las discontinuidades de las primeras décadas. La polémica entre Bello y Lastarria es, en buena medida, el choque de dos visiones, la republicana neoclásica y la liberal romántica, que proponían relaciones discordantes con el legado hispánico.

El liberalismo más o menos radical de la generación romántica —Lastarria y Bilbao en Chile, Mora y Gómez Farías en México, Alberdi y Sarmiento en Argentina— pugnaba a mediados de siglo por una extirpación, en América, de todo rastro del antiguo régimen español. Bello, al igual que Alamán, se resistía a identificar el pasado colonial con la barbarie y relacionaba la capacidad de comprensión serena del antiguo régimen con una historiografía consciente de que su momento de escritura era el de la América crepuscular. Así como Alamán iniciaba su *Historia* —contemporánea de la polémica entre Bello y Lastarria— con una defensa de la "imparcialidad" que le conferían el tiempo y la distancia de los "partidos", Bello llamaba a una intelección de España y su régimen colonial como un legado de Roma:

> Debemos ser justos: no era aquella una tiranía "feroz". Encadenaba las artes, cortaba los vuelos al pensamiento, cegaba hasta los veneros de la fertilidad agrícola; pero su política era de trabas y privaciones, no de suplicios y de sangre. Las leyes penales eran administradas flojamente. En el escarmiento de las sediciones no era extraordinariamente rigurosa: era lo que el despotismo ha sido siempre [...]. El despotismo de los emperadores de Roma fue el tipo de gobierno español en América. La misma benignidad ineficaz de la autoridad suprema, la misma arbitrariedad pretorial, la misma divinización de los derechos del trono, la misma indiferencia a la industria, la misma ignorancia de los grandes principios que

vivifican y fecundan asociaciones humanas, la misma organización judicial, los mismos privilegios fiscales.[58]

Este pasaje, que recuerda aquel otro de Bolívar, en la *Carta de Jamaica* (1815), donde se decía que "América no sólo estaba privada de su libertad, sino también de la tiranía activa y dominante", acerca nuevamente a Bello y a Alamán. La idea de España como una nación desprendida del imperio romano —que luego Iturbide y otros próceres de la independencia utilizaron para defender el desprendimiento de nuevas naciones del imperio español— buscaba una reconciliación con la conquista como "misión civilizadora". Alamán afirmaba que todas las "naciones modernas" habían surgido de "invasiones y conquistas", y que lo importante no era el "camino del conquistador trazado de sangre" sino el "noble y religioso origen de la nación mexicana".[59] Bello, por su parte, sostendrá que España, con su lengua y su catolicismo, "conservó la estampa más pronunciada del genio romano".[60]

Álvaro Kaempfer ha señalado, con razón, que la postura de Lastarria no era tan simple, y que en la *Memoria histórica* de 1844, "sobre la influencia social de la conquista y del sistema colonial de los españoles en Chile", no sugería una "negación absoluta" de la Colonia como momento de construcción de la nacionalidad chilena.[61] Pero en su cuestionamiento del legado colonial, el joven liberal hablaba del "envilecimiento profundo", de la "completa anonadación" y de la ausencia de "toda virtud social" en el Chile republicano. Ese estado se debía, a su juicio, a que "el sistema español había sofocado en su germen las inspiraciones del honor y de la patria, de la emulación y de todos los sentimientos generosos que nacen de las virtudes cívicas".[62] Fueron

[58] *Ibid.*, p. 165.

[59] Lucas Alamán, *Disertaciones sobre la historia de la República mexicana*, p. 108.

[60] Andrés Bello, *op. cit.*, p. 165.

[61] Álvaro Kaempfer, "Lastarria, Bello y Sarmiento en 1844: genocidio, historiografía y proyecto nacional", *Revista de Crítica Literaria Latinoamericana*, año XXXII, Lima-Hanover, núms. 63-64, 2006, pp. 9-24.

[62] Andrés Bello, *op. cit.*, p. 169.

esas frases las que más aprovechó Bello en su crítica, insistiendo siempre en que las razas y las civilizaciones no poseían una "idiosincrasia" o una personalidad moral inalterable, sobre todo, en contextos de intenso mestizaje como el hispanoamericano.

Todo el proyecto de escritura de la historia de Bello, republicano al fin, estaba subordinado a la plataforma de pedagogía cívica que él impulsaba desde el Chile de Portales y Montt. La integración de los pasados prehispánico, colonial y republicano era necesaria para esa finalidad, ya que impedía que la nacionalidad chilena tuviera que despojarse de alguno de sus legados constitutivos, incluso del indígena, a pesar de que Bello aludió al mismo con menos entusiasmo que Lastarria. En todo caso, la idea de que la moralidad pública hispanoamericana, con toda su herencia estamental, corporativa y católica, era educable y, por tanto, regenerable ocupaba un lugar central en el discurso republicano. Esa idea era la que dotaba de sentido al principio ilustrado de que no sólo "las costumbres influyen en las leyes" sino que "las leyes, también influyen en las costumbres".[63]

No sería un derroche de interpretación genética encontrar debajo del proyecto de escritura de la historia de Bello un desarrollo intelectual de aquellas visiones líricas de juventud sobre la "Venezuela consolada". En sus primeros poemas, el Bello criollo, al igual que el primer Heredia o el Varela fernandino, contraponía las "bellezas del físico mundo" a los "horrores del mundo moral" en la Hispanoamérica borbónica. Hablaba de las "deliciosas provincias", del "frondoso y verde hospicio" y de una desolación en la que ya no se escuchan "cánticos festivos", ni el "acorde sonido de gratos instrumentos", ni el "bullicio de danzas alegres". En aquella Venezuela de fines del siglo XVIII y principios del XIX "por todas partes se oían sólo quejosos gritos y lastimeros ayes; pavor, tristeza."[64]

Los otros dos personajes de la "Venezuela consolada" eran el Tiempo y Neptuno. La conjunción de ambos, según Bello,

---

[63] *Ibid.*, p. 166.

[64] Andrés Bello, *Obra literaria*, Caracas, Biblioteca Ayacucho, 1979, p. 5.

traería a Venezuela, una región que parecía abandonada por la mano de Dios y su encarnación en la tierra, el rey "bienhechor" Carlos IV, la consolación: "la amorosa tutela y patrocinio del español monarca".[65] Cronos, el tiempo, era para ese Bello ilustrado y todavía realista, que imitaba las églogas de Virgilio y Horacio, una deidad o una sustancia que haría crecer a los reinos hispanoamericanos hasta convertirlos en comunidades sosegadas, reconciliadas con la civilización europea, gracias a las aguas del Atlántico —Neptuno— que comunicaban los dos mundos lejanos. El tiempo y el mar, pensaba Bello, harían su trabajo, y los peligros de la lejanía serían conjurados.

Durante el largo exilio en Londres, ya Bello, como tantos otros intelectuales criollos de su generación, se había convencido de que Cronos y Neptuno no eran suficientes para civilizar Hispanoamérica. Era necesaria también una revolución republicana que trasladara a estas regiones las instituciones del gobierno representativo que predominaban en el universo atlántico. Pero ahora, en la fase crepuscular de la historia americana, era necesaria la reconciliación con el pasado, el discernimiento de los orígenes del nuevo orden en el antiguo. No se trataba, meramente, del desplazamiento a un "liberalismo conservador", sino de la preservación de los valores republicanos en medio de la negación de sí que postulaban los discursos liberales. Conquistada la "independencia política", por obra de los guerreros, quedaba por conquistar la "libertad civil", obra de los legisladores.[66]

LA CIVILIZACIÓN DE LOS PADRES

Si seguimos al pie de la letra la canonización de la poesía hispanoamericana presentada por Andrés Bello en *El Repertorio Americano,* justo en el momento en que se consumaban las independencias en la parte sur del Nuevo Mundo, encontraremos

---

[65] *Ibid.*, p. 6.

[66] Andrés Bello, *Obras completas. Temas de historia y geografía, op. cit.*, p. 168.

tres nombres primordiales: el propio Bello, con su silva primera o "La agricultura en la zona tórrida"; el poeta guayaquileño José Joaquín Olmedo, con la "Victoria de Junín" o "Canto a Bolívar", y el cubano José María Heredia, con una serie de poemas sobre los que Bello emitió juicios, por momentos, de enigmática severidad.[67] En sus críticas sobre Olmedo y Heredia, Bello procedió de modo diferente, no sólo por la juventud del cubano sino por las virtudes esencialmente épicas que distinguía en el ecuatoriano.

Lo que más valoraba Bello en la "Victoria de Junín" era el "carácter de himno", además del "entusiasmo sostenido, variedad y hermosura de cuadros, dicción castigada más que en ninguna de cuantas poesías americanas conocemos, armonía perpetua".[68] Las imitaciones de Olmedo eran "diestras", ya que su "memoria estaba enriquecida por la lectura de los autores latinos, particularmente de Horacio".[69] No sólo la madurez del poeta sino su participación directa en la gesta independentista —"sentencias esparcidas con economía y dignas de un ciudadano que ha servido con honor a la libertad antes de cantarla"—, otorgaban al "Canto a Bolívar" el "primer lugar entre todas las obras poéticas inspiradas por la gloria del Libertador".[70]

Bello valoraba favorablemente la capacidad de Olmedo para narrar poéticamente hitos importantes de la guerra de independencia como las batallas de Junín y Ayacucho. Dado que Bolívar no participó en la segunda, que fue la que aseguró la caída del imperio español en el virreinato del Perú, Olmedo resolvió integrar en el poema las dos batallas y la figura del Libertador, con el fin de captar toda la epopeya de los Andes. Bello comprendió que la operación de Olmedo no era únicamente literaria sino propia de una poética de la historia, ya que procedía por medio de la integración lírica de escenas del

[67] Andrés Bello, *Obra literaria, op. cit.*, pp. 267-277.

[68] *Ibid.*, p. 270.

[69] *Id.*

[70] *Id.*

pasado: "ninguna de las dos —Junín y Ayacucho— por sí solas proporcionaba presentar dignamente la figura del héroe: en Junín no le hubiéramos visto todo; en Ayacucho le hubiéramos visto a demasiada distancia. Era, pues, indispensable acercar estos dos puntos e identificarlos".[71]

Aunque Bello no repara demasiado en el asunto, las tensiones territoriales entre las nacientes naciones hispanoamericanas eran perceptibles en el poema de Olmedo. El poeta guayaquileño, por su experiencia como diputado a las Cortes de Cádiz —donde impulsó en 1812 la abolición de las mitas—, tenía mayor contacto con el liberalismo hispánico que Bolívar. Además, Olmedo se había opuesto en 1822 a la anexión de Guayaquil a la Gran Colombia y al retiro de San Martín de la campaña del Perú. De ahí que en el poema hable del "argentino", que "no ya cual caudillo, cual soldado/ los formidables ímpetus contiene", y siempre se refiera a una "independencia del Perú", realizada por "bravos colombianos". Al igual que Heredia y el propio Bello, Olmedo, el "cantor de Bolívar", terminó oponiéndose a los bolivarianos en los Andes, especialmente a Juan José Flores, y en 1845 formó parte, junto a Diego Noboa, Vicente Ramón Roca y Vicente Rocafuerte, del "triunvirato marcista" que puso fin a la hegemonía floreana en Ecuador.

Un componente sustancial del discurso de aquellos letrados republicanos, en contraposición al de los caudillos militares de la independencia, fue el énfasis en la paz. Olmedo en su "Victoria de Junín" dirá "furia de la guerra,/ húndete al hondo averno derrocada". Bello, en su "Silva a la agricultura de la zona tórrida", enfrentará la tierra, como símbolo de la fecundidad, la germinación, el cultivo y la vida, a la guerra, encarnación de la violencia, la muerte, la sangre y la destrucción. Para Bello, con la paz vienen el orden, las leyes republicanas y la transición del "soldado al ciudadano", que "depone de la guerra la librea". "Vuelve alentado el hombre a la faena —escribe Bello—, alza el ancla la nave, a las amigas/ auras encomendándose animosa,

[71] *Ibid.*, pp. 266-267.

enjámbrase el taller, hierve el cortijo,/ y no basta la hoz a las espigas".

El joven cubano José María Heredia también llamó la atención de Bello, pero más como promesa de la poesía hispanoamericana que como poeta hecho, a pesar de que para 1825, con la edición neoyorquina, Heredia había publicado ya lo fundamental de su obra. Bello destacaba la "precocidad intelectual", las "bellezas de ingenio y estilo", el "juicio en la distribución de las partes", la "conexión de ideas", la "originalidad en sus fantasías y conceptos".[72] En su republicanismo, el caraqueño encontraba "más novedad y belleza" en las poesías heredianas que "trataban asuntos americanos", que en las amorosas o históricas. Pero aun en aquellas composiciones que se inscribían en la construcción mitológica de la nueva Hispanoamérica notaba un problema de inmadurez: Heredia, al igual que Olmedo, imitaba, sólo que, a diferencia de éste, tomaba de modernos europeos como Byron el "tinte sombrío y sentimientos de una melancolía que de cuando en cuando raya en misantropía", y de modernos peninsulares, como Juan Meléndez Valdés, "la afectación de arcaísmos, la violencia de construcciones y a veces aquella pompa hueca, pródiga de epítetos, de terminaciones peregrinas y retumbantes".[73] La explicación que Bello ofrece de esa inmadurez es enigmática en uno de sus aspectos:

> De los defectos que hemos notado, algunos eran de la edad del poeta; pero otros (y en este número comprendemos principalmente ciertas faltas de prosodia) son del país en que nació y se educó; y otra tercera clase puede atribuirse al contagio del mal ejemplo. De esta clase son las voces y terminaciones anticuadas, con que algunos creen ennoblecer el estilo, pero que en realidad (si no se emplean muy económica u oportunamente) le hacen afectado y pedantesco. Los arcaísmos podrán tolerarse alguna vez, y aun producirán buen efecto, cuando se trate de asuntos de más que or-

[72] *Ibid.*, pp. 270-271.

[73] *Ibid.*, p. 271.

> dinaria gravedad. Pero soltarlos a cada paso, y dejar sin necesidad alguna los modos de decir que llevan el cuño del uso corriente, únicos que nuestra alma ha podido asociar con sus afecciones, y los más a propósito, por consiguiente, para despertarlas de nuevo, es un abuso reprensible.[74]

Como han advertido tantos historiadores de la literatura hispanoamericana, Bello reaccionaba contra las innovaciones románticas de Heredia desde un neoclasicismo ortodoxo. Le molestaban las inflexiones verbales en pluscuamperfecto indicativo —"fuera", "amara", "temiera"...— y las "caracterizaciones de objetos sensibles con epítetos de la metafísica de las artes" o de la filosofía —"talle elegante", "carne mórbida", "perspectiva pintoresca", "volcán o catarata sublime"...— que abundaban en la poesía del cubano. De ahí que en un tono paternalista, muy similar al que usaría luego en sus polémicas con los jóvenes historiadores chilenos, Bello recomendara a Heredia "el estudio de los clásicos castellanos y de los grandes modelos de la antigüedad. Los unos castigarán su dicción, y le harán desdeñarse del oropel de voces desusadas; los otros acrisolarán su gusto, y le enseñarán a conservar [...], la templanza de imaginación".[75]

Pero ¿qué quería decir Bello con "defectos del país en que nació y se educó"? Buena parte del reproche tenía que ver con las que Bello llamaba "ciertas faltas de prosodia" y los tópicos que entonces circulaban sobre el castellano hablado en el Caribe hispánico, acusado de estar "africanizado", como en el famoso juicio de Domingo del Monte sobre Juan Francisco Manzano: "las incorrecciones gramaticales y faltas de prosodia en los sentidos y melancólicos versos del pobre esclavo".[76] Pero la frase de Bello se insertaba después de una larga "digresión" sobre el padre de Heredia, José Francisco Heredia y Mieses, un criollo do-

[74] *Ibid*, p. 276.

[75] *Ibid*, p. 277.

[76] Juan Francisco Manzano, *Autobiografía del esclavo y otros escritos*, Madrid y Fráncfort, Iberoamericana Vervuert, 2007, pp. 59-60.

minicano, primogénito del regidor español de Santo Domingo, que a principios del siglo XIX había sido funcionario del gobierno colonial en Santo Domingo, Cuba, Venezuela y México. En su nota sobre Heredia, Bello juzgaba la actuación del padre del poeta, sobre todo, en la coyuntura de la guerra separatista en Caracas, de cuya audiencia fue funcionario:

> Este ilustre magistrado perteneció a una de las primeras familias de la isla de Santo Domingo, de donde emigró, según entendemos, al tiempo de la cesión de aquella colonia a la Francia, para establecerse en la isla de Cuba, donde nació nuestro joven poeta. Elevado a la magistratura, sirvió la regencia de la real audiencia de Caracas durante el mando de Monteverde y Boves, y en el desempeño de sus obligaciones, no sabemos qué resplandeció más, si el honor y la fidelidad al gobierno, cuya causa cometió el yerro de seguir, o la integridad y firmeza con que hizo oír (aunque sin fruto) la voz de la ley, o su humanidad para con los habitantes de Venezuela, tratados por aquellos tiranos y por sus desalmados satélites con una crueldad, rapacidad e insulto inauditos.[77]

Bello reconocía que el padre de Heredia "hizo grandes y constantes esfuerzos por amansar la furia de una soldadesca brutal", pero concluía que "desairado, vilipendiado, no logró otra cosa que dar a los americanos una prueba más de lo ilusorio de aquellas esperanzas".[78] En sus *Memorias sobre las revoluciones de Venezuela* (1817), José Francisco Heredia se presentaba como un liberal gaditano, partidario de la monarquía colonial de Fernando VII, quien, desde su cargo de oidor del Virreinato de la Nueva Granada, se opuso al restablecimiento del absolutismo y la supresión de las libertades públicas en 1814.[79] En tres poemas que Heredia dedicó a su padre buscó destacar el carácter ilus-

[77] Andrés Bello, *op. cit.*, p. 276.

[78] *Id.*

[79] Julio Garcerán de Vall, *Heredia y la libertad*, Miami, Ediciones Universal, 1978, pp. 19-24.

trado y reformista del mismo, en un claro intento de trasmitir el mensaje de que sus ideas separatistas y republicanas eran consecuencia y no negación de las enseñanzas paternas. En uno de aquellos poemas, "A mi padre, en sus días", escribía: "Deja que los opresores/ osen faccioso llamarte,/ que el odio de los perversos/ da a la virtud más realce".[80]

Heredia escribió este poema en México, en noviembre de 1819, cuando su padre, enfermo y recién destituido como regente de la Audiencia de Caracas por su oposición a los métodos contrainsurgentes de Monteverde, Morillo y Moxó, desempañaba el cargo de alcalde del crimen. Los otros dos poemas, "A mi padre, encanecido en la fuerza de su edad" y "Carácter de mi padre", fueron escritos, también en México, en los meses previos y posteriores a la muerte de José Francisco Heredia. En ambos aparece el mismo tono reivindicativo, de defensa del honor paterno: "Los pueblos te bendicen: ellos fueron/ de tu rival testigos,/ y cargan a tus torpes enemigos/ la justa execración que merecieron".[81] Pero en el último de aquellos poemas, escrito por el hijo unos días después de la muerte del padre, el discurso vindicativo ya se adentra en un terreno de sublimación y fantasía políticas, al presentar a José Francisco Heredia, quien murió leal a Fernando VII y al orden colonial español, casi como un independentista: "Siempre fue libre. De su frente pura/ el ceño augusto latigó al tirano,/ cuya cobarde y vengativa mano/ vertió en su vida cáliz de amargura".[82]

En el drama edípico del joven poeta cubano, símbolo de la poesía del republicanismo hispanoamericano que, a la vez, intenta salvar la memoria de su progenitor realista es posible leer una variación del dilema de la "civilización de los padres", planteado por Norbert Elias.[83] Heredia y los hispanoamericanos de

---

[80] José María Heredia, *Niágara y otros textos*, Caracas, Biblioteca Ayacucho, 1990, p. 151.

[81] *Ibid.*, p. 152.

[82] *Ibid.*, pp. 152-153.

[83] Norbert Elias, *La civilización de los padres y otros ensayos*, Santa Fe de Bogotá, Norma, 1998, pp. 441-450.

su generación se enfrentaron, en muchos casos, a sus propios padres en la lucha por la independencia. Pero el joven poeta, consciente de que su padre era realista trataba de presentarlo bajo la óptica de un liberalismo que probablemente no compartió. El juicio de Bello sobre los "defectos del país en que nació y se educó" Heredia tenía que ver con esa herencia del absolutismo borbónico y, también, con el dato, que ya para 1826 era constatable, de la persistencia del régimen colonial y esclavista en la isla.

Si Bello conoció la evolución de Heredia, en México, durante la década de los 30 habrá reparado en la concordancia de ideas fundamentales que lo unía al cubano. En política y en historia, Heredia defendió posiciones muy similares a las de Bello desde principios de aquel decenio, como se palpa en dos publicaciones suyas poco leídas, el periódico *Miscelánea* (1829-1832) y las *Lecciones de historia universal* (1832). En diversos textos del primero, como las traducciones de "Fama póstuma" y "Paralelo entre Washington y Napoleón", de Chateaubriand, el poema "La inmortalidad del alma" y la tragedia "Los últimos romanos", Heredia defendió como sistema de gobierno apropiado para Hispanoamérica la república romana, la cual, en la modernidad, él veía aproximadamente reconstruida en Estados Unidos.

Es conocido el anticesarismo de Heredia, quien en lecturas de Plutarco, Lucano, Suetonio y Gibbon aprendió a contraponer los estoicos y suicidas republicanos Catón de Útica y Bruto, al despótico César, "que lloraba al ver la estatua de Alejandro", pero que "no tuvo oportunidad de ejercitarse en una causa virtuosa y desató su ambición para la ruina de su patria".[84] Heredia no sólo veía a Napoleón y al último Bolívar como reencarnaciones de César sino que atribuía el fracaso de las repúblicas hispanoamericanas, en buena medida, a la difusión del cesarismo de los caudillos independentistas. En Hispanoamérica, como en Roma, la república estaba siendo destruida por caudillos que, a

[84] José María Heredia, *Miscelánea. Periódico Crítico y Literario*, México, UNAM, 2007, p. 8.

cambio de prebendas y clientelas, lograban un importante respaldo popular. Cuando escribió estos versos, Heredia tenía en mente a Anastasio Bustamante, pero pocos años después pudo atribuirlos también a Antonio López de Santa Anna:

> ¡Oh! ¡Cuánto yo detesto a los tiranos!
> Siempre perseguirán mis maldiciones
> la marcha de sus carros inhumanos.
> Aunque débil, insulto al poderoso;
> y yo hubiera cantado a los Catones
> en presencia de César victorioso.
> ¿Y el furor por qué tememos
> de un injusto vencedor?
> ¿Otra patria no tenemos,
> y allí un dios consolador?
>
> Cuando a César se entrega todo el mundo,
> de Catón la grande alma
> entre la tempestad goza de calma;
> en éxtasis profundo
> descubre su destino venidero,
> contemplando a Platón en una mano,
> y en la otra el acero:
> viendo en éste la muerte,
> viendo en aquél la vida verdadera,
> libre de esclavitud se considera,
> y señor de la suerte.[85]

Heredia murió en 1839 y no pudo haber leído la polémica sobre los modos de escribir la historia entre Andrés Bello y los jóvenes liberales chilenos. Pero las ideas de Heredia, al final de su vida, sobre la historiografía europea eran muy parecidas a las que defendería Bello en *El Araucano*. Heredia mismo, siendo ministro de la Audiencia del Estado de México, hizo un ejercicio his-

---

[85] *Ibid.*, p. 319.

toriográfico, las *Lecciones de historia universal* (1832), que redactó poco después de sus notas sobre historiadores franceses y de su gran *Ensayo sobre la novela* (1832). En las *Lecciones* Heredia adoptó deliberadamente el método de la historia narrativa, que él veía personificada por la *Historia de los duques de Borgoña* de Barante, la *Conquista de Inglaterra por los normandos* de Thierry y, sobre todo, la *Historia de las repúblicas italianas* y la *Historia de los franceses* de Sismondi.[86] En el acápite "Método de estudiar la historia antigua", Heredia, a propósito de Bossuet, hacía una crítica a la historia filosófica muy similar a la que haría Bello unos años después:

> El *Discurso sobre la historia universal* de Bossuet es obra de mérito superior, mas no propia para instruir a los que nada sepan. Es más útil a los que ya han estudiado la historia en pormenor, para unir en la memoria la gran corriente de los acontecimientos, y recordar su orden y enlace. Pero el que desee sacar ventajas más completas de historia no debe confinarse a ideas tan generales o compendiosas; debe recurrir a los historiadores originales de los tiempos antiguos.[87]

Como Bello y Alamán, Heredia narraba el surgimiento de las grandes naciones europeas (Gran Bretaña, Francia, Alemania, España...) como fragmentos de la disolución del imperio romano.[88] Aunque sus *Lecciones* no llegaron hasta la independencia de Hispanoamérica, es imaginable que al describir el colapso de la Roma imperial y el nacimiento de aquellas naciones Heredia tuviera en mente la fractura del imperio borbónico y la creación de las nuevas repúblicas de América. La alusión al origen "bárbaro" y "gótico" de esas naciones, al igual que en Bello, buscaba, alegóricamente, responder a los tópicos sobre la "bar-

---

[86] *Ibid.*, p. 264.

[87] José María Heredia, *Lecciones de historia universal*, Toluca, Imprenta del Estado, a cargo de Juan Matute, 1832, pp. 32-33

[88] *Ibid.*, p. 3.

barie criolla" que se reproducían en Europa, desde la Ilustración, y que comenzaban a reaparecer, como constataría Bello en Chile, en el discurso de algunos liberales románticos.[89]

El proyecto de historia narrativa de Heredia, como el de Bello y el de Alamán, procedía por medio de la integración simbólica del pasado. La fusión, por ejemplo, de las tradiciones romana y cristiana, en la Edad Media, es descrita como una gran epopeya espiritual. Sin embargo, dedica diez lecciones a la "Historia de los judíos", donde destaca sus aportes al "progreso del entendimiento humano", así como el de los árabes.[90] De estos últimos dice que fueron "los primeros restauradores del saber en Europa", ya que "en sus conquistas asiáticas, los califas pidieron a los emperadores de Oriente copias de los manuscritos antiguos, y los hicieron traducir cuidadosamente en arábigo, estimando particularmente los que trataban de matemáticas, física y metafísica".[91] La crítica de Heredia a la expulsión de moros y judíos de la España católica es muy elocuente:

> Fernando tomó el título de rey de España, después de la conquista de Granada. En 1492 echó a los judíos de sus dominios, bajo el absurdo pretexto de que tenían el comercio del reino, y así perdió España 150 000 de sus habitantes más industriosos. Los desterrados se esparcieron por los otros reinos de Europa, y fueron más de una vez víctimas de persecuciones igualmente inhumanas. España ha sentido hasta hoy los efectos de esta locura en su atraso en las artes, y la pereza deplorable que caracteriza a sus pueblos. Ni el descubrimiento del Nuevo Mundo, que ocurrió entonces, y estimuló el espíritu emprendedor e industrioso en todos los reinos vecinos, bastó a darle el impulso que le hubiera adquirido el monopolio de sus productos.[92]

[89] *Ibid*, pp. 8-31.

[90] *Ibid.*, p. 83.

[91] *Ibid.*, p. 223.

[92] *Ibid.*, p. 125.

José María Heredia, al igual que Andrés Bello, llegó a vislumbrar ese crepúsculo hispanoamericano que se iniciaba con las dictaduras y las guerras civiles, los caudillos y los golpes militares. Él también sintió la pasión por un orden político, inspirado en la Roma antigua o en las repúblicas del Renacimiento italiano, que conoció a través de Sismondi. La visión sobre la España de los Austrias y los Borbones que transmite Heredia en sus *Lecciones* es crítica, pero no prescinde del reconocimiento de que, a pesar de que sus "apologistas se jactan de que en ella se conoció la libertad política antes que en ningún otro país de Europa", las comunidades, a través de cortes compuestas por "la nobleza, el clero y los procuradores de ciudades y pueblos", "defendían sus derechos cuando pesaba el yugo feudal".[93]

Heredia recordaba el juramento que las cortes de Aragón exigían a sus reyes y destacaba el papel de los magistrados de justicia, que "se alzaban al lado del rey, eclipsando su majestad con un poder monstruoso, de que sólo debía cuenta a las cortes".[94] Sin embargo, aquel sistema pactista o contractual de los reinos peninsulares, en la Edad Media, fue perdiendo fuerza luego de la unificación de la monarquía católica y, sobre todo, a parir del ascenso al trono de los Borbones en el siglo XVIII. El absolutismo borbónico, concluirá Heredia, hizo "casi nulas" las funciones de las cortes, las cuales "sólo influyeron bajo príncipes débiles".

Heredia, también como Bello, comprendió que una narrativa histórica integradora del antiguo régimen era indispensable para la edificación de las nuevas repúblicas en Hispanoamérica. Los Estados nacionales no podían nacer de la nada, desconectados de tradiciones y costumbres metropolitanas, pero tampoco podían reproducir mecánicamente valores e instituciones heredadas. El antiguo régimen español era esa "civilización de los padres" que los hijos americanos debían reconstruir bajo la forma republicana de gobierno. En una matización de la tesis

[93] *Ibid.*, p. 215.

[94] *Id.*

fundamental de Montesquieu, Andrés Bello resumirá aquel dilema en una frase: "entre las leyes y las costumbres ha habido y habrá siempre una acción recíproca; las costumbres influyen en las leyes, y las leyes en las costumbres".[95]

[96] Andrés Bello, *Obras completas. Temas de historia y geografía, op cit.*, p. 166.

Entre las dos Américas

En una carta de 1852, semanas antes de la batalla de Caseros, a su amigo el liberal chileno José Victorino Lastarria, Domingo Faustino Sarmiento confesaba: "ahora y desde estos últimos años, me he vuelto a otro sol que no se eclipsa, que ninguna nube oculta: Estados Unidos. Como teoría, como hecho, como poder, como influencia, como porvenir [...], la democracia allí la encuentro fuerte, consistente consigo misma".[1] Sarmiento no hacía más que reiterar ese "estado de excitación", causado por "el espectáculo de un drama nuevo", que había sentido durante su primera visita a Estados Unidos, narrada en el libro *Viajes por Europa, África y América*, publicado en 1851 en Santiago de Chile. El libro, como han señalado William H. Katra y Jaime O. Pellicer, era un conjunto de notas sobre sus peregrinaciones por tres continentes entre 1845 y 1848, pero, también, un ejercicio de constatación histórica de la idea de *civilización*, contrapuesta a la de *barbarie*, que plasmara en *Facundo* (1845).[2]

Sarmiento era un viajero más romántico que ilustrado: su viaje no era tanto una búsqueda de la diversidad natural o del exotismo de comunidades salvajes como una comprobación de lecturas de Tocqueville, Cooper y Franklin. La visión entusiasta de Estados Unidos, adquirida en bibliotecas durante su largo exilio en Chile (1831-1851), no podía ser empañada, siquiera,

[1] Domingo Faustino Sarmiento, *Correspondencia entre Sarmiento y Lastarria (1849-1888)*, Buenos Aires, Artes Gráficas Bartolomé U. Chiesino, 1954, pp. 37-38.

[2] Domingo Faustino Sarmiento, *Viajes por Europa, África y América*, París, Colección Archivos/Ediciones Unesco, 1996, pp. 853-952.

con una alusión a la guerra de México, la cual menciona de pasada, cuando habla de la posibilidad de que los "aventureros de Oregon" funden "un Estado para aumentar una nueva estrella en la constelación de los Estados Norteamericanos, con sus mismas leyes, sus prácticas, sus instituciones civiles y políticas, y sobre todo con su carácter peculiar de nacionalidad, marcado con el sello enérgico de aquel coloso".[3] Nada podía desdibujar aquella visión idílica de Estados Unidos, como reencarnación de la república romana y, a la vez, como tierra de promisión —"en ninguna parte puede decirse con más propiedad que Dios está hecho a imagen y semejanza de los hombres"—, que Sarmiento buscaba reafirmar durante su viaje.[4]

Pero la visión sarmientina de Estados Unidos no era excepcional en su época, como una larga y sólida tradición de historiografía nacionalista y antiimperialista ha querido establecer.[5] Durante el momento republicano de la independencia hispanoamericana (1810-1840), anterior a la polarización entre los liberalismos y conservadurismos de la región, la visión predominante de Estados Unidos entre las élites intelectuales y políticas fue, por lo general, positiva. Los hispanoamericanos, como recordaba Edmundo O'Gorman en un ensayo poco leído, no sólo consideraban al vecino del norte como un aliado importante en la construcción de los Estados nacionales y una potencia naciente que contenía, aunque fuera simbólicamente, la voluntad reconquistadora de España y la Santa Alianza, sino un modelo de república y federación que, en tres décadas, había logrado establecer un nuevo orden político, con sucesiones presidenciales pacíficas, sólidos intereses económicos y una ciudadanía involucrada en los asuntos públicos, a pesar de la esclavitud.[6]

---

[3] *Ibid.*, p. 331.

[4] *Ibid.*, pp. 320 y 348.

[5] José de Onís, *Los Estados Unidos vistos por escritores hispanoamericanos*, Madrid, Cultura Hispánica, 1956, pp. 281-326.

[6] Edmundo O'Gorman, *Do the Americas have a Common History?*, Washington, Panamerican Union, 1941, pp. 17-32.

Así como fueron infrecuentes las negaciones del modelo político estadounidense, eran, sin embargo, muy comunes las críticas de muchos de aquellos republicanos a la falta de compromiso de Estados Unidos con la preservación del orden republicano en Hispanoamérica. La Doctrina Monroe (1823) y el reconocimiento por parte de Washington de los nuevos Estados independientes, como es sabido, fueron recibidos con entusiasmo por las élites intelectuales y políticas hispanoamericanas, las cuales contribuyeron, a través de agentes y colonias de exiliados en Filadelfia, Nueva York, Boston, Baltimore y Washington, a ese fin. Pero aquel entusiasmo muy pronto daría paso a la quejosa sospecha de que Estados Unidos no haría nada en caso de verificarse la reconquista de Fernando VII y la Santa Alianza.

El código de Washington

La percepción en Hispanoamérica de Estados Unidos como sistema político, como sociedad civil, como potencia regional y como cultura moderna, a pesar de su carácter mayoritariamente favorable, fue diferenciada y cambiante. En su periodo de radicalización republicana, que empezó con el fracaso de la expedición de Francisco Xavier Mina y acaba en la experiencia de Filadelfia (1820-1821), fray Servando Teresa de Mier, por ejemplo, comenzó trasmitiendo desconfianza sobre el apoyo que los estadounidenses darían a las independencias hispanoamericanas. En su *Manifiesto apologético* (1820), Mier advierte sobre los peligros de un expansionismo de ese país hacia las despobladas provincias del norte de la Nueva España. Según Mier, España, por medio del Tratado Adams-Onís (1819), había creado una amenaza virtual, ya que la "libertad y prosperidad de los Estados Unidos es un fanal que no puede ocultársenos, y más cuando los españoles mismos lo han puesto inmediato a nuestros ojos".[7]

---

[7] Fray Servando Teresa de Mier, *Escritos inéditos,* México, INEHRM, 1985, p. 128.

Fugado del Morro de La Habana y refugiado en Filadelfia, Mier le escribe a su amigo Andrés Bello, con quien había compartido simpatías por la monarquía parlamentaria británica y críticas a la república federal estadounidense: "estos cochinos angloamericanos nos han estado mirando fríamente degollarnos y han contratado sobre nuestra sangre para obtener las Floridas prometiendo no ayudarnos".[8] Pero Mier, en esa misma carta, criticaba con su legendaria elocuencia la idea monárquica, cuya desacertada difusión se debía al "maldito Pradt, con su obra de las colonias, radical autor de todos estos desaciertos", y defendía la forma republicana de gobierno. Bello, todavía monarquista, le responde a Mier, el 15 de noviembre de 1821, que cree que tanto Gran Bretaña como Estados Unidos desean las independencias hispanoamericanas, pero que la diferencia entre ambas potencias es que la primera prefiere la monarquía, que es la que él considera adecuada.[9]

En aquella carta a Mier, Bello, siempre comedido en su prosa, dejaba traslucir fuertes sentimientos contra Estados Unidos, esa "república maquiavélica, que es de todas las naciones antiguas y modernas la más odiosa a mis ojos".[10] El sentido del término *maquiavélico* que utilizaba Bello no era, naturalmente, el florentino del republicanismo atlántico estudiado por Pocock, que se había difundido en el pensamiento inglés desde mediados del siglo XVI, sino el peyorativo que se asocia más a la tradición del *Antimaquiavelo* de Federico el Grande de Prusia.[11] Mier, sin embargo, no compartía esa visión de Bello por su decidida evolución hacia el republicanismo y su contacto con el pensamiento político estadounidense en Filadelfia. En *¿Puede ser libre la Nueva España?* (1820), Mier dirá que "nada es comparable al deseo que

[8] Andrés Bello, *Obras completas*, Caracas, La Casa de Bello, 1984, t. XXV, p. 113.

[9] *Ibid.*, p. 116.

[10] *Ibid.*, p. 115.

[11] Federico II de Prusia, *Antimaquiavelo o refutación del Príncipe de Maquiavelo*, Madrid, Centro de Estudios Políticos y Constitucionales, 1995; J. G. A. Pocock, *El momento maquiavélico. El pensamiento político florentino y la tradición republicana atlántica*, Madrid, Tecnos, 2002, pp. 409-558.

tienen de que gocemos de libertad nuestros hermanos de los Estados Unidos" y que la Casa Blanca, desde 1815 por lo menos, respalda la independencia hispanoamericana.[12] Fray Servando no era inconsciente de los dilemas de identidad que implicaba la hegemonía de Estados Unidos, sobre todo para una república fronteriza como México:

> No creyendo en Europa que hay otra América que la que nación posee, se ha formado en cada una una nomenclatura errónea, arrastrando consigo a los escritores respectivos para ser entendidos. Para entender nosotros también sus escritos y gacetas, es de notar que en Francia, generalmente, cuando hablan de América entienden a Santo Domingo, en Portugal a Brasil, en Inglaterra llaman a sus islas como Jamaica en el archipiélago caribe, nuestras islas o Indias del Oeste; y para los ingleses no hay otra Norteamérica que Estados Unidos. Toda la América española es Sudamérica, aunque la mayor parte de ella esté en el norte. Los Estados Unidos siguen este lenguaje, y se ofenden cuando nosotros para contradistinguirlos los llamamos angloamericanos. Ellos sólo quieren ser americanos o norteamericanos, aunque ni uno ni otro nombre pueden convenirles exclusivamente. Americanos de los Estados Unidos es muy largo, y al cabo tendrán que contentarse con el nombre de guasintones, de su capital Washington (la doble w se pronuncia gu); como ellos nos llaman mexicanos de nuestra capital, aunque tenemos nombre propio y es el de anahuacenses.[13]

Pero Mier estaba muy lejos de contraponer culturalmente las dos Américas o de traducir políticamente las diferencias culturales entre ambas. En su resuelta oposición al monarquismo viejo o nuevo, borbónico o iturbidista, y en su pertinaz polémica con el abate De Pradt —quien en su obra *De las colonias y la revolución actual de la América española* (1820) recomendaba la formación de varias monarquías en Hispanoamérica, proyecto

[12] Fray Servando Teresa de Mier, *op. cit.*, p. 216.

[13] *Ibid.*, p. 312.

similar al presentado por los diputados americanos en las Cortes de Madrid—, Mier defendía la homologación política entre Estados Unidos e Hispanoamérica. En algún momento, durante su exilio en Filadelfia, llega, incluso, a concebir una confederación mexico-americana: "declárense los Estados Unidos por la independencia de México y yo les aseguro que no sólo será república, sino confederada con los Estados Unidos".[14] Muy pronto Mier tomará distancia de ese confederalismo, entre otras cosas, por las amenazas que supondrá a la naciente soberanía mexicana, y defenderá un conjunto de gobiernos republicanos independientes a ambos lados del Río Bravo:

> Puedo asegurar que los angloamericanos tendrían a su favor la de nuestra América del Sur toda republicana. No, ésta tampoco sufriría que tengamos un rey, y caerá sobre nosotros con todas sus fuerzas para evitar su peligro. Todos sus gobiernos están en inmediata comunicación y con ánimo decidido a completar en ambas Américas un sistema general republicano. Éste es el medio único de que prosperemos todos con la rapidez de los Estados Unidos, porque el gobierno republicano es el único en que el interés particular siempre activo es el mismo interés general del gobierno y el Estado.[15]

Treinta años antes que Sarmiento, fray Servando Teresa de Mier decía que "el fanal de Estados Unidos está delante de nosotros para conducirnos al puerto de la felicidad", y comparaba esa nación con el pueblo divino de las Sagradas Escrituras.[16] Por esa misma época otro prócer hispanoamericano, Simón Bolívar, escribía frases similares sobre Estados Unidos. En el *Discurso ante el Congreso de Angostura* (1819) se preguntaba "qué gobierno democrático había reunido a un tiempo poder, prosperidad y permanencia".[17]

---

[14] *Ibid.*, p. 367.

[15] *Ibid.*, p. 407.

[16] *Id.*

[17] Simón Bolívar, *Discursos, proclamas y epistolario político*, Madrid, Editorial Nacional, 1981, p. 222.

La respuesta de Bolívar era realista: los gobiernos más duraderos y estables, Roma y Gran Bretaña, habían sido monarquías e imperios. Estados Unidos era la excepción, un "prodigio", dice Bolívar, ya que "ese pueblo es único en la historia del género humano, un modelo singular de virtudes políticas e ilustración moral, no obstante que la libertad ha sido su cuna, se ha criado en libertad y se alimenta de libertad".[18] El sistema federal, tal y como funcionaba en Estados Unidos, era demasiado "sublime", adaptable acaso a una "república de santos", pero inadecuado para sociedades como las hispanoamericanas, recién salidas de tres siglos de centralismo colonial.[19]

Como Mier, Bolívar rechazaba el federalismo pero asumía el republicanismo estadounidense; admiraba a Estados Unidos pero se quejaba de la tibieza de su respaldo a la revolución de Hispanoamérica. Cuando en ese mismo texto dice: "he aquí el código que debemos consultar y no el de Washington", no está diciendo, como ha sostenido y sostiene el bolivarismo antiimperialista, que la Constitución de Estados Unidos propusiera un régimen político equivocado, sino que el mismo no era aplicable a sociedades enviciadas por siglos de colonialismo y esclavitud.[20] El argumento de Bolívar se inscribía dentro —y no fuera o contra— del imaginario ilustrado que representaba a Hispanoamérica como una comunidad no apta para acceder a ciertas instituciones modernas. A pesar de sus reparos, Bolívar, a través de sus agentes en Estados Unidos, se involucró con fuerza en la búsqueda del reconocimiento y el apoyo de Washington a las independencias hispanoamericanas y aspiró, sin éxito, a que la naciente potencia aceptara su proyecto de unión regional.

La idea del "código de Washington" que trasmitía Bolívar no era peyorativa. El Libertador, como han señalado sus más diversos estudiosos (Germán Arciniegas, Germán Carrera Da-

---

[18] *Ibid.*, p. 224.

[19] *Ibid.*, p. 226.

[20] Francisco Pividal, *Bolívar: pensamiento precursor del antiimperialismo*, La Habana, Casa de las Américas, 1977, p. 131.

mas, Luis Castro Leyva, Elías Pino Iturrieta, John Lynch, Jaime Urrueña Cervera o Carolina Guerrero), era una criatura del proyecto ilustrado.[21] Desde su temprana *Carta al Soberano Congreso de la Nueva Granada* (1812), Bolívar comienza a defender la forma republicana de gobierno y advertir sobre los inconvenientes de tomar como modelo constituciones demasiado democráticas o "tolerantes". Los códigos que debían consultar "nuestros magistrados", dirá desde entonces, no son los de los "buenos visionarios que, imaginándose repúblicas aéreas, procuran alcanzar la perfección política, presumiendo la perfectibilidad del linaje humano".[22] En cuanto comienza a involucrarse en la ingeniería constitucional de las nuevas naciones, Bolívar entiende que la Constitución estadounidense de 1787 tiene muchos elementos aprovechables, siempre y cuando se prescinda de su federalismo.

Todas las repúblicas, antiguas, renacentistas o modernas (Grecia, Roma, Génova, Suiza, Holanda o Estados Unidos), tuvieron en común la base social de una ciudadanía virtuosa, asociada al ejercicio, durante siglos, de derechos individuales y locales, y a hábitos y costumbres de la civilización y el autogobierno. Esa observación adquiere para Bolívar un sentido práctico, vinculado a la coyuntura de la guerra, donde hay que movilizar a miles de hombres, y de la construcción de un Estado nacional, donde se requiere la unidad política de la comunidad. El autogobierno del país, según Bolívar, es una condición que debe alcanzarse por medio de la limitación del autogobierno

---

[21] Germán Arciniegas, *Bolívar y la Revolución*, Bogotá, Planeta, 1984, pp. 14-24; Germán Carrera Damas, *El culto a Bolívar. Esbozo de un estudio de la historia de las ideas en Venezuela*, Caracas, Grijalbo, 1989, pp. 121-139; Luis Castro Leiva, *De la patria boba a la teología bolivariana*, Caracas, Monte Ávila, 1991, pp. 59-83; Elías Pino Iturrieta, *El divino Bolívar. Ensayo sobre una religión republicana*, Madrid, Catarata, 2003, pp. 9-16; Jaime Urueña Cervera, *Bolívar republicano*, Bogotá, Ediciones Aurora, 2004, pp. 24-54; John Lynch, *Simón Bolívar. A Life*, Nueva Haven, Yale University Press, 2006, pp. 143-166; Carolina Guerrero, *Liberalismo y republicanismo en Bolívar (1819-1830). Usos de Constant por el Padre Fundador*, Caracas, Universidad Central de Venezuela, 2005, pp. 27-106.

[22] Simón Bolívar, *Cartas del Libertador*, Caracas, Banco de Venezuela/Fundación Vicente Lecuna, 1964, t. I, pp. 56 y 58.

de otros sujetos, como el individuo, los partidos o las regiones. Las lecturas de liberales europeos y federalistas estadounidenses conducen al error político: "las máximas exageradas de los derechos del hombre, que autorizándolo para que él se rija por sí mismo, rompen los pactos sociales, y constituyen las naciones en anarquía".[23] Pero Bolívar nunca sostiene, como los conservadores, que esas doctrinas estén equivocadas:

> El sistema federal, bien sea el más perfecto y más capaz de proporcionar la felicidad humana en sociedad, es, no obstante, el más opuesto a los intereses de nuestros nacientes Estados; generalmente hablando, todavía nuestros conciudadanos no se hallan en aptitud de ejercer por sí mismos y ampliamente sus derechos, porque carecen de las virtudes políticas que caracterizan al verdadero republicano: virtudes que no se adquieren en los gobiernos absolutos, en donde se desconocen los derechos y los deberes del ciudadano.[24]

El argumento de Bolívar es, pues, perfectamente ilustrado: para fundar repúblicas se requiere de ciudadanías virtuosas que no existen en Hispanoamérica. Esas ciudadanías deben ser creadas y, para ello, es preciso adaptar constitucionalmente el gobierno republicano a las sociedades poscoloniales por medio de la centralización administrativa y la limitación de las autonomías personales, partidarias y regionales. Como ha visto Ramón Zapata Olaya, las lecturas de Bolívar eran las mismas que las de Adams, Jefferson o Madison: César, Horacio y Plutarco; Locke, Milton y Paine; Montesquieu, Rousseau y Voltaire.[25] A ese bagaje republicano, clásico y neoclásico, Bolívar sumó algunas lecturas de historia colonial que le fueron muy útiles, como los ensayos de Humboldt, las crónicas de Herrera y Solís, la *Brevísima historia*

---

[23] *Ibid.*, p. 61.

[24] *Id.*

[25] Ramón Zapata, *Los libros que leyó el Libertador Simón Bolívar*, Bogotá, Universidad de Bogotá Jorge Tadeo Lozano, 2003, pp. 59-64, 70-80, 95-98 y 105-128.

de la destrucción de las Indias de Las Casas y, por supuesto, el *Quijote* de Cervantes.[26]

Pero Bolívar, más cerca de Hamilton que de Adams, Jefferson o Madison, pensaba que las ideas heredadas de la Ilustración tenían que adaptarse a una sociedad cuyas tradiciones no debían ser preservadas sino transformadas.[27] La centralización era necesaria para llevar a cabo esa empresa y, también, para defender la naciente soberanía de enemigos externos y disensiones internas: "yo soy del sentir que mientras no centralicemos nuestros gobiernos americanos, los enemigos obtendrán las más completas ventajas; seremos indefectiblemente envueltos en los horrores y las disensiones civiles, conquistados vilipendiosamente por ese puñado de bandidos que infestan nuestras comarcas".[28] La idea de la analogía entre constitución y comunidad, que Bolívar, al igual que Adams, Jefferson y Madison, tomó de Montesquieu, no implicaba una exaltación sino una crítica de esa comunidad moral.[29]

En la *Carta de Jamaica* (1815), el *Discurso ante el Congreso de Angostura* (1819), la *Constitución de Bolivia* (1826) y el *Congreso de Panamá* (1826), Bolívar traducirá esa visión en proyectos políticos concretos, destinados a la edificación de una confederación de repúblicas unitarias en Hispanoamérica.[30] Pero en ninguno de esos textos, y a pesar de instituciones autoritarias o aristocráticas como la presidencia vitalicia o el senado hereditario, hay un abandono del principio representativo del gobierno republicano ni una propuesta de confrontación con Estados Unidos. Para Bolívar, el objetivo no era oponerse ideológica o políticamente a Estados Unidos, a través de un régimen diferente, sino una compensación de la naciente hegemonía regional de Washington por medio de una Hispanoamérica fuerte y unida.

---

[26] *Ibid.*, pp. 129-140.

[27] Susan Dunn, *The Essential Writings of the Founding Fathers*, Nueva York, Basic Books, 2006,

[28] Simón Bolívar, *Cartas del Libertador*, *op. cit.*, t. I., p. 62.

[29] Susan Dunn, *op. cit.*, pp. 231, 283 y 442.

[30] Simón Bolívar, *Doctrina del Libertador*, Caracas, Biblioteca Ayacucho, 1979, p. 108.

Ni siquiera al final de su vida, desencantado ya de la posibilidad de alcanzar aquel objetivo, Bolívar abandonó el principio de la homologación republicana de las dos Américas. El pasaje de una carta a Patrick Campbell, encargado de negocios de la Gran Bretaña en Colombia, escrita desde Guayaquil, el 5 de agosto de 1829, en el que dice: "los Estados Unidos parecen destinados por la providencia para plagar la América de miserias en nombre de la libertad", es, con frecuencia, colocado fuera de contexto e interpretado como una declaración de fe antiestadounidense. Lo que Bolívar está diciendo, en esa y otras cartas a sus aliados británicos —en una del 13 de septiembre de ese mismo año, a Daniel F. O'Leary, Bolívar dice: "yo pienso que mejor sería para América adoptar el Corán que el gobierno de Estados Unidos, aunque es el mejor del mundo"— es que se cuiden de la creciente hegemonía de la república del Norte, no para destruirla sino para balancearla. Bolívar habla allí como amigo de un viejo imperio atlántico, Gran Bretaña, que comparte la preocupación por el nacimiento de un imperio nuevo en el mismo mar: Estados Unidos. La carta, además, es un alegato elocuente contra cualquier intento de restauración borbónica y una defensa del "sistema americano", en un espíritu similar al de la Doctrina Monroe:

> No sé qué decir a Ud. sobre esta idea, que encierra mil inconvenientes. Ud. debe conocer, por mi parte, no habría ninguno, determinado como estoy a dejar el mando en este próximo congreso, más ¿quién podrá mitigar la ambición de nuestros jefes y el temor de la desigualdad en el bajo pueblo? ¿No cree Ud. que la Inglaterra sentiría celos por la elección que se hiciera de un Borbón? ¿Cuánto no se opondrían todos los nuevos Estados americanos, y los Estados Unidos, que parecen destinados por la Providencia para plagar la América de miserias en nombre de la Libertad? Me parece que ya veo una conjuración general contra esta pobre Colombia (ya demasiado envidiada) de cuantas repúblicas tiene la América. Todas las prensas se pondrían en movimiento llamando a una nueva cruzada contra los cómplices de traición a

la libertad, de adictos a los Borbones y de violadores del sistema americano.[31]

La homologación republicana de las dos Américas, que compartieron Mier y Bolívar, se reflejó en la mayoría de las constituciones legisladas en la región durante aquellas décadas. La venezolana de 1819, por ejemplo, en las dos primeras secciones del título primero, propuso un registro de "derechos del hombre en sociedad" y de deberes del ciudadano, que debe tanto a la Revolución francesa como a la estadounidense. La distinción entre "ciudadanos activos", con derecho al sufragio, y "pasivos", sin derecho al mismo y "sin ejercicio de la soberanía nacional", pero "bajo la protección de la ley", es una buena muestra de la concepción "santa" del ciudadano que Pocock encontró en James Harrington y el maquiavelismo atlántico.[32] Otras constituciones, como las chilenas de 1822, 1823, 1828 e, incluso, 1833, o la peruana de 1823 y la boliviana de 1826, redactada por el propio Bolívar, adoptaron un tono hamiltoniano.[33]

Aun estas constituciones unitarias, que se apartaron del federalismo, no por considerarlo teóricamente equivocado sino políticamente inaplicable, suscribieron la plataforma antimonárquica y antidinástica de Adams y Jefferson.[34] En su retórica, muchas de esas constituciones reproducían giros del liberalismo gaditano como el de "la nación venezolana es la reunión de todos los venezolanos" o "la nación chilena es la reunión política de todos los chilenos naturales y legales", que provenían del título inicial del capítulo primero de la Constitución española de 1812, o el de la invocación católica a "Dios todopoderoso, autor y supremo legislador del universo".[35] Sin embargo, la hue-

---

[31] *Ibid.*, pp. 295-296.

[32] J. G. A. Pocock, *op. cit.*, pp. 465-182; Quentin Skinner, *La libertad antes del liberalismo*, Madrid, Taurus/CIDE, 2004, pp. 43-64.

[33] Susan Dunn, *op. cit.*, p. 164.

[34] *Ibid*, pp. 200-201, 263 y 331.

[35] Felipe Tena Ramírez, *Leyes fundamentales de México. 1808-1864*, México, Porrúa, 1992, p. 60.

lla de la Constitución estadounidense de 1787 es perceptible en todas.

Sin llegar necesariamente a expresiones como la de la famosa proclama del Congreso General Constituyente de México, del 5 de octubre de 1824, en la que Lorenzo de Zavala, Manuel de Viya y Cosío y Epigmenio de la Piedra hablaban de "un pueblo dócil a la voz del deber y un modelo que imitar en la República floreciente de nuestros vecinos del Norte", la mayoría de los Estados hispanoamericanos gravitó hacia los dilemas del republicanismo planteados por Adams, Jefferson, Hamilton y Madison.[36] Hacia 1840, cuando aquel frenesí constitucional había pasado, Andrés Bello reconoció que la trayectoria política de las nuevas repúblicas demostraba lo cuestionable que era el dogma ilustrado de que las constituciones eran análogas a las comunidades que las producen.

Haciéndose eco de aquel pronóstico del vicepresidente Francisco Antonio Pinto, en el preámbulo a la Constitución chilena de 1828; "los congresos futuros nos darán sin duda códigos análogos a las instituciones políticas de nuestro país", Bello concluirá que "las constituciones de los Estados hispanoamericanos han sido hechas a imagen y semejanza de las constituciones angloamericanas".[37] Bello reaccionaba contra la tesis de Pinto, que era también la de Bolívar, de que los hispanoamericanos debían esforzarse y elevar "sus costumbres al nivel de los altos destinos", para que "desaparezca esa monstruosa disparidad que se observa entre las necesidades de una república y las leyes anticuadas de una monarquía", por considerarla un reflujo de los discursos imperiales ilustrados: "Esa filosofía moral y política presupone una de dos cosas: o que los suramericanos habían sido condenados por el cielo a un pupilaje eterno, o que hubieran sido más capaces de gobernarse a sí mismos continuando otro siglo

[36] *Ibid.*, p. 163.

[37] Andrés Bello, *Obras completas. Temas de historia y geografía*, Caracas, Ministerio de Educación, 1957, t. XXIII, p. 226.

en la peor de todas las escuelas en que un pueblo ha podido hacer el aprendizaje de la existencia política".[38]

Andrés Bello advertía, entonces, lo que el historiador mexicano José Antonio Aguilar sostuvo a principios de esta década, a propósito de que tanto el federalismo "perfecto" de un Lorenzo de Zavala como el centralismo "imperfecto" de Simón Bolívar, sin excluir el "justo medio" propuesto por fray Servando Teresa de Mier, eran quiméricos.[39] Fueran más o menos reticentes a la estructuración de poderes emergentes o facultades extraordinarias, más o menos doctrinarias en su relación con el gobierno representativo, las primeras constituciones hispanoamericanas siguen siendo los mejores documentos donde leer aquel empeño de construir "repúblicas de aire" sobre las sociedades estamentales y corporativas de los antiguos virreinatos. Es la realidad política de aquellos proyectos, verificada a espaldas de la utopía, la que informa el drama de la construcción de naciones modernas de este lado del Atlántico.

La malicia criolla

Tal vez no haya en aquel momento republicano una relación más significativa del arraigo del mito estadounidense y de su influencia en la construcción de los nuevos Estados nacionales de Hispanoamérica que la amistad entre el mexicano Lorenzo de Zavala (1789-1836) y el estadounidense Joel Roberts Poinsett (1779-1851). La vida de estos dos intelectuales y políticos se entrelazó hacia 1822, cuando el primero regresaba de las Cortes de Madrid y el segundo visitaba el México de Iturbide, y se mantuvo unida hasta la muerte de Zavala en 1836, cuando ya el proyecto de la independencia y anexión de Texas a Estados Unidos, impulsado por Poinsett desde su misión diplomática ante la primera república federal (1825-1829), se había vuelto realidad.

---

[38] *Ibid.*, p. 114.

[39] José Antonio Aguilar, *En pos de la quimera. Reflexiones sobre el experimento constitucional atlántico*, México, FCE/CIDE, 2000, pp. 19-27.

La figura de Poinsett es reveladora de los múltiples desencuentros entre dos historiografías vecinas: la estadounidense y la mexicana. En la primera, Poinsett ha quedado establecido como prototipo del ilustrado y naturalista, físico, botánico y político, que hereda las mejores tradiciones filosóficas del siglo XVIII y las pone a disposición del afianzamiento republicano de Estados Unidos y de la consolidación de su hegemonía regional en la primera mitad del siglo XIX. Poinsett es descrito en esa tradición historiográfica como el viajero que recorre Europa y llega hasta Rusia, donde defiende las ventajas de la forma republicana y federal de gobierno ante el zar Alejandro, que trasplanta la flor de Navidad de las minas de Taxco a las playas de Charleston —bautizando la planta desde entonces con su apellido: *poinsettia*—; que sirve como congresista entre 1818 y 1825, y secretario de Guerra de Martin Van Buren entre 1837 y 1841, y que, al final de su vida, además de involucrarse en proyectos de seguridad fronteriza y en la guerra contra indios cherokees, se convierte en un importante patrocinador de las artes y las ciencias.[40]

En la historiografía mexicana, sobre todo aquella que, al calor de la Revolución en la primera mitad del siglo XX, relató el pasado desde una visión nacionalista, Poinsett encarna, sin embargo, la esencia de la traición política y la injerencia extranjera. Autores de diversas ideologías, como Francisco Javier Gaxiola, José Elguero, Victoriano Salado Álvarez, Alfonso Toro y José Fuentes Mares, describieron a Poinsett como el primero de una larga serie de diplomáticos estadounidenses o "procónsules" que se entrometieron en los asuntos domésticos de México y entorpecieron el desarrollo político de la nación.[41] La fuente de aquellos libros, incluido el de Fuentes Mares, el mejor documentado

[40] J. Fred Rippy, *Joel R. Poinsett. Versatile American*, Durham, Duke University Press, 1935, pp. 197-216.

[41] Francisco Javier Gaxiola, *Poinsett en México (1822-1828). Notas de un libro inconcluso*, México, Editorial Cultura, 1836, pp. 45-56; José Fuentes Mares, *Poinsett. Historia de una gran intriga*, México, Jus, 1951, pp. 271-288; Victoriano Salado Álvarez, *Poinsett y algunos de sus discípulos*, México, Jus, 1968, pp. 5-51; Alfonso Toro, *Biografía de don Lorenzo de Zavala*, Toluca, Colección de Testimonios del Estado de México, 1979, pp. 29-34.

de todos, era el clásico estudio de William R. Manning, *Early Diplomatic Relations between the United States and Mexico* (1916), y la también clásica biografía *Joel R. Poinsett. Versatile American* (1935), de J. Fred Rippy, quien, a pesar de su retrato amable del personaje, era defensor de una relación respetuosa con el México revolucionario.[42]

Los libros de Manning y Rippy no negaban la intromisión de Poinsett en la política masónica de la primera república federal, pero interpretaban la misma de un modo distinto de como lo harían los nacionalistas mexicanos en las décadas siguientes. Poinsett, según Manning y Rippy, no era aquella "figura siniestra, descendiente de hugonotes franceses, tortuoso, demoniaco y sutil", que describió Elguero, sino un fervoroso antimonarquista que contribuyó como pocos estadounidenses al reconocimiento de las independencias hispanoamericanas, al proyecto original de la Doctrina Monroe y la difusión del pensamiento republicano, justo cuando los separatistas de la región buscaban modelos apropiados para la organización política de las nuevas naciones.[43] La obra intelectual y diplomática de Poinsett en Hispanoamérica, como ha propuesto Feather Crawford Freed, debe ser comprendida desde el sentido paradójico o ambivalente de un republicanismo que es, a la vez, emancipador e imperial.[44]

El primer contacto de Poinsett con Hispanoamérica se produjo durante un viaje del joven naturalista y diplomático por Río de Janeiro, Buenos Aires y Chile, encomendado por el presidente James Madison, entre 1810 y 1811. Poinsett llegó a Sudamérica cuando la soberanía de los Braganza pasaba de la metrópoli a la colonia, dando lugar al Imperio del Brasil, y cuando en las provincias del Río de la Plata, la banda oriental uruguaya y Chile se iniciaba la guerra de independencia contra España. Con toda la

[42] Ver J. Fred Rippy, José Vasconcelos y Guy Stevens, *American Policies Abroad: Mexico*, Chicago, The University of Chicago Press, 1928, pp. 3-89.

[43] Francisco Javier Gaxiola, *op. cit.*, p. 7.

[44] Feather Crawford Freed, *Joel Poinsett and the Paradox of Imperial Republicanism: Chile, Mexico, and the Cherokee Nation*, tesis, Department of History, University of Oregon, 2008, pp.12-74.

metodología del viajero ilustrado, llevó un diario de anotaciones sobre el paisaje, el suelo, la flora y la fauna, en el orden de lo natural, y sobre las ciudades, puertos, poblaciones, costumbres y tradiciones, en el orden social. Los principios de observación, en ambos niveles, eran los mismos, de ahí que Poinsett no experimentara la diferenciación entre formas del saber natural y antropológico que veremos en la segunda mitad del siglo XIX.

En Río de Janeiro, el viajero alterna impresiones sobre las potencialidades de ese gran imperio, en las que se deja ver cierta preocupación ante la amenaza que pueda representar para la hegemonía de Estados Unidos, sobre todo por el fuerte vínculo que puede establecer la corte brasileña con las monarquías latinas y católicas europeas. La inquietud de Poinsett se inscribe plenamente en los tanteos del primer expansionismo de Estados Unidos, pero también en el naciente debate sobre las formas de gobierno a ambos lados del Atlántico, que luego Bolívar y también Monroe y Adams reconstruirán en el contexto posnapoleónico de la tensión entre las repúblicas americanas y la Santa Alianza. Aun así, Poinsett se tranquiliza —y tranquiliza a los destinatarios de sus notas en Washington— con la duda de que el imperio brasileño logre una administración pública eficiente: "una somera consideración de la extensión de este imperio, de su población y de sus recursos, mostrará de lo que es capaz, bajo un gobierno activo e inteligente".[45] Las dudas de Poinsett sobre el éxito del Brasil aparecen ligadas a la composición étnica de la población y a la institución de la esclavitud, que a él le resulta más "repulsiva" en Sudamérica que en su propio país:

> La limpieza es muy mala, y los espectáculos más repugnantes se presentan constantemente a la vista. Las calles hormiguean de negros, que por desidia son presa de todas las enfermedades de un clima tropical. La lepra, la sarna y la elefantiasis son males frecuentes en ellos. Cuando recién salen del depósito donde se los guarda

[45]Guillermo Gallardo, *J. R. Poinsett. Agente norteamericano, 1810-1814*, Buenos Aires, Emecé, 1983, p. 89.

> y vende, y donde contraen toda suerte de males contagiosos, estas víctimas de la barbarie presentan el espectáculo más repulsivo de sarna, viruela y miembros hinchados. El trato a estos desventurados, por todo el Brasil, es inconcebiblemente bárbaro y choca constantemente a los extranjeros, cuya compasión e indignación se excitan alternativamente a cada paso.[46]

Poinsett plantea literalmente el "choque" entre civilización y barbarie por medio de la "compasión e indignación" del extranjero ante el "espectáculo" de la esclavitud brasileña y, luego, en sus otros viajes de 1818 y 1822, caribeña. En esas impresiones escritas se manifiesta el problema de la "distancia" del viajero frente a la comunidad exótica, estudiado por Carlo Ginzburg, y también la perspectiva civilizatoria que conectaba al republicanismo imperial norteamericano no sólo con la tradición de la historia natural ilustrada del siglo XVIII (Montesquieu, Buffon, Robertson, Raynal, De Pauw, Humboldt...) sino con la narrativa del XIX sobre los mundos coloniales y orientales, estudiada por Edward W. Said y Mary Louise Pratt.[47] El largo tránsito del paradigma ilustrado al paradigma positivista que se produjo en la primera mitad del siglo XIX tuvo un impacto decisivo en el rebasamiento del republicanismo por las pugnas entre liberales y conservadores.

Al igual que los naturalistas europeos, Poinsett inventariaba y clasificaba "especies" vegetales, animales y humanas, pero, a diferencia de los escritores británicos y franceses (Chateaubriand, Renan, Disraeli, Conrad, Kipling) de Said, o de los viajeros y viajeras de Pratt, su subjetividad imperial no estaba plenamente conformada. Poinsett, como ha visto Crawford Freed, evolucionaba de un "republicanismo hemisférico", propio del periodo monroísta, al "republicanismo imperial", característico de la doctrina del Destino Manifiesto.[48] En sus anotaciones sobre los

[46] *Ibid.*, p. 86.

[47] Edward W. Said, *Orientalism*, Nueva York, Vintage Books, 1979, pp. 1-28; Edward W. Said, *Culture and Imperialism*, Nueva York, Alfred A. Knopf, 1993, pp. 3-61; Mary Louise Pratt, *Imperial Eyes. Travel Writing and Transculturation*, Nueva York, Routledge, 1992.

[48] Feather Crawford Freed, *op. cit.*, pp. 41-74.

indios del Río de la Plata parecía seguir el patrón ilustrado de constatar su mayor "atraso", racialmente tipificado, en relación con los de su país: "pude observar al pasar que su tez es más oscura que la de nuestros indios, y que sus formas son menos esbeltas".[49] Los leopardos, sin embargo, le parecen "los más grandes que ha visto", aunque los jaguares son "más pequeños que en Asia".[50]

Al observar a las élites criollas de Buenos Aires, Poinsett se fija en los elementos ilustrados que permitirían que esa comunidad logre republicanizarse, a pesar del legado hispánico y católico. Los criollos de "distinción", según Poinsett, eran hospitalarios, trataban con "urbanidad y atención" al "forastero llegado de Estados Unidos". Eran "suaves, amables, de inteligencia vivaz e imaginación ardiente". Los hombres eran "todos jugadores, dados a los naipes, la música y el baile". Las mujeres, "inteligentes y ansiosas de obtener información". Pero como grupo social, Poinsett encontraba lo mismo que Humboldt había llamado "defecto de sociabilidad" en la moralidad pública novohispana: los criollos, a su juicio, "estaban privados de todo objetivo digno de alborozo e interés" y eran víctimas de la "malicia":

> Aun cuando me hallaba diariamente en trato social con los criollos, encontré difícil y casi imposible obtener informaciones relativas a su país. Siempre temerosos de comprometerse, mis preguntas nunca eran contestadas directamente. Sospechando algún móvil que no alcanzaban a descubrir, tan pronto las eludían como daban noticias falsas. Este rasgo típico del carácter de los criollos es consecuencia de la larga opresión y está bien expresado por la palabra española malicia, que significa una mezcla de astucia y desconfianza. Con un entendimiento naturalmente agudo, tienen esta cualidad en grado superlativo. Ven un propósito oculto en el acto más simple. Temerosos de ser engañados por los demás, se engañan a sí mismos, y por exceso de astucia a menudo pasan por

[49] Guillermo Gallardo, *op. cit.*, p. 95.

[50] *Ibid.*, pp. 108-110.

> alto la verdad. Esta misma condición los predispone a ser muy amigos de litigios, y la armonía que debía existir en la familia y entre próximas relaciones es generalmente interrumpida por pleitos. Esta disposición ha cedido en algunas oportunidades ante el espíritu de partido.[51]

Este tipo de "diagnóstico", tan frecuente en el proceso de representación del "bárbaro" en la literatura y el pensamiento europeos de los siglos XVIII y XIX, tenía en estadounidenses de la generación monroísta, como Poinsett y H. M. Brackenridge un complemento "terapéutico", movilizado hacia la republicanización de Hispanoamérica. Dicha clínica intelectual no estaba desprovista de una fascinación basada en el reconocimiento de los países del Sur como "americanos" y no como "europeos". Poinsett demostraba su encantamiento ante la diversidad de nutrias, zorros y pelícanos de la fauna del Sur y se identificaba con la cultura ganadera de la pampa, que tanto rechazarán algunos liberales argentinos. Sin embargo, el juego, como después, en su viaje a México, las peleas de gallos, el toreo y otras prácticas culturales, le parecen costumbres "atávicas" del pasado hispánico.

Poco antes que San Martín, Joel R. Poinsett cruzó los Andes, atravesó el río Aconcagua y llegó a Chile, donde sus ejercicios antropológicos tuvieron saldos más favorables que en Argentina.[52] A partir de su visita, Poinsett se involucró intensamente en la guerra de independencia chilena, creando amistades políticas con los principales líderes de aquella gesta. En los debates masónicos, que precedieron a su expulsión de México, en 1829, su amigo mexicano, Lorenzo de Zavala, dio a conocer una serie de documentos sobre la experiencia chilena de Poinsett, en los que se reflejaba el decidido respaldo que el viajero y diplomático ofreció a los separatistas chilenos.[53] El primero de aquellos

---

[51] *Ibid.*, p. 101.

[52] *Ibid.*, pp. 132-133.

[53] Lorenzo de Zavala, *Manifiesto de los principios políticos del Excelentísimo Señor Don J. R. Poinsett*, México, Imprenta del Correo, a cargo de José María Alva, 1828.

documentos era una carta del comandante realista Juan Francisco Sánchez, en la que se acusa a Poinsett de "fomentar los desórdenes que han producido la guerra actual contra los derechos legítimos de Fernando VII, que Dios guarde, y las autoridades que a su nombre gobiernan la nación".[54]

Los otros documentos eran cartas de los líderes separatistas chilenos José Miguel Infante, Francisco Antonio Pérez, Mariano de Egaña y Agustín de Cyzaguirre, escritas entre el verano y el invierno de 1813, en las que agradecían a Poinsett "su heroico esfuerzo, sus consejos, sus talentos militares y sus interesantes servicios" a la independencia chilena. Por ese respaldo, Poinsett era merecedor "eternamente de la gratitud del gobierno y el pueblo de Chile", ya que siendo "hijo de la nación que ha desplegado más odio a la tiranía, ha querido voluntariamente proteger los esfuerzos que hacemos para sostener nuestra libertad".[55] Entre esas cartas había una del propio Bernardo O'Higgins, del 23 de octubre de 1813, desde Juntas de Diquillín, en la que el prócer llama a Poinsett "estimado amigo" y "alma generosa" y confiesa haberse "electrizado al observar verle arrostrando los mayores peligros y trabajos sólo por coadyuvar a la libertad del pueblo chileno".[56]

Aquellas muestras de afecto de los jefes chilenos por Poinsett se produjeron, al parecer, en el momento en que las autoridades peninsulares de la Capitanía General de Chile —a quienes O'Higgins llama "malvados intrigantes"— amenazan con expulsarlo del territorio, lo cual a los jefes insurgentes les parece peligroso para su causa, ya que "él ayuda con su presencia tan necesaria a la conservación de la libertad del Estado naciente".[57] Y concluye O'Higgins: "la iniquidad e intriga se soterrarán a presencia de su virtud".[58] Esta correspondencia nos persuade

[54] *Ibid.* p. 2.

[55] *Ibid.*, p. 3.

[56] *Ibid.*, pp. 8-9.

[57] *Ibid.*, p. 9

[58] *Id.*

del grado de familiaridad que Poinsett alcanzó entre las filas separatistas chilenas y su involucramiento en aquella guerra contra España.

Las misiones hispanoamericanas de Poinsett, entre 1810 y 1830, en Argentina, Chile y México, encomendadas por los gobiernos de James Madison (1809-1817), James Monroe (1817-1825), y John Quincy Adams (1825-1829), abarcan todo el momento republicano y son reveladoras de las simpatías que despierta la independencia hispanoamericana en Estados Unidos, pero, también, de los recelos que suscitaba la poderosa influencia de Gran Bretaña en la región. El diferente grado de involucramiento que alcanza Poinsett con los procesos argentino y chileno tiene que ver no sólo con su amistad con aquellos caudillos chilenos y con los hermanos Carrera sino con su rechazo a los intereses británicos en el Río de la Plata. En los años en que estalla la guerra de independencia en Sudamérica y que Poinsett viaja a Chile, Estados Unidos y Gran Bretaña tienen un conflicto naval que también narró Henry Marie Brackenridge.[59]

El regreso de Poinsett a Estados Unidos coincidió con la ruptura entre O'Higgins y José Miguel Carrera, quien llegó a hablar de Poinsett como el "primer chileno". Cuando Carrera es destituido como jefe de la Junta Provisional de Gobierno por la Junta de Corporaciones de Talca, se traslada a Argentina y de ahí a Estados Unidos. Por gestiones de su amigo Poinsett, Carrera se entrevistó con el secretario de Estado James Monroe, y con el propio presidente Madison. Ya cuando el caudillo chileno regresa a Argentina, con el propósito de trasladarse desde allí a Chile para reforzar la guerra separatista, va con la idea de que Estados Unidos reconocerá la independencia de Sudamérica si en esas regiones se adopta la forma de gobierno republicana. El republicanismo de Carrera y de otros líderes separatistas argentinos y chilenos, que entre 1810 y 1814 habían sido fernandistas, tuvo que ver tanto con la restauración absolutista que

[59] H. M. Brackenridge, *History of the Late War, between the United States and Great Britain*, Baltimore, Cushing & Jewett, 1818.

sucedió a la caída de Napoleón como con la persuasión y la pedagogía republicana que impulsó Estados Unidos a través de sus agentes.[60]

El conflicto entre Carrera y O'Higgins y, luego, entre Carrera y Juan Martín de Pueyrredón, director supremo de las Provincias Unidas del Río de la Plata, y el prócer argentino José de San Martín, quienes le impiden el paso de su flota y lo encarcelan, se reflejó en las visiones de viajeros y agentes estadounidenses, como Poinsett y Brackenridge, sobre la independencia de Sudamérica. En *Voyage to South America, Performed by Order of the American Government, in the Years 1817 and 1818, in the Frigate Congress* (1819), H. M. Brackenridge (1786-1871) ofreció una descripción favorable de los líderes argentinos y cuestionó el papel de los chilenos. Este congresista de Pennsylvania, afincado en Saint Louis, Missouri, recibió el encargo del gobierno de James Monroe y de su secretario de Estado, John Quincy Adams, de realizar un viaje al Río de la Plata e informar sobre el curso de la independencia sudamericana.

Brackenridge, al igual que Poinsett, se acercaba a esas sociedades como el viajero americanista que quiere contribuir a la pedagogía republicana. También él seguía los pasos de Humboldt y Bonpland, y anotaba impresiones sobre "costumbres" o "maneras" sudamericanas que actuaban como obstáculos a la republicanización. Hablaba, por ejemplo, del "carácter salvaje de la población de las llanuras, la tristeza de la fe católica colonial y del estado febril del espíritu público" que encontraba en las Provincias Unidas del Río de la Plata, en la banda oriental de Uruguay y en Chile.[61] Pero Brackenridge poseía una percepción más positiva de las posibilidades de evolución democrática de aquellas sociedades. La "igualdad" que encontraba entre las élites criollas era un elemento favorable para la transición polí-

[60] Alfredo Jocelyn Holt, *La independencia de Chile: tradición, modernización y mito*, Santiago de Chile, Planeta, 1999, pp. 187-232.

[61] H. M. Brackenridge, *Artigas y Carrera. Viaje a América del Sur hecho por orden del gobierno americano en los años 1817 y 1818, en la fragata Congress*, Londres, F. y J. Allman, 1820, p. 218.

tica desde el antiguo régimen virreinal. Las casas de los criollos, dice Brackenridge,

> son frecuentadas por la clase media, y también por la clase superior, si puede decirse que haya alguna distinción, pues la igualdad dominante a este respecto es mucho mayor que en Estados Unidos; la transición es muy repentina de la parte más respetable de la comunidad a los grados más bajos; la diferencia apenas puede considerarse como fundada en diferencia de ocupaciones y no siempre en la pureza de fama y corrección de conducta.[62]

Otra característica aprovechable en el tránsito republicano era la admiración que despertaba Estados Unidos entre los criollos. Una admiración que, por momentos, le parece a Brackenridge idílica, ya que los criollos rioplatenses ven a esa nación como unos "campos elíseos", donde "las facciones y disensiones eran desconocidas, y donde el sentimiento y el amor fraternal prevalecen por doquier".[63] Esa idealización, aunque equivocada, piensa Brackenridge, es conveniente, toda vez que la discordia y la desconfianza entre los criollos sudamericanos —lo que Poinsett llamaba la "malicia"— le parecen más acentuadas que en Estados Unidos. El viajero atribuye esas ideas equivocodas sobre el vecino del Norte a que los hispanoamericanos han entrado en contacto con la historia y el pensamiento político norteamericanos por medio de traducciones francesas. Él constata, durante su viaje, que en Buenos Aires se conocen los escritos de Franklin, el *Sentido común* y los *Derechos del hombre* de Paine, la *Declaración de Independencia* y la *Despedida del general Washington.* Pero concluye que los sudamericanos leen más a los franceses, que "como revolucionarios han resultado en la práctica inseguros", y que es preciso incrementar la exportación de libros desde los puertos estadounidenses.[64]

---

[62] *Ibid.*, p. 161.

[63] *Id.*

[64] *Ibid.*, p. 201.

En cuanto a la impresión que le causan los principales líderes de la independencia sudamericana, Brackenridge tuvo notables diferencias con Poinsett. Contrariamente a éste, él era favorable a la hegemonía de Buenos Aires en el proceso político regional y trasmitía mensajes muy críticos del prócer uruguayo Manuel Artigas y del chileno José Miguel Carrera. Las tres figuras centrales de aquella gesta, según Brackenridge, eran José de San Martín —a quien compara con Washington y Jackson—, Juan Martín de Pueyrredón y Manuel Belgrano.[65] A Carrera, sin embargo, lo describe como un faccioso, y sobre Artigas tiene palabras muy duras: no veía "alguna dignidad personal en su carácter o en sus habilidades", no creía que mereciera "el nombre de amigo de la libertad y la independencia".[66] Cuando Poinsett leyó el libro de su compatriota, en el otoño de 1818, envió a Monroe y Adams una réplica, en la que se cuestionaba el protagonismo de Buenos Aires y corregía los juicios sobre los Carrera y otros patriotas chilenos.

Poinsett coincidía con Brackenridge en su valoración sobre la figura de Belgrano —"un activo patriota y un cálido amigo de la libertad"—, cuyo papel en Tucumán le parecía admirable, pero era muy severo con Bernardino Rivadavia —"la más infame personalidad, esclavo de la avaricia y de todo juicio egoísta"—, y también era crítico con el líder de las Provincias Unidas, Juan Martín de Pueyrredón.[67] Poinsett agregaba a aquellos informes algunas reflexiones sobre el horror de la Inquisición y otras prácticas virreinales, tomadas de Las Casas, y exponía a sus superiores una descripción muy detallada de las regiones, con el fin de ilustrar las diferencias entre ciudades y provincias del Río de la Plata, Chile y Perú, que, a su juicio, subestimaba Brackenridge.[68] La diversidad regional llevaba a Poinsett a una conclu-

[65] *Ibid.*, pp. 210-213.

[66] *Ibid.*, p. 173.

[67] Joel R. Poinsett, *List of Papers. The Secretary of State to J. R. Poinsett. Mr. Poinsett to the Secretary of State, with Two Enclosures on South American Affairs, Washington, 1818 (Benson Collection, University of Texas, Austin)*, pp. 4-11.

[68] *Ibid.*, pp. 18-74.

sión ligeramente distinta de la de Brackenridge: ambos estaban a favor de la promoción de la forma republicana de gobierno en Sudamérica, pero el segundo entendía que esa diversidad regional debía generar modalidades constitucionales propias:

> En nuestro país —escribía Brackenridge— yo quisiera preguntar si no hay tales sombras diferenciales en el carácter de los diferentes estados, que produzcan invariablemente una variedad en sus constituciones. ¿Las constituciones de Massachusetts y Virginia se adaptan a cualquier otro estado de la Unión? Ciertamente, no. ¿Por qué entonces hemos de insistir en que los sudamericanos establezcan un gobierno precisamente similar al nuestro, antes de que les concedamos nuestra amistad? Deben formar sus gobiernos como edifican sus casas, con los materiales que tienen a mano. No hay ninguna duda de que será esencialmente republicano, pero también diferirá considerablemente del nuestro.[69]

Brackenridge introducía un matiz importante en el consenso monroísta: las independencias debían ser reconocidas, al margen de la forma de gobierno que adoptasen, y Estados Unidos no debía esperar que el republicanismo hispanoamericano fuera constitucionalmente idéntico al suyo. Esta última idea hacía eco de las propuestas centralistas que desde los inicios de la contienda impulsaban Bolívar y otros líderes de la región. Poinsett coincidía en lo esencial con la tesis de Brackenridge, pero era más rígido en cuanto a la difusión continental del sistema republicano. En su amistad con políticos chilenos como O'Higgins y Carrera, Poinsett se había percatado del peso que aún tenía el monarquismo entre los liberales hispanoamericanos, por influencia de la Constitución de Cádiz o por admiración hacia la monarquía parlamentaria británica, que era el modelo defendido por la influyente colonia de exiliados de Londres, con Andrés Bello a la cabeza.

Durante la primera mitad de la década del 20, Poinsett defendió el reconocimiento de las independencias hispanoamericanas

---

[69] H. M. Brackenridge, p. 208.

desde el Congreso de Estados Unidos. En esos años, que coinciden con la formulación plena de la Doctrina Monroe, su interés se desplazó de Sudamérica a México, un país que adquiría la mayor relevancia para Washington, luego del Tratado Adams-Onís (1819), que estableció los límites con la Nueva España. En los primeros meses de 1822, Poinsett estuvo entre los miembros de la Cámara que presentaron informes sobre las guerras hispanoamericanas, a partir de los cuales el presidente Monroe, el 8 de marzo de ese año, se pronunció a favor del reconocimiento.[70] Cuando llegó a Washington la noticia de que las Cortes de Madrid habían rechazado los Tratados de Córdoba, firmados por Agustín de Iturbide y el último virrey de la Nueva España, Juan O'Donojú, Poinsett pronunció un discurso en el que urgía a su gobierno a que reconociera la independencia hispanoamericana.

El principal argumento de Poinsett, entonces, es una lección aprendida en sus viajes: las revoluciones de independencia de Estados Unidos e Hispanoamérica son diferentes, por la tradición absolutista, católica e inquisitorial del imperio español, en contraposición al británico; pero a pesar de su legado estamental, corporativo e intolerante, las sociedades hispanoamericanas pueden ser libres y organizarse republicanamente. La "independencia de aquellas colonias —dirá en el Capitolio— no es perjudicial a la prosperidad de Estados Unidos" e insistirá en las ventajas comerciales y marítimas que reportará el reconocimiento de las nuevas soberanías.[71] "Los Estados Unidos —concluirá—, guiados por los principios luminosos de la economía política, y por motivos de profunda política, desean ardientemente ver a sus vecinos ricos y poderosos".[72]

En el otoño de 1822, Poinsett puso a prueba aquella hipótesis durante un viaje al México del imperio de Iturbide, regis-

---

[70] J. R. Poinsett, *Exposición de la conducta política de Estados Unidos para con las repúblicas hispanoamericanas*, México, Imprenta en la Ex Inquisición, a cargo de Manuel Ximeno, 1827, p. 7.

[71] *Ibid.*, pp. 10-11.

[72] *Ibid.*, p. 12.

trado en su libro *Notes on Mexico, Made in the Autumn of 1822* (1824)[73]. Cargando los libros de Clavijero, Solís, Boturini, Herrera, Díaz del Castillo y Humboldt, Poinsett llegó a Veracruz, vía Santo Domingo, Puerto Rico y Jamaica, y siguió la ruta de Cortés hacia la ciudad de México. La mirada del viajero lo inventariaba todo, con fascinación pero también con escrúpulos: el Cofre de Perote, los volcanes de Puebla, los "léperos" que pululaban por el mercado y la Alameda, la imponente catedral, el Palacio de Minería, la Academia de Bellas Artes, el bosque de Chapultepec, el estanco del tabaco, la iglesia de Nuestra Señora de Guadalupe, el nuevo ejército y, por supuesto, el Jardín Botánico. Desde el punto de vista político, la misión más importante de Poinsett era una entrevista con el emperador Iturbide, de la cual dejó el siguiente relato:

> Nos sentamos, y él conversó media hora con nosotros de manera tranquila y casual, y aprovechó para elogiar a Estados Unidos y nuestras instituciones, y para lamentarse de que no fueran adecuadas para las circunstancias de su país. Insinuó, modestamente, que había cedido a regañadientes ante los deseos del pueblo y se había visto obligado a permitirles coronar su cabeza para evitar el desorden y la anarquía.[74]

Pero Poinsett llegaba a México en medio de la disolución del Congreso por el Emperador, y cuando muchos de sus interlocutores republicanos en ese país cuestionaban abiertamente del pasado contrainsurgente de Iturbide: "lo acusan de haber sido el más cruel y sanguinario perseguidor de los patriotas, y de jamás haber perdonado la vida de ningún prisionero. Su corres-

---

[73] Joel R. Poinsett, *Notes on Mexico, Made in the Autumn of 1822*, Filadelfia, H. C. Carey and I. Lea, 1824.

[74] *Ibid.*, pp. 67-68. We were all seated, and he conversed with us for half an hour in an easy, unembarrased manner, taking occasion to compliment the United States, and our institutions, and to lament that they were not suited to the circumstances to his country. He modestly insinuated that he has yielded very reluctantly to the wishes oh the people, but had been compelled to suffer them to place the crown upon his head to prevent misrule and anarchy.

pondencia oficial con el virrey confirma este hecho."[75] De ahí que Poinsett concluya que el gobierno de Iturbide es tiránico y señale las inconveniencias que eso puede traer a una buena relación con Estados Unidos, toda vez que las prioridades de la política exterior del imperio iturbidista están ubicadas en la Gran Bretaña y Europa. El juicio de Poinsett no deja dudas sobre su oposición al gobierno de Iturbide:

> Su usurpación de la autoridad suprema ha sido de lo más evidente e injustificable, y su ejercicio del poder, arbitrario y tiránico. Es una máxima de la historia, que acaso veremos ilustrada una vez más por el ejemplo, que un gobierno que no se halla fundado en la opinión pública, sino que se establece y mantiene mediante la corrupción y la violencia, no puede existir sin vastos recursos para pagar soldados, guardar prisioneros y mantener a sus fieles. [76]

Poinsett no abandona nunca la mirada ilustrada, masónica y protestante: entre las "taras" que dejan tres siglos de régimen colonial hispánico le inquietan, sobre todo, aquellas relacionadas con la religión católica. En México, según Poinsett, está arraigada la "superstición": "en ningún país de Europa o América se observan las formas supersticiosas del culto de manera más estricta que en México".[77] La población indígena, especialmente, le parece víctima de esa "idolatría" y de otras "costumbres", "maneras" o "tradiciones", como las peleas de gallos o las "butcheries" de la plaza de toros.[78] En su juicio crítico sobre esas prácticas cultura-

[75] *Ibid.* p. 68. "he is accused of having been the most cruel and blood-thirsty persecutor of the patriots, and never to have spared a prisoner. His official letters to the viceroy substantiate this fact".

[76] *Ibid.* His usurpation of the chief authority has been the most glaring, and unjustifiable, and his exercise of power arbitrary and tyrannical. It is a maxim of history, which probably will be again illustrated by example, that a government not founded on public opinion, but established and supported by corruption and violence, cannot exist without ample means to pay the soldiery, and to maintain prisoners and partisans.

[77] *Ibid.*, p. 87. "there is no country in Europe or America, where the superstitious forms of worship are more strictly observed than in Mexico".

[78] *Ibid.*, p. 86.

les, Poinsett no sólo cargaba con todos los valores ilustrados sino con el espíritu puritano de la revolución de su país. Como ha visto Ann Fairfax Withington en un interesante estudio sobre el tema, los republicanos de Estados Unidos aplicaron a la esfera pública un rígido código de virtudes que replanteó, incluso, el contacto con los animales y su lugar en la vida política.[79]

Pero en su viaje a México, Poinsett había descubierto que, a pesar de la herencia hostil del pasado hispánico, la antigua Nueva España podía transformarse en república. Muchos de los masones y liberales mexicanos con quienes habló eran opositores del imperio de Iturbide y le demostraron simpatías por el sistema federal de Estados Unidos. Al año siguiente, 1823, de vuelta ya en el Capitolio e involucrado en la concepción de la Doctrina Monroe, Poinsett pudo ver que sus impresiones no eran falsas. En menos de un año, México dejó de ser el Imperio de la América Septentrional y se convirtió en un nuevo país: los Estados Unidos Mexicanos. Él sería el primer representante diplomático de Washington ante esa nación que adoptaba la misma forma de gobierno que sus vecinos.

REFLUJOS DE LA ILUSTRACIÓN

El político yucateco Lorenzo de Zavala fue uno de los artífices de aquel tránsito acelerado del imperio de Iturbide a la primera república federal en México. Zavala había sido diputado a las Cortes de Madrid durante el Trienio Liberal (1821-1823) y, junto con otros representantes hispanoamericanos, como sus compatriotas Lucas Alamán, Miguel Ramos Arizpe, José Mariano Michelena, Francisco Molinos del Campo, Juan Gómez Navarrete y el habanero Félix Varela, había promovido en ese foro la constitución de reinos autónomos hispanoamericanos, bajo la soberanía de Fernando VII. A toda velocidad, Zavala, como muchos

[79] Ann Fairfax Withington, *Toward a More Perfect Union. Virtue and the Formation of American Republics*, Nueva York, Oxford University Press, 1991, pp. 185-216.

de sus contemporáneos, experimentó una transición de ese autonomismo gaditano a un iturbidismo parlamentario —fue uno de los promotores de la reforma del Congreso Imperial en 1822— y, de éste, a un republicanismo federal que, en buena medida, traducía como Estados modernos las viejas diputaciones provinciales de la monarquía borbónica.[80]

Luego de representar un papel decisivo en el Congreso Constituyente de 1823, Zavala se convirtió en una de las principales figuras de la política federal y del Estado de México. Entre 1825 y 1827 impulsó la irradiación federalista de las logias yorquinas y entre 1827 y 1829 fue gobernador del Estado de México, una de las plazas políticas de los masones radicales. Cuando, en 1829, el general Vicente Guerrero es impuesto en la presidencia de México por la revuelta de La Acordada, Lorenzo de Zavala se convierte en el secretario de Hacienda y cerebro de aquella breve administración, que encarnó el proyecto del radicalismo republicano. A partir de 1830, Zavala viajó por Europa y Estados Unidos y escribió su libro más conocido, el *Ensayo histórico de las revoluciones de México* (1831). En 1832 regresó al Estado de México, donde fundó junto con el poeta cubano José María Heredia el Instituto Literario, combatió la epidemia del cólera morbo asiático e intentó impulsar una profunda reforma anticlerical. Con el ascenso de Santa Anna, Zavala fue nombrado ministro de México en Francia (1833-1835), y luego del giro constitucional al centralismo, en 1835, se involucró en el proceso de independencia de Texas, de cuya primera república llegó a ser vicepresidente.

Esta deriva separatista, provocada por su intenso federalismo, ha hecho de Zavala, como de su amigo Poinsett, un personaje incómodo dentro de la historiografía nacionalista.[81] Como señala

[80] Nettie Lee Benson, *La diputación provincial y el federalismo mexicano*, México, El Colegio de México, 1955, pp. 22-84.

[81] Raymond Estep, *Lorenzo de Zavala. Profeta del liberalismo mexicano*, México, Porrúa, 1952, pp. 259-286; Gustavo G. Velázquez, *Lorenzo de Zavala. Desertor de México*, Toluca, Cuadernos del Estado de México, 1968, t. I, pp. XI-XV; María de la Luz Parcero, *Lorenzo de Zavala. Fuente y origen de la reforma liberal en México*, México, INAH, 1969, pp. 137-234;

Raymond Estep, con frecuencia el político yucateco ha desempeñado, en la historia de la independencia mexicana, un rol similar al de Benedict Arnold en la historia de la revolución estadounidense: la dualidad de un prócer y un traidor.[82] Pero la historia de la primera república federal es incomprensible sin las intervenciones de Lorenzo de Zavala en la política mexicana.[83] Desde su papel en el giro constitucional al federalismo —el célebre mensaje del Congreso General Constituyente a los habitantes de la Federación, del 4 de octubre de 1824, en el que se hablaba de Estados Unidos como "un modelo que imitar en la República floreciente de nuestros vecinos del Norte", fue redactado por él— hasta su participación en la independencia de Texas, pasando, naturalmente, por su actividad política en el Estado de México, la Secretaría de Hacienda durante el gobierno de Vicente Guerrero, en 1829, y su respaldo a las reformas liberales de Valentín Gómez Farías, Zavala está en el centro del primer federalismo mexicano.

Más aún, la amistad entre Zavala y Poinsett colocó a este último en ese mismo centro. El ministro estadounidense, a instancias del líder yucateco, apoyó la corriente más radical y jacobina dentro de la masonería yorquina. Debido a ese sólido vínculo político, Poinsett personificó la paradoja de un diplomático que con su injerencia alienta posiciones de avanzada dentro de la cultura política del México posvirreinal: tolerancia religiosa, autonomía de los estados, oposición a la Santa Alianza, limitación de la influencia de las élites económicas y políticas peninsulares, combate a los privilegios del antiguo régimen, abolición de la esclavitud. El elemento imperial de ese republicanismo no

---

Alfonso Toro, *Biografía de don Lorenzo de Zavala*, Toluca, Colección de Testimonios del estado de México, 1979, pp. 29-34 y 53-64; Andrés Lira, *Espejo de discordias. Lorenzo de Zavala-José María Luis Mora-Lucas Alamán*, México, SEP, 1984, pp. 13-28; Evelia Trejo, *Los límites de un discurso. Lorenzo de Zavala, su "Ensayo histórico" y la cuestión religiosa en México*, México, UNAM/INAH/FCE, 2001, pp. 53-72.

82 Raymond Estep, *op. cit.*, p. 11.

83 Michael P. Costeloe, *La primera república federal de México (1824-1835)*, México, FCE, 1975, pp. 35-62.

siempre es perceptible, pero puede localizarse en el intento de contrarrestar la influencia del ministro británico Henry George Ward, simpatizante de las logias escocesas, o en su oposición a un respaldo, desde México, a la independencia de Cuba, una causa que desde su primer viaje al vecino del Sur y, sobre todo, desde el informe que enviara al presidente Monroe, en 1823, sobre la importancia de la isla para los estados sureños, se propuso desaconsejar entre las nuevas repúblicas hispanoamericanas.[84] En aquel informe, Poinsett había concluido: "dada su ubicación en el plano militar, Cuba es importante para la seguridad de nuestras fronteras marítimas del sur, por lo que debemos evitar a toda costa que sea ocupada por una potencia extranjera o se convierta en una mancomunidad negra".[85]

La paradoja del republicanismo imperial de Poinsett se plasmó claramente en su influencia sobre el gobierno de Guerrero, en 1829. Cuando Zavala sale en defensa del ministro estadounidense, cuya expulsión comenzó a ser demandada por las legislaturas de los estados de México y Puebla, el político yucateco coloca el conflicto más allá de la polarización masónica. Según Zavala, la reacción contra Poinsett combinó elementos jingoístas, como aquellos de rechazar "los modales finos y agradables" del diplomático que "alucinaban a los mexicanos", con una presión conservadora contra el federalismo y el republicanismo radicales que se hizo sentir en el gobierno de Guerrero.[86] La expulsión de Poinsett, a juicio de Zavala, reflejaba una tensión más estructurada y profunda que se manifestaba en la querella masónica y que implicaba reacciones del "realismo" contra la "insurgencia", de la "reconquista" contra la "independencia" y

---

[84] "Report of J. R. Poinsett to the President of the United States Concerning Cuba. Importance of Cuba to the Southern States", *Publications of the Southern History Association*, vol. x, núm. 4, julio de 1906, pp. 206-214.

[85] *Ibid.*, p. 214. "from its military position Cuba is important to the security of our Southern maritime frontiers and every effort ought to be made on our part to prevent its being occupied by a foreign power, or becoming a negro commonwealth".

[86] Lorenzo de Zavala, *Ensayo crítico de las revoluciones de México desde 1808 hasta 1830*, México, Porrúa, 1969, pp. 450-451.

del "conservatismo contra el reformismo".[87] Como han señalado Michael P. Costeloe y Harold Sims, la visión de Zavala pudo haber sido exagerada, por su papel personal en aquel conflicto, pero no estaba totalmente desencaminada: el rechazo a Poinsett provino, en buena medida, de sectores opuestos a las leyes de expulsión de españoles, simpatizantes de la Gran Bretaña o partidarios de la reconquista.[88]

Entre el cúmulo de panfletos que generó la misión de Poinsett en México no es imposible encontrar alguno, como la famosa serie *Muerte política de la República Mexicana* (1829) de Francisco Ibar, que aludiera al "interés expansionista de Estados Unidos".[89] Sin embargo, el mayor énfasis de los partidarios de la expulsión de Poinsett estaba puesto en el rechazo al proselitismo masónico, ya que el mismo generaba anarquía y fragmentación en la nueva república. En la "Representación" al supremo gobierno del síndico del Ayuntamiento de la ciudad de México, Ramón Gamboa, es legible una definición de las logias masónicas como "perniciosas y malignas", puesto que "fomentaban la división" y amenazaban la "estabilidad del país", en la que se plasman muchas de las nociones propias de la religión civil que intentaba promover el naciente conservadurismo mexicano.[90]

Zavala concluyó que el gobierno de Guerrero fue incapaz de resistir aquella presión contra el ministro estadounidense, procedió a solicitar al presidente Andrew Jackson el retiro de

[87] Lorenzo de Zavala, *Obras. El historiador y el representante popular en México*, México, Porrúa, 1976, pp. 481-482.

[88] Michael P. Costeloe, L*a primera república federal (1824-1835)*, México, FCE, 1975, pp. 87-114; Harold Sims, *La expulsión de los españoles de México (1821-1828)*, México, FCE, 1974, pp. 148-170; Michael Costeloe, *La respuesta a la independencia. La España imperial y las revoluciones hispanoamericanas, 1810-1840*, México, FCE, 1989, pp. 130-148. Véase también Alfredo Ávila Rueda, "La presidencia de Vicente Guerrero", en Will Fowler, comp. *Presidentes mexicanos (1824-1911)*, México, INEHRM, 2004, t. I, pp. 59-85.

[89] Francisco Ibar, *Muerte política de la República Mexicana*, México, Impresos a cargo del ciudadano Tomás Uribe y Alcalde, 1829, pp. 1-8.

[90] Ramón Gamboa, *Representación del ciudadano síndico Licenciado Ramón Gamboa al Ayuntamiento de esta capital*, México, Imprenta del ciudadano Alejandro Valdés, 1829, pp. 1-15.

Poinsett y obligó a él mismo a renunciar a la Secretaría de Hacienda.[91] El desencanto de ambos políticos con Guerrero los unió aún más: ahora no sólo eran enemigos de la "reacción escocesa" sino de los yorquinos "tímidos" e "inciertos".[92] Desde entonces o, más específicamente, desde la revuelta de La Acordada y la imposición de Guerrero sobre el presidente electo Manuel Gómez Pedraza, como advirtiera William Forrest Sprague, la amistad entre Poinsett y Zavala estuvo vinculada a la cuestión del separatismo tejano.[93] Las instrucciones que recibió Poinsett de sondear la posibilidad de una compra de Texas, por parte del secretario de Estado Martin Van Buren, datan de aquella época.[94] La complicidad de Poinsett y Zavala, y también del político tejano Stephen F. Austin, en relación con la colonización y autonomía del estado norteño, incluyó desde un inicio el tema de la esclavitud.[95] Poinsett y Zavala fueron promotores del decreto de abolición del trabajo esclavo en territorio mexicano, emitido por el gobierno de Guerrero en 1829, siempre y cuando se exceptuara a Texas. El decreto, aplicado el 15 de septiembre de ese año, en ejercicio de facultades extraordinarias por el presidente, y defendido por José María Tornel, José María Bocanegra, los hermanos Agustín y José María Viesca —este último, gobernador de Coahuila y Texas—, y Manuel Mier y Terán, comandante general de ese estado, eximía a Texas de la disposición general por "los resultados fatales que debían esperarse, perjudiciales para la tranquilidad y aun la existencia política del estado, y también por haber considerado cuán importante es para la colonización eficiente de estos inmensos territorios de la república". [96]

[91] Lorenzo de Zavala, *Ensayo crítico de las revoluciones de México desde 1808 hasta 1830*, *op. cit.*, p. 451.

[92] *Id.*

[93] William Forrest Sprague, *Vicente Guerrero. Mexican Liberator. A Study in Patriotism*, Chicago, R. R. Donnelly and Sons Company, 1939, pp. 65-78.

[94] Lorenzo de Zavala, *Obras. El historiador y el representante popular*, *op. cit.*, pp. 482-489.

[95] William Forrest Sprague, *op. cit.*, 97-103.

[96] *Ibid.*, p. 106. "the fatal results to be expected, prejudicial to the tranquility and even to the political existente of the state, and having considered how necessary it is to project in an efficacious manner of colonization of these immense lands of the republic".

Lo primero que hizo Zavala tras su salida del gobierno de Guerrero fue embarcarse en un largo viaje por Estados Unidos, en mayo de 1830. El político yucateco navegó de Veracruz a Nueva Orleans y luego ascendió hasta Nueva York por la ruta del Mississippi, atravesando Louisiana, Arkansas, Tennessee, Missouri, Kentucky, West Virginia Occidental, Ohio y Pennsylvania. Desde Nueva York hizo las rituales excursiones a las cataratas del Niágara y, por el río Delawere, hasta Filadelfia y Washington, donde se reunió con su amigo Poinsett y visitó a la viuda de su enemigo, el emperador Agustín de Iturbide. Las observaciones de Zavala sobre Estados Unidos y, en especial, sobre la ruta del Mississippi, adelantan varios de los tópicos que una década después rearticularán algunos escritores prosureños, como Cora Montgomery, pero también son comunicativas de las diferencias culturales que el hispanoamericano percibe en el admirado vecino. Zavala comenzaba sus apuntes con una declaración que parecía anunciar un cambio en su entusiasta visión de Estados Unidos: hablaba de la necesidad del "conocimiento de las costumbres, usos, hábitos y gobierno de los Estados Unidos, cuyas instituciones [sus conciudadanos] han copiado servilmente".[97] Y más adelante, él, que había sido uno de los principales impulsores de aquella "imitación", agregaba: "ya que hemos cometido tantos errores que han sido tan fatales a nuestros conciudadanos, hagamos siquiera el servicio de confesarlo, de presentarnos como hemos sido".[98]

Sin embargo, la imagen de Estados Unidos durante el viaje se reafirma en su entusiasmo original. Zavala hace contraposiciones entre la moralidad pública de los estadounidenses y los mexicanos que reproducen muchos estereotipos del pensamiento ilustrado: los primeros son "laboriosos, activos, reflexivos, circunspectos, religiosos en medio de la multiplicidad de sectas, tolerantes, avaros, libres, orgullosos y perseverantes"; los

[97] Lorenzo de Zavala, *Viaje a Estados Unidos del Norte de América*, México, Bibliófilos Mexicanos, 1963, p. 11.

[98] *Id.*

segundos, "ligeros, perezosos, intolerantes, generosos, casi pródigos, vanos, guerreros, supersticiosos, ignorantes y enemigo de todo yugo".[99] Sin embargo, en su análisis de las leyes de las legislaturas de los estados de la Unión americana, sobre todo los del Sur, y de las políticas de las administraciones presidenciales desde la Casa Blanca, Zavala no oculta críticas puntuales, y por momentos establece contraposiciones binarias, al estilo de la apuntada más arriba, donde las políticas de México quedan mejor consideradas que las de Washington. El severo juicio moral sobre los mexicanos, en Zavala como en tantos otros intelectuales hispanoamericanos y europeos que escribieron sobre Estados Unidos, muchas veces venía acompañado de un cuestionamiento de la cultura poco refinada de los estadounidenses.

Nueva Orleans, por ejemplo, le atrae por una diversidad que es marca del ascendente francés e hispánico de ese puerto: el *french market* es "la torre de Babel, allí se oyen negros, mulatos, franceses, españoles, alemanes y americanos pregonando sus mercancías en idiomas diferentes".[100] El mestizaje que se produce en esa zona del país del norte moviliza una representación erótica que sintoniza con las visiones racistas sobre las castas que acumuló la mirada europea y estadounidense sobre México: "las cuarteronas se visten con mucha gracia y aseo, y como generalmente son bien formadas y hermosas, presentan un contraste muy singular con los negros de quienes descienden, y el filósofo no puede dejar de fijar su atención sobre esta variedad de castas que forma matices sorprendentes".[101] Al presentarse como un "filósofo" que constata y clasifica la diversidad racial de Nueva Orleans, Zavala proyecta sobre sí toda la tradición del naturalismo ilustrado, que Poinsett aprovechó en sus viajes a México, y que ahora el amigo mexicano devuelve en su visión del vecino "próspero" y "civilizado".

Así como Poinsett viajaba por México con los libros de Humboldt a la mano, Zavala viaja por Estados Unidos con los de Cha-

---

[99] *Ibid.*, p. 12.

[100] *Ibid.*, p. 21.

[101] *Id.*

teaubriand y Mistress Trollope. En Baton Rouge y en Natchez, el mexicano confirma la visión del francés y la inglesa sobre las grandes posibilidades de desarrollo de la cuenca del Mississippi, que unos años después celebraría otra viajera, Cora Montgomery, en su proyecto de expansión sureña, proyectando a su vez, sobre ese río, las analogías egipcias de un promisorio Nilo americano. El yucateco comparte con el viajero europeo no sólo esa pastoral ilustrada —"no hay en el globo ciudad que tenga la ventaja de una navegación interior tan extensa: pues pasa de veinte mil millas el espacio navegable no solamente por el Mississippi, Missouri, Ohio y otros grandes ríos tributarios de aquél, sino por lagos y bahías, que la hacen comunicable con las Floridas"— sino una valoración negativa de algunas costumbres "democráticas" de Estados Unidos: "la falta de modales en la mesa, la voraz rapidez con que se apoderaban de los platos para devorarlos, la frecuente expectoración, la horrible manera de comer metiéndose el cuchillo hasta el puño de la boca, la más horrible todavía de escarbarse los dientes después de comer con sus cortaplumas".[102] Zavala llama "defecto repugnante en la buena sociedad" la costumbre de "escupir con frecuencia", pero defiende a quienes lo hacen por el hábito de masticar tabaco y defiende, incluso, contra las miradas más escrupulosas de los europeos, dicho hábito entre las "graciosas mexicanas, que arrojan constantemente humo por la boca y narices, manchan sus pequeñas y bien formadas manos con el aceite que despide el papel del cigarro, contaminan sus vestidos con el humo del tabaco y dan a su aliento un olor desagradable".[103]

Las dos grandes objeciones de Zavala a la vida pública en Estados Unidos eran la esclavitud y el egoísmo, muy en sintonía con los juicios de Trollope en *Costumbres familiares de los americanos del Norte* (1835), que él había leído en su versión inglesa años atrás.[104]

---

[102] *Ibid.*, pp. 42-43.

[103] *Ibid.*, p. 43.

[104] Mistress Trollope, *Costumbres familiares de los americanos del Norte*, París, Librería de Lecointe, 1835, pp. 41-58.

A la primera dedica un pasaje, durante su estancia en Nueva Orleans:

> Al pasar de la república mexicana a los estados que permiten la esclavitud en nuestra hermana y vecina, no puede dejar el filósofo de sentir el contraste que se advierte entre ambos países, ni dejar de experimentar una agradable memoria por los que han abolido ese degradante tráfico y hecho desaparecer entre nosotros los vestigios de tan humillante condición [...] A mi pasada por Nueva Orleans había en venta más de mil esclavos. Esta pobre gente es tratada con mucha severidad en la Louisiana. Ellos hacen el servicio de las casas y posadas, y generalmente duermen en el suelo. Cuando un amo quiere castigar a su esclavo o esclava, los manda a la cárcel con un billete que contiene la orden del número de azotes que debe darles el carcelero. El pobre hombre o mujer vuelve a su casa con la nota que participa habérsele aplicado el castigo prevenido. Cuando el amo lo estima conveniente, ordena que se aten las manos del esclavo por atrás, se le eche a tierra boca abajo, y se le azote de esta manera. Muchas veces se oyen los gritos y lamentos de estos infelices, al pasar por las cárceles por la mañana.[105]

Sobre la avaricia, el egoísmo o los efectos que una economía mercantilizada de ciudadanos propietarios tenía sobre la sociabilidad, Zavala escribe un pasaje lleno de resonancias de los debates sobre pasión, dinero y virtud en el republicanismo atlántico del siglo XVIII, estudiados por Pocock.[106]

> No hay duda en que, generalmente hablando, la población de los Estados Unidos es egoísta, incomunicativa y desconfiada. Tiene además cierta aspereza en su trato, que hace desagradable su sociedad cuando no se han hecho relaciones en el país. Muchas veces me ha sucedido caminar en un mismo coche, en un mismo buque con americanos, sin hablar una sola palabra durante el viaje. Per-

---

[105] Lorenzo de Zavala, *op. cit.*, p. 35.

[106] J. G. A. Pocock, *op. cit.*, pp. 559-606.

> sonas de negocios, que han dedicado toda su vida a mejorar su suerte con el trabajo, acostumbradas a no ver en todas las transacciones de la vida humana más que cambios de productos por productos o por dinero, se puede decir que no dan ningún paso ni se proponen otro objeto que el de los adelantos pecuniarios.[107]

Adelantándose por un año a Tocqueville, y por medio siglo a Weber, Zavala argumentaba que esa característica de la sociedad estadounidense moralizaba a la ciudadanía: "no hay pueblo más moral que el de Estados Unidos del Norte. La aplicación ante el trabajo hace a los hombres virtuosos o independientes, pero al mismo tiempo orgullosos y desconfiados".[108] Erróneamente, piensa Zavala, esa "falta de conexión" es entendida como "incivilización" por los europeos e hispanoamericanos. La "esencia comunicativa" y la "amabilidad extremada" de los mexicanos, en cambio, le parece a Zavala una alegoría moral de la "desnudez" física: "¡Qué melancólica idea da una nación del estado de su civilización y de su moralidad cuando está habitada de un pueblo semejante!".[109] Al defender valores como el "decoro" o la "dignidad", el viajero mexicano expresaba su admiración por una moralidad pública que preserva la distancia en la comunicación ciudadana. Un tipo de soledad americana que Zavala, al igual que Tocqueville, ve asociada, por un lado, a la relación con grandes espacios —desiertos, bosques, ríos, valles— o con espectáculos naturales, a ambos lados de la frontera, como las cataratas del Niágara o el teocali de Cholula, cantados por Heredia.[110]

Algunas lecturas de Zavala y Tocqueville, al llegar a Estados Unidos, eran las mismas: Chateaubriand, Cooper y Trollope, por ejemplo.[111] La semejanza en algunas observaciones de ambos no sólo se debía a que compartían el mismo campo referencial, sino

---

[107] Lorenzo Zavala, *op. cit.*, p. 61.

[108] *Ibid.*, p. 62.

[109] *Ibid.*, p. 71.

[110] Alexis de Tocqueville, *Quince días en las soledades americanas*, México, Aldus, 2008, pp. 13-78.

[111] *Ibid.*, p. 15.

a que el francés y el mexicano producían reflujos de la Ilustración, es decir, miraban a Estados Unidos a través del lente de la filosofía ilustrada occidental. En su comentario sobre las formas extremas de la soledad en Estados Unidos, la de los eremitas en el campo, Zavala —que, como Poinsett, era partidario de la tolerancia religiosa— hablaba del peligro del "aislamiento del resto de los hombres", del "eterno silencio de los bosques" en que pueden llegar a vivir quienes "no respiran el dulce aliento de los cánticos de la religión en su último adiós".[112] Más que con los eremitas, Zavala se identifica con las utopías de Robert Owen y Frances Wright, que conoció durante su estancia en Cincinatti. "La absoluta igualdad de clases y condiciones, el escepticismo religioso, el divorcio voluntario" no le parecen al político yucateco extravagancias ni herejías, y su debate público en el país del norte, además de la existencia misma de la comunidad de New Harmony, ofrecen una idea del "espíritu de tolerancia en Estados Unidos".[113]

Zavala, quien dice haber conocido a Owen por Poinsett —que llamaba al utopista "regenerador del Nuevo Mundo"— expresa su admiración por la filósofa escocesa Frances Wright —colaboradora de Owen en New Harmony y creadora, ella misma, de otra colonia utópica, la comuna de Nashoba— que llenaba teatros enteros en Filadelfia con sus prédicas sobre la fraternidad humana, la austeridad moral y la"belleza del mundo material".[114] Wright, amiga de Jefferson y Lafayette, era abolicionista, partidaria de la educación universal e igualitaria y de los derechos de la mujer, y escribió un par de libros muy leídos en la década del 20 en Estados Unidos: *Views on Society and Manners in America* (1821), que Zavala también utilizó durante su viaje, y *A Few Days in Athens* (1822), una novela filosófica sobre Epicuro y las posibilidades de conciliar estoicismo y hedonismo.[115] Sin embargo,

[112] Lorenzo de Zavala, *op. cit.*, p. 63.

[113] *Ibid.*, pp. 63-66.

[114] *Ibid.*, pp. 128-129.

[115] Véase Helen Horowitz, *Rereading Sex. Battles over Sexual Knowledge and Suppression in Nineteenth Century America*, Nueva York, Alfred A. Knopf, 2002.

donde se evidencia con mayor claridad el reflujo de ideas ilustradas es en la celebración zavaliana de las cataratas del Niágara. Zavala no sigue a Heredia, su viejo conocido de lides políticas en el Estado de México y autor de la famosa *Oda* —donde se habla de "abismo horrendo", "torrentes despeñados" y "cavernas inmensas", en las que el cubano en vano busca palmas tropicales—, sino a Chateaubriand y, sobre todo, a la viajera inglesa Mistress Trollope.[116] La soledad ilustrada y romántica del hombre frente al poderío de la Naturaleza es más aceptable que la de los eremitas y más afín a las utopías filosóficas, ya que la fuerza natural abraza al hombre como a su propia criatura. En esa construcción de una maternidad natural hay rasgos del trasfondo intelectual que luego aprovecharán los filósofos del trascendentalismo estadounidense (Emerson, Thoreau, Alcott...), cuyas conexiones con el republicanismo atlántico de la primera mitad del siglo XIX serían fácilmente rastreables.

> No puede concebirse la sorpresa que causa este espectáculo. Un río caudaloso que se precipita desde la altura de ciento setenta pies en una profundidad desconocida. El choque de las aguas hace formarse nubes del vapor en que se convierte esta agua: una columna espesa se eleva sobre la catarata: el ruido es sordo, la vista queda fija involuntariamente por algún tiempo sobre este fenómeno, esta maravilla de la naturaleza. Los precipicios que la rodean, el movimiento de las aguas que dan cierta vista a la perspectiva y avisan del peligro, las quebradas de las colinas vecinas; la variedad de árboles tales como castaños, cerezos, acacias, abetos, álamos y el pino *sempervirens*: en fin, las corrientes rápidas que antes de precipitarse en aquel abismo parece que se detienen en las rocas que encuentran, todo produce sensaciones de admiración, placer, dolor, melancolía. Parece que el alma se siente oprimida por sentimientos que no puede resistir: las aguas del torrente ahogan en la imaginación todas las ideas: es un gigante de cien brazos que estrecha

[116] Mistress Trollope, *op. cit.*, pp. 269-304.

> al mortal entre su cuerpo con una fuerza irresistible. Tal efecto produjo en mí el Niágara.[117]

Uno de los objetivos del viaje de Zavala era la creación, en Nueva York, de una compañía que celebraría un convenio con el gobierno del estado de Coahuila y Texas para la colonización de tierras por parte de la familia del político yucateco, de José Vilhein y de David G. Burnett, los tres favorecidos con concesiones de propiedades entre el río Sabine y la bahía de Galveston, en la zona hoy irónicamente llamada Anáhuac.[118] En su defensa de una colonización libre en el sur de Texas, sin limitaciones religiosas o étnicas, Zavala adoptaba por momentos un tono utópico, similar al que descubrió en los escritos de Owen y Wright:

> Lugares enteramente desiertos, bosques y florestas, inhabitadas hace doce años, convertidos en villas y pueblos repentinamente por alemanes, irlandeses y norteamericanos, deben por necesidad formar una nación enteramente diversa, y sería absurdo que renunciasen a su religión, a sus costumbres y a sus más profundas convicciones.[119]

La utopía tejana tenía un grave problema: la esclavitud, una institución que Zavala critica en otras zonas de Estados Unidos pero no allí. En Nueva York, por ejemplo, el político yucateco observa que, al igual que en todos los estados del Norte, desde Maryland, está abolida esa institución, pero "existe una especie de proscripción social, que la excluye [a la población negra] de todos los derechos políticos, y aun del comercio común con los demás, viviendo en cierta manera como excomulgados".[120] Y concluye: "esta situación es poco natural en un país donde se profesan los principios de la más amplia libertad".[121]

---

[117] Lorenzo de Zavala, *op. cit.*, pp. 76-77.

[118] *Ibid.*, p. 103.

[119] *Ibid.*, p. 104.

[120] *Ibid.*, p. 119.

[121] *Id.*

Esta visión ambivalente de los Estados Unidos, que en Lorenzo de Zavala era apenas un indicio, fue desarrollada luego por liberales mexicanos de generaciones posteriores como Justo Sierra O'Reilly, Guillermo Prieto, Matías Romero y Alberto G. Bianchi.[122] Pero en esas visiones, todas posteriores a la guerra de 1847, desaparece el elemento utópico del federalismo fronterizo, que compartían Zavala y Poinsett. En su correspondencia con sus hijos y con sus amigos federalistas Juan de Dios Cañedo y Valentín Gómez Farías, durante el viaje a Estados Unidos, Zavala alude varias veces a las colonias tejanas como comunidades cosmopolitas, provenientes de diversas naciones europeas en las que la diversidad lingüística y religiosa de los ciudadanos permite crear un nuevo contrato social basado en la tolerancia.[123] La conexión entre aquel federalismo fronterizo y el utopismo estadounidense se produjo, en buena medida, a través de Robert Owen. En una carta de un autor que firmaba con el pseudónimo de "Warden", aparecida en el *Bulletin de la Societé de Geographie* de París, en 1829, que Zavala comenta, se daba cuenta del proyecto de Robert Owen de solicitar al gobierno de México un pedazo de territorio tejano para fundar una comunidad utópica entre las dos Américas que, entre otras funciones, tendría la de funcionar como árbitro de los conflictos entre Estados Unidos y México.[124]

La nota de "Warden", como bien sabía Zavala, se inspiraba en el poco conocido viaje de Owen a México, en 1828, donde éste fue recibido por el ministro británico Packenham, por el presidente Victoria y por el canciller Bocanegra.[125] Pero el prin-

[122] Véase, por ejemplo, Justo Sierra O'Reilly, *Páginas escogidas*, México, UNAM, 1960, pp. 150-160; Guillermo Prieto, *Viaje a los Estados Unidos*, México, Imprenta del Comercio de Dublán y Chávez, 1878, t. III, pp. 30-45; Alberto G. Bianchi, *Los Estados Unidos: descripciones de viaje*, México, Editor N. Lugo Viña, 1887, pp. 200-210.

[123] Lorenzo de Zavala Papers, Center for American History, University of Texas, Austin, History Manuscripts, docs. 17, 32, 45 y 50.

[124] Warden, "Notice sur la Province de Texas", *Bulletin de la Societé de Geographie*, septiembre de 1829, núm. 77, primera sección, París, pp. 101-106.

[125] Robert Owen, *Memorial to the Republic of Mexico*, Cincinatti, Published by Robert Owen, 1829, pp. 175-226.

cipal interlocutor de Owen en su breve estancia no fue el ministro británico sino el estadounidense Poinsett, quien puso al célebre utopista en contacto con los federalistas mexicanos y con los hermanos Viesca, senador y gobernador de Coahuila y Texas, con el fin de lograr la concesión del terreno "para fundar bajo la jurisdicción de Mr. Owen un distrito, con extensión de 150 millas a lo largo de la frontera de Estados Unidos, que sirva para establecer un nuevo sistema político de gobierno, basado en el derecho natural".[126] Durante todo su involucramiento en la empresa privada y familiar de colonización de Texas, y en su papel político como vicepresidente de la primera república tejana, Zavala puso en práctica aquel imaginario utópico.

En el viaje de Trenton a Filadelfia, a través del río Delawere, Zavala, como muchos exiliados hispanoamericanos que vivieron en esa zona de Estados Unidos, hizo la obligada peregrinación a Bordentown, el pequeño pueblo donde José Bonaparte construyó su gran mansión. Tanto la entrevista con la viuda de Iturbide en Georgetown, Washington, como el paso por el palacete de José Bonaparte reforzaron las convicciones republicanas de Zavala, un político que, como tantos de su generación, debió transitar, en pocos años, de un monarquismo constitucional y parlamentario a un federalismo republicano y presidencialista. José Bonaparte le parecía a Zavala —al igual que a otros republicanos de su generación que visitaron Bordentown, como el colombiano Manuel Torres, el ecuatoriano Vicente Rocafuerte, el cubano José María Heredia y el peruano Manuel Lorenzo de Vidaurre—, una personalidad más admirable que su hermano Napoleón. El antibonapartismo, como versión histórica del anticesarismo, era una constante en aquellos republicanos:

> Este célebre personaje, a quien los papeles españoles nos pintaban con tan feos coloridos, tiene mucha instrucción, es de un personal

---

[126] *Ibid.*, p. 180. "to place a district, one hundred and fifty miles broad, along the whole line of frontier bordering on the United States, under Mr. Owen´s jurisdiction, for the purpose of establishing a new political system of government, founded on the laws of nature".

> bastante agradable, de maneras elegantes y naturales, y está dotado de cualidades sociales que le han hecho respetable en Estados Unidos, adonde se retiró después de la catástrofe del emperador Napoleón, su hermano. Un capital respetable que pudo salvar de su naufragio político le ha colocado en una situación brillante en aquel país de comercio y negocios. Su magnífica casa, jardines y parques a las márgenes del delicioso Delawere bastarían para hacerle feliz, si otras pretensiones no le sacasen de la esfera modesta y pacífica a que le habían reducido las desgracias del grande personaje que elevó toda su familia a rango de reyes.[127]

En Filadelfia, ciudad que describió más elogiosamente que Nueva York, Zavala se reunió con su mentor y amigo Joel R. Poinsett, quien lo acompañó en una breve visita a Washington y luego se desplazó con él a Boston. Ambos políticos, rechazados por el nuevo gobierno mexicano, de Anastasio Bustamante y Lucas Alamán, coincidieron en sus mutuas percepciones sobre Estados Unidos y México. Ambos, como dirá el mexicano a propósito del estadounidense, creían en la "libertad absoluta" del gobierno democrático, que garantizaba la igualdad natural entre todos los hombres. Pero ambos compartían también la idea de que:

> Hay una ley superior a las instituciones humanas, una ley de desigualdad que la naturaleza ha establecido, y que ningún legislador puede abolir; ley que tiene más imperio en los pueblos libres que en los gobiernos despóticos, pero que siempre ejerce una influencia poderosa: la ley de la capacidad mental, la superioridad del talento.[128]

Poinsett y Zavala, a ambos lados de la frontera, se consideraban bendecidos por un talento que los hacía traductores de dos comunidades vecinas e incomunicadas.

---

[127] *Ibid.,* pp. 126-127

[128] *Ibid.*, p. 122.

Los últimos romanos

En un número de su revista *Miscelánea*, el poeta José María Heredia publicó una tragedia en tres actos titulada *Los últimos romanos* (1829). En medio de las pugnas masónicas en México y del creciente desencanto de muchos republicanos originarios con la vida pública de la nueva nación, Heredia recreaba las últimas horas de Bruto y Casio en Filipos, víspera de la inmolación frente a las tropas de los triunviros.[1] Bruto, a quien se le aparece en sueños el espectro de César, reafirma su participación en el asesinato del caudillo que impulsaba la tiranía dentro de la república. La crisis del orden republicano, que en tiempos de César estaba asociada al despotismo, ahora se manifiesta de diversas maneras: facciones masónicas, caudillos regionales, corrupción —compra y venta de empleos públicos—, fragmentación territorial del país, en una perfecta alegoría del México de Guadalupe Victoria y Vicente Guerrero. Los protagonistas de la tragedia de Heredia hablan como los últimos hijos de la estirpe de Cicerón y Catón, o como "últimos romanos", conscientes de que la república, finalmente, dará paso a un imperio que no estará regido por la virtud cívica, sino por la fuerza y el dinero: "bella es la muerte de los libres,/ que de Filipos la llanura sea/ la tumba de los últimos romanos".[2]

La alegoría de México que intentaba trasmitir Heredia se verificó con mayor claridad a partir de la década de los treinta,

[1] José María Heredia, *Miscelánea. Periódico Crítico y Literario*, México, Universidad Nacional Autónoma de México, 2007, pp. 83-108.

[2] *Ibid.*, p. 102.

con el tránsito al centralismo y el secesionismo de varios estados de la confederación de 1824. Heredia parecía insinuar que, aunque la república federal poseía un imperio en su pasado, el de Iturbide, también podía enfrentar un imperio en su futuro, Estados Unidos, dado el separatismo creciente de las antiguas provincias del norte de la Nueva España. El yucateco Lorenzo de Zavala, enemigo de Heredia en la política mexiquense, sería uno de aquellos federalistas radicales que terminaron apoyando la independencia de Texas, de cuya primera república sería vicepresidente, y luego la anexión de aquel territorio a Estados Unidos. El tránsito del republicanismo atlántico de los años veinte al expansionismo imperial de los cuarenta podría ilustrarse no sólo con la figura de Zavala sino con la de Jane McManus Storm Cazneau (Cora Montgomery), "mistress of Manifest Destiny", quien hizo amistad con el político yucateco en Texas.[3]

El itinerario de una viajera y escritora como Cora Montgomery, al igual que el de Poinsett o Brackenridge, es representativo de la relación intelectual del republicanismo estadounidense con Hispanoamérica. Montgomery vivió hasta 1832 en Nueva York, donde tuvo una formación intelectual republicana, como la que predominaba entre las élites políticas de la costa noreste de Estados Unidos.[4] Instalada en Texas, con su primer esposo Robert McManus, comenzó a publicar en periódicos norteños como *New Yorker, Daily Plebein, Kingman's Advocate, Sun, The United States Magazine* y *Democratic Review*, artículos en los que defendía el proyecto de un estado esclavista sureño en el antiguo territorio mexicano. Del periodo tejano de Cora Montgomery datan su primer libro *Texas and Her Presidents* (1845), cuyo héroe es Stephen F. Austin, pero también su corresponsalía sobre la guerra de 1847 contra México, cerca de Zachary Taylor; su colaboración con John L. Sullivan en el diseño de la doctrina del Destino Manifiesto, y el sintomático cuaderno de viajes y,

[3] Linda S. Hudson, *Mistress of Manifest Destiny. A Biography of Jane McManus Storm Cazneau, 1807-1878*, Austin, Texas State Historical Association, 2001, pp. 21-43.

[4] *Ibid.*, pp. 7-19.

al mismo tiempo, proyecto político de *Eagle Pass: or, Life on the Border* (1852).[5]

En este último libro, Cora Montgomery proponía una agresiva política fronteriza por parte de Estados Unidos contra México, debido a la explotación que sufrían muchos indios seminoles como peones de haciendas en los estados norteños mexicanos. Montgomery contraponía el desconocimiento y desinterés por esa "esclavitud" en la opinión pública antiesclavista del norte de Estados Unidos a la cada vez más extendida crítica a la esclavitud practicada en estados sureños como Louisiana y Texas.[6] La moral, en Estados Unidos, según esta autora, se había vuelto "geográfica", y lo que era intolerable para la población afroamericana de las plantaciones sureñas era admitido para los indios americanos de la frontera con México. En una entrevista con el jefe seminol Wild Cat, Mongomery entrelazaba una visión idílica de aquellas etnias con una justificación de la esclavitud en la economía plantadora del Sur. La causa de los seminoles era "nacional", patriótica —"*our flag insulted*" [insultan nuestra bandera], "*free born citizens shall not be enslaved for debt in Mexico*" [los ciudadanos nacidos libres no serán esclavizados por la deuda en México], "*americans and their properties shall be protect from the spoliation*" [los estadounidenses y sus propiedades deben estar protegidos del saqueo], "*the sanctity of our soil be vindicated with firmness*" [la santidad de nuestro suelo será reivindicada con firmeza]— mientras que el lamento por la extensión de los estados sureños esclavistas era una quimera, "*a fiction of a party pleading*" [la ficción del reclamo de un partido].[7]

Montgomery llamaba a la creación de una "miniatura del americanismo" en la frontera, por medio de una destrucción del "*peon system*" en el territorio mexicano que implicaría, de hecho, una expansión territorial de Estados Unidos sobre

---

[5] *Ibid.*, pp. 45-68.

[6] Cora Montgomery, *Eagle Pass: or, Life on the Border*, Nueva York, George Putman and Co., 1852, pp. V-VI.

[7] *Ibid.*, pp. 73-77, 80-82 y 97.

México más amplia aún que la reconocida en el Tratado de Guadalupe-Hidalgo, de 1848. Junto con la retórica de la "misión civilizatoria", distintiva de la doctrina del Destino Manifiesto, esta intelectual y activista sureña proponía una reformulación del republicanismo a favor del "*true southern system*" [un verdadero sistema sureño], esclavista e imperial: "una nueva república surge de este lado de la Sierra Madre, y ofrendará un sacrificio nada pobre sobre el altar de la libertad".[8] La defensa de la esclavitud y el expansionismo, como parte de una "*colosal beauty and conquering energy of the republican stock*" [belleza colosal y energía conquistadora de la estirpe republicana], colocaba el proyecto de Cora Montgomery en la frontera entre republicanismo e imperialismo.[9] Michael O'Brien ha estudiado la fuerza de aquel esclavismo republicano, que intervenía de manera protagónica en la construcción de las políticas hispanoamericanas en el sur de Estados Unidos[10] ¿Cómo valorar, entonces, el papel de las decenas de exiliados de Hispanoamérica, que compartieron ciertos ángulos de aquellos proyectos?

A principios de la década de los 50, Montgomery, instalada en Nueva Orleans, comenzó a promover otro proyecto expansionista, esta vez no ligado a la frontera terrestre de Texas sino a la acuática del delta del Mississippi, el Golfo de México y el Caribe. Montgomery aprovechaba el antecedente histórico de que Nueva Orleans y toda la Louisiana habían estado bajo dominio español entre 1762 y 1802. El importante político borbónico Bernardo de Gálvez, siendo gobernador español de Louisiana (1777-1785), había contribuido a la independencia de Estados Unidos. El breve regreso a la soberanía francesa, en época del imperio napoleónico, no interfirió las relaciones de Nueva Orleans con la Nueva España, Cuba, Santo Domingo y Puerto Rico. La inmigración de muchos plantadores de esas islas, que huían

---

[8] *Ibid.*, pp.179-183. "a new republic is rising on this side of the Sierra Madre, and she will bring no mean bautismal offering to the altar of freedom".

[9] *Ibid.*, p. 9.

[10] Michael O'Brien, *Conjectures of Order. Intellectual Life and the American South, 1810-1860*, Chapel Hill, The University of North Carolina Press, 2004.

de la Revolución haitiana y del miedo a una revuelta de jacobinos negros en Cuba, había hecho de aquel puerto de Louisiana una ciudad caribeña.[11] En un par de panfletos, *The King of the Rivers* (1850) y *The Queen of the Islands* (1850), Cora Montgomery defendió la expansión de Estados Unidos sobre las islas caribeñas, siguiendo la misma lógica del incremento de los estados sureños esclavistas.

¿Eran republicanos o imperialistas los cientos de habitantes de Kentucky, Mississippi y Louisiana que se reunieron el 11 de mayo frente a las oficinas del *Daily Delta*, en la calle Poydrass de Nueva Orleans, e izaron la bandera cubana? Esos estadounidenses y cubanos que, al mando de Narciso López, se trasladaron a los muelles de la ciudad y a bordo del barco de vapor *Creole* se embarcaron rumbo a Cárdenas, donde, el 19 de mayo de 1850, ondeó por vez primera la bandera cubana, ¿eran patriotas o anexionistas? La pregunta animó intensos debates en la historiografía cubana del pasado siglo y comienza a ser replanteada por algunos estudiosos de la cultura hispánica en Estados Unidos, quienes releen, con otros ojos, publicaciones de Nueva Orleans como *El Independiente*, *El Hablador*, *Revolución*, *La Patria* y *La Verdad*, donde colaboraron algunos de los más importantes escritores hispanoamericanos de mediados del siglo XIX.[12] De algún modo, aquellos intelectuales y políticos hispanoamericanos (José Agustín Quintero, Gaspar Betancourt Cisneros, Cirilo Villaverde, Pedro Santacilia, Domingo de Goicuría, Benjamín Vicuña Mackenna, Benito Juárez, Melchor Ocampo...), aliados

---

[11] Ned Sublette, *The World that Made New Orleans*, Chicago, Lawrence Hill Books, 2008, pp. 240-270.

[12] Herminio Portell Vilá, *Narciso López y su época, 1848-1850*, La Habana, Compañía Editora de Libros y Folletos, 1952, t. II, pp. 209-217; Sergio Aguirre, *Quince objeciones a Narciso López. Anexionismo, esclavitud, mercenarios*, La Habana, Instituto Superior de Educación, 1962, pp. 5-61. En la "Introducción" de su libro, reeditado en 1962, cuando arreciaba el enfrentamiento ideológico entre la Revolución y el exilio cubanos, Aguirre se refería en estos términos a Portell Vilá: "como defensor del *independentismo* de Narciso López se ha alzado, principalmente, un compañero de fechorías ideológicas de aquel falso patriota, el mercenario y traidor Herminio Portell Vilá" (p. 3) Véase también Kirsten Silva Gruesz, *Ambassadors of Culture. The Transamerican Origins of Latino Writing*, Princeton, Princeton University Press, 2002, pp. 108-160.

de los proyectos expansionistas de Cora Montgomery y John L. O'Sullivan, eran como los "los últimos romanos" descritos por Heredia.

The Queen of Islands

En la fundación política de Estados Unidos gravitó el doble imaginario imperial y republicano de Occidente. Durante los debates constitucionales de 1787, los modelos históricos del sistema confederado que valoraron los estadistas estadounidenses eran imperios. Ya se tratara de repúblicas antiguas, como Esparta, Atenas, Roma y Cartago, el consejo anfictiónico y la liga aquea, o bien de monarquías modernas, como el imperio alemán, la unión neerlandesa y la Gran Bretaña, el pacto federal siempre suponía una voluntad política expansiva.[13] En estas experiencias, los estados, a cambio de su reconocimiento como entidades soberanas, delegaban en la confederación el resguardo de la seguridad nacional. Semejante contrato no sólo potenciaba las capacidades defensivas de la Unión, sino que favorecía la práctica de anexar territorios marginales. Y justo ahí, en el hecho de que las fronteras de un solo país fueran, a su vez, los límites de diversos estados, residía la naturaleza imperial de las federaciones. Si los bordes de la nación coincidían con los de un miembro de esa comunidad política, entonces el acto de asociarse se presentaba como un imperativo natural de la cercanía geográfica.[14]

El abate Mably, referencia clave de los federalistas americanos, recomendaba en sus *Principes de Négotiation*, que las naciones débiles aprendieran a incorporarse a la república confederada más próxima. Resistir ese magnetismo centrípeto, según Hamilton, sólo contribuía a "alimentar con devoción ciega el monstruo político de un *imperium in imperio*".[15] Cerca o dentro de la gran

[13] A. Hamilton, J. Madison y J. Jay, *El Federalista*, México, FCE, 1987, pp. 69-81.

[14] Alexis de Tocqueville, *La democracia en América*, México, FCE, 2001, pp. 146-153.

[15] A. Hamilton, J. Madison y J. Jay, *op. cit.* p. 59.

confederación era inadmisible una pequeña república ajena e ingrávida, ya que los afanes de otra potencia por dominarla amenazarían la seguridad nacional. De modo que, para los fundadores de la nación norteamericana, sus fronteras debían dar con el mar o con otro imperio. Siguiendo el modelo británico, la joven república se propuso alcanzar una forma insular que reprodujera su capacidad defensiva y facilitara la expansión territorial.[16] Así quedó cifrada la geografía del imperio democrático: una franja terrestre entre los océanos Atlántico y Pacífico que colindaba al norte con el Reino Unido de la Gran Bretaña y al sur con la monarquía española. Pero, a pesar de que los súbditos de Jorge III y Carlos III eran sus vecinos, los federalistas repetían una frase, como un conjuro: "Europa está muy distante de nosotros".[17]

A principios del siglo XVII, cuando gozaba de la protección del Rey Jacobo I, Francis Bacon sostuvo en su ensayo *The Greatness of the Kingdom of Britain* que extender las latitudes del imperio era un deber cívico de todos los habitantes del reino.[18] Este principio, contemplado antes en la ética imperial de los romanos y en el *Príncipe* de Maquiavelo, se difundió por medio de la tradición política inglesa al imaginario fundador de Estados Unidos. El orden republicano, basado en una jerarquía moral de virtudes civiles, y el federalismo, que delegaba la seguridad de la Unión en un metagobierno, acentuaron los rasgos imperiales de aquel modelo político. Los *frontiers* asumían la colonización de terrenos baldíos, pertenecientes a otras naciones, como un ejercicio de derechos y deberes ciudadanos. Mientras, el resto de los compatriotas celebraba en cada asimilación de territorio una muestra más de la "grandeza americana". Alexis de Tocqueville escribirá en 1835 que era "imposible imaginar un patriotismo más molesto y pesado; baste decir que fatiga a los mismos que lo honran".[19]

[16] *Ibid.*, p. 31.

[17] *Id.*

[18] Leo Strauss y Joseph Cropsey, *Historia de la filosofía política*, México, FCE, 1992, pp. 357-358.

[19] Alexis de Tocqueville, *op. cit.* p. 265.

Thomas Jefferson, James Madison, James Monroe y John Quincy Adams, precisamente los políticos estadounidenses que consolidaron los valores de la república y la federación, fueron quienes trazaron la estrategia del avance territorial hacia el Oeste y el Sur. Como advirtieron los primeros observadores borbónicos de la naciente república, con el Conde de Aranda a la cabeza, la expansión era una energía fundacional de Estados Unidos, no sólo por la naturaleza utópica de aquel proyecto de nación, sino por el pacto federativo que entrañaba y que facilitaba un proceso continuo de incorporación territorial a partir del avance de la colonización y de las instituciones locales y vecinales que construían las comunidades de colonos. Desde principios del siglo XIX, la Louisiana, el norte de México y las islas españolas del Caribe quedaron comprendidos en ese proceso de expansión territorial.[20]

El primer indicio de un interés por incorporar Cuba al territorio de Estados Unidos se debe a una comunicación, de noviembre de 1805, que dirigió el presidente Jefferson al embajador de Gran Bretaña en Washington. Allí se anunciaba que en caso de guerra con España, al generarse algún conflicto en Florida y Louisiana, Estados Unidos ocuparía las islas españolas del Caribe.[21] Jefferson tanteaba la reacción británica para saber si podría actuar en esa zona sin la resistencia de su más temido rival. Los ingleses no respondieron, bien porque no creían del todo en el *ultimátum* de los estadounidenses o porque ya estaban resueltos a superar sus diferencias con España. Jefferson insistió en agosto de 1807, por la misma vía, y tampoco obtuvo respuesta de los británicos. Finalmente consiguió lo que buscaba en el verano de 1809, después de ceder la presidencia a

[20] Luis M. Farías, *La América de Aranda*, México, FCE, 2003, pp. 188-243; Sidney Lens, *The Forging of the American Empire*, Chicago, Haymarket Books, 1971, pp. 87-110; Howard Zinn, *La otra historia de los Estados Unidos*, México, Siglo XXI, 1999, pp. 115-129; Lars Schoultz, *Beneath the United States*, Cambridge, Massachussets, Harvard University Press, 1998, pp. 1-38; Peter S. Onuf, *Jefferson's Empire. The Language of American Nationhood*, Charlottesville y Londres, University Press of Virginia, 2000, pp. 147-188.

[21] Ramiro Guerra, *En el camino de la independencia*. La Habana, Cultural S. A., 1930, pp. 15-17.

James Madison. Esta vez, el gobierno de Estado Unidos no se comunicó con el británico, sino que entabló negociaciones directas con Napoleón para lograr la adquisición de la Florida y Cuba. Entonces, la respuesta de Gran Bretaña no se hizo esperar: bajo ningún concepto aceptaría la anexión de la isla a Estados Unidos. Jefferson y Madison, que no querían apoderarse de Cuba al precio de una guerra en el Atlántico, dieron a los ingleses todas las seguridades de que los tratos con Napoleón eran simples rumores.

En cuanto Louisiana fue incorporada a Estados Unidos, el proyecto de la expansión hacia la Florida y el Caribe español se arraigó no sólo en Washington, sino en las élites esclavistas del Sur. El gobernador de Louisiana, William C. C. Claiborne, escribía a la Secretaría de Estado, en abril de 1809, que al ganar Florida, Estados Unidos debía procurar la eliminación todo dominio europeo sobre México y Cuba.[22] Y en diciembre de 1810, este mismo político, en otra carta a Washington, hablaba abiertamente de la anexión de Cuba a Estados Unidos:

> No puedo confirmar que haya una revolución en Cuba. Como van las cosas, sin embargo, nada deseo tanto como ver la bandera de mi país ondear sobre el Castillo del Morro. Cuba es la verdadera boca del Mississippi, y la nación que la posea podrá dominar los estados del oeste en cualquier momento. Dadnos a Cuba, y la Unión Americana quedará a salvo de los cambios.[23]

Como han estudiado Stanley L. Engerman y Rebecca J. Scott, esa visión, que fue consolidándose en la clase política y empresarial de estados sureños esclavistas como Louisiana y Texas, a

---

[22] "Letter of Governor William C. C. Claibone in 1808", *Publications of the Southern History Association*, vol. x, núm. 4, julio de1906, pp. 204-206.

[23] *Ibid.*, p. 203. "I have no confirmation of a revolution in Cuba. In the progress of events, however, there is nothing I so much desire as to see the flag of my country on the Moro castle. Cuba is the real mouth of the Mississippi, and the nation possessing it can any time command the western states. Give us Cuba and the American Union is placed beyond the reach of change".

medida que las economías de plantación se integraban al mercado esclavista del Caribe y el Atlántico, confluyó hacia 1845 en la doctrina del Destino Manifiesto.[24]

El gran juego en torno al destino de Cuba, se complicó al incorporarse, del lado de España, un cuarto poder: la Santa Alianza. Ya no sólo era Inglaterra, sino Francia, Prusia, Rusia, Austria y el Papa quienes recelaban de la influencia de Estados Unidos sobre las colonias europeas. Y si en esto concordaban, en la cuestión de la independencia hispanoamericana estaban divididos. Gran Bretaña se inclinaba al reconocimiento de los nuevos estados hispanoamericanos, mientras que la Santa Alianza pedía una acción conjunta a favor de la reconquista española. Estados Unidos aprovechó esta contradicción entre las voluntades europeas que para lanzar, a finales de 1823, la Doctrina Monroe.[25] El colapso del imperio español en América era inminente, y su reconstitución sería improbable siempre que Inglaterra simpatizara con la causa de la independencia. De modo que el célebre mensaje del presidente Monroe, redactado por el secretario de Estado John Quincy Adams, se identificaba con la política inglesa de limitar el alcance de la Santa Alianza. En su finalidad negativa, es decir, la de oponerse a la intervención de Europa en la crisis colonial, los ingleses aceptaban el principio de "América para los americanos". La connotación positiva del mensaje, que atribuía a Estados Unidos el dominio del continente, sólo despertaba en el gobierno británico extremas suspicacias.

Pero el monroísmo no cumplió su objetivo neutralizador sobre las ambiciones de los imperios europeos respecto a Cuba. En el otoño de 1825, Francia e Inglaterra propusieron a Estados Unidos firmar un acuerdo tripartito, por el cual se comprometieran a garantizar la soberanía española en la isla.[26] El gobierno

---

[24] Stanley L. Engerman, *Slavery, Emancipation and Freedom*, Baton Rouge, Louisiana State University Press, 2007, pp. 1-36; Rebecca J. Scott, *Degrees of Freedom: Louisiana and Cuba after Slavery*, Cambridge, Massachusetts, Belknap Press, 2005, pp. 11-32.

[25] Ramiro Guerra, *op. cit.*, pp. 31-39.

[26] *Ibid.*, p. 47.

estadounidense rechazó el pacto y, dejó clara, una vez más, su intención de no renunciar al dominio de Cuba. A mediados de 1851, luego de que el presidente Millard Fillmore condenara públicamente las expediciones anexionistas a Cuba, Francia e Inglaterra reiteraron la propuesta de un convenio que asegurara el poder de España sobre la gran antilla. Los Estados Unidos, ahora dirigido por los *whigs* antiesclavistas del Norte, demoró la respuesta. Por último, después de un año de cavilaciones, el secretario de Estado Edward Everett trasmitió un tajante comunicado a las cancillerías francesa e inglesa en el que se afirmaba que "ningún miembro de la Unión podría resistir ni un día bajo el estigma de haber estipulado con las grandes potencias de Europa que nunca, bajo ningún cambio de circunstancias, [...] ni aun por la más imperiosa necesidad de su propia conservación, jamás efectuarían los Estados Unidos la adquisición de Cuba".[27] Everett insistió en que, si bien su gobierno no anunciaba una ocupación de la isla, tampoco hipotecaba el futuro. Como no lo harían, decía, "Inglaterra respecto de una isla situada en la boca del Támesis, ni Francia en relación con otra a la entrada del Sena".[28]

Visto que Estados Unidos no se dejaría atar de manos en un compromiso diplomático, los ingleses decidieron abordar la cuestión cubana por medio de su campaña abolicionista. Hacia 1835, Gran Bretaña ya estaba dispuesta a decretar la abolición total de la esclavitud en las antillas inglesas. Previendo alguna incidencia de esta medida en las posesiones españolas, presionó a Madrid para que actuara contra la trata negrera y envió a La Habana al irlandés Richard Madden en calidad de superintendente de emancipados.[29] Primero Madden y luego el cónsul de Inglaterra en La Habana, David Turnbull, desarrollaron una intensa campaña pública entre las élites criollas para exigir el

---

[27] Philip S. Foner, *Historia de Cuba y sus relaciones con Estados Unidos*, La Habana, Editorial de Ciencias Sociales, 1973, t. II, p. 68.

[28] Ramiro Guerra, *op. cit.* p., 70.

[29] Luis Navarro García, *La independencia de Cuba*, Madrid, Mapfre, 1992, p. 177.

cumplimiento de los tratados angloespañoles de 1817 y 1835, que prohibían el tráfico de esclavos. Esta exigencia incluía un proyecto retroactivo de emancipar a todos los negros que hubieran ingresado en la isla después de 1820.[30] Los planes de Turnbull alarmaron a Washington, por la posible reacción de los estados esclavistas del Sur dada su abierta complicidad con la trata ilegal. El cónsul fue suspendido de su misión diplomática, a raíz de severas reclamaciones que hizo Estados Unidos a España. Pero esto lo reafirmó aún más en su idea, y entre 1841 y 1844 se dedicó a fomentar conspiraciones abolicionistas —una de ellas, la más relevante, fue la llamada "de la escalera"— que contarían con el apoyo de tropas inglesas procedentes de Jamaica.[31]

En esta coyuntura histórica de la primera mitad del siglo XIX deben enmarcarse los orígenes del exilio cubano en Estados Unidos: una experiencia migratoria, asociada a las pugnas entre diversas opciones de la soberanía nacional, que se extendió hasta la inauguración de la primera República, en 1902. Las varias generaciones de cubanos que, entre 1823 y 1898, produjeron miles de vidas, moldeadas por el trabajo y la conspiración, en Filadelfia, Nueva Orleans, Nueva York, Tampa y Cayo Hueso, se educaron políticamente en el contacto con la transformación de Estados Unidos en una sólida democracia federal e imperial. Esa inmigración fue testigo privilegiado del nacimiento de la república estadounidense como potencia hegemónica del hemisferio occidental, en el lapso que va de la Doctrina Monroe a la del Destino Manifiesto, de la absorción de más de dos millones de kilómetros cuadrados del norte de México, en 1848, a la ocupación de Cuba, Puerto Rico y Filipinas, en 1898; de la abolición de la esclavitud en 1865, tras el desenlace de la guerra civil, a la formulación de la política panamericana del "Gran Garrote", o corolario Roosevelt al "monroísmo", en los primeros años del siglo XX.[32]

---

[30] *Ibid.*, p. 179.

[31] Vidal Morales y Morales, *Iniciadores y primeros mártires*, La Habana, Consejo Nacional de Cultura, 1963, t. I, pp. 243-276.

[32] *Ibid.*, pp. 29-72.

El activismo de las élites intelectuales y políticas de aquella emigración, en el siglo XIX, tuvo dos momentos de especial intensidad, antes del estallido de la guerra de independencia de 1868 y la formación de la Junta Republicana de Cuba y Puerto Rico en Nueva York. El primero se ubica entre mediados de las décadas de los 20 y los 30, es decir, entre 1823 —año del descubrimiento de la conspiración de los "Soles y Rayos de Bolívar", de la Doctrina Monroe y la llegada de Félix Varela y José María Heredia a Estados Unidos— y los inicios de la década siguiente, cuando muere Fernando VII, deja de publicarse *El Mensajero Semanal*, la revista editada por Varela y Saco en Filadelfia y Nueva York, llega Miguel Tacón, con su régimen de facultades omnímodas, a la Capitanía General de Cuba, y se afianza el excepcionalismo colonial de Cuba y Puerto Rico.[33] Ese momento (1820-1831) corresponde a la que Herminio Portell Vilá, a partir de un comentario en la prensa británica, llamó la "Turquía de América": un emporio caribeño que, como el lejano imperio otomano, era desconectado de la corriente separatista continental y sumido en la decadencia colonial por las políticas transatlánticas.[34]

El segundo momento de fuerte presencia de la inmigración cubana en Estados Unidos podría ubicarse a mediados del siglo XIX, en las décadas de los 40 y 50. Este sería el momento de esplendor del anexionismo cubano, cuando se producen las tres expediciones de Narciso López, y cuando el Club de la Habana promueve la compra de Cuba por los gobiernos estadounidenses de James Polk, Zachary Taylor y Franklin Pierce.[35] Desde la perspectiva de la historia intelectual, las mayores contribuciones al patriotismo anexionista de aquellos años tal vez se deban

---

[33] *Ibid.*, pp. 73-124; Herminio Portell Vilá, *Historia de Cuba en sus relaciones con Estados Unidos y España*, La Habana, Jesús Montero, 1938, t. I, pp. 347-484. Véase también Gerald E. Poyo, *With All, and the Good of All. The Emergence of Popular Nationalism in the Cuban Communities of the United States, 1848-1898*, Durham, Duke University Press, 1989.

[34] Herminio Portell Vilá, *op. cit.*, pp. 197-292.

[35] Basil Rauch, *American Interest in Cuba: 1848-1855*, Nueva York, Columbia University Press, 1948, pp. 101-120, 201-261 y 262-294.

al periódico *La Verdad* (1848-1860).[36] Fue esa colonia de inmigrantes, en Nueva York y, sobre todo, en Nueva Orleans, la que se alió a otros hispanoamericanos enemigos de España, como el chileno Benjamín Vicuña MacKenna y los mexicanos Benito Juárez y Melchor Ocampo. El principal contacto de aquellos hispanoamericanos con la esfera pública sureña y sus accesos a Washington fue Cora Montgomery, en cuya casa vivió Gaspar Betancourt Cisneros (*El Lugareño*), líder intelectual del anexionismo.[37]

Luego de la frustración de las colonias de emigrantes de la primera oleada —la de Félix Varela y *El Habanero*—, debido al rechazo de políticos como James Monroe, John Quincy Adams y Henry Clay a cualquier apoyo a los movimientos antiespañoles promovidos por México y Colombia, el objetivo de los exiliados se desplazó prioritariamente a Washington, desde mediados de la década del 40 y hasta la Guerra de de los Diez Años. Como doble reacción a la posibilidad de una revuelta de esclavos y al expansionismo británico en el Caribe, puestos en primer plano por la conspiración de La Escalera, en 1844, y la propaganda abolicionista del cónsul inglés, David Turnbull, los criollos se concentraron en recabar el auxilio de Estados Unidos. En su escrito *The Queen of Islands*, Cora Montgomery resumiría aquel proyecto que era también la plataforma editorial de *La Verdad*. La incorporación de Cuba y Puerto Rico a Estados Unidos, como entidades esclavistas, era no sólo un deseo "mayoritario" entre los criollos de esas islas —lectores, según Montgomery, de Paine y Franklin— sino una necesidad del crecimiento de la confederación sureña y de la protección de la región caribeña de la hegemonía británica.[38]

Cuba, decía esta activista del expansionismo sureño, parecía colocada por el "dedo de la Providencia" como una llave entre

[36] *Ibid.*, pp. 121-150 y 151-180; Vidal Morales y Morales, *op. cit.*, t. II, pp. 9-106 y 107-202; Herminio Portell Vilá, *Narciso López y su época, 1848-1850*, pp. 39-43, 209-217 y 303-363.

[37] Herminio Portell Vilá, *op. cit.*, t. II, pp. 38-44; t. III, p. 187.

[38] Cora Montgomery, *The Queen of Islands*, Nueva York, Charles Wood, 1850, p. 6.

el Atlántico y el Golfo de México. La anexión de Cuba era, pues, la mejor manera de comunicar las dos rutas comerciales fundamentales del sur de Estados Unidos: la del Atlántico y la del Mississippi. El acceso al Caribe que ofrecería la misma haría aún más fuerte a Estados Unidos en el hemisferio, aunque, por momentos, parecía que cuando Montgomery hablaba de la "nación" se refería no a toda la Unión sino a la confederación sureña.[39] A la incorporación de cinco nuevos estados a la comunidad de territorios esclavistas y plantadores —California, Oregon, Minnesota, Nuevo México y Texas—, que resultó de la guerra contra México, fervorosamente defendida por Montgomery, podía sumarse Cuba, abriendo la puerta de la expansión hacia el Caribe. Al igual que en sus textos sobre la ocupación de México, el argumento era civilizatorio, aun cuando partiera de la defensa de la institución esclavista:

> Para hacer contrapeso a esta gran extensión de territorio libre no existe más que una franja estatal relativamente pequeña a lo largo del extremo sur, a la cual no le vendría nada mal que se agregara la isla de Cuba [...] Para cada uno de los estados, para la nación y para el bienestar último de las razas, se antoja de lo más sabio y bondadoso invitar a Cuba al pacto de la unión y someter a la tosca y subdesarrollada familia negra al crisol de la emancipacion gradual.[40]

En todos los sentidos, mediados del siglo XIX eran un momento propicio para lograr un involucramiento de Washington en la cuestión cubana. En La Habana, tras el régimen de facultades omnímodas de Tacón, se sucedían los impopulares gobiernos de O'Donell, Roncali y Concha. En Estados Unidos, las administra-

[39] *Ibid.*, pp. 16-22.

[40] *Ibid.*, pp. 26-27. "To balance this wide domain of free soil, there is but a comparatively small band of States along the extreme South, and to which the Island of Cuba can make no frightfull addition [...] For the individual states, for the nation, and for the ultimate good of the races, it seems wisest and kindest to invite Cuba into the Compact of the Union, and subject the crude and undeveloped negro family to the crucible of gradual emancipation".

ciones de Polk, Taylor y Fillmore habían logrado la incorporación de Texas, California, Nuevo México y Oregon y la política exterior estadounidense, recelosa de los intereses británicos en el Caribe y Centroamérica, pasaba de la Doctrina Monroe a la del Destino Manifiesto, la cual debió su formulación más nítida a un senador sureño, John L. O'Sullivan, que era cuñado del importante empresario azucarero y activista de la emigración cubana Cristóbal Mádam, y amigo personal de Cora Montgomery.[41]

Mádam y otros miembros de las élites esclavistas de la isla, afiliados al Círculo de La Habana, como José Luis Alfonso, impulsaron la creación, en 1849, de la primera Junta Cubana de Nueva York, integrada por Gaspar Betancourt Cisneros, Juan Manuel Macías, José María Sánchez Iznaga, Ambrosio José González, Porfirio Valiente, Pedro Agüero, Victoriano Arrieta, Juan Clemente Zenea y Cirilo Villaverde, y destinada a respaldar intelectual, diplomática y logísticamente al general Narciso López en sus esfuerzos por insurreccionar la isla e incorporarla a la federación estadounidense. Washington, sin embargo, que en ese momento se encontraba en el tránsito del breve gobierno de Taylor al de Fillmore, apoyó tímidamente a la junta y al general López, mientras daba seguimiento a la propuesta de compra de la isla a Madrid, propuesta hecha un año antes por el secretario de Estado de la administración Polk, James Buchanan. Sin embargo, los anexionistas, a pesar de múltiples esfuerzos, no lograron el apoyo de dos patriarcas del patriotismo cubano: Félix Varela y José Antonio Saco.

Cuando en 1849 Gaspar Betancourt Cisneros, editor de *La Verdad*, intentó contactar al padre Félix Varela, precursor del republicanismo, éste, asignado entonces a la iglesia de San Agustín, en La Florida, respondió con el silencio.[42] Lorenzo de Allo,

[41] Linda S. Hudson, *op. cit.*, pp. 95-116.

[42] Joseph y Helen M. McCadden, *Félix Varela. Torch Bearer from Cuba*, San Juan, Puerto Rico, Remallo Bros. Printing Inc, 1984, p. 121; José Ignacio Rodríguez, *Vida del presbítero don Félix Varela*, Nueva York, Imprenta de "O Novo Mundo", 1878, pp. 356-359; Antonio Hernández Travieso, *El padre Varela. Biografía del forjador de la conciencia cubana*, La Habana, Jesús Montero, 1949, pp. 396-403.

ex alumno de Varela en el Seminario de San Carlos y San Ambrosio de La Habana, y también colaborador de *La Verdad*, visitó a Varela a fines de 1852 para proponerle que se sumara a la causa anexionista y encontró la misma respuesta: el padre Varela, principal impulsor de la independencia de Cuba en Estados Unidos treinta años atrás, pertenecía a otro mundo.[43] A pesar de la distancia de Varela y de la oposición de José Antonio Saco, otra de las autoridades intelectuales del reformismo cubano, los anexionistas desplegaron una actividad impresionante en Estados Unidos entre 1849 y 1865. En medio de la guerra de Chile y Perú contra España, desatada este último año, Benjamín Vicuña Mackenna, enviado como agente "confidencial" o "agitador" del gobierno chileno a Estados Unidos, pudo comprobar aquella movilización de los republicanos cubanos.

La primera impresión que se llevó Vicuña era que las conspiraciones anexionistas habían decaído luego del fracaso de las invasiones de Narciso López y de la derrota de los esclavistas confederados en la guerra civil. A Vicuña le parecen, entonces, aquellas conspiraciones "meras generalidades que carecen de una organización determinada, sobre todo, desde que los Estados del Sur de la Confederación, que antes abrigaban esas miras, han perdido todo su influjo político y su poder material".[44] Pero en cuanto Vicuña constató que la política exterior de Estados Unidos, encabezada entonces por William Seward, buscaba un entendimiento con España por medio del respeto a la soberanía de ésta sobre las islas del Caribe, procuró la colaboración con los anexionistas cubanos, a quienes consideró aliados en la lucha contra un enemigo común: Madrid. La visita de Seward a La Habana, a fines de 1865, provocó una gran irritación al intelectual y político chileno:

---

[43] *Ibid.*, pp. 125-145.

[44] Benjamín Vicuña Mackenna, *Diez meses de misión a los Estados Unidos de Norte América como agente confidencial de Chile*, Santiago de Chile, Imprenta de la Libertad, 1867, t. I, p. 111. Véase también Ricardo Donoso, *Don Benjamín Vicuña Mackenna. Su vida, sus escritos y su tiempo. 1831-1886*, Santiago de Chile, Imprenta Universitaria, 1925, pp. 211-227.

> Aquella visita a la Habana, aquel festín oficial del capitán General Dulce, y sobre todo, aquel brindis diplomático pronunciado por el secretario de Estado de la América del Norte —"los Estados Unidos no tenían más planes para estas regiones que el progreso y la felicidad de esta gente... España es la única potencia europea con derecho de poseer territorios en América, dado que España siempre ha sido eminentemente americana. Tiene la gloria de haber descubierto América y haberla dado al mundo, y además de haber poblado y evangelizado estas vastas regiones"— en el territorio del enemigo que asolaba por esos mismos días nuestras costas, quemando nuestras naves y alistando la tea con que debían incendiar a Valparaíso, no puede, no debe comentarse.[45]

A partir de entonces, Vicuña entró en contacto con los cubanos y los mexicanos y les ofreció ayuda en la lucha de los primeros contra España y de los segundos contra el imperio de Maximiliano y la Francia de Napoleón III, aliada de Madrid. En el elocuente capítulo XXIX de su libro, Vicuña reconstruía la historia de los esfuerzos de cubanos y puertorriqueños por independizarse de España —las conspiraciones masónicas, la prédica de Varela, la "inmolación" de Plácido, los "suplicios" de Agüero en Puerto Príncipe y Armenteros en Trinidad, las expediciones de Narciso López...— desde el punto de vista anexionista.[46] Vicuña distinguía cuatro corrientes políticas en la cuestión cubana: el "partido peninsular puro", que defendía el *statu quo* colonial y esclavista; el "partido concesionista o evolucionario", que veía personificado en el Conde de Pozos Dulces y el periódico *El Siglo*, y que apostaba por reformas beneficiosas para los criollos desde Madrid; el "partido anexionista", que trabajaba por la

[45] *Ibid.*, t. II, p. 5. "the United States had no other views or desires in these regions than the advancement and happiness of these people... Spain is the only European power that has any right to a footing in America, since Spain had always been eminently American. She has the glory of having discovered and bestowed America upon the World, and of having peopled and christianized these vast regions"

[46] *Ibid.*, pp. 48-52.

anexión de Cuba a Estados Unidos y que identificaba, entre otros, con Domingo de Goicuría —"soldado de fortuna que se titulaba *general*, por haber sido uno de los lugar tenientes de William Walker en Nicaragua"—, y el "partido revolucionario e independiente", que, según él, estaba representado por la Sociedad Republicana de Cuba y Puerto Rico, que preparaba una insurrección separatista en la isla, y por el poeta José Agustín Quintero, exiliado en Nueva Orleans, de quien reprodujo un poema antiesclavista aparecido en *La Voz de América*.[47]

La diferencia entre "anexionistas" e "independientes", según Vicuña, era tan difusa que podía reducirse a que los primeros querían "la independencia importada de los Estados Unidos", mientras que los segundos la querían por medio de una revolución interna.[48] Vicuña se propuso entonces respaldar a la Sociedad Republicana de Cuba y Puerto Rico, y para ello entró en contacto con el cubano Juan Manuel Macías y el puertorriqueño Juan Francisco Bassora, a quienes ofreció el apoyo de los barcos chilenos, ayudas monetarias para la compra de armamentos y solidaridad intelectual por medio de la *Voz de América*, una publicación que asumió la causa de la guerra contra España, y que el chileno trató de hacer llegar directamente a la Habana, Puerto Príncipe y Santiago de Cuba por diversos medios.[49] En su correspondencia con la Sociedad Republicana de Cuba y Puerto Rico, en Nueva York, Vicuña aporta detalles sobre aquella colaboración, en la que, a pesar de la identidad ideológica republicana, no faltó la duda del chileno, provocada por la ausencia de los que llamaba "actos positivos" que manifestaran el "deseo de los habitantes de las islas de emanciparse".[50] En su reseña histórica de los esfuerzos de los cubanos por separarse de España, esa duda acentuaba el equívoco entre independencia y anexión. A partir de la geopolítica imperial de Thomas Jefferson y Henry

---

[47] *Ibid.*, pp. 40 y 54-56.

[48] *Ibid.*, p. 55.

[49] *Ibid.*, pp. 59-62 y 138-155.

[50] *Ibid.*, p. 140.

Clay, que consistía en el respaldo de Washington a la soberanía española sobre la isla, para evitar que ésta cayera en manos de Gran Bretaña o Francia, Vicuña escribía con desencanto:

> Que Cuba ha de pertenecer en época no tan lejana a los Estados Unidos por compra, o anexión, por conquista o sufragio universal, que es otro modo de conquistar puesto hoy día en boga por déspotas hipócritas, es un hecho tan necesario e imprescindible como el de su independencia de la España o el de la abolición de la esclavitud, cosas que han de correr parejas en los encadenamientos del porvenir.[51]

El republicanismo hispanoamericano de Vicuña, como el de Juárez, Ocampo, Prieto y tantos otros intelectuales y políticos de la región a mediados del siglo XIX, no era inconsciente del elemento imperial que comenzaba a perfilarse en el federalismo estadounidense ni de la dramática transformación de la Doctrina Monroe en doctrina del Destino Manifiesto, por la cual Estados Unidos, de guardián de las soberanías americanas frente a Europa, se convertía en potencia hegemónica del hemisferio. Pero la coyuntura del conflicto con España y Francia, en las primeras décadas de la segunda mitad del siglo XIX, reflejo, a su vez, del conflicto interno entre liberalismo y conservadurismo dentro de los nuevos Estados nacionales, presionaba a los republicanos a favor de una alianza con Estados Unidos. Los últimos romanos de que hablaba el poeta Heredia, sabían que actuaban en los estrechos márgenes de un mundo atlántico, sometido a la pugna entre colosos comerciales y navales, reacios a aceptar el orden internacional establecido en el Congreso de Viena.

[51] *Ibid.*, p. 42.

The King of Rivers

Entre 1853 y 1858 convivió en la ciudad de Nueva Orleans un grupo de exiliados hispanoamericanos que, desde diversas experiencias nacionales, encontró allí un lugar propicio para trabajar a favor de sus causas políticas. El puerto era entonces la principal plaza de comercio con La Habana y Veracruz, y uno de los grandes centros de la política sureña en Estados Unidos. Nueva Orleans funcionaba a mediados del siglo XIX como un lugar estratégico para la comunicación intelectual y política con México y el Caribe, y como una vía de acceso a la política de Washington hacia América Latina. En su folleto *The King of Rivers* (1850), Cora Montgomery sostenía que la "dignidad imperial" del Mississippi, de su delta y de su principal ciudad, Nueva Orleans, habían desplazado al Atlántico como ruta comercial, intelectual y política de la hegemonía estadounidense sobre el Caribe y Centroamérica.[52] El texto de Montgomery tenía un antecedente importante en el diario del viaje de H. M. Brackenridge por el río Missouri, que también incluía una alabanza de Louisiana como una zona de contacto con América Latina.[53]

Nueva Orleans, con sus librerías e imprentas en los alrededores de Saint Louis Cathedral, en el French Quarter, bien comunicadas con los muelles de Canal Street y Poydrass, había reemplazado a Filadelfia en la relación con Hispanoamérica a mediados del siglo XIX.[54] Montgomery hablaba del Mississippi como una arteria fluvial que descendía desde los estados "negrófilos" del Norte y desembocaba en el Golfo de México, y, a través de Cuba, Santo Domingo y Puerto Rico, en el Caribe, como señal de que esas islas debían ser incorporadas al naciente imperio para asegurar la prosperidad de la economía de plantación azucarera esclavista.[55]

---

[52] Cora Montgomery, *The King of Rivers*, Nueva York, Charles Wood, 1850, p. 3.

[53] H. M. Brackenridge, *Views of Louisiana*, Pittsburgh, Cramer, Spear and Eichbaum, 1814, pp. 4-8.

[54] Kirsten Silva Gruesz, *op. cit.*, pp. 108-120; Ned Sublette, *op. cit.*, pp. 263-270.

[55] Cora Montgomery, *op. cit.*, pp. 6, 11-13 y 16.

El Mississippi era, en la prosa exaltada de Montgomery, "el mediador más elocuente, el árbitro más enégico y el defensor más incansable del pacto federal".[56] La Confederación Sureña era, a su juicio, una "noble maquinaria" que debía expandirse hacia las últimas posesiones españolas en el Caribe con el fin de consolidar la hegemonía hemisférica del imperio republicano.[57]

Los dos principales núcleos de aquella comunidad de exiliados, en Nueva Orleans, fueron los liberales mexicanos desterrados de la dictadura de Antonio López de Santa Anna y los anexionistas cubanos deportados por la Capitanía General de la isla de Cuba. Liberales mexicanos y anexionistas cubanos tenían en común, además de la sociabilidad masónica y el credo republicano que los movilizaba contra regímenes monárquicos y despóticos, una orientación geopolítica similar, que se inscribía en la tradición de la Doctrina Monroe, bien entendida, y que los identificaba en la oposición al reino de Isabel II, entonces en transición de la "década moderada" de Ramón María Narváez (1843-1853) al "bienio progresista" (1854-1856) de Baldomero Espartero.[58] Los cubanos rechazaban a España porque sostenía un régimen colonial y esclavista en la isla; los mexicanos, porque el trono isabelino se había alineado con la dictadura de Santa Anna y el grupo conservador que emergía con fuerza en la política de su país.

La oposición a España provocó en aquellos intelectuales y políticos una natural aproximación a Estados Unidos, aun en momentos del sensible desplazamiento de la Doctrina Monroe por la doctrina del Destino Manifiesto, que sobrevino a la guerra contra México en 1847.[59] El liberalismo y el republicanismo

---

[56] *Ibid.*, p. 3. "the most persuasive mediator, the most energetic arbiter, and the most vigilant defender of federal compact".

[57] *Ibid.*, pp. 17-19.

[58] Joseph Pérez, *Historia de España*, Barcelona, Crítica, 2000, pp. 468-474; Juan Pablo Fusi y Jordi Palafox, *España: 1808-1996. El desafío de la modernidad*, Madrid, Espasa, 1997, pp. 53-86. Véase también María Eugenia Vázquez Semandeni, "La masonería durante el periodo juarista", en Conrado Hernández e Israel Arroyo, comps. *Las rupturas de Juárez*, Oaxaca, Universidad Autónoma de Oaxaca, 2007, pp. 287-312.

[59] Anders Stephanson, *Manifest Destiny. American Expansion and the Empire of Right*, Nueva York, Hill and Wang, 1995, pp. 28-65.

eran, entonces, referentes ideológicos más fuertes que el nacionalismo, en cualquiera de sus modalidades románticas, y unos y otros estaban resueltos a superar cualquier escrúpulo patriótico en un acercamiento conveniente al aliado estratégico y poderoso que representaba Estados Unidos. Lograr el reconocimiento y el respaldo de Washington a la causa liberal mexicana, y la destrucción del orden colonial y esclavista de España, por medio de la anexión de la isla a Estados Unidos, eran objetivos complementarios para aquellos conspiradores.

Son esos los años del llamado "filibusterismo" y de la difusión de las tesis expansionistas estadounidenses por medio de la reproducción del tópico del "atraso español".[60] El exilio de intelectuales y políticos hispanoamericanos en diversas ciudades de Estados Unidos, como Filadelfia, Nueva York y Nueva Orleans, tuvo un papel poco reconocido en la traducción y comunicación de aquellas ideas. A partir de la guerra de 1847 contra México, Estados Unidos, como han señalado Anders Stephanson y Robert Kagan, comenzó a convertirse en una "nación peligrosa" o en una potencia que no solo protegía a las nuevas repúblicas hispanoamericanas de las monarquías europeas, sino que las amenazaba con su naciente hegemonía.[61] Los cubanos anexionistas, amigos de Benito Juárez, como veremos, no parecían conscientes de aquella amenaza.

Desterrado de México, Juárez había llegado en octubre de 1853 a Nueva Orleans, ciudad donde residían desde el verano de ese año Melchor Ocampo, Ponciano Arriaga, José María Mata, José María Montenegro, Manuel Cepeda Peraza, José María Gómez, José D. Zetina, Miguel María Arrioja y otros liberales "puros".[62]

---

[60] Sobre el filibusterismo, véase Rodrigo Lazo, *Filibustering and Cuban Exiles in the United States*, Chapel Hill y Londres, The University of North Carolina Press, 2005, pp. 1-20. También Gerald E. Poyo, *Con todos y para el bien de todos. Surgimiento del nacionalismo popular en las comunidades cubanas de los Estados Unidos. 1848-1898*, La Habana, Editorial de Ciencias Sociales, 1998, pp. 15-49.

[61] Robert Kagan, *Dangerous Nation*, Nueva York, Vintage Books, 2006, pp. 224-245.

[62] Will Fowler, *Santa Anna of Mexico*, Lincoln y Londres, University of Nebraska Press, 2007, p. 297.

Desde la proclamación del Plan de Ayutla, en marzo de 1854, los exiliados intentan respaldar la revolución antisantannista desde Estados Unidos. La comunicación con los líderes de aquel movimiento, Juan Álvarez, Ignacio Comonfort y Florencio Villarreal, se inició desde el verano de ese año. Sin embargo, las intervenciones concretas a favor de la revuelta liberal comenzaron en los primeros meses de 1855, cuando se creó la Junta Revolucionaria de Brownsville y el enviado de Comonfort, Miguel María Arrioja, se estableció definitivamente en Nueva Orleans.

El 28 de febrero, Juárez, Mata y Gómez escriben a Ocampo y Arriaga, quienes se habían trasladado a Brownsville, invitándolos a sumarse a la revolución. El argumento que utilizan es más moral que político y se refiere a la condición del exilio impuesta por Santa Anna:

> Aparte de otras consideraciones, existe también la de nuestro propio honor, la de nuestra propia dignidad. Ustedes saben que el general Santa Anna, juzgándonos por su propio pecho, nos ha cerrado las puertas de la Patria, que ofrece abrirnos a condición de que nos humillemos a jurarle obediencia y sancionar con nuestro juramento la injusticia que ha hecho pesar sobre nosotros y sobre nuestras desgraciadas familias.[63]

Unos días después, Arriaga y Ocampo —"ateridos de frío por el norte actual"— responden a los exiliados de Nueva Orleans desde Brownsville y concuerdan con ellos en rechazar el "indulto tan impropiamente llamado amnistía", y se ponen a sus órdenes para cualquier operativo de respaldo a la revolución.

Luego de este intercambio epistolar se creó en Brownsville una junta revolucionaria que sesionó durante todo el verano de 1855, subordinada políticamente al grupo de Nueva Orleans y al enviado Arrioja. Es esa junta la que entra en contacto con Santiago Vidaurri y los revolucionarios de Villa Aldama, Nuevo León,

[63] Jorge L. Tamayo, *Epistolario de Benito Juárez*, México, FCE, 1957, p. 90.

[64] Benito Juárez, *Documentos, discursos y correspondencia*, México, UAM, 2006, t. I, cap. V, pp. 59-60, 73-74 y 94-95.

y la que consigue 250 pesos para financiar el viaje de Juárez a Acapulco, pasando por La Habana y Panamá, en junio de aquel año.[64] Durante el año y medio que vivió en Nueva Orleans, Juárez entró en contacto con los exiliados anexionistas cubanos Pedro Santacilia y Domingo de Goicuría, quienes poseían una empresa naviera con la cual exportaban reses y mulas a La Habana y Veracruz. Juárez había tenido noticias de estos conspiradores en las semanas que vivió en La Habana, entre octubre y diciembre de 1853, y sabía que, a través de aquel negocio, los conspiradores cubanos apoyaban las revueltas separatistas en la isla.[65]

Durante el exilio de Nueva Orleans, Juárez aprovechó la amistad con los cubanos para utilizar la misma empresa a favor de las revoluciones de Ayutla y Acapulco, y para ganar apoyos a la causa liberal entre el círculo de políticos sureños, partidarios de la anexión de Cuba. Aunque no ha sido confirmado por la historiografía, es muy probable que los 4500 fusiles, decenas de piezas de artillería y gran cantidad de municiones y pólvora que se enviaron a Acapulco desde Nueva Orleans, en enero de 1855, hayan sido transportados por un buque fletado por la empresa de Santacilia y Goicuría.[66] Pero no hay duda de que a través de sus amigos cubanos Juárez conoció a publicistas y políticos sureños, como Emile La Sere, director de *The Louisiana Courrier*, y el senador Pierre Soulé, un entusiasta promotor del expansionismo estadounidense.

En sus cartas a Ocampo, Juárez se muestra siempre como un exiliado atento a la llegada de cualquier barco con noticias de México. El *Orizaba* y el *Nautilus* traían ejemplares frescos de *La Abeja Poblana*, y cada mañana ojeaba Juárez *The Daily Delta*, en busca de noticias sobre la revuelta liberal. En un periódico proespañol de Nueva Orleans, leyó un artículo del cónsul Valdez, diplomático destacado en esa ciudad, en el que se criticaba a los rebeldes antisantannistas. En febrero de 1855, le comenta a Ocampo: "ya verá las lindezas que dice este aventurero contra los mexicanos que están pronunciados. Cuando haya oportuni-

[65] *Ibid.*, pp. 12-20.

[66] *Ibid.*, p. 36.

dad no deje de hacerle unos cariños".[67] Unos días después, la respuesta no proviene precisamente de Ocampo, sino del periódico de los cubanos anexionistas, *La Verdad*, donde, al decir de Juárez, le dan una "zurra" al cónsul antiliberal.[68]

La intensidad del vínculo de Juárez con aquellos exiliados cubanos se confirmaría en los años siguientes. Hacia 1858, cuando las posibilidades de anexar Cuba a Estados Unidos, por medio de una expedición armada o de la compra de la isla a España, se han agotado, Santacilia y Goicuría, desde Nueva Orleans, comienzan a actuar como agentes del gobierno liberal mexicano en su guerra contra los conservadores. En los primeros meses de 1858, Santacilia envió a Juárez un ejemplar de *La Verdad*, con un artículo de la editora, Cora Montgomery, a favor del reconocimiento del gobierno liberal por parte de la nueva administración del presidente James Buchanan. En junio de ese mismo año, Juárez agradece a Santacilia sus trabajos a favor del ansiado reconocimiento:

> Celebro bastante que el Presidente de los Estados Unidos no esté ya resuelto a proteger al gobierno de Zuloaga, que lejos de tener algo de nacional, no es sino la expresión del partido del retroceso y los abusos, y cuyo programa consiste simplemente en esclavizar al pueblo por medio de soldados para explotarlo en beneficio propio. Y celebro tanto más esa resolución del magistrado referido cuanto ella importa a la convicción que debe tener de que el gobierno en cuestión protegerá siempre la política y los intereses europeos con preferencia sobre los americanos, que por razón natural le son siempre opuestos.[69]

Mientras Santacilia cabildea a favor del reconocimiento del México liberal, Goicuría realiza varios viajes entre México y Estados Unidos como agente de Juárez. El 6 de junio de 1858,

---

[67] *Ibid.*, p. 35.

[68] *Ibid.*, p. 39. Véase también *La Verdad*, año 8, 28 de febrero de 1855, Nueva Orleans, p. 2.

[69] Ernesto de la Torre Villar, ed., *Correspondencia Juárez-Santacilia*, México, Secretaría de Marina, 1972, pp. 1-2.

por ejemplo, Juárez le cuenta a Santacilia que Goicuría viaja de México a Nueva York para levantar fondos a favor de la causa liberal, en coordinación con José María Mata. En mayo de 1859, Juárez vuelve a escribir a su amigo de Nueva Orleans, celebrando que Goicuría viaje a México "para que se imponga a fondo de nuestra situación y pensemos el modo de arbitrar medios eficaces que pongan término a esta guerra desastrosa".[70] El respaldo militar y diplomático de los gobiernos de Buchanan y Lincoln al liberalismo mexicano se debió, en buena medida, a aquella agencia de los dos amigos cubanos de Juárez. Más allá de que ambos —sobre todo Santacilia, quien llegaría a poner residencia en México en 1861 y casarse en 1864 con Manuela, la hija de Juárez— experimentaran una acelerada mexicanización política, la conexión de la causa mexicana como la que ha estudiado Tomás Pérez Vejo, pasaba por un vehemente antiespañolismo.[71]

En dos textos poco conocidos de Goicuría, uno de su etapa reformista y otro del periodo anexionista, es posible leer la evolución de este intelectual y político cubano. En 1846, Goicuría, como el gran erudito José Antonio Saco, aún pensaba en la posibilidad de que España pusiera fin a la trata esclavista y, por medio de un aumento de la población blanca de la isla y de la renovación tecnológica de la industria azucarera, impidiera una revolución separatista de índole racial.[72] Con su proyecto de colonización blanca, dirigido a la Corona, Goicuría actuaba en consonancia con el reformismo criollo que, desde los tiempos de Arango y Parreño, pedía el fin de la trata, no para acabar con la esclavitud, que era una pieza clave del sistema de plantación azucarera, sino para evitar que la población negra cre-

[70] *México y Cuba. Dos pueblos unidos en la historia*, México, Centro de Investigación Científica Jorge L. Tamayo, 1982, t. I, p. 115. Para la biografía de Domingo de Goicuría, véase Néstor Carbonell Rivero, *Próceres*, Miami, Editorial Cubana, 1999, pp. 107-118.

[71] Tomás Pérez Vejo, *España en el debate público mexicano, 1836-1867. Aportaciones para una historia de la nación*, México, El Colegio de México/EHAH/INAH, 2008, pp. 299-346.

[72] Domingo de Goicuría, *Memorial presentado a Su Majestad por Don Domingo de Goicuría para el aumento de la población blanca y la producción del azúcar en la Isla de Cuba*, Madrid, Imprenta de J. Martín Alegría, 1846, pp. 1-20.

ciera demasiado y se repitiera en Cuba una revolución como la haitiana. Diez años después, en su manifiesto *Al pueblo de Cuba* (1855), Goicuría habrá transitado de aquel reformismo a un anexionismo abolicionista y antiespañol.[73] Desde esa posición el cubano hizo suya la causa liberal mexicana.

En el caso de Santacilia, aquel antiespañolismo llega a expresiones de lírica elocuencia. En los poemas que forman *El arpa del proscrito* (1856) y *El laúd del desterrado* (1858) es posible leer la ideología de Santacilia en el momento del inicio de su amistad con Juárez. En el poema "Salmo de David", por ejemplo, Cuba, la patria, aparece como una nueva Jerusalén, oprimida por la vieja Babilonia: España. Santacilia, que había sido deportado a la península por sus conspiraciones anexionistas, relata el hecho a través de una alegoría bíblica: "Y tú, Dios de justicia,/ que conoces del hombre los senderos,/ contempla la malicia/ de los hijos de Edom, de los que fieros/ a la patria querida nos robaron/ y cual esclava y mísera colonia/ cautivo nos llevaron/ a la antigua, soberbia Babilonia". Y concluía el poema con una invocación de la justicia divina: "Castígalos, Señor, no como el bueno/ goce el malo de dulce bienandanza,/ suene terrible tu voz el trueno/ y descienda sobre ellos la venganza".[74]

En otro poema, "A España", más explícito aún, Santacilia comenzaba con cinco exergos (*Ruinas de Itálica,* de Rodrigo Caro; *A Padilla,* de Manuel José Quintana; *Elegía,* de José de Espronceda; *A Riego,* de José María Heredia, y *España artística,* de José Zorrilla) en los que el imperio peninsular era descrito como un "coloso del mal". Al poeta cubano le interesaba colocarse dentro de una tradición hispánica que, al mismo tiempo que exaltaba la lengua castellana y se identificaba con su tradición católica, rechazaba el despotismo monárquico y el colonialismo esclavista. Así, desde los primeros versos de aquel largo poema,

---

[73] Domingo de Goicuría, *Al pueblo de Cuba,* Nueva York, Imprenta de Esteban Hallet, 1855, pp. 5-15.

[74] Matías-Montes Huidobro, *El laúd del desterrado,* Houston, Arte Público Press, 1995, pp. 80-81.

Santacilia se presentaba como hijo de España, como heredero de su gran cultura castellana o, más bien, como un buen súbdito español que se decepciona de su reino y abre los ojos a las masacres del ejército español contra los pueblos musulmanes de Filipinas y Marruecos, que, todavía en el siglo XIX, se resistían a la evangelización cristiana:

> ¡Desdichada nación! Ayer tu nombre
> llenaba con su gloria el Universo,
> hoy... olvidada vives de la historia
> que menosprecia referir tus hechos.
> ¡Oh, si la frente alzaran del sepulcro
> los que en Lepanto y San Quintín cayeron!
> ¡Como ruborizados la ocultaran,
> al contemplar las glorias de sus nietos!
> ¡Balanguinguí! ¡Joló! ¡Las Chafarinas!
> ¡Esas glorias son del pueblo ibero!
> ¡Después de los gigantes que pasaron
> Sólo quedan... parodias de pigmeos...![75]

En un tópico recurrente de la tradición antihispánica, la conquista de América es vista por Santacilia como parte de la estela de muerte y destrucción que dejaba la monarquía católica a su paso por la historia:

> Y no bastando a tu poder un mundo,
> otro mundo más grande te dio el cielo;
> pero tus hijos crueles y feroces,
> de sangre, y oro, y de maldad sedientos,
> las inocentes tribus de aquel mundo
> devoraron cual buitres carniceros,
> y mil pueblos, y mil que allí vivían,
> en tropel a la tumba descendieron...

[75] *Ibid.*, p. 76.

Cayó del Anahuac la monarquía
y de los Incas sucumbió el imperio;
Atahualpa, Canoabo, Moctezuma,
Hatuey, Guatimozín... ¡todos cayeron![76]

Finalmente, España no sólo es ese trono tiránico que coloniza y esclaviza, sino un reino que trasmite atraso y violencia a sus posesiones:

¡Sanguinaria nación! ¡Como Saturno
devoraste los hijos de tu seno,
y después cual Caín, a tus hermanos
sacrificaste con encono fiero!
Como el árbol del mundo americano
a cuya sombra que emponzoña el suelo,
callan las aves y la planta muere,
se marchita la flor y huye el insecto;
así también a la funesta sombra
de tu pendón fatídico y sangriento
huye la libertad, cesa la industria,
calla la ilustración, muere el progreso.
Hija de los desiertos africanos,
parece que la mano del eterno
para librar de tu contacto a Europa
hasta el éter alzó los pirineos.[77]

El tópico del atraso español era colocado aquí en el centro de una simbología destinada a consolidar el "árbol americano" por la vía de la república liberal. A mediados del siglo XIX, cuando fue escrito este poema, la idea de homologar políticamente las dos partes del continente americano seguía siendo lo suficientemente sólida como para movilizar las políticas de los anexionistas cubanos. La labor diplomática de Santacilia y Goicuría a

[76] *Id.*

[77] *Ibid.*, p. 77.

favor del liberalismo mexicano, dentro de la cual habría que incluir la concepción y negociación del controvertido Tratado McLane-Ocampo y el respaldo de Estados Unidos a la causa juarista, debe entenderse a partir de ese sustrato simbólico republicano, heredero del de los padres fundadores de Hispanoamérica, que persiste en identificar a España con el enemigo de la civilización moderna en el Nuevo Mundo.[78]

El poeta Santacilia, nacido en Santiago de Cuba en 1826, estaba familiarizado con la condición del exilio, ya que de niño había vivido el destierro de su padre por el capitán general Miguel Tacón. Desde fines de los cuarenta, el joven Santacilia se involucró en las conspiraciones anexionistas que, a lo largo y ancho de la isla, apoyaron los proyectos expedicionarios del general venezolano Narciso López. Encarcelado y deportado en 1852, logró fugarse de sus captores en Gibraltar y emigrar a Nueva York y Nueva Orleans, las dos ciudades donde se agrupaban los cubanos partidarios de la anexión de la isla a Estados Unidos.[79] Desde esas ciudades, Santacilia desarrolló una importante obra intelectual y política, como lo demuestran las ediciones de su poemario *El arpa del proscrito* (1856); su participación en la antología de poetas exiliados *El laúd del desterrado* (1858); la publicación, en Nueva Orleans, de sus interesantes *Lecciones orales sobre la Historia de Cuba* (1859), unas conferencias pronunciadas en el Ateneo Democrático Cubano de Nueva York y su trabajo, junto con Gaspar Betancourt Cisneros, José Mesa, Cirilo Villaverde, Miguel Teurbe Tolón, Néstor Ponce de León, Manuel Quibús, Anacleto Bermúdez, Ramón de Palma, Juan Clemente Zenea, Cristóbal Mádam, Porfirio Valiente, Pedro Agüero, Pedro Ángel Calderón, Lorenzo de Allo Bermúdez y los hermanos Aniceto y Antonio

[78] Sobre el Tratado McLane-Ocampo y, en general, las relaciones de Juárez con Estados Unidos, véanse los interesantes artículos de Richard Blaine McCormack, "Juárez y la armada norteamericana", José Fuentes Mares, "La misión de Mr. Pickett" y Jorge L. Tamayo, "El Tratado McLane-Ocampo", en *Benito Juárez en la revista Historia Mexicana*, México, El Colegio de México, 2006, pp. 183-263.

[79] Pablo Prida Santacilia, *Apuntes biográficos de Pedro Santacilia*, México, SEP, 1927, pp. 5-50.

Iznaga, como redactor del periódico *La Verdad* (1848-1860), principal órgano de aquel exilio anexionista.[80]

La Verdad había sido fundada en enero de 1848, en Nueva York, por el intelectual y político camagüeyano Gaspar Betancourt Cisneros (*El Lugareño*) y la ya mencionada periodista, viajera y escritora Jane McManus Storm Cazneau, quien firmaba sus textos con el pseudónimo de Cora Montgomery.[81] Hija de un político neoyorquino, McManus se había casado en segundas nupcias con el empresario y legislador tejano William L. Cazneau, quien respaldaba la ampliación territorial de Estados Unidos hacia México, el Caribe y Centroamérica, como parte del proceso de expansión sureña iniciada con la independencia de Texas en 1836 y su anexión a Estados Unidos en 1845. Desde mediados de los cuarenta, cuando escribía para *The New York Sun* y *The Democratic Review*, Cora Montgomery se convirtió en una de las más elocuentes portavoces de la doctrina del Destino Manifiesto, hasta el punto de que, como ha documentado Linda S. Hudson, sus artículos fueron aprovechados por John L. O'Sullivan, el principal teórico de aquella estrategia geopolítica, en la escritura de los textos básicos de dicha doctrina.[82]

Al igual que O'Sullivan, quien había respaldado la presidencia de James Knox Polk (1844-1848) y defendido la anexión del norte de México en *The Democratic Review*, a mediados de aquella década Cora Montgomery se involucró como reportera y agente diplomática de Zachary Taylor y Winfield Scott en la guerra de 1847. Luego de la invasión a México, Montgomery se interesó en el Caribe, especialmente en Cuba, y trasladó la tesis

[80] Pedro Santacilia, *El arpa del proscrito*, Nueva York, Imprenta de L. Hansen, 1856, pp. 12-30; José María Heredia *et. al.*, *El laúd del desterrado*, Nueva York, Imprenta de "La Revolución", 1858, pp. 73-81; Pedro Santacilia, *Lecciones orales sobre la Historia de Cuba*, Nueva Orleans, Imprenta de Luis E. del Cristo, 1859, pp. 8-42.

[81] José M. Labraña, "La prensa en Cuba", *Cuba en la mano. Enciclopedia popular ilustrada*, La Habana, Úcar y García, 1940, p. 681.

[82] Linda S. Hudson, *op. cit.*; Robert D. Sampson, *John L. O'Sullivan and His Times*, Kent, Ohio, Kent State University Press, 2003.

del Destino Manifiesto a esa región, argumentando que la incorporación de las islas españolas a Estados Unidos reforzaría a este país frente a sus rivales europeos. En sus viajes por la cuenca del Mississippi, el Golfo de México y el Caribe, fue anotando en un cuaderno las impresiones personales que conforman los libros *The Queen of Islands* (1850) y *The King of Rivers* (1850), en donde proponía una integración comercial y política de esas tres regiones.[83]

En el momento en que se reunían en Nueva York y Nueva Orleans los exiliados cubanos y mexicanos, Cora Montgomery se encontraba enfrascada en otro proyecto: el estudio de la frontera sur de Texas. Sus memorias *Eagle Pass: or, Life on the Border* (1852) fueron un manifiesto contra el exterminio de indios seminoles en esa zona y, a la vez, una denuncia de los maltratos del gobierno mexicano a ciudadanos de Estados Unidos asentados en la región fronteriza.[84] Al entrar en contacto con aquella colonia de emigrados, esta intelectual neoyorquina, que residía entre Texas y Louisiana, encontró una aprovechable afinidad de intereses: los cubanos deseaban la anexión de la isla, y los mexicanos buscaban apoyo en su lucha contra la dictadura de Santa Anna y el ascenso de la corriente conservadora.

Durante los dos periodos editoriales de *La Verdad*, el de Nueva York (1848-1853) y el de Nueva Orleans (1854 y 1860), ambas causas lograron entrelazarse de manera natural. En el "prospecto" del primer número, del 10 de enero de 1848, Cora Montgomery y Gaspar Betancourt Cisneros colocaron la publicación en una perspectiva "americana", a pesar de la composición fundamentalmente cubana de la redacción. Para aquellos exiliados hispanoamericanos, la reorientación geopolítica del Destino Manifiesto implicaba más continuidades que rupturas con la Doctrina Monroe y generaba una atmósfera propicia den-

---

[83] Cora Montgomery, *The Queen of Islands, op. cit.*; Cora Montgomery, *The kings of Rivers, op. cit*, pp. 7-50; Robert E. May, "Lobbyist for Comercial Empire: Jane Cazneau, William Cazneau and the U. S. Caribbean Policy, 1846-1878", *The Pacific Historical Review*, vol. 48, núm. 3, agosto de 1979, pp. 383-412.

[84] Cora Montgomery, *Eagle Pass: or, Life on the Border*, pp. 73-91.

tro de Estados Unidos para el respaldo a las corrientes liberales y republicanas de Hispanoamérica:

> Persuadidos, pues, del gran interés que tiene la América, y en particular el pueblo de los Estados Unidos, en la adopción de un sistema general, de un principio único y de una política enteramente distinta de la política de Europa, nos ha parecido que el mayor servicio que pudiéramos hacer a esta causa es encargarnos de la redacción de un periódico que sólo tenga por objeto agitar esos principios, descubrir sus miras y despejar la opinión de aquellos pueblos que, por sus circunstancias particulares, se han rezagado del curso general de las ideas en América.[85]

La línea editorial de la revista se mantuvo dentro de los márgenes de una promoción de la idea republicana en el ámbito continental. En este sentido, la filiación monroísta de la misma era indudable, y su incorporación a la estrategia del Destino Manifiesto también, a pesar de que la misma implicara la reproducción de estereotipos raciales y civilizatorios sobre el "rezago" de Hispanoamérica, y de que no pocos de sus promotores hubieran sido partidarios de la guerra de 1847 contra México e, incluso, de la anexión de buena parte o todo el territorio de esa nación. El pragmatismo con que los exiliados hispanoamericanos de Nueva York y Nueva Orleans se sumaron a aquella campaña sólo puede entenderse a partir del esperado apoyo de Washington a políticas concretas, como el fin del colonialismo español en la isla o el derrocamiento de la dictadura de Santa Anna en México.

El periódico y la imprenta *La Verdad* habían concentrado buena parte de su proyección, a través de artículos y folletos, en la crítica de las posiciones españolas en la esfera pública y diplomática de Estados Unidos. Así, por ejemplo, Betancourt Cisneros, Agüero, Mádam y Allo polemizaron con el periódico proespañol

[85] *La Verdad*, núm. 1, 10 de enero de 1848, Nueva York, pp. 1-2.

La Crónica, de Nueva York, y con el erudito cubano José Antonio Saco, un reformista opuesto a la anexión.[86] Cuando en el verano de 1849, tras el fracaso de la primera expedición de Narciso López a Cuba, el presidente Taylor, respondiendo a un comunicado del ministro de España en Washington contra el "filibusterismo" anexionista, publicó una proclama en que calificaba de "criminales en alto grado" a quienes participaran en esas incursiones, Betancourt Cisneros escribió en inglés una encendida protesta contra la posición del gobierno de Estados Unidos.[87]

Durante los dos años siguientes se repitió el mismo escenario ante las dos expediciones de López: España denunciaba las conspiraciones de los anexionistas en Estados Unidos, y el presidente Fillmore se desmarcaba de las acciones hostiles a la soberanía española en la isla. Como documentara el historiador cubano Ramiro Guerra, los anexionistas tenían la simpatía de importantes políticos estadounidenses, sobre todo del Sur, como los generales Jefferson Davis, Robert E. Lee, William Jenkins Worth y John Quitman; los senadores John C. Calhoun y Pierre Soulé y algunos líderes prosureños del partido demócrata como el senador de Pennsylvania James Buchanan, y el de Illinois Stephen A. Douglas, fundador, junto con Edwin de León, George H. Evans y el editor de *The New Orleans Delta*, Laurence Sigur, de The Young America Movement, una facción de los demócratas

---

[86] Gaspar Betancourt Cisneros, *Algunas observaciones a "La Crónica" de New York*, Nueva York, Imprenta La Verdad, 1848, pp. 1-34; Pedro Agüero, *Anexión de Cuba a los Estados Unidos, o sea, algunas observaciones sobre esta importante cuestión*, Nueva Orleans, Imprenta La Verdad, 1849, pp. 1-16; Gaspar Betancourt Cisneros, *Ideas sobre la incorporación de Cuba a los Estados Unidos en contraposición a las que ha publicado Don José Antonio Saco*, Nueva York, Imprenta La Verdad, 1849, pp. 1-28; Cristóbal Mádam, *Contestación a un folleto publicado sobre la incorporación de Cuba en los Estados Unidos, por Don José Antonio Saco, que le dirige uno de sus amigos*, Nueva York, Imprenta La Verdad, 1849, pp. 1-18; Lorenzo de Allo Bermúdez, *Dúplica a la réplica de Don José Antonio Saco a los anexionistas que han impugnado sus ideas sobre la incorporación de Cuba a los Estados Unidos*, Nueva York, Imprenta La Verdad, 1850, pp. 1-42.

[87] Gaspar Betancourt Cisneros, *The United States Government Has Injured the Liberty of the People of Cuba*, Nueva York, Imprenta La Verdad, 1849, pp. 1-17; Ramiro Guerra, *La expansión territorial de Estados Unidos a expensas de España y los países hispanoamericanos*, La Habana, Cultural S. A., 1935, pp. 253-255.

inspirada en los nacionalismos románticos europeos que promovía el expansionismo de su país.[88]

En el que sigue siendo el mejor estudio del movimiento anexionista cubano en el siglo XIX, de José Ignacio Rodríguez, se insiste en que aquel respaldo de importantes personalidades del ejército y la política no implicaba necesariamente el apoyo de Washington.[89] En Estados Unidos había simpatías por la anexión, pero se rechazaba la idea de una revolución antiespañola en la isla y se valoraba cada vez más la posibilidad de que Madrid accediera a vender Cuba. En la expedición de López y el coronel William Critenden, de agosto de 1851, que había sido desconocida por el presidente Fillmore, fueron capturados y ejecutados en el castillo de Atarés más de cincuenta anexionistas, la mayoría de ellos estadounidenses, sin que Washington se solidarizara con las víctimas. En marzo de 1852, *La Verdad* dedicó dos números a honrar a los "héroes" de Atarés y a criticar la complicidad de Estados Unidos con España.[90]

La expansión de Estados Unidos hacia el Sur parecía ser una tendencia geopolítica irresistible, aunque cada administración cavilara sobre el método más conveniente para llevarla a cabo. Por ello, en 1852, Washington rechazó la propuesta de Gran Bretaña y Francia de firmar un compromiso en el que por respeto a España la gran república renunciara a cualquier intento

---

[88] Ramiro Guerra, *op. cit.*, pp. 251-261. Véase también Jonathan Eyal, *The Young America Movement and the Transformation of the Democratic Party. 1828-1861*, Nueva York, Cambridge University Press, 2007; Robert E. May, *Manifest Destiny's Underworld: Filibustering in Antebellun America*, Chapel Hill, The University of North Carolina Press, 2002; Robert E. May, *The Southern Dream of a Caribbean Empire*, Gainesville, University of Florida Press, 2002.

[89] José Ignacio Rodríguez, *Anexión de la isla de Cuba a los Estados Unidos de América*, Miami, Editorial Cubana, 2001, pp. 131-162 y 452-453.

[90] *La Verdad*, núm. 100, 20 de marzo, 1852, Nueva York, pp. 1-3; *La Verdad*, núm. 101, 30 de marzo, 1852, Nueva York, p. 2. Véase también Gaspar Betancourt Cisneros, *Cuba y su Revolución. Vindicación de la conducta de los cubanos durante los últimos sucesos de Cuba*, Nueva York, Imprenta La Verdad, 1851, pp. 1-20; O. A. Brownson, *España y los Estados Unidos. Las expediciones piráticas de ciudadanos americanos contra la Isla de Cuba, y las relaciones entre Estados Unidos y España que de aquéllas han resultado*, Nueva York, Imprenta La Crónica, 1852, pp. 1-32.

de adquisición de Cuba. Con el ascenso de Franklin Pierce a la presidencia, la idea fue retomada en su versión mercantil o diplomática, no revolucionaria, tal y como puede constatarse en las famosas conferencias de Ostende, en octubre de 1854, entre los ministros de Estados Unidos en Madrid, Pierre Soulé, en Londres, James Buchanan, y en París, J. Y. Mason, quienes intentaron convencer a sus contrapartes europeas de que el interés de Washington en Cuba era irrenunciable por la cercanía natural de la isla y el crecimiento del comercio estadounidense en las Antillas.[91] En un famoso despacho del secretario de Estado Everett, dirigido a sus homólogos europeos, se decía:

> Si una isla como Cuba, perteneciente a España, estuviese situada en la boca del Támesis, o en el Sena, y viniesen los Estados Unidos a proponer a la Gran Bretaña o a Francia una convención como la que esas naciones proponen ahora a Estados Unidos, no se podría ocultar por un momento a los respectivos gobiernos que la renuncia por parte de Washington de toda idea de apoderarse de aquella era poco seria.[92]

Es en esa coyuntura que Juárez conoce a Santacilia en Nueva Orleans. Como se percibe en la evolución editorial de *La Verdad,* los anexionistas cubanos intentaban entonces adaptarse a la idea de que, tras la ejecución de López y Critenden, cualquier respaldo a la anexión por parte de Washington sería bajo la condición de que la vía para la incorporación de la isla fuera diplomática o mercantil.[93] Algunos folletos de aquellos años, como la respuesta de Cirilo Villaverde a Saco, la invitación de Porfirio Valiente a los peninsulares de la isla a sumarse a la anexión por las ventajas materiales que obtendrían, los manifiestos de Ambrosio José González, Cristóbal Mádam y Domingo Goicuría, y el

---

[91] José Ignacio Rodríguez, *op. cit.*, pp. 166-194; Ramiro Guerra, *op. cit.*, pp. 263-280.

[92] *Ibid.*, p. 172.

[93] *La Verdad,* núm. 131, 30 de enero, 1853, Nueva York, p. 2; *La Verdad,* 30 de diciembre, 1853, Nueva York, p. 1; *La Verdad,* 30 de noviembre, Nueva York, 1854, p. 3.

panfleto sobre la esclavitud de Lorenzo de Allo, demuestran un desplazamiento del discurso anexionista hacia el imperialismo económico.[94] Los anexionistas cubanos seguían honrando a sus mártires y arreciaban la propaganda abolicionista, pero comenzaban a apartarse del camino de la revolución.[95]

El involucramiento que Santacilia y Goicuría alcanzaron en la causa liberal mexicana, contra Santa Anna, contra los conservadores, contra la intervención francesa y contra el imperio de Maximiliano, está relacionado con el fin de las expediciones anexionistas a Cuba. La ideología de ambos seguía siendo profundamente antiespañola, como se percibe en los poemas de Santacilia, pero el fin de los movimientos revolucionarios les permitió entregarse con mayor intensidad a otras políticas vecinas. Esa confluencia de intereses produjo, a mediados del siglo XIX, que aquellas políticas errantes de Hispanoamérica, en las que diversas identidades nacionales se borraban o superponían, siguieran reproduciéndose por medio de la conspiración, la diplomacia y el exilio.

---

[94] Cirilo Villaverde, *El Señor Saco con respecto a la revolución de Cuba*, Nueva York, Imprenta La Verdad, 1852, pp. 1-21; Ambrosio José González, *Manifest on Cuban Affairs Addressed to the People of the United Statu*, Nueva York, Daily Delta, 1853, pp. 1-26; Porfirio Valiente, *La anexión de Cuba y los peninsulares en ella*, Nueva York, Imprenta de José Mesa, 1853, pp. 1-28; Lorenzo de Allo Bermúdez, *La esclavitud doméstica en sus relaciones con la riqueza*, Nueva York, Imprenta de José Mesa, 1854, pp. 1-14, Cristóbal Mádam, *Llamamiento de la Isla de Cuba a la nación española por un hacendado*, Nueva York, Imprenta de Esteban Hallet, 1854, pp. 1-4; Domingo de Goicuría, *Al pueblo de Cuba*, 1855, pp. 2-4.

[95] Gaspar Betancourt Cisneros, *Addresses Delivered at the Celebration of the Third Anniversary in Honor of the Martyrs for Cuban Freedom*, Nueva Orleans, Sherman Wharton and Co., 1854, pp. 1-8.

EL DESENCANTO DE LOS HÉROES

Utopía y *desencanto* no son antinomias ni conceptos secuestrados por dialécticas imaginarias: son estaciones mentales de la construcción republicana, tanto en Estados Unidos como en Hispanoamérica.[1] La cultura de la frustración acompañó el proceso de edificación de Estados nacionales hispanoamericanos, ya que las élites intelectuales y políticas de la región partían de un credo ilustrado que representaba las ciudadanías como sujetos no "preparados" para la vida en república. Los reflujos de tantas lecturas ilustradas, que reproducían el tópico de la "inferioridad" americana, generaron en las élites criollas que encabezaron los procesos de independencia una relación compleja con sus propias comunidades, a las que veían, a la vez, como sujeto y obstáculo para la edificación de los Estados nacionales.[2]

La mayoría de los republicanos de la primera generación hispanoamericana eran críticos de las instituciones virreinales de la monarquía católica, de la composición estamental de las sociedades, del absolutismo borbónico, de la Inquisición y del atraso económico de la agricultura, la industria y el comercio. Sin embargo, a diferencia de los liberales y conservadores que emergerían en la esfera pública de las nuevas naciones a media-

---

[1] José Murilo de Carvalho, "Brazil, Brazil: sueños y frustraciones", en José Carlos Chiaramonte, Carlos Marichal y Aimer Granados, comps., *Crear la nación. Los nombres de los países de América Latina*, Buenos Aires, Sudamericana, 2008, pp. 17-40. Véase también Joseph J. Ellis, *American Creation. Triumphs and Tragedies of the Republic*, Nueva York, Vintage Books, 2007, pp. 3-19.

[2] Antonello Gerbi, *La disputa del Nuevo Mundo*, México, FCE, 1960, pp. 33-72.

dos de siglo, no siempre vinculaban los "vicios" o "virtudes" de la tradición colonial con la identidad "hispánica", "latina" o "católica" del antiguo régimen. Esas nociones, aunque aparecían ya en algunas zonas del pensamiento ilustrado, no se habían instalado en los imaginarios intelectuales de la segunda y la tercera décadas del siglo XIX.

Algunos de aquellos republicanos, como Rocafuerte, Mier, Varela, Vidaurre y Zavala, habían comulgado con el autonomismo gaditano y tenían amistades políticas dentro del liberalismo peninsular. La imagen de España, que en algunos textos de Bolívar llega a ser muy peyorativa, en Heredia o Bello, por ejemplo, es muy compleja, ya que parte de una asunción del legado literario peninsular. A grandes rasgos, podría decirse que aquella generación pensaba España de un modo parecido a los hermanos Humboldt, que tanto influyeron —sobre todo Alexander— en su formación. Durante su viaje por la costa mediterránea peninsular, entre 1799 y 1800, Wilhelm von Humboldt anotó en su diario, a propósito de los habitantes de Castilla la Vieja:

> Pura burguesía lejana de cualquier refinamiento y lujo, y finalmente una laboriosidad profunda, propia, pero modesta y retirada. Todas estas cosas se encuentran en España. El carácter, al mismo tiempo vivo, orgulloso y liberal, le recuerda a uno la época de los caballeros no menos que el traje de los hombres y la modosidad de las mujeres, y, finalmente, completan esta imagen otras imperfecciones y carencias, un retraso por detrás de otras naciones.[3]

Sin embargo, ya en Madrid, en contacto con dos de sus corresponsales, los ilustrados Pellicer y Lugo, Humboldt respira aires de progreso:

> Aquí en España, la Ilustración ya tiene un grado medio de preparación sobre el cual podría seguir avanzando sin degenerar en el

[3] Wilhelm von Humboldt, *Diario de viaje a España. 1799-1800*, Madrid, Ediciones Cátedra, 1998, p. 61.

> librepensamiento afilosófico. Hay gente suficiente que se alegraría con un cristianismo ilustrado, otros que quizá preferirían uno natural, pero que se dan por satisfechos con continuar con el primero. Un estudio profundo de la Biblia y de la religión, introducción a las lenguas clásicas [...], tales serían los medios correctos. Si alguna vez se lograra dar un salto, difícilmente se mantendría la formación. Lugo y Pellicer me resultan dos ejemplos notables. Ambos son ilustrados y ambos están en contra de la opresión y la Inquisición; el primero, sin embargo, es un jansenista; el último, sólo quiere combatir los falsos milagros para salvar los auténticos. Con ello hay indicios claros de que se está en el camino de la reforma y la formación moral de la nación.[4]

Frente a España, los republicanos hispanoamericanos se mueven en esa dialéctica entre el rechazo y la promesa. Pero al relacionarse con sus propias ciudadanías, que ven conformadas por antiguos súbditos del régimen colonial, la ambivalencia se vuele aún mayor. Esas ciudadanías son la subjetividad que deberá construir las nuevas repúblicas y, sin embargo, por su historia y por sus tradiciones, carece de la moralidad que demanda el orden republicano. De modo que, según algunos de ellos, deberán experimentarse gobiernos "imperfectos" que transformen a los antiguos súbditos en nuevos ciudadanos, por medio de la educación de la libertad, hasta que la subjetividad requerida sea creada y puedan establecerse instituciones plenamente republicanas.

Este argumento, recurrente en muchos republicanos de la primera generación, y que desde entonces ha migrado entre diversos autoritarismos latinoamericanos, es perceptible en fray Servando Teresa de Mier y Simón Bolívar, dos críticos del régimen federalista —si bien partidarios de formas distintas de centralización—, pero también en varios defensores del federalismo, como Lorenzo de Zavala y Vicente Rocafuerte, que entendían que ese tipo de gobierno era adaptable a las tradiciones locales y provinciales de la monarquía hispánica. Unos y otros aplicaban

[4] *Ibid.*, p. 100.

soluciones divergentes a un mismo problema: el de la ausencia de ciudadanías para las repúblicas, que sería la fuente del copioso discurso del desencanto que reproducirán esas élites a partir de 1830.

Nación de veletas

En su famosa "profecía" ante el Congreso Constituyente mexicano que, en 1824, adoptó la forma de gobierno federalista en el gran país mesoamericano, fray Servando Teresa de Mier se quejó del deseo de imitar a Estados Unidos que predominaba entre los legisladores. La estadounidense, según Mier, no era la única forma de federalización que existía: había otras maneras de federarse como la alemana, la suiza o la holandesa y podían imaginarse otras nuevas. A Mier le molestaba el "arrebato de atención" que los congresistas mexicanos ponían en la experiencia estadounidense, pero lo que le parecía mal en la imitación no era el imitado sino el imitador.

Como bien ha señalado José Antonio Aguilar, la idea de que la Constitución mexicana de 1824 fue una copia de la estadounidense no es totalmente cierta.[5] Hasta Alexis de Tocqueville la repitió en *La democracia en América* con el fin de demostrar que las mismas instituciones y las mismas leyes en dos contextos culturalmente distintos, como Estados Unidos y México, producían efectos divergentes, ya que los mexicanos, al "trasladar la letra de la ley, no pudieron trasponer al mismo tiempo el espíritu que la vivifica".[6] En el *Examen imparcial de la administración de Bustamante* (1834), Lucas Alamán, a partir de Edmund Burke, pudo concluir que los "extravíos metafísicos de los filósofos especulativos" del siglo XVIII, plasmados en la Constitución de

---

[5] Lucas Alamán, *Examen imparcial de la administración de Bustamante*, México, Conaculta, 2008, p. 23. El prólogo de José Antonio Aguilar se titula "Alamán en el periodo de Bustamante".

[6] *Id.*

1824, no provenían del modelo de Estados Unidos sino de la Asamblea Constituyente Francesa, a través del liberalismo gaditano.[7]

Para desilusión de algunas lecturas nacionalistas de Mier y Alamán, el rechazo de ambos a adoptar el modelo estadounidense no se inspiraba en una crítica del mismo sino en la certidumbre de la incapacidad de México, por su "naturaleza" centralista, para avenirse con formas de gobierno "perfectas". Sólo que Alamán, como señala Aguilar, estaba más cerca de una interpretación institucional, mientras que Mier coqueteaba con algunos argumentos que hoy llamaríamos "culturalistas". En el discordante paralelo entre ambos vecinos, Mier encontraba razones para defender una diferenciación política, que tenía dos raíces: una que podríamos llamar "estructural", la "poca ilustración" y el "centralismo natural" de los mexicanos, y otra coyuntural, la demanda de "unidad nacional" que generaba la amenaza de reconquista de México por España y la Santa Alianza. Ambos elementos producían una suerte de Estado de excepción al que debía corresponder una "federación razonable y moderada":

> La prosperidad de esta república vecina ha sido, y está siendo, el disparador de nuestra América porque no se ha ponderado bastante la inmensa distancia que media entre ellos y nosotros. Ellos eran ya Estados separados e independientes unos de otros, y se federaron para unirse contra la opresión de Inglaterra; federarnos nosotros estando unidos, es dividirnos y atraernos los males que ellos procuraron remediar con esa federación. Ellos habían vivido bajo una constitución que con sólo suprimir el nombre del rey es una república; nosotros, encorvados trescientos años bajo el yugo de un monarca absoluto, apenas acertamos a dar un paso sin tropiezo en el estudio de la libertad. Somos como niños a quienes se han quitado las fajas, o como esclavos que acabamos de largar cadenas inveteradas. Aquél era un pueblo nuevo, homogéneo, industrioso, laborioso, ilustrado y lleno de virtudes sociales, como

[7] *Ibid.*, p. 24.

> educado por una nación libre; nosotros somos un pueblo viejo, heterogéneo, sin industria, enemigos del trabajo y queriendo vivir de empleos como los españoles, tan ignorante en la masa general como nuestros padres, y carcomido por vicios anexos a la esclavitud de tres centurias. Aquél es un pueblo pesado, sesudo, tenaz; nosotros, una nación de veletas, si se me permite esta expresión, tan vivos como el azogue y tan móviles como él. Aquellos Estados forman a la orilla del mar una faja litoral, y cada uno tiene los puertos necesarios a su comercio; entre nosotros sólo en algunas provincias hay algunos puertos o fondeaderos, y la naturaleza misma, por decirlo así, nos ha centralizado.[8]

La propuesta de Mier no era centralista —"yo siempre he opinado por un medio entre la confederación laxa de Estados Unidos y la concentración peligrosa de Colombia y Perú"— pero se justificaba con los mismos argumentos de los regímenes unitarios y presidencialistas de esos países sudamericanos: falta de ilustración, heterogeneidad social, vicios heredados, infancia política.[9] La idea de la niñez civilizatoria era, como en Bolívar, ambivalente, ya que Mier aseguraba que México, a diferencia de Estados Unidos, era un pueblo viejo, con densidad en su pasado. Aun así, el fraile utiliza la analogía del país niño más de una vez: "querer desde el primer ensayo de libertad remontar hasta la cima de la perfección social es la locura de un niño que intentase hacerse hombre perfecto en un día".[10]

Al final del largo pasaje citado hay una idea que no ha merecido la necesaria atención de la historiografía. Mier ofrece como elemento de ese centralismo "histórico" y "natural" de México el hecho de que la Nueva España no hubiera alcanzado un suficiente desarrollo portuario, a pesar de la importancia de su comercio para la metrópoli. Esto le sirve para señalar la gra-

---

[8] Fray Servando Teresa de Mier, *Ideario político*, Caracas, Biblioteca Ayacucho, 1978, p. 290.

[9] *Ibid.*, p. 294.

[10] *Ibid.*, p. 290.

vitación centrípeta de las provincias hacia la ciudad de México, y también para caracterizar a la nueva república como un país más terrestre que marino. El fascinante tema fue desarrollado por el jurista y filósofo alemán Carl Schmitt, cuando redactaba su gran estudio *El nomos de la tierra en el derecho de gentes del "Ius publicum europaeum"* (1950).[11]

Mientras tomaba notas para su tratado jurídico, Schmitt se percató de que una diferencia sustancial entre los imperios colonizadores de los siglos XV y XVI, como España y Portugal, y las grandes potencias atlánticas de los siglos XVII y XVIII, como Inglaterra, Francia y Holanda, era que las primeras conquistaban grandes extensiones de tierra y generaban culturas telúricas o continentales, mientras que las segundas conquistaban, ante todo, los mares y las costas, creando culturas de litoral, como Estados Unidos y algunas islas del Caribe. Aquellas notas dieron lugar a un breve tratado mitopoético sobre las diferencias entre las culturas marinas y terrestres, titulado *Tierra y mar. Una reflexión sobre la historia universal* (1981), último libro publicado en vida por Schmitt.[12]

La idea de Schmitt en aquel texto convergía con la observación de Mier, más de un siglo atrás. La conquista del Nuevo Mundo por España había introducido una revolución espacial planetaria, centrada en la tierra firme, siguiendo el modelo castellano. Los británicos, en cambio, provenientes de una isla, introdujeron un principio oceánico en la conquista de la América del Norte que se tradujo en el rápido desarrollo del litoral de la costa atlántica colonial, desde Boston hasta Filadelfia. Estados Unidos, como decía Schmitt, a diferencia de los países mediterráneos o caribeños, no surgió como una nación de cuencas sino como una potencia oceánica. México, pensaba Mier, era todo lo contrario: un país que mira hacia adentro.

Cuando Mier hacía esas formulaciones no buscaba una afirmación del orgullo nacional sino algo muy distinto: una crítica

---

[11] Carl Schmitt, *El nomos de la tierra*, Granada, Comares, 2002, pp. 163-178.

[12] Carl Schmitt, *Tierra y mar*, Madrid, Trotta, 2007, pp. 58-69.

de la cultura política heredada del antiguo régimen. Sin embargo, no deja de ser curioso que en su pertinaz oposición al imperio de Iturbide, durante 1822, Mier obviara que ese gobierno proponía un proyecto de expansión territorial hacia Centroamérica y el Caribe que habría redundado en la creación del poderío naval que él echaba en falta durante la primera República Federal. En uno de los dictámenes de la Suprema Junta Gubernativa del Imperio, redactado por Azcárate, Heras y Sánchez Enciso en 1821, se valoraban positivamente las ventajas que tendría para México la posesión de puertos caribeños como La Habana o San Juan.[13]

Pero el antimonarquismo de Mier era más fuerte aún que el de Bolívar, quien poseía una idea melancólica del poder imperial, como se comprueba en sus ambivalentes sentimientos sobre Napoleón y su relación con el hijo de Agustín de Iturbide, a quien hizo su edecán antes de morir. A Bolívar lo había impresionado el desenlace trágico de Iturbide, el emperador de la América Septentrional, quien había sido acusado de "traición a la patria" por el Congreso mexicano —una de las intervenciones más elocuentes contra Iturbide fue, precisamente, la del padre Mier: "nada hizo por la libertad de su patria y nada le debemos. No hizo sino obedecer al tirano de su amo para trasladarlo a México [...], y cuando vio la facilidad con que el intento podía conseguirse, sustituyó al tirano, trocó por las suyas las cadenas con que Fernando quería sujetar nuestra patria"— y capturado en Soto La Marina, Tamaulipas, y luego ejecutado en Padilla, en el verano de 1824, cuando regresaba a México con el fin de sumarse a la defensa del país, amenazado por la Santa Alianza.[14]

El hijo de Iturbide quiso honrar la memoria de su padre poniéndose a las órdenes del Libertador e interviniendo en la batalla de Ayacucho. Bolívar se estremeció al leer la carta de despedida de Iturbide a su hijo, en la que el malogrado empe-

[13] Rafael Rojas, *Cuba mexicana. Historia de una anexión imposible*, México, SRE, 2001, pp. 146-147.

[14] Fray Servando Teresa de Mier, *op. cit.*, p. 314.

rador presagiaba una "muerte en extremo amarga" y lo conminaba a defender la causa de la libertad americana, sin reparar en el rechazo que despertaría su linaje: "nada te importe la crítica de los impíos y libertinos: compadécete de ellos y desprecia sus máximas por lisonjeras y brillantes que se te presenten".[15] En éste y otros puntos el republicanismo de Bolívar y el de Mier se separaban, pero la sintonía intelectual entre ambos es asombrosa.

Más de diez años antes del discurso de las "profecías" del padre Mier ante el Congreso Constituyente, Simón Bolívar había criticado el federalismo, casi con las mismas palabras que luego utilizaría el mexicano. Desde 1812, por lo menos, Bolívar sostenía con tenacidad la tesis ilustrada de que las constituciones de las nuevas repúblicas hispanoamericanas debían diseñarse tomando en cuenta las condiciones físicas y morales de las sociedades de la región. Pero al igual que Mier, su argumentación no estaba motivada por una visión positiva de esas condiciones, como han sostenido tantos lectores nacionalistas de Bolívar. En un texto tan temprano como la *Memoria dirigida a los ciudadanos de la Nueva Granada por un caraqueño* (1812), encontramos esa tesis que acompañará el pensamiento político de Bolívar hasta su muerte:

> Los códigos que consultaban nuestros magistrados no eran los que podían enseñarles la ciencia práctica del gobierno, sino los que han formado ciertos buenos visionarios que, imaginándose repúblicas aéreas, han procurado alcanzar la perfección política, presuponiendo la perfectibilidad del linaje humano. Por manera que tuvimos filósofos por jefes, filantropía por legislación, dialéctica por táctica y sofistas por soldados. Con semejante subversión de principios y de cosas, el orden social se resintió extremadamente conmovido, y desde luego corrigió el Estado a pasos agigantados a una disolución universal, que bien pronto se vio realizada.[16]

---

[15] Agustín de Iturbide, *Carta y despedida del Sr. Iturbide a su hijo, el mayor*, México, Impreso por H. L., Calle de D. Toribio, 1838, p. 2.

[16] Simón Bolívar, *Cartas del Libertador*, Caracas, Banco de Venezuela/Fundación Vicente Lecuna, 1964, t. I, p. 58.

Con lo de "repúblicas aéreas" no quería decir Bolívar lo mismo que Mier con lo de "nación de veletas". Pero ambos sentidos se compensaban en la denuncia básica de que los constitucionalistas de las nuevas repúblicas estaban desorientados por un exceso de teorías y una percepción idílica de sus ciudadanías. Bolívar se enfrentaba a la idealización ilustrada de las ciudadanías en temas tan concretos como el reclutamiento militar: "las repúblicas, decían nuestros estadistas, no han menester de hombres pagados para defender su libertad. Todos los ciudadanos serán soldados cuando nos ataque el enemigo".[17] A Bolívar le molestaba que los teóricos de las nuevas repúblicas aplicaran a Hispanoamérica ejemplos tomados de la historia de Grecia, Roma, Génova, Suiza, Holanda o Estados Unidos, a pesar de que él mismo era un admirador del pasado y el presente de esas naciones.[18]

A los defensores de los sistemas liberales y federalistas puros, que él cataloga indistintamente de "tolerantes", "antipolíticos", "perfectos" e "inexactos", Bolívar, como Mier, opone una idea realista de la tradición autoritaria y de la moral pública hispanoamericana y, a la vez, una apelación constante a la necesidad de "centralizar los gobiernos" para enfrentar la amenaza externa de España y la interna del "tumulto de los combates y partidos".[19] En resumidas cuentas, su idea de la "perfección" del sistema federal de Estados Unidos está ligada a una imagen de las naciones posvirreinales como comunidades "imperfectas", no preparadas, moral y culturalmente, para la vida republicana por el legado del absolutismo hispano:

> El sistema federal, bien sea el más perfecto y más capaz de proporcionar la felicidad humana en sociedad, es, no obstante, el más opuesto a los intereses de nuestros nacientes Estados; generalmente hablando, todavía nuestros conciudadanos no se hallan en

[17] *Id.*

[18] *Id.*

[19] *Ibid.*, p. 61.

aptitud de ejercer por sí mismos y ampliamente sus derechos, porque carecen de las virtudes políticas que caracterizan al verdadero republicano: virtudes que no se adquieren en los gobiernos absolutos, en donde se desconocen los derechos y los deberes del ciudadano.[20]

En la *Carta de Jamaica* (1815) reaparecerán estas mismas ideas, pero insertadas en una visión continental, menos apegada a los dilemas de la independencia venezolana y neogranadina. Allí Bolívar hablará del proceso separatista en Nueva España, Río de la Plata, Chile, Perú y hasta de las islas caribeñas de Cuba y Puerto Rico: "¿No son americanos estos insulares? ¿No son vejados? ¿No desearán su bienestar?", se preguntará.[21] Aunque entonces, Bolívar, al igual que Mier, se queja de que los estadounidenses no han apoyado la independencia de Hispanoamérica —"nuestros hermanos del Norte se han mantenido inmóviles espectadores en esta contienda"—, su percepción del sistema político de Estados Unidos no ha cambiado ni cambiará: en el *Discurso de Angostura* (1819) dirá que ese país es una "república de santos".[22]

Pero en la *Carta de Jamaica*, por la dimensión continental del texto, había un intento de definir la comunidad hispanoamericana que constituiría las nuevas repúblicas. Es ahí donde Bolívar propone la frase de "nosotros somos un pequeño género humano, poseedor de un mundo aparte, cercado por dilatados mares; nuevos en casi todas las artes y ciencias, aunque en cierto modo viejos en los usos de la sociedad civil".[23] La ambivalencia entre lo viejo y lo nuevo no acentuaba, como en Mier, el elemento utópico de la construcción republicana, sino la "imperfección" de esa comunidad: Hispanoamérica era nueva en "artes

[20] *Id.*

[21] *Ibid.*, p. 218.

[22] Simón Bolívar, *Doctrina del Libertador*, Caracas, Biblioteca Ayacucho, 1979, pp. 101-127.

[23] Simón Bolívar, *Cartas del Libertador, op. cit.*, t. I, p. 222.

y ciencias" porque no era ilustrada, y era vieja en "usos de la sociedad civil" porque provenía de las tradiciones estamentales y corporativas de una monarquía absoluta.

¿Qué tipo de subjetividad encontraba Bolívar en esas ciudadanías de antiguos súbditos del imperio español? En primer lugar, una con "existencia política nula", juicio severamente cuestionado por las historiografías coloniales en los dos últimos siglos y que, en el caso de Bolívar, tenía su origen en una escasa relación con el liberalismo gaditano. Los "moradores del hemisferio americano", según Bolívar, no eran "indios, ni europeos, sino una especie media entre los legítimos propietarios del país y los usurpadores españoles".[24] Esa "especie media", que remitía a las élites criollas y mestizas, a diferencia de los pueblos que se desprendieron del imperio romano y a diferencia de Estados Unidos, no tenía una nación en el pasado sobre la cual gravitar simbólicamente. Esta poderosa limitación, según Bolívar, colocaba la utopía fuera de cada una de las supuestas "naciones" virreinales y urgía a la creación de una confederación hispanoamericana.

Las fallas de origen de la subjetividad política en Hispanoamérica, según el Libertador, tenían que ver con el hecho de que el absolutismo hispánico privaba a los americanos no sólo de la "libertad sino de la tiranía activa y dominante".[25] Este pasaje de la *Carta de Jamaica*, uno de los más sugerentes de la rica prosa política de Bolívar, sostenía, prácticamente, que el absolutismo hispánico era peor que el despotismo de Turquía, Persia o China, ya que allí la voluntad del monarca o los príncipes era una ley suprema ejecutada arbitrariamente por subalternos turcos, persas y chinos: "la China, dice Bolívar, no envía a buscar mandatarios militares y letrados al país de Gengis Kan que la conquistó".[26]

La protesta de Bolívar contra la falta de autogobierno criollo es clara, pero la idea de una comunidad de súbditos "privados de

---

[24] *Id.*

[25] *Id.*

[26] *Ibid.*, p. 223.

la tiranía activa" tal vez implicaba algo más: que la mediación de los burócratas peninsulares en la administración civil, militar, fiscal y religiosa de los reinos de Ultramar, por la concepción pactista de la monarquía hispánica, producía un absolutismo no despótico. Ese absolutismo, sin embargo, le parece más dañino que el despótico, ya que el tipo de servidumbre que genera "no encuentra semejante en ninguna otra asociación civilizada".[27] En el *Discurso de Angostura* (1819), Bolívar dirá que un pueblo como el americano, "uncido al triple yugo de la ignorancia, la tiranía y el vicio no ha podido adquirir ni saber, ni poder, ni virtud".[28]

La premisa ilustrada de que las constituciones de las nuevas repúblicas debían parecerse a la "naturaleza", el "carácter" y las "costumbres" de las naciones hispanoamericanas se transforma en Bolívar en una doctrina realista y, por momentos, escéptica, que encuentra compensación en la utopía de la confederación hispanoamericana. Es la "unión" la que "operará prodigios" y la que completará "la obra de nuestra regeneración".[29] La lógica regeneradora era ineludible, luego de un diagnóstico tan copioso de vicios, pero Bolívar relaciona esa regeneración tanto con la búsqueda del gobierno perfecto en cada república como con la edificación de una confederación hispanoamericana, que le parece un "imposible" realizable, como el "laudable delirio" del abate Saint Pierre de "reunir un Congreso europeo para decidir la suerte de aquellas naciones".[30] En otro momento de la *Carta de Jamaica*, esta oscilación entre realismo y utopía se plasma con claridad:

> Yo deseo más que otro alguno ver formar en América la más grande nación del mundo, menos por su extensión y riquezas que por su libertad y gloria. Aunque aspiro a la perfección del gobierno de

---

[27] *Id.*

[28] Simón Bolívar, *Doctrina del Libertador, op. cit.*,p. 105.

[29] Simón Bolívar, *Cartas del Libertador, op. cit.*, t. I, p. 234.

[30] *Ibid.*, p. 231.

> mi patria, no puedo persuadirme de que el Nuevo Mundo sea por el momento regido por una gran república; como es imposible no me atrevo a desearlo; y menos deseo una monarquía universal de América, porque este proyecto, sin ser útil, es también imposible. Los abusos que actualmente existen no se reformarían, y nuestra regeneración sería infructuosa. Los Estados americanos han menester de los cuidados de gobiernos paternales que curen las llagas y las heridas del despotismo y la guerra [...] Para que un solo gobierno dé vida, anime, ponga en acción todos los resortes de la prosperidad pública, corrija, ilustre y perfeccione al Nuevo Mundo sería necesario que tuviese las facultades de un Dios, y cuando menos, las luces de todos los hombres.[31]

En este pasaje, a diferencia de otro más conocido en que imagina el Istmo de Panamá como un "Corinto" de las nuevas naciones americanas, Bolívar no habla de un Congreso sino de un gobierno; de ahí su famosa referencia a México como la única posible "metrópoli, por su poder intrínseco".[32] En todo caso, no deja de ser admirable que Bolívar, desde 1812 o 1815, cuando ni siquiera estaban independizadas Venezuela y Nueva Granada, tuviera tan nítidamente esbozado el proyecto que emprendería en los próximos diez años. La creación de aquellos gobiernos "paternales" debía dotarse de instituciones fuertes, que compensaran la presión de caudillos, provincias y facciones, y que subordinaran a una población étnicamente heterogénea. Las visiones de Bolívar sobre los indios y los negros americanos cargaban con toda la tradición del discurso ilustrado. De los primeros dirá, en carta al editor de la *Gaceta Real de Jamaica*, también en 1815:

> El indio es de un carácter tan apacible, que sólo desea el reposo y la soledad: no aspira ni aun a acaudillar su tribu, mucho menos a dominar las extrañas: felizmente esta especie de hombres es la que

[31] *Ibid.*, p. 228.

[32] *Id.*

> menos reclama preponderancia, aunque su número exceda a la suma de otros habitantes. Esta parte de la población es una especie de barrera para contener a los otros partidos: ella no pretende la autoridad, porque ni la ambiciona ni se cree con aptitud para ejercerla, contentándose con su paz, su tierra y su familia. El indio es el amigo de todos, porque las leyes no lo habían desigualado, y porque para obtener todas las mismas dignidades de fortuna y de honor que conceden los gobiernos, no han de menester recurrir a otros medios que a los servicios y al saber, aspiraciones que ellos odian más que lo que pueden desear las gracias.[33]

Sobre los segundos, en la misma carta, luego de quejarse de la facilidad con que los jefes contrainsurgentes —Boves, Morales, Rosete, Calzada...— "sublevaban a la gente de color, inclusive los esclavos, contra los blancos criollos", dirá:

> El esclavo en la América española vegeta, abandonado en las haciendas, gozando, por decirlo así, de su inacción, de la hacienda de su señor y de una gran parte de los bienes de la libertad; y como la religión lo ha persuadido de que es un deber sagrado servir, ha nacido y existido en esta dependencia doméstica, se considera en su estado natural, como un miembro de la familia de su amo, a quien ama y respeta.[34]

Las "naciones de veletas", de que hablaba Mier, refiriéndose a la inestabilidad de unas élites fragmentadas en regiones y caudillos, tenían, según Bolívar, una base social favorable a la construcción de gobiernos centralizados y autoritarios. Aquel realismo político, en ambos, pero sobre todo en el caraqueño, tenía un trasfondo melancólico y sombrío. Cuando Mier vaticinaba guerras civiles y pugnas entre caudillos, en el México federal, abría una puerta a la duda sobre la "voluntad general" como concepto político básico del gobierno representativo. Bolívar irá más lejos

[33] *Ibid.*, p. 241.

[34] *Ibid.*, p. 242.

aún, al cuestionar la perfectibilidad del linaje humano por obra de los sistemas políticos republicanos y democráticos. En sus momentos más sombríos, Bolívar echará mano de la larga tradición melancólica estudiada por José M. González García, que colocaba la idea de *vanitas* y el mito del infortunio en el centro de la imaginación republicana.[35]

La melancolía del caudillo

El componente profético de los escritos políticos de Bolívar y Mier alimentaba el discurso de la frustración que, desde la antigüedad, definió las experiencias republicanas como generadoras de discordias y anarquías.[36] En sus últimas cartas al amigo caraqueño Andrés Bello, todavía radicado en Londres, Mier comentaba orgulloso el impacto que había tenido su discurso de las "profecías" en el Congreso Constituyente mexicano de 1824. El padre decía a Bello que todos los legisladores se habían "levantado para aplaudirlo, abrazarlo, darle la pala y enjugar su llanto, porque hablaba de corazón y preveía todos los males de la patria y de América". Y agregaba: "pero yo hago aquí el papel de Casandra".[37] En una de esas cartas, del 15 de noviembre de 1826, Mier confirma ante Bello su profecía en el continente:

> Cuanto anuncié se va verificando a la letra y por desgracia sin esperanza de remedio, porque tenemos aquí nuestro Godoy y nuestro Carlos IV y una nación devorada de la empleomanía y del jacobinismo sus ideas. Por fortuna domina aquí el planeta Oveja y por su influjo vivimos en una anarquía moderada. No es así la que despedaza a la triste república de Guatemala, ya ha corrido sangre y

[35] José M. González García, *La diosa Fortuna. Metamorfosis de una metáfora política*, Madrid, A. Machado Libros, 2006, pp. 49-66

[36] Véase David Brading, *Mito y profecía en la historia de México*, México, Vuelta, 1988.

[37] Andrés Bello, *Obras completas. Filosofía*, Caracas, La Casa de Bello, 1984, t. xxv, p. 210.

> está más cancerada que la nuestra. ¿Y Colombia? Rebelado el general Páez en Venezuela, pidiendo la reforma de la constitución colombiana, ha contagiado con su mal ejemplo a Quito, Cuenca, Guayaquil, que no obedecen sino a Bolívar y exigen la constitución que éste ha dado a la república de su nombre ¡Hasta cuándo abriremos los ojos a la experiencia y nos dejaremos de teorías! Pobre América, digna de su docilidad y sus recursos de mayor suerte.[38]

Las cartas de Bolívar, a partir de 1827 y hasta su muerte en 1830, trasmiten la profunda desesperanza del Libertador con la empresa republicana en Hispanoamérica. Nunca hay una propuesta monárquica en Bolívar, pero sí la búsqueda permanente de equilibrios ejecutivistas o elitistas —presidencias vitalicias con derecho a nombrar sucesores, vicepresidencias y senados hereditarios, "cámaras de censores", "poder moral"— al gobierno representativo, como se observa en su proyecto de constitución para Bolivia, que él intentó promover, sin éxito, en la Gran Colombia y Perú.[39] En una carta a Guillermo White, Bolívar se defendía de quienes cuestionaban su senado hereditario: "¿Cómo quiere usted que yo atempere esta democracia, sino con una institución aristocrática? Ya que no podemos mezclar la forma monárquica con la popular, que hemos adoptado, debemos, por lo menos, hacer que haya en la república un cuerpo inalterable que le asegure su estabilidad".[40]

Para producir ciudadanos virtuosos en una masa enviciada por siglos de absolutismo "pasivo" eran necesarias esas instituciones bolivarianas. El autoritarismo de Bolívar se construye sobre una sólida formación intelectual, en la que los esquemas de poder responden a elucubraciones letradas sobre la historia y la filosofía políticas. En sus lecturas de clásicos antiguos y modernos, Bolívar descubre que "los hombres pueden ser regidos por los

[38] *Ibid.*, pp. 210-211.

[39] José Luis Romero y Luis Alberto Romero, comps., *Pensamiento conservador (1815-1898)*, Caracas, Biblioteca Ayacucho, 1986, pp. 3-12.

[40] Simón Bolívar, *Cartas del Libertador*, *op. cit.*, t.I, p. 340.

preceptos más severos".[41] Dracón en Atenas, Licurgo en Esparta, más que el propio Platón en su república ideal, le enseñan que "los hombres se someten a cuanto un hábil legislador pretende de ellos".[42] Pero ese autoritarismo, junto con una energía fundacional, que reclama la "violencia justa" para hacer a los hombres "más buenos y felices", posee un aspecto melancólico.

Bolívar no era inconsciente de la paradoja de construir repúblicas con tales concentraciones de poder personal. Es conocido el pasaje del *Discurso de Angostura* en que advierte sobre la peligrosa "continuación de la autoridad de un mismo individuo", ya que "el pueblo se acostumbra a obedecerle y él se acostumbra a mandarlo, de donde se origina la usurpación y la tiranía".[43] Allí habla del "justo celo" que "es la garantía de la libertad republicana", y de que las "repetidas elecciones son esenciales en los sistemas populares".[44] Pero mientras percibía el aumento de las discordias entre regiones, caudillos y partidos, provocado por los gobiernos republicanos, Bolívar revaloraba el poder de las monarquías.

Indalecio Liévano Aguirre narró con cuidado el momento de la dictadura bolivariana de 1828 como una aproximación a la monarquía. Cuando en septiembre de ese año el Consejo de Gobierno de Colombia (Castillo Rada, Urdaneta, Restrepo, Vergara) creó una Junta de Notables para sondear la posibilidad de una monarquía, con apoyo de Gran Bretaña y Francia, Bolívar se opuso con firmeza política y ambigüedad filosófica. La monarquía era, a su entender, una "materia ardua, espinosa y aventurada", que "encerraba mil inconvenientes", pero que podía evitarse con "un gobierno vitalicio como el de Bolivia, con un senado permanente como el de Guayana".[45]

---

[41] *Ibid.*, p. 341.

[42] *Ibid.*

[43] Simón Bolívar, *Doctrina del Libertador*, *op. cit.*, p. 103.

[44] *Id.*

[45] Indalecio Liévano Aguirre, *Bolívar*, Madrid, Ediciones de Cultura Hispánica del ICI, 1983, p. 408.

Como han destacado varios estudiosos (Carlos Villanueva, Jaime Delgado, Caracciolo Parra Pérez y, sobre todo, Ana Gimeno), la relación de Bolívar y otros caudillos separatistas, como José de San Martín o Juan José Flores, con la monarquía no fue tan dicotómica como la de algunos letrados republicanos de la misma generación, como Mier, Rocafuerte y Vidaurre.[46] Una forma de repasar esos guiños nostálgicos de un republicano a la monarquía es la evolución del juicio bolivariano sobre Napoleón, verdadero monstruo del primer republicanismo hispanoamericano. Bolívar, como es sabido, presenció la coronación de Bonaparte en 1802 y admiró la meteórica carrera militar y política del emperador.

En una conocida carta a Denis de Trobiand, de 1804, Bolívar rechazaba la inclinación de Napoleón al "despotismo" y vaticinaba que el "reinado de Bonaparte será más duro que el de los tiranuelos a quienes ha destruido".[47] Pero desde entonces aparece en Bolívar la consideración de la eficacia de un poder altamente concentrado. Napoleón, dice, "ha perfeccionado de tal modo las instituciones que, en su vasto imperio, en medio de sus ejércitos, agentes de empleados de toda especie, clérigos y gendarmes, no existe un individuo que pueda ocultarse a su activa vigilancia".[48] De ahí la pregunta que lo rondará durante su propia carrera política: "¡Qué virtudes es preciso tener para poseer una inmensa autoridad sin abusar de ella! ¿Puede tener interés ningún pueblo en confiarse a un solo hombre?"[49]

En el verano de 1815, estando en Kingston, Jamaica, Bolívar vuelve a tratar el tema de Napoleón en sus cartas. Entonces le preocupa el rumor de que Bonaparte ha huido de Francia para establecerse en algún país americano. Allí Bolívar imagina varios escenarios; Napoleón en Estados Unidos, en México, en Suda-

---

[46] Ana Gimeno, *Una tentativa monárquica. El caso ecuatoriano en América*, Quito, Ediciones del Banco Central de Ecuador, 1988, pp. 15-31.

[47] Simón Bolívar, *Catas del Libertador, op. cit.*, t. I, p. 22.

[48] *Ibid.*, p. 21.

[49] *Ibid.*, p. 22.

mérica, y la espectacular reacción de Gran Bretaña contra ese hecho, bloqueando navalmente todo el Nuevo Mundo.[50] Bolívar llama entonces a pelear contra Bonaparte —"desgraciados de nosotros, para siempre, si nuestra patria lo acoge con amistad: su espíritu de conquista es insaciable"— en alianza con Londres.[51] Pero en Bolívar, a diferencia de tantos republicanos de su generación, no es demasiado perceptible un rechazo a Napoleón como invasor de España, ya que el caraqueño llega republicano a la independencia, sin una fase de autonomismo fernandista.

En su conocido "Discurso introductorio" a la Constitución de Bolivia (1826), Bolívar vuelve a referirse a Napoleón para defender la institución de la presidencia vitalicia, distinguiéndola del imperio o la monarquía con príncipe nuevo. Pero Napoleón aparece ahí no como un contraejemplo sino como la evidencia de que la necesaria concentración del poder es imposible de alcanzar en Hispanoamérica, con un rey americano, porque no existe hombre que reúna las virtudes requeridas para desempeñar ese rol. El siguiente pasaje es la respuesta que encontró Bolívar a la pregunta que él mismo hiciera a Denis de Trobiand en aquella carta de 1804:

> Dessalines, Cristóbal, Iturbide, les dicen lo que deben esperar. No hay poder más difícil de mantener que el de un príncipe nuevo. Bonaparte, vencedor de todos los ejércitos, no logró triunfar de esta regla, más fuerte que los imperios. Y si el gran Napoleón no consiguió mantenerse contra la liga de los republicanos y de los aristócratas, ¿quién alcanzará, en América, fundar monarquías, en un suelo incendiado con las brillantes llamas de la libertad, y que devora las tablas que se le ponen para elevar esos cadalsos regios?[52]

---

[50] *Ibid.*, p. 212.

[51] *Id.*

[52] José Luis Romero y Luis Alberto Romero, comps., *op. cit.*, p. 7.

A medida que su proyecto continental era resistido desde Lima, Quito, Caracas o Bogotá, por caudillos como José Antonio Páez o Francisco de Paula Santander, o aceptado por otros, como Antonio José de Sucre, Rafael Urdaneta y Juan José Flores, la correspondencia política de Bolívar se llena de desaliento y, a la vez, de mesianismo. En sus cartas a Robert Wilson, por ejemplo, es notable la queja constante por la falta de poder que posee el presidente de una república —"un magistrado republicano constituido para esclavo del pueblo no es otra cosa que una víctima"—, en contraposición a un rey: "un monarca goza de prerrogativas y derechos capaces de proporcionarle una autoridad suficiente para reprimir el mal o promover la ventura de sus súbditos".[53] Una melancolía mesiánica se apodera, entonces, de ese Bolívar final, "reducido al más triste desaliento":

> Estoy cansado del servicio público. No se sabe en Europa lo que me cuesta mantener el equilibrio en alguna de estas regiones. Parecerá fábula lo que podemos decir de mis servicios, semejantes a los de aquel condenado que llevaba su enorme peso hasta la cumbre, para volverse rodando con él otra vez al abismo. Yo me hallo luchando contra los esfuerzos combinados de un mundo, de mi parte estoy yo solo, y la lucha, por lo mismo, es muy desigual: así, debo ser vencido. La historia no me muestra un ejemplo capaz de alentarme; ni aun la fábula nos enseña este prodigio. Lo que nos dice de Baco y de Hércules es menor en realidad que lo que se exige de mí. ¿Logrará un hombre solo constituir a la mitad de un mundo? ¡Y un hombre solo como yo![54]

De ese estado de ánimo, acentuado por el fracaso de su última dictadura, su renuncia al poder y el asesinato de Sucre en Berruecos, provienen las expresiones más nítidas del desencanto bolivariano. Entonces escribe frases que durante dos siglos han resonado en las mentes nihilistas de Hispanoamérica: "no hay

[53] Simón Bolívar, *Cartas del Libertador, op cit.*, t. v, p. 465.

[54] *Ibid.*, p. 476.

buena fe en América, ni entre las naciones. Los tratados son papeles, las constituciones, libros; las elecciones, combates; la libertad, anarquía; y la vida, un tormento".[55] El más apretado resumen de aquella frustración republicana tal vez se halle en una carta a Juan José Flores, el caudillo ecuatoriano que intentaría un proyecto monárquico a mediados de los cuarenta, escrita en noviembre de 1830, semanas antes de su muerte en Santa Marta:

> Ud. sabe que yo he mandado veinte años y de ellos no he sacado más que pocos resultados ciertos: 1° la América es ingobernable para nosotros; 2° el que sigue una revolución ara en el mar; 3° la única cosa que se puede hacer en América es emigrar; 4° este país caerá infaliblemente en manos de la multitud desenfrenada, para después pasar a tiranuelos casi imperceptibles, de todos los colores y razas; 5° devorados por todos los crímenes y extinguidos por la ferocidad, los europeos no se dignarán conquistarnos; 6° si fuera posible que una parte del mundo volviera al caos primitivo, éste sería el último periodo de la América.[56]

La melancolía recorre la escritura de Bolívar y de muchos caudillos de la independencia hispanoamericana: Iturbide, Sucre, O'Higgins, San Martín... Iturbide, por ejemplo, en sus *Memorias de Liorna* (1823), describía al México posterior a su abdicación al trono como un país sumido en la discordia, donde se habían desatado las "furias" que "sólo respiran venganza y sangre".[57] La anarquía y la pugna entre facciones, que muchos de aquellos próceres acabaron asociando a los regímenes republicanos, según Iturbide, eran una suerte de estado natural en la política mexicana, ya que antes del Plan de Iguala y el imperio, en ese país los "americanos que deseaban la independencia no estaban acordes en el modo de hacerla ni en el gobierno que debía adoptarse".[58]

---

[55] Simón Bolívar, *Discursos, proclamas y epistolario político*, Madrid, Editora Nacional, 1981, pp. 350-351.

[56] Ana Gimeno, *op. cit.*, p. 31.

[57] Agustín de Iturbide, *Sus memorias escritas desde Liorna*, México, Jus, 1973, p. 9.

[58] *Ibid.*, p. 9.

Según el emperador caído, antes y después de su paso por el poder, la estabilidad había sido imposible porque ningún proyecto político había ofrecido al pueblo un pacto que garantizara las tres demandas fundamentales: independencia de España, religión católica y unidad entre españoles y criollos.[59] Todas sus acciones, aun las más arbitrarias —negociación con Vicente Guerrero y otros líderes insurgentes, Iguala, Córdoba, coronación, clausura del Congreso, represión de legisladores opositores, abdicación al trono—, según Iturbide, buscaban "contener la anarquía infalible y descubierta de los partidos y la segura disolución del Estado".[60]

Al identificar con su persona la salida de ese estado de naturaleza y el establecimiento de cualquier contrato social, Iturbide, como ha señalado Torcuato S. Di Tella, creaba el primer precedente de cesarismo en la historia moderna hispanoamericana.[61] En *Los comentarios,* de Cayo Julio César, la fórmula imperial del poder cesarista se presentaba como una manera de evitar la guerra civil que surge cuando "el adversario —Pompeyo— no quiere abandonar la República" y busca apoyo en el Senado romano.[62] Este cesarismo clásico reaparecerá en la Constitución de Bolivia (1826), concebida por Bolívar, pero bajo una referencia distinta de la del príncipe nuevo bonapartista o iturbidista. El modelo de poder ejecutivo que sigue Bolívar en su proyecto constitucional es el de la república de Haití, "la más democrática del mundo", aunque expurgado de su esencial jacobinismo.[63]

> La isla de Haití se hallaba en insurrección permanente: después de haber experimentado el imperio, el reino, la república, todos los gobiernos conocidos y algunos más, se vio obligada a recurrir

[59] *Ibid.*, pp. 10-13.

[60] *Ibid.*, p. 39.

[61] Torcuato S. Di Tella, *Iturbide y el cesarismo popular,* Buenos Aires, Fundación Simón Rodríguez, 1985, pp. 5-56.

[62] Cayo Julio César, *Los comentarios,* Madrid, Luis Navarro Editor, 1882, pp. 13-18.

[63] C. L. R. James, *Los jacobinos negros. Toussaint L'Ouverture y la Revolución de Haití,* México, Turner/FCE, 2003, pp. 191-226.

> al ilustre Pétion para que la salvase. Confiaron en él, y los destinos no vacilaron más. Nombrado Pétion presidente vitalicio con facultades para elegir al sucesor, ni la muerte de este grande hombre ni la sucesión del nuevo presidente han causado menor peligro en el Estado; todo ha marchado bajo el digno Boyer, en la calma de un reino legítimo. Prueba triunfante de que un presidente vitalicio, con derecho para elegir el sucesor, es la inspiración más sublime en el orden republicano.[64]

Entre 1828 y 1830, Antonio José de Sucre, el héroe de la batalla de Ayacucho y figura clave de la expansión del republicanismo en los Andes, trasmite un desaliento similar en sus cartas a Bolívar. Sucre observa con tristeza el escalamiento del conflicto entre Perú y Colombia, y entre Bolivia y Perú y reserva sus esperanzas de reconciliación para el segundo capítulo del Congreso de Panamá, en Tacubaya. Cuando fracasa este último intento de unión hispanoamericana, Sucre concluye que si la estabilidad regional depende de cada una de las nuevas naciones, y no de un foro continental —"una congregación de un cuerpo americano, árbitro en nuestras diferencias", dice—, hay que esperar lo peor.[65] Su pesimismo se acentúa cuando tanto él como Bolívar son víctimas de atentados. En octubre de 1828, por ejemplo, escribe a Bolívar:

> A la verdad que aunque he esperado todos los crímenes, después que he visto el estado de desmoralización de nuestras tropas, jamás pensé que hubiera colombiano que atentase a la vida de Ud. Me he espantado de que tal sea la situación en que nos hallamos; que ni el hombre a quien todo lo debemos tenga siquiera su persona a cubierto del desenfreno de los partidos y de los rencores de los facciosos.[66]

---

[64] José Luis Romero y Luis Alberto Romero, comps., *op. cit.*, p. 6.

[65] Simón Bolívar, *Epistolarios*, Caracas, Banco Italo-Venezolano/Presidencia de la República, 1983, p. 349.

[66] *Ibid.*, p. 353.

Sucre siente que el "cansancio", la "falta de entusiasmo" y los "sufrimientos de dieciocho años de revolución" se reflejan en las "calamidades" y "disputas" entre las élites de las nuevas repúblicas.[67] Como Bolívar, él también cree que el fracaso de las primeras constituciones ha demostrado que las teorías de la "libertad política" eran exageradas, y que en vez de "principios impracticables" o de "garantías escritas", es preciso construir gobiernos prácticos y autoritarios que protejan la "seguridad personal y el derecho de propiedad". Un tipo de gobierno así, en vez de "garantías constitucionales o escritas" debería ofrecer las que llama "garantías positivas" o una "libertad civil, estrictamente guardada", que él ve resumidas en los derechos de seguridad y propiedad.[68]

Pero Sucre, el principal aliado del proyecto bolivariano en los Andes, duda de la posibilidad de alcanzar ese tipo de gobierno en Venezuela, Colombia, Bolivia y Perú, y comienza a considerar retirarse a la vida privada en Quito. Las cartas de los últimos años entre ambos caudillos no sólo son reveladoras de aquel sentimiento de frustración, sino también de otro componente de la melancolía política: la añoranza del espacio doméstico, del abandono de los roles públicos. Antes del atentado, en su viaje de Bolivia a Quito, Sucre resume puntualmente su proyecto de retiro con un lenguaje profético y resignado, muy similar al que utilizarán varios de los primeros republicanos:

> Si se repregunta por qué he repetido tantas veces que me voy, respondo: 1° porque tengo una repugnancia invencible a la carrera pública; 2° porque siendo extraño no puedo hacer el bien del país con medidas sólidas; 3° porque estoy persuadido de que a la larga debe Bolivia incendiarse, y yo no quiero ser la víctima, cuando conociendo las causas, veo que es imposible el remedio.[69]

---

[67] *Ibid.*, p. 367.

[68] *Ibid.*, p. 356.

[69] Daniel F. O'Leary, *Cartas de Sucre al Libertador*, Madrid, Editorial América, 1919, t. II, p. 230.

En el verano de 1829, cuando Bolívar dicta sus cartas "en un ataque de bilis negra", la correspondencia entre ambos libertadores entra en una curiosa disputa sobre mayores sacrificios y sufrimientos. Sucre, quien en cartas de 1826 ha escrito a Bolívar frases como "estos pueblos son muy miserables, como digo de oficio" o "confieso que tiemblo con la idea de mandar ningún pueblo", está convencido del fracaso, ya no de la unión hispanoamericana o de la difusión del modelo constitucional boliviano, sino de cualquier intento de alianza o confederación entre Venezuela, Colombia, Bolivia y Perú.[70] Entonces se atreve a disputar a Bolívar el mayor sufrimiento en la hora final de las repúblicas:

> Nadie más cansado que yo de la carrera pública; he sufrido respectivamente tanto como Ud. y quizás más, porque me he visto en manos de las facciones, bajo sus puñales y sin medios de defenderme siquiera contra los más ingratos asesinos: mis mismos compañeros colombianos (aunque pocos y no de los viejos patriotas) han deseado beber mi sangre por el solo crimen de no haberles dado todo el dinero que querían, y porque los contenía en sus excesos.[71]

En sus últimas cartas a Bolívar, Sucre, quien ha llegado a decir a su jefe y amigo: "Ud., con su fama, debe morir antes de perder su título de Libertador, el más grande y el más glorioso", da rienda suelta al desencanto con el proyecto republicano.[72] En una de las últimas misivas que el gran mariscal de Ayacucho envía al caraqueño, en abril de 1830, admite con resignación que las guerras civiles serán un efecto irreversible de la independencia de Hispanoamérica y del ordenamiento republicano de los primeros gobiernos de la región. Sucre parecía entonces dar la razón a un letrado como Andrés Bello, colocado en las antípodas de los roles políticos hispanoamericanos, quien en una carta de 1821 a su

[70] *Ibid.*, t. I, p. 233; t. II, pp. 32 y 85.

[71] Simón Bolívar, *Epistolarios*, *op. cit.*, t. II, p. 391.

[72] Daniel F. O'Leary, *op. cit.*, t. I, p. 424.

amigo fray Servando Teresa de Mier vaticinaba que por falta de "un gobierno regular", como el monárquico, Venezuela e Hispanoamérica vivirían perpetuamente en "guerra civil, aún después que no tengamos nada que temer de los españoles".[73]

> Es ciertamente triste la idea de que las revoluciones y los trastornos se suceden sin término. Aunque Ud. me dice que su resultado ha producido una completa victoria a favor de los principios y de la buena causa, creo que habrá nuevas escenas y que el incendio revolucionario lo abrasará todo. Veo delante de nosotros los peligros y todos los males de las pasiones exaltadas, y que la ambición y las venganzas van a desplegarse con todas sus fuerzas.[74]

En el Sur, el desencanto comenzó antes, hacia 1823, cuando los venezolanos y colombianos desplazaron a los argentinos y los chilenos en la consumación de la independencia del Perú. Ese año renuncia Bernardo O'Higgins, la principal figura de la independencia chilena desde 1810, arquitecto de la alianza con San Martín y Director Supremo de la Nación durante el periodo de la Constitución de 1818, y se exilia en Perú. Y ese mismo año también renuncia San Martín, el mítico general que encabezó el Ejército Norte del Río de la Plata entre 1812 y 1817, cruzó los Andes y liberó Chile en 1818, para luego encabezar la primera etapa de la emancipación del Perú, entre 1820 y 1822. Al igual que O'Higgins, San Martín se exilió y se retiró a la vida privada en París, donde residió por veinticinco años. Desde París, desde Grand Bourg o desde Boluogne sur Mer, al norte de Francia, donde murió, la correspondencia de San Martín con O'Higgins, Vicente López, Guillermo Miller, Tomás Guido y hasta con el dictador Juan Manuel de Rosas es rica en desencanto.

En 1823 O'Higgins y San Martín intercambian cartas en las que se felicitan por sus mutuas renuncias.[75] El chileno habla de

---

[73] Andrés Bello, *Obras completas*, *op. cit.*, t. XXV, p. 116.

[74] Daniel F. O'Leary, *op. cit.*, t. II, p. 342.

[75] José de San Martín, *Documentos del archivo de San Martín*, Buenos Aires, Imprenta de Coni y Hermanos, 1910, t. V, pp. 499-524.

"tormentos", "amarguras", "ambición", "ingratitud": Chile y Perú, dice, "sufren todos los males consiguientes a los desórdenes pasados, en que los envolvieron la ignorancia y la ambición sin cabeza ni dirección".[76] La falta del "mejor padre y libertador", San Martín, entronizará la anarquía y el caos en esas repúblicas. La salida, según O'Higgins, es el retiro y el exilio, como reconocerá Bolívar, rival de ambos, en sus últimos días: "comienzo a gozar de toda la tranquilidad que puede proporcionar una independencia individual, y lejos de ingratos y cobardes, gozo en dulce calma la satisfactoria consideración de una sana conciencia, sin la mortificación de aspiración alguna".[77]

"Millones de millones de enhorabuenas por su separación del cargo", escribía O'Higgins a San Martín en febrero de 1823, dándole la bienvenida al retiro de los próceres frustrados: "sí, mi amigo: ahora es cuando usted gozará de paz y tranquilidad, y sin necesidad de formar cada día nuevos ingratos".[78] Los juicios de O'Higgins sobre el estado social y político de las nuevas repúblicas se van agriando aún más en la medida en que se acentúan sus diferencias con Diego Portales, la principal figura de la política chilena en los años treinta. El 12 de enero de 1827 escribía a San Martín que Chile "ha tocado ya el último grado de humillación nacional. No hay una sola cosa capaz de herir el pundonor y degradar el carácter de un pueblo independiente que no haya experimentado".[79] Pero el peor vicio de las nuevas repúblicas, según O'Higgins, no es la "ambición" o la "demagogia":

> Es la inaudita ingratitud de casi todos aquellos que, además de sacarlos del afrentoso yugo español, deben a nuestros sacrificios y a nuestros extraordinarios esfuerzos una existencia y una dicha de que gozan, sin permitirnos ni siquiera el reposo debido a nuestro

[76] *Ibid.*, p. 524.

[77] *Id.*

[78] José de San Martín, *Su correspondencia*, Madrid, Editorial América, 1919, p. 11.

[79] *Ibid.*, p. 15.

carácter y a nuestra benevolencia ¿Qué detestable y espantosa ferocidad? ¿Qué ciudadano animoso y magnánimo querrá ejercer su benevolencia en servir a la Patria, cuando en nuestro ejemplo tendrá, con razón, que el pago de su generosidad sea la misma negra ingratitud e implacable odio? Las repúblicas de Atenas y Roma ofrecen ciertamente muchos ejemplos de las injusticias de los pueblos con sus bienhechores, porque los hombres en sociedad no se avergonzaban entonces de su ingratitud; pero ¡qué afrenta que se repitan iguales vilezas en el siglo de las luces y de la humanidad![80]

En San Martín existía esa misma conciencia de prócer no reconocido o negado, la misma queja por la ingratitud de los "hijos", pero con momentos de mayor esperanza en la reconstrucción republicana de Hispanoamérica. En sus cartas a Tomás Guido, por ejemplo, se observa una evolución en el análisis de la situación política de la región, en la que se pasa de la típica localización del origen de la inestabilidad en la falta de ilustración o preparación moral para la libertad a una crítica más centrada en las instituciones y las leyes que en los "hombres". El recorrido de San Martín es, de algún modo, opuesto al de Bolívar: en sus primeros años de exilio cree imposible la edificación republicana, pero hacia 1830 comienza a tener fe en los gobiernos "vigorosos y militares".[81] En los días posteriores a su renuncia, cuando cuestionaba la "ligereza extrema, inconsecuencia en sus principios y vanidad pueril" de Bolívar, San Martín dice a Guido:

> ¿Ignora Ud. por ventura que de los tres tercios de habitantes de que se compone el Nuevo Mundo dos y medio son necios y el resto de pícaros con muy poca excepción de hombres de bien? Sentado este axioma, de eterna verdad, Ud. conoce que yo no me apresuré a satisfacer semejante clase de gentes porque yo estoy seguro de que los honrados me harán la justicia a que yo me creo muy acreedor [...] Sin embargo de estos principios y del desprecio que yo

[80] *Ibid.*, pp. 24-25.

[81] José de San Martín, *Documentos del archivo de San Martín, op cit.* t. VI, p. 554.

> puedo tener por la historia, porque conozco que las pasiones del espíritu de partido, la baja adulación y el sórdido interés son en general los agentes que mueven a los escritores, yo no puedo prescindir de que tengo una hija y amigos (aunque bien pocos) a quienes debo satisfacer.[82]

En 1826, mientras Bolívar y Sucre promueven el proyecto de constitución boliviana en la región, San Martín, desde el exilio, sostiene ideas similares sobre la ausencia de una ciudadanía virtuosa como gran obstáculo para la fundación republicana.

> Ud. no debe haberse olvidado las infinitas veces que le he dicho que nuestra gran crisis se experimentaría al concluirse la guerra de emancipación. Ella era indispensable visto el atraso y los elementos de que se compone la masa de nuestra población, huérfanos de leyes fundamentales, y por agregado las pasiones individuales y locales que han hecho nacer la revolución; estos males se hubieran remediado en mucha parte si los hombres que han podido influir se hubieran convencido de que para defender la causa de la independencia no se necesita otra cosa que un orgullo nacional (que lo tienen hasta los más estúpidos salvajes), pero que para defender la libertad y sus derechos se necesitan ciudadanos, no de café sino de instrucción, de elevación de alma y por consiguiente capaces de sentir el intrínseco y no arbitrario valor de los bienes que proporciona un gobierno representativo.[83]

A partir de 1830, sin embargo, en cartas a Vicente López y Tomás Guido, San Martín comienza a sostener, en un sentido muy similar al de la última correspondencia de Sucre, que lo determinante de la inestabilidad no son los vicios ciudadanos sino un diseño constitucional que no ofrece garantías de protección de derechos. A López le dice, en mayo de 1830, que las "agitaciones" no se deben a "una impulsión moral que las arrastra",

---

[82] *Ibid.*, p. 505.

[83] *Ibid.*, p. 513.

y que "el agente que las dirige no pende tanto de los hombres como de las instituciones, las cuales no ofrecen a los gobiernos las garantías necesarias".[84] A Guido dice algo similar en febrero de 1833: "lo que prolonga esta serie de revoluciones es la falta de garantías que tienen los nuevos gobiernos".[85] En una carta a O'Higgins, de septiembre de ese mismo año, el caudillo resume esa visión:

> Yo estoy firmemente convencido de que los males que afligen a los nuevos Estados de América no dependen tanto de sus habitantes como de las constituciones que los rigen. Si los que se llaman legisladores en América hubieran tenido presente que a los pueblos no se les debe dar las mejores leyes, pero sí las mejores que sean apropiadas a su carácter, la situación de nuestros países sería diferente.[86]

Fueron muchas las experiencias de gobierno, desde Portales en Chile hasta Alamán en México, pasando por Rosas en Argentina, Flores en Ecuador y Páez en Venezuela, que a partir de ese mismo argumento, defendido con pasión por el propio Bolívar, intentaron formatos políticos de centralización y concentración del poder.[87] En varios casos, el "modelo castellano" era entendido como parte de ese "carácter" o "tradición" hispánica, cuando en realidad la Constitución pactista y corporativa de la dinastía Habsburgo generó afirmaciones de soberanías locales y regionales que no lograron ser interrumpidas por el reformismo borbónico.[88] La idea de que centralismo y autoritarismo eran elementos "esenciales" de la vida política hispanoamericana se basa en una precaria comprensión de las tradiciones jurídicas del antiguo régimen.

---

[84] José de San Martín, *Su correspondencia, op. cit.* , p. 144.

[85] José de San Martín, *Documentos del archivo de San Martín, op. cit,*, t. VI, p. 570.

[86] José de San Martín, *Su correspondencia, op. cit.*,p. 52.

[87] Claudio Véliz, *The Centralist Tradition of Latin America*, Princeton, Princeton University Press, 1980, pp. 116-168.

[88] *Ibid.*, pp. 16-69.

Con Bolívar y contra Bolívar

El discurso de la frustración republicana en las primeras décadas de Hispanoamérica es incomprensible sin el desencanto que generó en muchos de sus contemporáneos la figura emblemática de aquella generación: el Libertador Simón Bolívar. A pesar de carecer de diferencias sustanciales con su proyecto, muchos caudillos separatistas, como San Martín, O'Higgins y Santander, se opusieron a la promoción del modelo de constitución boliviana. José Antonio Paéz, por ejemplo, cuenta en sus memorias que sin tener mayores objeciones —él también pensaba que el "carácter" y la "naturaleza" de la región demandaban formas constitucionales ejecutivistas— se resiste en 1826 al proyecto bolivariano en nombre de la "aflicción de los pueblos".[89]

Bolívar, como es sabido, manejó con suma habilidad la resistencia de Páez en el verano de 1826, y a principios del año siguiente ya lo había confirmado como jefe superior de Venezuela.[90] Sin embargo, otra oposición al proyecto bolivariano como la de Manuel Lorenzo de Vidaurre, desde el Perú, más depurada y consistente, fue inmanejable, y el importante pensador republicano, organizador de la Corte Suprema de Lima y ministro peruano ante el Congreso de Panamá, fue desterrado de su país por los partidarios del Libertador.[91] Vidaurre, que había dedicado su famoso Plan del Perú a Bolívar, aunque advirtiendo que en caso de que Bolívar se volviera un tirano se le opondría, cumplió su palabra.

Otros tres letrados del primer republicanismo, fray Servando Teresa de Mier, José María Heredia y Vicente Rocafuerte, criticaron el proyecto de Constitución boliviana de 1826 y la dictadura de 1828. En la citada carta de Mier a Bello es evidente

[89] José Antonio Páez, *Memorias del general José Antonio Páez. Autobiografía*, Madrid, Editorial América, 1916, pp. 334-337.

[90] *Ibid.*, pp. 353-356.

[91] Víctor Peralta Ruiz, "Ilustración y lenguaje político en la crisis del mundo hispánico", *Nuevo Mundo. Mundos Nuevos*, núm. 7, febrero de 2007.

el malestar del fraile, defensor de Bolívar ante sus detractores mexicanos, con la idea de imponer la Constitución de un país que lleva el nombre del caudillo a Venezuela, Colombia y Perú. José María Heredia, el joven masón bolivariano que defendió la república a costa del exilio y la persecución, dedicó varios versos de reproche al Libertador en 1827, o sea, en vida de Bolívar, a partir de la tentación monárquica que observaba en el modelo constitucional boliviano: "creador de tres naciones, ¿te querrás abatir hasta monarca?", le preguntaba.[92]

Rocafuerte, por su lado, siendo representante del gobierno mexicano de Guadalupe Victoria en Londres, cuestionó la dictadura centralista como opción para los países surdamericanos y andinos, en un circuito diplomático tan sensible para Bolívar como el que entonces se abría entre México y Gran Bretaña. En esos años el gobierno de Victoria se colocaba en una interlocución privilegiada con Inglaterra, una potencia cuya política americana había sido siempre prioritaria para Bolívar.[93] En sus memorias *Un americano libre*, editadas por el crítico e historiador cubano José Antonio Fernández de Castro, a pesar del esfuerzo por ser leal al legado del Libertador, el guayaquileño sugiere que la Gran Colombia promovió el esquema autoritario que su enemigo, Juan José Flores, trató de imponer en Ecuador:

> ¡Cuán lejos estaba yo entonces de figurarme que esa guerrera Colombia, esa gloriosa patria de Bolívar, de Sucre y de Páez había de ser algún día la madrastra del Ecuador, y que de su seno había de salir un insolente y vil aventurero de Puerto Cabello [...], Flores, que apoyado en las bayonetas de sus mercenarios jenízaros, había de convertir impunemente en patrimonio suyo el país de mi nacimiento.[94]

---

[92] José María Heredia, *Niágara y otros textos*, Caracas, Biblioteca Ayacucho, 1990, p. 88.

[93] James Leonard McCoy, *The Guadalupe Victoria Cabinet, 1824-1829. The Vanguard Leadership of Mexico's Social Revolution*, Austin, JLM, 1970, pp. 73-85.

[94] Vicente Rocafuerte, *Un americano libre*, México, SEP, 1947, p. 15.

Estas críticas eran más dolorosas para Bolívar porque no provenían de los conocidos sectores de periodistas y caudillos hispanoamericanos, sino de letrados prestigiosos que habían contribuido como pocos a la defensa de la independencia continental en Estados Unidos, Gran Bretaña y Europa. Algunos de esos letrados, además de defender teóricamente el republicanismo, habían servido de agentes al propio Bolívar en importantes ciudades estadounidenses y europeas como Filadelfia, Londres o París. Los cuestionamientos a la deriva autoritaria del Libertador se convirtieron, por tanto, en una de las principales preocupaciones de Bolívar en sus dos últimos años de vida.

El epistolario del gran político caraqueño, en el verano de 1829, se llena de amargura cuando a las críticas de muchos republicanos hispanoamericanos se suma la del liberal francés que, acaso, después de Montesquieu, haya sido más admirado por él: Benjamin Constant. En aquel verano en que, según confiesa a Urdaneta, la "bilis se ha convertido en atrabilis, lo que ha influido poderosamente en su genio y carácter", Bolívar trata de defenderse ante sus corresponsales de la crítica de Constant a la "usurpación del mando y la conducta severa en el Perú y Colombia".[95] La crítica de Constant es, según Bolívar "un refuerzo de importante autoridad que reciben sus enemigos".[96] De ahí la exaltación de su defensa:

> Mi nombre pertenece ya a la historia: ella será la que haga justicia, y así Ud., mi querido amigo, no se ocupe de las acusaciones con que Benjamin Constant ha podido mancillar mi gloria. Él mismo me juzgaría mejor si conociera los sucesos de nuestra historia. No cedo en amor a la gloria de mi patria a Camilo; no soy menos amante de la libertad que Washington, y nadie me podrá quitar la honra de haber humillado al león de Castilla desde el Orinoco hasta Potosí.[97]

---

[95] Germán Carrera Damas, comp., *Simón Bolívar fundamental*, Caracas, Monte Ávila, 1992, t. I, p. 628; Simón Bolívar, *Obras completas*, La Habana, Lex, 1947, t. II, p. 712.

[96] *Ibid.*

[97] *Ibid.*, pp. 572-573.

Sin embargo, las cartas de ese verano a Leandro Palacios y Rafael Urdaneta reflejan una verdadera preocupación por el juicio de Constant. Bolívar intenta involucrarse de manera indirecta en el debate entre Constant y el abate Dominique de Pradt en el parlamento francés y en los periódicos parisinos *Le Courier Francais* y *La Gazette de France.* Pide a Palacios, representante diplomático en París, que visite a De Pradt, "le muestre sus reconocidos sentimientos por su incomparable defensa, en la que —según Bolívar— ha ganado con usura mil ventajas sobre su acusador", y le entregue una colección de documentos sobre su actuación política en Colombia y los Andes.[98] En un momento de la carta a Palacios, del 27 de julio de 1829, llega a decir: "declaro francamente que si mi honor no queda satisfecho de esta abominable imputación, abandono para siempre el mando y a la América entera".[99]

¿A qué imputación se refería Bolívar? En el primer artículo de Constant publicado en *Le Courier*, en enero de 1829, que reseñaba su intervención parlamentaria, el importante pensador francés incluía una reflexión sobre Bolívar dentro de una crítica del "poder inviolable del rey bajo una monarquía constitucional", que fue atacada por legisladores y publicistas conservadores de la época de la Restauración. A partir del principio de que "no hay nada que legitime a un poder ilimitado", propio del liberalismo constitucional de Constant —el mismo liberalismo que tanto a el como a Madame Staël los llevó a la oposición al imperio napoleónico y al exilio—, el autor de *Adolphe* y *Cécile* argumentaba que el mismo era válido tanto para viejos como para nuevos monarcas, para antiguos como modernos dictadores, entre los que colocaba a Bolívar:

> El recuerdo de sus grandes servicios hacia unos pueblos oprimidos y su lucha tenaz contra una metrópoli insensata hace que muchos amigos de la libertad juzguen con indulgencia al hombre al que,

[98] *Ibid.*, t. II, p. 719.

[99] *Ibid.*

aún hoy, se le sigue dando el apodo de Libertador de la América Meridional [...] Por mi parte, veo al hombre que ha disuelto la representación nacional porque sus partidarios se encontraban en minoría, al hombre que, con el banal pretexto de que sus conciudadanos no son lo bastante ilustrados como para gobernarse, se ha adueñado de todos los poderes sancionando su dictadura con ejecuciones y asesinatos; en ese hombre veo pura y simplemente a un usurpador.[100]

De este análisis, Constant derivaba hacia el cuestionamiento de toda forma de concentración ilimitada del poder personal, ya fuera bajo la forma de gobierno monárquica o republicana:

La dictadura es la herencia funesta de las repúblicas oligárquicas basadas en la esclavitud y que oprimían a los proletarios despojados de sus bienes y sus derechos. En nuestra actual organización, la dictadura es un crimen. Si un pueblo no es lo bastante instruido como para ser libre, no será la tiranía la que le traerá la libertad. Por otro lado, la apreciación de la sabiduría de un pueblo no deberá confiarse a quienes tienen interés en tildarlo de ciego y estúpido. No será la primera vez que se calumnia a las naciones para esclavizarlas.[101]

El cargo de "usurpador", que tanto irritó a Bolívar, podía verse como injusto si se lo sacaba del contexto de la crítica universal al despotismo que sostenía Constant. Pero a Bolívar, quien, como ha probado Carolina Guerrero, conocía muy bien la obra del liberal francés y había adaptado algunas de sus ideas a su diseño constitucional, le molestaba aquel juicio, precisamente, porque lo comprendía.[102] En el choque entre las tradiciones li-

[100] Allerto Filippi, comp., *Bolívar y Europa en las crónicas, el pensamiento político y la historiografía*, Caracas, Comité Ejecutivo del Bicentenario de Simón Bolívar, 1986, t. I, pp. 314-315.

[101] *Ibid.*, p. 315.

[102] Carolina Guerrero, *Liberalismo y republicanismo en Bolívar (1819-1830). Usos de Constant por el Padre Fundador*, Caracas, Universidad Central de Venezuela, 2005, pp. 27-106.

beral y republicana que se produce en el pensamiento de Bolívar, la voluntad de crear una "ciudadanía virtuosa" opera una "traslación del poder neutro", defendido por Montesquieu y Constant, a la "presidencia vitalicia", además de una refuncionalización del principio conservador del "senado hereditario".[103] El resultado de aquella mixtura constitucional entre república y monarquía era una suerte de "tiranía cívica" que Constant no aceptaba.[104]

El rechazo de Constant, una de las fuentes doctrinales del proyecto bolivariano, era un golpe intelectual y, a la vez, político. En la respuesta al liberal francés del abate Dominique de Pradt, entonces ubicado también en el liberalismo, pero que en el pasado, por su apoyo a Napoleón, había sido enemigo de Constant, el argumento principal era el mismo de Bolívar: en Hispanoamérica, la falta de ilustración y virtudes de la ciudadanía requería de gobiernos firmes e ilimitados para construir las nuevas repúblicas. De Pradt cuestionaba la ligereza con que Constant, "desde la civilización", criticaba a políticos involucrados en la tarea colosal de crear un Nuevo Mundo. En una mezcla de paternalismo y utopía —que ya emergía en su primera obra sobre las independencias hispanoamericanas, donde defendió la monarquía; en su ensayo sobre el Congreso de Panamá, y en sus elogiosas semblanzas de Iturbide y Bolívar—, De Pradt afirmaba:

> Sibaritas de la civilización europea, cómodamente adormecidos en el seno de la normalidad, cuyo apacible disfrute nos asegura el curso de las leyes, ¡cuánto hablamos a nuestras anchas de cosas que están tan lejos de nuestra vista y de nuestras costumbres! ¡Predicadores de la libertad, cómo quisiera ver vuestras tribunas colocadas en la orilla del Orinoco; vuestros escaños de senadores ocupados por una terrible mezcla de negros, mulatos, llaneros, criollos, hombres que han sido llevados del golpe del seno de la esclavitud y de

[103] *Ibid.*, pp. 157-204.

[104] *Ibid.*, pp. 338-364.

> la barbarie a las funciones de legisladores y dirigentes del Estado! La misma lengua, las mismas costumbres, una herencia común de grandeza y talento, una civilización avanzada, mantienen unidas todas las partes de las sociedades europeas; en América todo es diversidad, principio de división, ausencia de civilización. En Europa se tiene. En América hay que crearla.[105]

La defensa de De Pradt era, pues, una reescritura europea de la *Carta de Jamaica*, el *Discurso de Angostura* y otros textos de Bolívar. Este último, según el abate francés, poseía "la más brillante y alta corona cívica que hasta ahora haya adornado la frente de un mortal", por lo que debía ser tratado como un monarca, y un monarca en las adversas condiciones de Hispanoamérica.[106] Ese trato, sin embargo, era inaceptable para Constant, quien en su contrarréplica a De Pradt defendió que todos los temas de política internacional, desde Turquía y Grecia hasta las dos Américas, debían ser debatidos libremente en el parlamento francés. Además, la crítica del despotismo bolivariano, según Constant, no era sólo un tema diplomático sino doméstico, ya que Bolívar, a su entender, debía ser colocado junto a Cromwell y Bonaparte en la tradición del cesarismo moderno.

Constant no aceptaba el paradójico colonialismo de De Pradt, amigo de un héroe anticolonial como Bolívar, según el cual era lícito "tolerar la dictadura para Colombia", cuando "trasladada la dictadura a Europa le inspiraría un profundo horror".[107] El cesarismo, según Constant y según buena parte de la crítica liberal al republicanismo clásico, no sólo estaba ligado a la justificación del poder ilimitado por razones de emergencia nacional —el "Estado de excepción"— o a demandas de "unidad" o "ejecutividad" frente a comunidades heterogéneas e incívicas, sino a

---

[105] *Ibid.*, p. 323. Para un análisis del respaldo de De Pradt al Plan de Iguala y al imperio de Iturbide, véase Guadalupe Jiménez Codinach, *México en 1821. Dominique de Pradt y el Plan de Iguala*, México, Universidad Iberoamericana/Ediciones El Caballito, 1982.

[106] *Ibid.*, p. 322.

[107] *Ibid.*, p. 333.

una relación patrimonial del caudillo con los ciudadanos en la que se reproducían patrones de lealtad muy similares a los de la monarquía absoluta:

> ¡El Sr. De Pradt ha olvidado a César y a Cromwell! Esta afectación de respeto por un pueblo que se tiene bajo el yugo es el artificio empleado por todos los aspirantes a la tiranía. Siempre ofrecen abandonar el poder, pero este ofrecimiento, humilde en apariencia, está acompañado por un despliegue de fuerzas que despierta en el pueblo un rechazo, y los usurpadores condenados a pesar de ellos al poder, quieren a la vez ser obedecidos como amos y compadecidos como víctimas de su abnegación.[108]

El momento en que De Pradt, en su defensa de Bolívar, afirma que si Bonaparte hubiera producido el 18 Brumario antes de 1799, previniendo las guillotinas y los trastornos de la revolución, Francia "no hubiera vacilado entre él y el tribunado", le parece a Constant sintomático del pensamiento cesarista. Además de identificar con un hombre, y no con un entramado de leyes e instituciones, la garantía de la paz y la seguridad, se genera, a su vez, una identificación de la guerra civil y la discordia política con la ausencia de ese hombre del poder. Mezclando ideas de tres de sus libros, *Principes de politique* (1806), *De l'Esprit de conquête et de l'usurpation* (1813) y *Cours de politique constitutionnelle* (1818), Constant desembocaba en una crítica universal de la dictadura:

> No, la dictadura nunca es un bien; la dictadura nunca es lícita. Nadie está lo suficientemente por encima de su país y de su tiempo para tener derecho a desheredar a sus conciudadanos, a humillarlos bajo su pretendida superioridad, superioridad de la que únicamente él es juez, superioridad que cualquier ambicioso puede

[108] *Ibid.*, pp. 332-333. Véase el interesante estudio de Peter R. Baehr, *Caesar and the Fading of the Roman World. Study in Republicanism and Caesarism*, Nueva Brunswick, Transaction Publishers, 1998.

> invocar a su vez; no se puede ir en contra del más estúpido cuando éste tiene la fuerza en la mano, y esto se vuelve así el pretexto banal de todas las opresiones en todos los tiempos y en todos los pueblos.[109]

El debate entre Constant y De Pradt fue aprovechado por el conservadurismo francés para atacar la monarquía constitucional y parlamentaria. Varios periódicos del ultrarrealismo parisino presentaron la polémica como una señal de división y debilitamiento de la corriente liberal que, según esa prensa y a pesar tantas evidencias en contra, era heredera del jacobinismo.[110] Pero la crítica de Constant había calado tanto en sectores del liberalismo como del socialismo europeo de los años treinta y cuarenta del siglo XIX. No es difícil encontrar su eco en el texto "Bolívar y Ponte" (1858), que Karl Marx escribió por encargo de Charles Dana para *The New American Cyclopaedia.*[111]

La crítica dejó su marca, incluso, en el propio Bolívar, quien en su sombría correspondencia de 1830, luego de la renuncia y embarcado en la travesía final por el río Magdalena hasta Santa Marta, cuando se debate entre el exilio y una nueva revolución que comience todo desde el principio, rumia aquel célebre debate. Cuando asesinan a Sucre, en mayo de 1830, Bolívar escribe a Flores que los liberales europeos tienen razón: las nuevas repúblicas se precipitaban en el autoexterminio.[112] En septiembre de ese año dice a Estanislao Vergara, desde Cartagena, que no "espera salud para la patria", que esa "convicción íntima ahoga sus deseos y lo arrastra a la más cruel desesperación" y que "cree todo perdido para siempre; la patria y sus amigos sumergidos en un piélago de calamidades".[113] En octubre, desde Turbaco y sufriendo la "bilis", comparte con Urdaneta su profecía:

[109] *Ibid.*, p. 335.

[110] *Ibid.*, pp. 325-247.

[111] Karl Marx, *Simón Bolívar*, Madrid, Sequitur, 2006, pp. 39-74.

[112] Germán Carrera Damas, *op. cit.*, t. I, p. 637.

[113] *Ibid.*, p. 626.

> Dice Madame Staël, y otros antes que ella, que el lecho de un moribundo es un altar profético que debe considerarse como una especie de inspiración que recibe allí el moribundo. Yo profetizo, pues, que el actual gobierno no alcanza al día que se elija al nuevo presidente [...] La situación de la América es tan singular y tan horrible, que no es posible que ningún hombre se lisonjee en conservar el poder largo tiempo ni siquiera en una ciudad [...] La posteridad no vio jamás un cuadro tan espantoso como el que ofrece la América, más para el futuro que para el presente. Porque ¿dónde ha imaginado nadie que un mundo entero cayera en frenesí y devorase su propia raza como antropófagos? Esto es único en los anales de los crímenes y, lo que es peor, irremediable.[114]

Seguramente Bolívar pensó en Constant, quien también moriría en 1830, cuando citaba a Staël: ambos autores franceses estaban biográfica e intelectualmente entrelazados en la tradición liberal que el republicanismo hispanoamericano intentaba procesar a su favor. Además de un militar y un estadista, Bolívar era un pensador del Nuevo Mundo: un ilustrado que sabía distinguir entre un gobierno representativo y otro dictatorial, y que conocía a la perfección todos los ejemplos de cesarismo que registraba la historia antigua y moderna. De no haber sido dirigida contra su persona, él mismo habría suscrito la crítica de Constant como una reacción genuina contra la deriva despótica del pacto republicano en Hispanoamérica.

[114] *Ibid.*, pp. 630-631.

Bibliografía

Fuentes primarias

Lorenzo de Zavala Papers
Center for American History
University of Texas, Austin

Great Britain Foreign Office
General Correspondence
Benson Latin American Collection
University of Texas, Austin

Joel R. Poinsett Papers
Henry D. Gilpin Collection
Historical Society of Pennsylvania
Filadelfia

Publicaciones republicanas

El Conservador, Toluca, Imprenta del Gobierno, dirigida por Juan Matute González, núms. 1 (1 de junio de 1831), 4 (22 de junio de 1831), 8 (20 de julio de 1831), 25 (19 de noviembre de 1831), 26 (26 de noviembre de 1831), 27 (3 de diciembre de 1831) y 28 (10 de diciembre de 1831).

El Repertorio Americano, Caracas, Presidencia de la República, 1973.

La Verdad, Nueva York, Imprenta La Verdad, 1848-1853 (primera época).

La Verdad, Nueva Orleans, Imprenta La Verdad, 1854-1860 (segunda época).

Miscelánea. Periódico Crítico y Literario, Toluca, Imprenta del Estado, dirigida por el ciudadano Juan Matute González, junio de 1831, segunda época, núms. 1 (septiembre de 1829), 2 (agosto de 1831), 3 (agosto de 1831), 4 (septiembre de 1831).

Filadelfia, Pastoral Reports of the Church of Epiphany, Filadelfia, William Stavely, 1840-1857, 1984.

LIBROS Y FOLLETOS

Academia de Ciencias de la URSS, *El panamericanismo, su evolución histórica y esencia,* Moscú, Redacción de "Ciencias Sociales Contemporáneas", 1982.

Adelman, Jeremy, "An Age of Imperial Revolutions", *American Historical Review,* abril de 2008, pp. 319-340.

_____, *Sovereignty and Revolution in the Iberian Atlantic,* Princeton, Princeton University Press, 2006.

Agüero, Pedro, *Anexión de Cuba a los Estados Unidos, o sea, algunas observaciones sobre esta importante cuestión,* Nueva Orleans, Imprenta La Verdad, 1849.

Aguilar, José Antonio, *El manto liberal,* México, Instituto de Investigaciones Jurídicas-UNAM, 2001.

_____, *En pos de la quimera. Reflexiones sobre el experimento constitucional atlántico,* México, CIDE/FCE, 2000.

_____ y Rafael Rojas, comps., *El republicanismo en Hispanoamérica. Ensayos de historia intelectual y política,* México, FCE/CIDE, 2002.

Aguirre, Sergio, *Quince objeciones a Narciso López. Anexionismo, esclavitud, mercenarios,* La Habana, Instituto Superior de Educación, 1962.

Alamán, Lucas, *Disertaciones sobre la historia de la república mexicana,* México, Conaculta, 1991.

_____, *Examen imparcial de la administración de Bustamante,* México, Conaculta, 2008.

_____, *Historia de México,* México, Instituto Cultural Helénico, t. I, 1985.

Albin, María C., *Gertrudis Gómez de Avellaneda y José María Heredia: del mito insular a una fábula de fundación,* tesis de doctorado, Nueva Haven Yale University, 1995.

Allen, Thomas M., *A Republic in Time. Temporality and Social Imagination in Nineteenth Century America,* Chapel Hill, The University of North Carolina Press, 2008.

Allo Bermúdez, Lorenzo de, *Dúplica a la réplica de Don José Antonio Saco a los anexionistas que han impugnado sus ideas sobre la incorporación de Cuba a los Estados Unidos,* Nueva York, Imprenta La Verdad, 1850.

_____, *La esclavitud doméstica en sus relaciones con la riqueza,* Nueva York, Imprenta de José Mesa, 1854.

Altenberg, Tilman, *Melancolía en la poesía de José María Heredia,* Madrid, Iberoamericana, 2001.

Anderson, Benedict, *Imagined Communities,* Londres y Nueva York, Verso, 1983.

Anna, Timothy E., *El imperio de Iturbide*, México, Conaculta/Alianza Editorial, 1991.

_____, *Forging Mexico, 1821-1835*, Lincoln, University of Nebraska Press, 1998.

_____, *The Mexican Empire of Iturbide*, Lincoln, University of Nebraska Press, 1990.

Annino, Antonio, "Soberanías en lucha", en Antonio Annino, Luis Castro Leiva y François Xavier Guerra, comps. *De los imperios a las naciones: Iberoamérica*, Zaragoza, Ibercaja, 1994, pp. 229-253.

_____, Luis Castro Leiva y François Xavier Guerra, comps. *De los imperios a las naciones: Iberoamérica*, Zaragoza, Ibercaja, 1994.

_____ y Rafael Rojas, *La independencia. Los libros de la patria*, México, FCE/CIDE, 2008.

Aparicio Laurencio, Ángel, *José María Heredia. Trabajos desconocidos y olvidados*, Madrid, Ediciones Universal, 1972.

Appleby, Joyce, *Liberalism and Republicanism in the Historical Imagination*, Cambridge, Massachusetts, Harvard University Press, 1992.

Arciniegas, Germán, *Bolívar y la Revolución*, Bogotá, Planeta, 1984.

Ardao, Arturo, *Andrés Bello, filósofo*, Caracas, Academia Nacional de Historia, 1986.

Arias, Salvador, *Aire y fuego en la raíz*, Toluca, Universidad Autónoma del Estado de México, 2001.

Artola, Miguel, *La España de Fernando VII*, Madrid, Espasa Calpe, 1999.

_____, *La guerra de independencia*, Madrid, Espasa Calpe, 2008.

Ávila Rueda, Alfredo, "El cristiano constitucional: libertad, derecho y naturaleza en la retórica de Manuel de la Bárcena", *Estudios de Historia Moderna y Contemporánea de México*, vol. 25, 2003, pp. 5-41.

_____, "La presidencia de Vicente Guerrero", en Will Fowler, comp., *Presidentes mexicanos (1824-1911)*, México, INEHRM, 2004, t. I, pp. 59-85.

_____, "México: un viejo nombre para una nueva nación", en José Carlos Chiaramonte, Carlos Marichal y Aimer Granados, comps., *Crear la nación. Los nombres de los países de América Latina*, Buenos Aires, Sudamericana, 2008.

_____, *Para la libertad. Los republicanos en tiempos del imperio (1821-1823)*, México, Instituto de Investigaciones Históricas-UNAM, 2004.

Aymes, Jean-René, *La guerra de independencia en España (1808-1814)*, México, Siglo XXI, 2008.

Baehr, Peter R., *Caesar and the Fading of the Roman World. Study in Republicanism and Caesarism*, Nuevo Brunswick, Transaction Publishers, 1998.

Ballón, José Carlos, *Martí y Blaine en la dialéctica de la Guerra del Pacífico*, México, CCyDEL-UNAM, 2003.

Bandes, Susan A., *The Passion of Law. Critical America*, Nueva York, New York University Press, 2000.

Bárcena, Manuel de la, *Manifiesto al mundo. La justicia y la necesidad de la independencia de la Nueva España*, México, Oficina de Mariano Ontiveros, 1821.

Barquera, Juan Wenceslao, *Discurso patriótico que en el aniversario del primer grito de nuestra independencia, solemnizado en la ciudad de Toluca, residencia provisional de los Supremos Poderes del Estado Soberano de México*, Toluca, *dijo el Sr. Lic. Juan Weceslao Barquera, el 16 de septiembre de 1830, por encargo de la Junta Cívica de la misma ciudad*, Imprenta del Gobierno, a cargo de Juan Matute y González, 1830.

Barragán Barragán, José, *Temas del liberalismo gaditano*, México, UNAM, 1978.

Bartra, Roger, *El duelo de los ángeles. Locura sublime, tedio y melancolía en el pensamiento moderno*, México, FCE, 2005.

Béjar, Helena, *El corazón de la república. Avatares de la virtud política*, Barcelona, Paidós, 2000.

Bello, Andrés, *Obra literaria*, Caracas, Biblioteca Ayacucho, 1979.

_____, *Obras completas. Filosofía*, Caracas, La Casa de Bello t. III, 1981-1984.

_____, *Obras completas. Temas de historia y geografía*, Caracas, Ministerio de Educación, t. XXIII, 1957.

Benson, Nettie Lee, *La diputación provincial y el federalismo mexicano*, México, El Colegio de México/UNAM, 1994.

_____, *La diputación provincial y el federalismo mexicano*, México, El Colegio de México, 1955.

Berman, Morris, *Edad oscura americana. La fase final del imperio*, México, Sexto Piso, 2007.

_____, *El crepúsculo de la cultura americana*, México, Sexto Piso, 2002.

Betancourt, Alexánder, *Historia y nación. Tentativas de la escritura de la historia en Colombia*, Medellín, La Carreta Editores/Coordinación de Ciencias Sociales y Humanidades de la Universidad Autónoma de San Luis Potosí, 2007.

Betancourt Cisneros, Gaspar, *Addresses Delivered at the Celebration of the Third Anniversary in Honor of the Martyrs for Cuban Freedom*, Nueva Orleans, Sherman Wharton and Co., 1854.

_____, *Algunas observaciones a "La Crónica" de New York*, Nueva York, Imprenta La Verdad, 1848.

_____, *Cuba y su Revolución. Vindicación de la conducta de los cubanos durante los últimos sucesos de Cuba*, Nueva York, Imprenta La Verdad, 1851.

_____, *Ideas sobre la incorporación de Cuba a los Estados Unidos en contraposición a las que ha publicado Don José Antonio Saco*, Nueva York, Imprenta La Verdad, 1849.

_____, *The United States Government Has Injured the Liberty of the People of Cuba*, Nueva York, Imprenta La Verdad, 1849.

Bethell, Leslie, comp., *Historia de América Latina. América Latina independiente, 1820-1870*, Barcelona, Crítica, t. VI, 1991.

Beyhaut, Gustavo y Hélène, *América Latina III. De la independencia a la Segunda Guerra Mundial*, México, Siglo XXI, 1990.

Bianchi, Alberto G., *Los Estados Unidos: descripciones de viaje*, México, Editor N. Lugo Viña, 1887.

Bilbao, Francisco, *El evangelio americano*, Caracas, Biblioteca Ayacucho, 1988.

Bitrán Goren, Yael, *Servando Teresa de Mier en los Estados Unidos; la cristalización del republicano*, tesis de licenciatura, México, UNAM, 1992.

Blaine McCormack, Richard, "Juárez y la armada norteamericana", en *Benito Juárez en la revista Historia Mexicana*, México, El Colegio de México, 2006.

Blanco White, José, *Cartas de España*, Madrid, Alianza Editorial, 1972.

Bolívar, Simón, *Cartas del Libertador*, Caracas, Banco de Venezuela/Fundación Vicente Lecuna, 1964.

_____, *Discursos, proclamas y epistolario político*, Madrid, Editora Nacional, 1981.

_____, *Doctrina del Libertador*, Caracas, Biblioteca Ayacucho, 1979.

_____, *Epistolarios*, Caracas, Banco Italo-Venezolano/Presidencia de la República, 1983.

_____, *Escritos políticos*, México, Porrúa, 1999.

_____, *Obras completas*, La Habana, Lex, 1947.

Botana, Natalio R., *La tradición republicana. Alberdi, Sarmiento y las ideas políticas de su tiempo*, Buenos Aires, Sudamericana, 1984.

Bowen, Daniel, *A History of Philadelphia: with a Notice of Villages in the Vecinity, Designed as a Guide to Citizens and Strangers*, Filadelfia, D. Bowen, 1839.

Bowman Jr., Charles H., "The Activities of Manuel Torres as Purchasing Agent, 1820-1821", *The Hispanic American Historical Review*, vol. 48, núm. 2, mayo de 1968, pp. 234-246.

Brackenridge, H. M., *Artigas y Carrera. Viaje a América del Sur hecho por orden del gobierno americano en los años 1817 y 1818, en la fragata Congress*, Londres, F. y J. Allman, 1820.

_____, *History of the Late War, between the United States and Great Britain*, Baltimore, Cushing & Jewett, 1818.

_____, *Views of Louisiana*, Pittsburgh, Cramer, Spear and Eichbaum, 1814.

Brading, David A., *Los orígenes del nacionalismo mexicano*, México, ERA, 1980.

_____, *Mito y profecía en la historia de México*, México, Vuelta, 1988.

_____, *Orbe indiano*, México, FCE, 1991.

Breña, Roberto, *El primer liberalismo español y los procesos de emancipación de América, 1808-1824. Una revisión historiográfica del liberalismo hispano*, México, El Colegio de México, 2006.

Brodsky, Joseph, *Del dolor y la razón*, Barcelona, Destino, 2000.

Brownson, O. A., *España y los Estados Unidos. Las expediciones piráticas de ciudadanos americanos contra la Isla de Cuba, y las relaciones entre Estados Unidos y España que de aquéllas han resultado*, Nueva York, Imprenta La Crónica, 1852.

Burke, Edmund, *Textos políticos*, México, FCE, 1996.

Byrne Lockey, Joseph, *Orígenes del panamericanismo*, Caracas, Gobierno de Venezuela, 1976.

Cairo, Ana, *Heredia entre cubanos y españoles*, Santiago de Cuba, Editorial Oriente, 2003.

Carbonell Rivero, Néstor, *Próceres*, Miami, Editorial Cubana, 1999.

Carmagnani, Marcello, *Constitucionalismo y orden liberal: América Latina, 1850-1920*, Turín, Otto Editore, 2000.

Carrera Damas, Germán, *El culto a Bolívar. Esbozo para un estudio de la historia de las ideas en Venezuela*, Caracas, Grijalbo, 1989.

_____, comp., *Simón Bolívar fundamental*, Caracas, Monte Ávila, 1992.

Castro, Cristóbal de, *Antología de las Cortes de 1820*, Madrid, Establecimiento Tipográfico Hijos de J. A. García, 1910.

Castro Leiva, Luis, *De la patria boba a la teología bolivariana*, Caracas, Monte Ávila, 1991.

Certeau, Michel de, *La escritura de la historia*, México, Universidad Iberoamericana, 1993.

César, Cayo Julio, *Los comentarios*, Madrid, Luis Navarro Editor, 1882.

Céspedes Argote, Onoria, comp., *José María Heredia y Heredia. Diputado*, Toluca, Instituto de Estudios Legislativos de la LV Legislatura del Estado de México, 2005.

Chacón y Calvo, José María, *Estudios heredianos*, La Habana, Trópico, 1939.

Chartier, Roger, *El presente del pasado. Escritura de la historia, historia de lo escrito*, México, Universidad Iberoamericana, 2005.

Chateaubriand, François-René, *Memorias de ultratumba*, Barcelona, Acantilado, t. II, 2004.

Chávez, Fermín, ed., *Correspondencia de San Martín y Rosas*, Buenos Aires, Theoria, 1975.

Chevalier, François, *América Latina. De la independencia a nuestros días*, México, FCE, 1999.

Chust Calero, Manuel, *1808. La eclosión juntera en el mundo hispano*, México, FCE/El Colegio de México, 2007.

_____, *Federalismo y cuestión federal en España*, Barcelona, Universitat Jaume I, 2004.

_____, *La cuestión nacional americana en las Cortes de Cádiz*, Valencia, UNED-UNAM, 1999.

_____, "La revolución municipal, 1810-1823", en Juan Ortiz Escamilla y José Antonio Serrano, *Ayuntamientos y liberalismo gaditano en México*, México, El Colegio de Michoacán/Universidad Veracruzana, 2007.

Cioran, E. M., *Ensayo sobre el pensamiento reaccionario*, Madrid, Montesinos, 2000.

Clifford, James, *Routes, Travel and Translation in the Late Twentieth Century*, Cambridge, Massachusetts, Harvard University Press, 1997.

Colin, Mario, *Constituciones del Estado de México. 1827, 1861, 1870, 1917*, México, Biblioteca Enciclopédica del Estado de México, 1974.

Collier, Simon, *Chile. La construcción de la república. 1830-1865. Política e ideas*, Santiago de Chile, Universidad Católica de Chile, 2005.

Comenge, Rafael, *Antología de las Cortes de Cádiz*, Madrid, Imprenta de Prudencio Pérez de Velasco, 1911.

Commager, Henry Steele, *The Empire of Reason*, Nueva York, Anchor Press, 1977.

Connelley, Owen, *The Gentle Bonaparte*, Nueva York, Macmillan, 1968.

Constant, Benjamin, *Escritos políticos*, Madrid, Centro de Estudios Constitucionales, 1989.

Constitution of the Franklin Society, Filadelfia, Stewart and Cochran, 1792.

Cornejo Polar, Antonio, *La formación de la tradición literaria en el Perú*, Lima, Centro de Estudios y Publicaciones, 1989.

Costeloe, Michael P., *La primera república federal de México (1824-1835)*, México, FCE, 1975.

_____, *La respuesta a la independencia. La España imperial y las revoluciones hispanoamericanas, 1810-1840*, México, FCE, 1989.

Crapol, Edward P., *James G. Blaine: Architect of Empire*, Washington, Scholarly Resources, 2000.

Crawford Freed, Feather, *Joel Poinsett and the Paradox of Imperial Republicanism: Chile, Mexico, and the Cherokee Nation*, tesis, Department of History, University of Oregon, 2008.

Cussen, Antonio, *Bello and Bolívar. Poetry and Politics in the Spanish American Revolution*, Cambridge, Cambridge University Press, 1992.

Dager Alva, Joseph, "El debate en torno al método historiográfico en el Chile del siglo XIX", *Revista Complutense de Historia de América*, vol. 28, Madrid, 2002.

Dávila, Luis Ricardo, "La nación hispanoamericana y el debate sobre la escritura de la historia", *Tierra Firme*, vol. 21, núm. 82, abril de 2003.

Dealy, Glen C., *The Latin American's Spirit and Ethos*, Oxford, Westview Press, 1992.

_____, *The Public Man. An Interpretation of Latin American and Other Catholic Countries*, Amherst, The University of Massachusetts Press, 1977.

"Decreto de 17 de noviembre de 1821", *Noticioso General*, t. VIII, núm. 143, pp. 1-4.

"Decreto de la Junta Provisional de 6 de octubre de 1821", *Gaceta Imperial Extraordinaria de México*, t. I, núm. 9, pp. 64-66.

Demélas, Marie-Danielle, *Nacimiento de la guerra de guerrilla. El diario de José Santos Vargas (1814-1825)*, La Paz, Instituto Francés de Estudios Andinos, 2007.

Di Tella, Torcuato S., *Iturbide y el cesarismo popular*, Buenos Aires, Fundación Simón Rodríguez, 1985.

Díaz, Lomberto, *Heredia, primer romántico hispanoamericano*, Montevideo, Géminis, 1973.

Doallo, Beatriz Celina, *Exilio del Libertador*, Buenos Aires, Instituto de Investigaciones Históricas Juan Manuel de Rosas, 1997.

Domínguez Michael, Christopher, *Vida de fray Servando*, México, ERA/Conaculta/INAH, 2004.

Donoso, Ricardo, *Don Benjamín Vicuña Mackenna. Su vida, sus escritos y su tiempo. 1831-1886*, Santiago de Chile, Imprenta Universitaria, 1925.

Dunn, Susan, *The Essential Writings of the Founding Fathers*, Nueva York, Basic Books, 2006.

Eco, Umberto, *Decir casi lo mismo. Experiencias de la traducción*, Barcelona, Random House Mondadori, 2008.

Eisler, Benita, *Byron. Child of Passion, Fool of Fame*, Nueva York, Vintage Books, 2000.

Elias, Norbert, *La civilización de los padres y otros ensayos*, Santa Fe de Bogotá, Norma, 1998.

Ellis, Joseph J., *American Creation. Triumphs and Tragedies of the Republic*, Nueva York, Vintage Books, 2007.

_____, *Founding Brothers. The Revolutionary Generation*, Nueva York, Vintage Press, 2002.

Engerman, Stanley L., *Slavery, Emancipation and Freedom*, Baton Rouge, Louisiana State University Press, 2007.

Escalante, Fernando, *Ciudadanos imaginarios*, México, El Colegio de México, 1992.

Espada, obispo, *Ilustración, reforma y antiesclavismo*, La Habana, Editorial de Ciencias Sociales, 1990.

Esténger, Rafael, *Heredia. La incomprensión de sí mismo*, La Habana, Editorial de Ciencias Sociales, 2003.

Estep, Raymond, *Lorenzo de Zavala. Profeta del liberalismo mexicano*, México, Porrúa, 1952.

Estévez, Felipe, "La contribución social del padre Varela en Estados Unidos", en Roberto Esquenazi-Mayo, comp., *El padre Varela. Pensador, sacerdote, patriota*, Washington, D. C., Georgetown, 1998.

Exposición presentada a las Cortes por los diputados de Ultramar, Madrid, Imprenta de don Diego García y Compoy, 1821.

Eyal, Jonathan, *The Young America Movement and the Transformation of the Democratic Party. 1828-1861*, Nueva York, Cambridge University Press, 2007.

Farías, Luis M., *La América de Aranda*, México, FCE, 2003.

Federico II de Prusia, *Antimaquiavelo o refutación del Príncipe de Maquiavelo*, Madrid, Centro de Estudios Políticos y Constitucionales, 1995.

Fernández Retamar, Roberto, *Caliban and Other Essays*, Minneapolis, University of Minnesota Press, 1989.

Ferrer Muñoz, Manuel, *La formación de un Estado nacional en México. El imperio y la república federal*, México, UNAM, 1995.

Filippi, Allerto, comp., *Bolívar y Europa en las crónicas, el pensamiento político y la historiografía*, Caracas, Comité Ejecutivo del Bicentenario de Simón Bolívar, 1986.

Florescano, Enrique, *El mito de Quetzalcóatl*, México, FCE, 1995.

_____, *Imágenes de la patria*, México, Taurus, 2005.

_____, *Memoria mexicana*, México, FCE, 2002.

Fohlen, Claude, *Benjamin Franklin: l'Américain des Lumières*, París, Payot, 2000.

Foner, Philip S., *Historia de Cuba y sus relaciones con Estados Unidos*, La Habana, Editorial de Ciencias Sociales, 1973.

Fontana, Biancamaria, comp., *The Invention of the Modern Republic*, Cambridge, Cambridge University Press, 1994.

Fowler, Will, *Santa Anna of Mexico*, Lincoln y Londres, University of Nebraska Press, 2007.

Fraire, Isabel, comp., *Pensadores norteamericanos del siglo XIX*, México, Siglo XXI, 2004.

Fuentes, Carlos, *El espejo enterrado*, México, Taurus, 1998.

Fuentes Mares, José, *Poinsett. Historia de una gran intriga*, México, Jus, 1951.

_____, "La misión de Mr. Pickett", en *Benito Juárez en la revista Historia Mexicana*, México, El Colegio de México, 2006.

Fusi, Juan Pablo y Guadalupe Gómez-Ferrer, *Historia de España de Menéndez Pidal. La España de las autonomías*, Madrid, Espasa, 2007.

Fusi, Juan Pablo y Jordi Palafox, *España: 1808-1996. El desafío de la modernidad*, Madrid, Espasa, 1997.

Gallardo, Guillermo, *J. R. Poinsett. Agente norteamericano, 1810-1814*, Buenos Aires, Emecé, 1983.

Gamboa, Ramón, *Representación del ciudadano síndico Licenciado Ramón Gamboa al Ayuntamiento de esta capital*, México, Imprenta del ciudadano Alejandro Valdés, 1829.

Garcerán de Vall, Julio, *Heredia y la libertad*, Miami, Ediciones Universal, 1978.

García Cantú, Gastón, *El pensamiento de la reacción mexicana. Historia documental (1810-1859)*, México, UNAM, t. I, 1994.

García de Sena, Manuel, *La independencia de la Costa Firme justificada por Thomas Paine treinta años ha*, Caracas, IPGH, 1949.

García Garófalo Mesa, Manuel, *Vida de José María Heredia en México. 1825-1839*, México, Botas, 1945.

García Márquez, Gabriel, *El general en su laberinto*, México, Diana, 1998.

Garriga, Carlos y Marta Lorente, *Cádiz, 1812. La Constitución jurisdiccional*, Madrid, Centro de Estudios Políticos y Constitucionales, 2007.

Garrigós, Eduardo, *Las autonomías: historia de su configuración territorial*, Madrid, Anaya, 1995.

Gaxiola, Francisco Javier, *Poinsett en México (1822-1828). Notas de un libro inconcluso*, México, Editorial Cultura, 1836.

Gazmuri, Cristián, *El 48 chileno. Igualitarios, reformistas, radicales, masones y bomberos*, Santiago de Chile, Editorial Universitaria/Centro de Investigaciones Diego Barrios Arana, 1999.

Genta, Juan B., ed., *Correspondencia entre San Martín y Rosas (1838-1850)*, Buenos Aires, Ediciones del Restaurador, 1950.

Gerbi, Antonello, *La disputa del Nuevo Mundo*, México, FCE, 1960.

Gimeno, Ana, *Una tentativa monárquica en América. El caso ecuatoriano*, Quito, Ediciones del Banco Central de Ecuador, 1988.

Ginzburg, Carlo, *Ojazos de madera. Nueve reflexiones sobre la distancia*, Barcelona, Península, 2000.

Glinkin, Anatoli Nikolaevich, *El latinoamericanismo contra el panamericanismo desde Simón Bolívar hasta nuestros días*, Moscú, Editorial Progreso, 1984.

Goicuría, Domingo de, *Al pueblo de Cuba*, Nueva York, Imprenta de Esteban Hallet, 1855.

_____, *Memorial presentado a Su Majestad por Don Domingo de Goicuría para el aumento de la población blanca y la producción del azúcar en la Isla de Cuba*, Madrid, Imprenta de J. Martín Alegría, 1846.

González, Ambrosio José, *Manifest on Cuban Affairs Addressed to the People of the United States*, Nueva York, Daily Delta, 1853.

González, Juan Carlos, *Influencia del derecho español en América*, Madrid, Mapfre, 1992.

González, Manuel Pedro, *José María Heredia*, México, El Colegio de México, 1955.

González Acosta, Alejandro, *El enigma de Jicotencal. Estudio de dos novelas sobre el héroe de Tlaxcala*, México, UNAM, 1997.

González García, José M., *La diosa Fortuna. Metamorfosis de una metáfora política*, Madrid, A. Machado Libros, 2006.

Granados García, Aimer y Carlos Marichal, "Congresos e intelectuales en los inicios de un proyecto y de una conciencia continental latinoamericana, 1826-1860", en Carlos Marichal y Aimer Granados García, comps., *Construcción de las identidades latinoamericanas. Ensayos de historia intelectual. Siglos XIX y XX*, México, El Colegio de México, 2004, pp. 39-69.

_____, *Construcción de las identidades latinoamericanas. Ensayos de historia intelectual. Siglos XIX y XX*, México, El Colegio de México, 2004.

Granja Sainz, José Luis de la, Justo G. Beramendi y Pere Anguera, *La España de los nacionalismos y las autonomías*, Madrid, Síntesis, 2001.

Gruesz, Kirsten Silva, *Ambassadors of Culture. The Transamerican Origins of Latino Writing*, Princeton, Princeton University Press, 2002.

Gruzinski, Serge, *El pensamiento mestizo*, Barcelona, Paidós, 1999.

Guerra, François Xavier, "De lo uno a lo múltiple: dimensiones y lógicas de la independencia", en Anthony McFarlane y Eduardo Posada-Carbó, comps., *Independence and Revolution in Spanish America. Perspectives and Problems*, Londres, University of London, 1999.

_____, *Modernidad e independencias. Ensayos sobre las revoluciones hispánicas*, Madrid, Mapfre, 1993.

Guerra, Ramiro, *En el camino de la independencia*, La Habana, Cultural S. A., 1930.

_____, *La expansión territorial de Estados Unidos a expensas de España y los países hispanoamericanos*, La Habana, Cultural S. A., 1935.

Guerra Íñiguez, Daniel, *Bolívar, creador del panamericanismo actual*, Caracas, Imprenta Nacional, 1946.

Guerrero, Carolina, *Liberalismo y republicanismo en Bolívar (1819-1830). Usos de Constant por el Padre Fundador*, Caracas, Universidad Central de Venezuela, 2005.

Hale, Charles, *El liberalismo mexicano en la época de José María Luis Mora (1821-1853)*, México, Siglo XXI, 1972.

Halperin Donghi, Tulio, *Historia contemporánea de América Latina*, La Habana, Editorial de Ciencias Sociales, 1990.

_____, *Revolución y guerra. Formación de una élite dirigente en la Argentina criolla*, Buenos Aires, Siglo XXI, 1972.

Hamilton, A., J. Madison y J. Jay, *El Federalista*, México, FCE, 1987.

Hartz, Louis, *La tradición liberal en los Estados Unidos*, México, FCE, 1994.

Harvey, Robert, *Los libertadores. La lucha por la independencia de América Latina (1810-1830)*, Barcelona, RBA, 2002.

Hazareesingh, Sudhir, *Intellectual Founder of the Republic. Five Studies in* XIX*th Century French Republican Political Thought*, Nueva York, Oxford University Press, 2001.

Healy, David, *James G. Blaine and Latin America*, Columbia, University of Missouri Press, 2001.

Heideking, Jürgen y James Henretta, comps., *Republicanism and Liberalism in America and Germany, 1750-1850*, Cambridge, Cambridge University Press, 2002.

Henderson, Peter V. N., *Gabriel García Moreno and Conservative State Formation in the Andes*, Austin, University of Texas Press, 2008.

Henríquez Ureña, Pedro, *Corrientes literarias en la América Hispana*, México, FCE, 1954.

Henry, Monica, "Les premières publications révolutionnaires des exilés hispano-américans aux Etats-Unis", *Transtlantica. Revue D'Etudes Américaines*, núm. 2, 2006.

Heredia, Edmundo A., *La guerra de los congresos: el panhispanismo contra el panamericanismo*, Córdoba, Junta Provincial de Historia, 2007.

Heredia, José María, *Antología herediana*, La Habana, El Siglo XX, 1939.

_____, *Lecciones de historia universal*, Toluca, Imprenta del Estado, a cargo de Juan Matute, 1832.

_____, *Miscelánea. Periódico Crítico y Literario*, México, UNAM, 2007.

_____, *Niágara y otros textos*, Caracas, Biblioteca Ayacucho, 1990.

_____, "Patriotismo", en *El Conservador*, Toluca, Imprenta del Gobierno, dirigida por Juan Matute González, núms. 3, 5 y 11 (15 de junio de 1831, 29 de junio de 1831, 13 de agosto de 1831).

_____, *Poesías*, Nueva York, Librería de Behr y Kahl, 1825.

_____, *Poesías completas*, La Habana, Colección Histórica Cubana y Americana, 1941.

_____, *et al.*, *El laúd del desterrado*, Nueva York, Imprenta de "La Revolución", 1858.

Hernández, Conrado e Israel Arroyo, comps., *Las rupturas de Juárez*, Oaxaca, Universidad Autónoma de Oaxaca, 2007.

Hernández Chávez, Alicia, *La tradición republicana del buen gobierno*, México, FCE, 1993.

Hernández Travieso, Antonio, *El padre Varela. Biografía del forjador de la conciencia cubana*, La Habana, Jesús Montero, 1949.

Hernando Sánchez, Carlos J., *Las indias en la monarquía católica. Imágenes e ideas políticas*, Valladolid, Universidad de la Valladolid, 1996.

Herrejón Peredo, Carlos, *Los procesos de Morelos*, Zamora, El Colegio de Michoacán, 1985.

Historia parlamentaria mexicana. Sesiones secretas. 1825-1828, México, Instituto de Investigaciones Legislativas, 1984.

Hoffer, Peter Charles, *Revolution and Regeneration*, Athens, The University of Georgia Press, 1983.

Holt, Alfredo Jocelyn, *La independencia de Chile: tradición, modernización y mito*, Santiago de Chile, Planeta, 1999.

Horowitz, Helen, *Rereading Sex. Battles over Sexual Knowledge and Suppression in Nineteenth Century America*, Nueva York, Alfred A. Knopf, 2002.

Horowitz, Irving Louis, *Ideology and Utopia in the United States, 1956-1976*, Nueva York, Oxford University Press, 1977.

Hudson, Linda S., *Mistress of Manifest Destiny. A Biography of Jane McManus Storm Cazneau, 1807-1878*, Austin, Texas State Historical Association, 2001.

Humboldt, Wilhelm von, *Diario de viaje a España. 1799-1800*, Madrid, Cátedra, 1998.

Ibar, Francisco, *Muerte política de la República Mexicana*, México, Impresos a cargo del ciudadano Tomás Uribe y Alcalde, 1829.

Ibarra, Ana Carolina, "El concepto *Independencia* en la crisis del orden virreinal", en Alicia Mayer, coord., *México en tres momentos: 1810, 1910, 2010*, México, Instituto de Investigaciones Históricas-UNAM, 2007.

Imbert, Anderson y Eugenio Florit, *Literatura hispanoamericana. Antología e introducción histórica*, Nueva York, Holt, Rinehart and Winston, 1970.

Indicación dirigida por la Regencia del Imperio a S. M. la Soberana Junta Provisional, México, Imprenta Imperial de D. Alejandro Valdés, 1821.

Iturbide, Agustín de, *Carta y despedida del Sr. Iturbide a su hijo, el mayor*, México, Impreso por H. L., Calle de D. Toribio, 1838.

_____, *Sus memorias escritas desde Liorna*, México, Jus, 1973.

Jaksic, Iván, *Andrés Bello: la pasión por el orden*, Venezuela, Bid and Co. Editor, 2007.

_____, *Ven conmigo a la España lejana*, México, FCE, 2007.

James, C. L. R., *Los jacobinos negros. Toussaint L'Ouverture y la Revolución de Haití*, México, Turner/FCE, 2003.

Jardin, André, *Alexis de Tocqueville. 1805-1859*, México, FCE, 1988.

_____, *Historia del liberalismo político*, México, FCE, 1989.

Jefferson, Thomas, *Manual de práctica parlamentaria para el uso del Senado de los Estados Unidos*, Nueva York, Newton, 1826.

Jiménez Codinach, Guadalupe, *México en 1821. Dominique de Pradt y el Plan de Iguala*, México, Universidad Iberoamericana/Ediciones El Caballito, 1982.

Johnson, Paul, *Estados Unidos. La historia*, Buenos Aires, Javier Vergara, 2001.

Juárez, Benito, *Documentos, discursos y correspondencia*, México, UAM, 2006.

Junta Cívica de Tlalpam, *Aniversario del primer grito de nuestra independencia, solemnizado en la ciudad de Tlalpam, residencia provisional de los Supremos Po-*

deres del Estado Soberano de México, Tlalpam, Imprenta del Gobierno del Estado Libre de México, a cargo de Juan Matute y González, 1827.

Kaempfer, Álvaro, "Lastarria, Bello y Sarmiento en 1844: genocidio, historiografía y proyecto nacional", *Revista de Crítica Literaria Latinoamericana*, Lima-Hanover, año XXXII, núms. 63-64, 2006.

Kagan, Robert, *Dangerous Nation*, Nueva York, Vintage Books, 2006.

Kamen, Henry, *The Desinherited. Exile and the Making of Spanish Culture*, Nueva York, Harper Perennial, 2008.

Kaplan, Marcos, *Formación del Estado nacional en América Latina*, Buenos Aires, Amorrortu, 1969.

Kornfeld, Eve, *Creating an American Culture, 1775-1800*, Nueva York, Palgrave, 2001.

Krauze, Enrique, *La presencia del pasado*, México, BBVA-Bancomer, 2004.

La Regencia Gobernadora Interina del Imperio a todos sus habitantes, Puebla, Oficina de D. Pedro de la Rosa, Impresor del Gobierno Político Militar y de Hacienda, 1821.

_____, *Siglo de caudillos*, México, Tusquets, 1998.

Labra, Rafael María de, *Los diputados americanos en las Cortes de Cádiz*, Madrid, Establecimiento del Sindicato de Publicidad, 1911.

Labraña, José M., "La prensa en Cuba", en *Cuba en la mano. Enciclopedia popular ilustrada*, La Habana, Úcar y García, 1940.

Lafaye, Jacques, *Quetzalcóatl y Guadalupe. La formación de la conciencia nacional en México*, México, FCE, 1977

Landavazo, Marco Antonio, *La máscara de Fernando. Discurso e imaginario monárquicos en una época de crisis. Nueva España, 1808-1822*, México, El Colegio de México, 2001.

Lastarria, José Victorino, *Recuerdos literarios*, Santiago de Chile, Ediciones LOM, 2001.

Laurencio, Ángel Aparicio, *José María Heredia. Trabajos desconocidos y olvidados*, Madrid, Ediciones Universal, 1972.

Lazo, Rodrigo, *Filibustering and Cuban Exiles in the United States*, Chapel Hill y Londres, The University of North Carolina Press, 2005.

Lens, Sidney, *The Forging of the American Empire*, Chicago, Haymarket Books, 1971.

"Letter of Governor William C. C. Clairbone in 1808", *Publications of the Southern History Association*, vol. X, núm. 4, julio de 1906, pp. 204-206.

Levasseur, A., *Lafayette in America in 1824 and 1825. Journal of a Voyage to the United States*, Filadelfia, Crey and Lea, 1829.

Lezama Lima, José, *La expresión americana*, México, FCE, 1993.

Liévano Aguirre, Indalecio, *Bolívar*, Madrid, Ediciones de Cultura Hispánica del ICI, 1983.

Lipovetsky, Gilles, *El crepúsculo del deber. La ética indolora de los nuevos tiempos democráticos*, Barcelona, Anagrama, 1994.

Lira, Andrés, *Espejo de discordias. Lorenzo de Zavala-José María Luis Mora-Lucas Alamán*, México, SEP, 1984.

Loveman, Brian, *The Constitution of Tyranny Regimes of Exception in Spanish America*, Pittsburgh, University of Pittsburgh Press, 1993.

Lozano y Lozano, Fabio, *Bolívar, el Congreso de Panamá y la solidaridad americana*, Bogotá, Biblioteca del Museo Nacional, 1948.

Luna González, Adriana, "La recepción de Gaetano Filangieri en José María Luis Mora: un primer acercamiento", *Istor*, México, núm. 29, 2007, pp. 120-149.

Lynch, John, *Las revoluciones hispanoamericanas. 1808-1826*, Barcelona, Ariel, 1989.

_____, *Simón Bolívar. A Life*, Nueva Haven, Yale University Press, 2006.

MacCarthy, Fiona, *Byron. Life and Legend*, Nueva York, Farrar, Straus and Giroux, 2002.

Macune Jr., Charles W., *El Estado de México y la federación mexicana*, México, FCE, 1978.

Mádam, Cristóbal, *Contestación a un folleto publicado sobre la incorporación de Cuba en los Estados Unidos, por Don José Antonio Saco, que le dirige uno de sus amigos*, Nueva York, Imprenta La Verdad, 1849.

_____, *Llamamiento de la Isla de Cuba a la nación española por un hacendado*, Nueva York, Imprenta de Esteban Hallet, 1854.

Magris, Claudio, *Utopía y desencanto*, Barcelona, Anagrama, 1999.

Maistre, Joseph de, *Consideraciones sobre Francia*, Madrid, Tecnos, 1990.

Mallon, Florencia E., *Peasant and Nation. The Making of Postcolonial Mexico and Peru*, Berkeley, University of California Press, 1995.

Manin, Bernard, "Montesquieu, la república y el comercio", en José Antonio Aguilar y Rafael Rojas, comps., *El republicanismo en Hispanoamérica. Ensayos de historia intelectual y política*, México, FCE, 2002.

Mannheim, Karl, *Ideología y utopía. Introducción a la sociología del conocimiento*, México, FCE, 1941.

Manzano, Juan Francisco, *Autobiografía del esclavo y otros escritos*, Madrid y Fráncfort, Iberoamericana Vervuert, 2007.

Mañach, Jorge, *Teoría de la frontera*, San Juan, Puerto Rico, Universidad de Río Piedras, 1970.

Marichal, Carlos, coord., *México y las conferencias panamericanas. Antecedentes de la globalización*, México, SRE, 2002.

Marichal, Juan, *Cuatro fases de la historia intelectual latinoamericana*, Madrid, Cátedra, 1978.

Martínez Velasco, Ángel, *La formación de la Junta Central*, Pamplona, Ediciones de la Universidad de Navarra, 1972.

Martínez Yagües, F., *Antología de las Cortes de 1821 a 1823*, Madrid, Imprenta de Valentín Tordesillas, 1914.

Marx, Karl, *Simón Bolívar*, Madrid, Sequitur, 2006.

May, Henry F., *The Enlightenment in America*, Oxford, Oxford University Press, 1976.

May, Robert E., "Lobbyist for Commercial Empire: Jane Cazneau, William Cazneau and the U. S. Caribbean Policy, 1846-1878", *The Pacific Historical Review*, vol. 48, núm. 3, agosto de 1979, pp. 383-412.

_____, *Manifest Destiny's Underworld: Filibustering in Antebellun America*, Chapel Hill, The University of North Carolina Press, 2002.

_____, *The Southern Dream of a Caribbean Empire*, Gainesville, University of Florida Press, 2002.

Maynor, John W., *Republicanism in Modern World*, Cambridge, Polity Press, 2003.

McCadden, Joseph y Helen M., *Félix Varela. Torch Bearer from Cuba*, San Juan, Puerto Rico, Remallo Bros. Printing Inc. 1984.

McCoy, James Leonard, *The Guadalupe Victoria Cabinet, 1824-1829. The Vanguard Leadership of Mexico's Social Revolution*, Austin, JLM, 1970.

McMahon, Darrin M., *Enemies of the Enlightenment. The French Counter-Enlightenment and the Making of Modernity*, Nueva York, Oxford University Press, 2002.

Méndez, Roberto, *José María Heredia: la utopía restituida*, Santiago de Cuba, Editorial Oriente, 2003.

Menéndez Pelayo, Marcelino, *Historia de la poesía hispanoamericana*, Madrid, Librería de Victoriano Suárez, 1911.

Merquior, José Guilherme, *Liberalismo viejo y nuevo*, México, FCE, 1993.

México y Cuba. Dos pueblos unidos en la historia, México, Centro de Investigación Científica Jorge L. Tamayo, 1982.

Michaelsen, Scott y David E. Johnson, comps., *Teoría de la frontera. Los límites de la política cultural*, Barcelona, Gedisa, 2003.

Mier, fray Servando Teresa de, *Escritos inéditos*, México, INEHRM, 1985.

_____, *Ideario político*, Caracas, Biblioteca Ayacucho, 1978.

_____, *Memoria político-instructiva enviada desde Filadelfia, en agosto de 1821, a los gefes [sic] independientes del Anáhuac, llamado por los españoles Nueva España*, Filadelfia, J. F. Hurtel, 1821.

Montes-Huidobro, Matías, *El laúd del desterrado*, Houston, Arte Público Press, 1995.

Montesquieu, *Del espíritu de las leyes*, Madrid, Tecnos, 1987.

Montgomery, Cora, *Eagle Pass: or, Life on the Border*, Nueva York, George Putman and Co., 1852.

_____, *The King of Rivers*, Nueva York, Charles Wood, 1850.

_____, *The Queen of Islands*, Nueva York, Charles Wood, 1850.

Moore, E. R., "José María Heredia in the United States and Mexico", *Modern Language Notes*, vol. 65, núm. 1, enero de 1950.

Morales, Fabio, "La teoría de los sentimientos morales de Andrés Bello", *Anales del Seminario de Historia de la Filosofía*, Caracas, núm. 21, 2004.

Morales, Humberto y Fowler, Will, coords., *El conservadurismo mexicano en el siglo XIX (1810-1910)*, Puebla, Benemérita Universidad Autónoma de Puebla, 1999.

Morales, Salvador E., *Primera conferencia panamericana. Raíces del modelo hegemónico de integración*, México, Centro de Investigación Científica Jorge L. Tamayo, 1994.

Morales y Morales, Vidal, *Iniciadores y primeros mártires*, La Habana, Consejo Nacional de Cultura, 1963.

Morgan, Edmund S., *La invención del pueblo. El surgimiento de la soberanía popular en Inglaterra y Estados Unidos*, Buenos Aires, Siglo XXI, 2006.

Morse, Richard, *El espejo de Próspero: un estudio de la dialéctica del Nuevo Mundo*, México, Siglo XXI, 1999.

_____, *New World Soundings. Culture and Ideology in the Americas*, Baltimore, Johns Hopkins University Press, 1989.

Murilo de Carvalho, José, "Brazil, Brazil: sueños y frustraciones", en José Carlos Chiaramonte, Carlos Marichal y Aimer Granados, comps., *Crear la nación. Los nombres de los países de América Latina*, Buenos Aires, Sudamericana, 2008.

Myers, Jorge, *Orden y virtud. El discurso republicano en el régimen rosista*, Buenos Aires, Universidad de Quilmes, 2002.

Navarro García, Luis, *La independencia de Cuba*, Madrid, Mapfre, 1992.

Nevins, Allan, Henry Steele Commanger y Jeffrey Morris, *Breve historia de los Estados Unidos*, México, FCE, 1994.

Noriega, Alfonso, *El pensamiento conservador y el conservadurismo mexicano*, México, UNAM, 1993.

Nozick, Robert, *Anarchy, State, and Utopia*, Nueva York, Basic Books, 1974.

O'Brien, Michael, *Conjectures of Order. Intellectual Life and the American South, 1810-1860*, Chapel Hill, The University of North Carolina Press, 2004.

O'Gorman, Edmundo, *Do the Americas Have a Common History?*, Washington, Panamerican Union, 1941.

_____, *La invención de América*, México, FCE, 1958.

_____, *La supervivencia política del reino de la Nueva España. Reflexiones sobre el monarquismo mexicano*, México, Fundación Cultural Condumex, 1969.

O'Leary, Daniel F., *Cartas de Sucre al Libertador*, Madrid, Editorial América, 1919.

Onís, José de, *Los Estados Unidos vistos por escritores hispanoamericanos*, Madrid, Cultura Hispánica, 1956.

Onuf, Peter S., *Jefferson's Empire. The Language of American Nationhood*, Charlottesville y Londres, University Press of Virginia, 2000.

Ortega Díaz, Pedro, *El Congreso de Panamá y la unidad latinoamericana*, Caracas, Monte Ávila, 1998.

Ortega y Medina, Juan A., "Disociación imperial y unificación latinoamericana", en Charles Minguet, Leopoldo Zea *et al.*, *Bolívar y el mundo de los libertadores*, México, UNAM, 1993.

Oviedo, José Miguel, *Historia de la literatura hispanoamericana*, Madrid, Alianza Editorial, 2001.

Owen, Robert, *Memorial to the Republic of Mexico*, Cincinatti, Published by Robert Owen, 1829.

P. F. S., *Respuesta a las imposturas de un folletista español. O sea Tapaboca al libelista autor del anónimo publicado en Filadelfia intitulado: Manifiesto a los hombres de la justicia que llama justicia el Dr. D. Manuel de la Bárcena*, México, Imprenta de Doña Herculana del Villar y Socios, 1822.

Padura Fuentes, Leonardo, *José María Heredia. La patria y la vida*, La Habana, Ediciones Unión, 2003.

_____, *La novela de mi vida*, Barcelona, Tusquets, 2002.

Páez, José Antonio, *Memorias del general José Antonio Páez. Autobiografía*, Madrid, Editorial América, 1916.

Pagden, Anthony, *Spanish Imperialism and the Political Imagination. Studies in European and Spanish-American Social and Political Theory, 1513-1830*, Nueva Haven y Londres, Yale University Press, 1990.

Palacios, Guillermo, *Intimidades, conflictos y reconciliaciones. México y Brasil*, México, SRE, 2001.

Palti, Elías J., *El tiempo de la política. El siglo XIX reconsiderado*, Buenos Aires, Siglo XXI, 2007.

_____, "Las polémicas en el liberalismo argentino", en José Antonio Aguilar y Rafael Rojas, comps., *El republicanismo en Hispanoamérica. Ensayos de historia intelectual y política*, México, FCE/CIDE, 2002.

_____, comp., *La política del disenso. La polémica en torno al monarquismo y las aporías del liberalismo* (1848-1850), México, FCE, 1998.

Parcero, María de la Luz, *Lorenzo de Zavala. Fuente y origen de la reforma liberal en México*, México, INAH, 1969.

Peloso, Vincent C. y Barbara A. Tenenbaum, comps., *Liberals, Politics, and Power State Formation in Nineteenth Century Latin America*, Athens, University of Georgia Press, 1996.

Peña y Reyes, Antonio de la, *El Congreso de Panamá y algunos otros proyectos de unión hispano-americana*, México, SRE, 1926.

Peralta Ruiz, Víctor, "Ilustración y lenguaje político en la crisis del mundo hispánico", *Nuevo Mundo. Mundos Nuevos*, núm. 7, febrero de 2007.

Pérez, Joseph, *Historia de España*, Barcelona, Crítica, 2000.

Pérez Bonany, Alfonso, *Manuel L. de Vidaurre,* Lima, Biblioteca de Hombres del Perú, 1964.

Pérez Garzón, Juan Sisinio, *Las Cortes de Cádiz. El nacimiento de la nación liberal (1808-1814)*, Madrid, Síntesis, 2007.

Pérez Vejo, Tomás, *España en el debate público mexicano, 1836-1867. Aportaciones para una historia de la nación*, México, El Colegio de México/ENAH/INAH, 2008.

Petit, Phillipe, *Republicanismo. Una teoría sobre la libertad y el gobierno*, Barcelona, Paidós, 1999.

Pino Iturrieta, Elías, *El divino Bolívar. Ensayo sobre una religión republicana*, Madrid, Catarata, 2003.

Piñeyro, Enrique, *Hombres y glorias de América*, París, Garnier y Hermanos, 1903.

Piqueras, José Antonio, *Félix Varela y la prosperidad de la patria criolla*, Madrid, Fundación Mapfre/Ediciones Doce Calles, 2007.

Pividal, Francisco, *Bolívar: pensamiento precursor del antiimperialismo*, La Habana, Casa de las Américas, 1977.

Pocock, J. G. A., *El momento maquiavélico. El pensamiento político florentino y la tradición republicana atlántica*, Madrid, Tecnos, 2002.

_____, *The Machiavellian Moment*, Nueva Jersey, Princeton University Press, 1975.

Poinsett, Joel R., *Exposición de la conducta política de Estados Unidos para con las repúblicas hispanoamericanas*, México, Imprenta en la Ex Inquisición, a cargo de Manuel Ximeno, 1827.

_____, *List of Papers. The Secretary of State to J. R. Poinsett. Mr. Poinsett to the Secretary of State, with Two Enclosures on South American Affairs*, Washington, 1818 (Benson Collection, University of Texas, Austin).

_____, *Notes on Mexico, Made in the Autumn of 1822*, Filadelfia, H. C. Carey and I. Lea, 1824.

Portell Vilá, Herminio, *Bolívar y el panamericanismo*, La Habana, Sociedad Colombista Panamericana, 1939.

_____, *Historia de Cuba en sus relaciones con los Estados Unidos y España*, La Habana, Jesús Montero, 1938.

_____, *Narciso López y su época, 1848-1850*, La Habana, Compañía Editora de Libros y Folletos, 1952.

Portillo Valdés, José María, *Crisis atlántica. Autonomía e independencia en la crisis de la monarquía hispánica*, Madrid, Fundación Carolina/Marcial Pons Historia, 2006.

_____, "'Libre e independiente'. La nación como soberanía", en Alfredo Ávila Rueda y Pedro Pérez Herrero, comps., *Las experiencias de 1808 en Iberoamérica*, Madrid y México, Universidad de Alacalá de Henares/UNAM, 2008.

Poyo, Gerald E., *Con todos y para el bien de todos. Surgimiento del nacionalismo popular en las comunidades cubanas de los Estados Unidos. 1848-1898*, La Habana, Editorial de Ciencias Sociales, 1998.

_____, *With All, and for the Good of All. The Emergence of Popular Nationalism in the Cuban Communities of the United States, 1848-1898*, Durham, Duke University Press, 1989.

Pratt, Mary Louise, *Imperial Eyes. Travel Writing and Transculturation*, Nueva York, Routledge, 1992.

Prida Santacilia, Pablo, *Apuntes biográficos de Pedro Santacilia*, México, SEP, 1927.

Prieto, Guillermo, *Viaje a los Estados Unidos*, México, Imprenta del Comercio de Dublán y Chávez, 1878.

Racine, Karen, *Francisco de Miranda: A Transatlantic Life in the Age of Revolution*, Wilmington, Scholarly Resources, 2003.

Rahe, Paul Anthony, *Republics Ancient and Modern. Classical Republicanism and the American Revolution*, Chapel Hill, The University of North Carolina Press, 1992.

Raphael, Ray, *Founding Myths. Stories that Hide Our Patriotic Past*, Nueva York, The New Press, 2004.

Rauch, Basil, *American Interest in Cuba: 1848-1855*, Nueva York, Columbia University Press, 1948.

Remer, Rosalind, *Printers and Men of Capital: Philadelphia Books in the New Republic*, Filadelfia, University of Pennsylvania Press, 1996.

"Report of J. R. Poinsett to the President of the United States Concerning Cuba. Importance of Cuba to the Southern States", *Publications of the Southern History Association*, vol. X, núm. 4, julio de 1906, pp. 206-214.

Ricoeur, Paul, *Ideología y utopía*, Barcelona, Gedisa, 2001.

_____, *Sobre la traducción*, Barcelona, Paidós, 2005.

_____, *Tiempo y narración*, México, Siglo XXI, 1995.

Rieu-Millán, Marie Laure, *Los diputados americanos en las Cortes de Cádiz*, Madrid, CSIC, 1990.

Rippy, J. Fred, *Joel R. Poinsett. Versatile American*, Durham, Duke University Press, 1935.

_____, José Vasconcelos y Guy Stevens, *American Policies Abroad: Mexico*, Chicago, The University of Chicago Press, 1928.

Rocafuerte, Vicente, *Bosquejo ligerísimo de la revolución de México desde el grito de Iguala hasta la proclamación de Iturbide*, Filadelfia, Imprenta de Teracoreuf y Naroajeb, 1822.

_____, *Ensayo sobre la tolerancia religiosa*, México, Bibliófilos Mexicanos, 1962.

_____, *Ideas necesarias a todo pueblo americano que quiera ser libre*, Filadelfia, Hunting, 1821.

_____, *Las revoluciones de México*, México, Bibliófilos Mexicanos, 1962.

_____, *Un americano libre*, México, SEP, 1947.

Rodríguez, José Ignacio, *Anexión de la isla de Cuba a los Estados Unidos de América*, Miami, Editorial Cubana, 2001.

_____, *Vida del presbítero don Félix Varela*, Nueva York, Imprenta de O Novo Mundo, 1878.

Rodríguez O., Jaime E., *El nacimiento de Hispanoamérica. Vicente Rocafuerte y el hispanoamericanismo, 1808-1832*, Quito, Universidad Andina Simón Bolivar, 2007.

_____, *La independencia de la América española*, México, El Colegio de México/FCE, 1996.

_____, *Monarquía, constitución, independencia y república: la transición de Vicente Rocafuerte del antiguo al nuevo régimen, 1783-1832*, México, Instituto Mora/El Colegio de Michoacán, 2008.

_____, *The Divine Charter. Constitutionalism and Liberalism in Nineteenth Century Mexico*, Lanham, Bowman and Littelfield Publishers, 2005.

Rojas, Beatriz, comp., *Cuerpo político y pluralidad de derechos. Los privilegios de las corporaciones novohispanas*, México, CIDE/Instituto Mora, 2007.

Rojas, Rafael, *Cuba mexicana. Historia de una anexión imposible*, México, SRE, 2001.

_____, *José Martí: la invención de Cuba*, Madrid, Colibrí, 2000.

_____, *La escritura de la independencia. El surgimiento de la opinión pública en México*, México, Taurus/CIDE, 2003.

_____, *Motivos de Anteo. Patria y nación en la historia intelectual de Cuba*, Madrid, Colibrí, 2008.

Romero, José Luis y Luis Alberto Romero, comps., *Pensamiento conservador (1815-1898)*, Caracas, Biblioteca Ayacucho, 1986.

Roscio, Juan Germán, *El triunfo de la libertad sobre el despotismo*, Caracas, Biblioteca Ayacucho, 1996.

Ruiz Castañeda, María del Carmen y Luis Mario Schneider, "Introducción", *El Iris. Periódico Crítico y Literario*, México, Instituto de Investigaciones Bibliográficas-UNAM, 1988.

Safford, Frank, "Política, ideología y sociedad", en Leslie Bethell, comp., *Historia de América Latina. América Latina independiente*, Barcelona, Crítica, t. VI, 1991.

Said, Edward W., *Culture and Imperialim*, Nueva York, Alfred A. Knopf, 1993.

_____, *Orientalism*, Nueva York, Vintage Books, 1979.

Salado Álvarez, Victoriano, *Poinsett y algunos de sus discípulos*, México, Jus, 1968.

Sampson, Robert D., *John L. O'Sullivan and His Times*, Kent, Ohio, Kent State University Press, 2003.

San Martín, José de, *Documentos del archivo de San Martín*, Buenos Aires, Imprenta de Coni y Hermanos, 1910.

_____, *Su correspondencia*, Madrid, Editorial América, 1919.

Sánchez Bella, Ismael, Alberto de la Hera y Carlos Díaz Rementería, *Historia del derecho indiano*, Madrid, Mapfre, 1992.

Santacilia, Pedro, *El arpa del proscrito*, Nueva York, Imprenta de L. Hansen, 1856.

_____, *Lecciones orales sobre la Historia de Cuba*, Nueva Orleans, Imprenta de Luis E. del Cristo, 1859.

Sarmiento, Domingo Faustino, *Correspondencia entre Sarmiento y Lastarria (1849-1888)*, Buenos Aires, Artes Gráficas Bartolomé Chiesino, 1954.

_____, *Viajes por Europa, África y América*, París, Colección Archivos/Ediciones Unesco, 1996.

Scharf, John Thomas, *History of Philadelphia, 1609-1884*, Filadelfia, L. H. Everts & Co., 1884.

Schmidt-Nowara, Christopher, *The Conquest of History. Spanish Colonialism and National Histories in the Nineteenth Century*, Pittsburgh, University of Pittsburgh, 2006.

Schmitt, Carl, *El nomos de la tierra*, Granada, Comares, 2002.

_____, *Tierra y mar*, Madrid, Trotta, 2007.

Schoultz, Lars, *Beneath the United States*, Cambridge, Massachussets, Harvard University Press, 1998.

Scott, Rebecca J., *Degrees of Freedom: Louisiana and Cuba after Slavery*, Cambridge, Massachusetts, Belknap Press, 2005.

Sempere y Guarinos, Juan, *Observaciones sobre las cortes y sobre las leyes fundamentales de España*, Madrid, Biblioteca Nueva, 2007.

Sepúlveda, Isidro, *El sueño de la Madre Patria. Hispanoamericanismo y nacionalismo*, Madrid, Fundación Carolina/Centro de Estudios Hispánicos e Iberoamericanos, 2005.

Sierra O'Reilly, Justo, *Páginas escogidas*, México, UNAM, 1960.

Silva Otero, Arístides, *El Congreso de Panamá*, Caracas, Instituto de Investigaciones Económicas y Sociales, 1969.

Sims, Harold, *La expulsión de los españoles de México (1821-1828)*, México, FCE, 1974.

Sin poner inquisición la religión se sostiene, México, Imprenta Imperial, 1822.

Skinner, Quentin, *La libertad antes del liberalismo*, México, Taurus/CIDE, 2004.

_____, *Los fundamentos del pensamiento político moderno*, México, FCE, t. I, 1985.

Smith, Adam, *Teoría de los sentimientos morales*, México, FCE, 2004.

Sprague, William Forrest, *Vicente Guerrero. Mexican Liberator. A Study in Patriotism*, Chicago, R. R. Donnelly and Sons Company, 1939.

Steiner, George, *Después de Babel. Aspectos del lenguaje y la traducción*, México, FCE, 2005.

_____, *Extraterritorial*, Madrid, Siruela, 2002.
Stephanson, Anders, *Manifest Destiny. American Expansion and the Empire of Right*, Nueva York, Hill and Wang, 1995.
Strauss, Leo y Joseph Cropsey, *Historia de la filosofía política*, México, FCE, 1992.
Stuven, Ana María, *La seducción de un orden. Las élites y la construcción de Chile en las polémicas culturales y políticas del siglo XIX*, Santiago de Chile, Ediciones de la Universidad Católica de Chile, 2000.
Suárez, Federico, *El proceso de convocatoria a Cortes (1808-1810)*, Pamplona, Ediciones de la Universidad de Navarra, 1982.
_____, *Las Cortes de Cádiz*, Madrid, Rialp, 2002.
Subercaseaux, Bernardo, *Historia de las ideas y de la cultura en Chile*, Santiago de Chile, Editorial Universitaria, 1997.
Sublette, Ned, *The World that Made New Orleans*, Chicago, Lawrence Hill Books, 2008.
Tamayo, Jorge L., "El Tratado McLane-Ocampo", en *Benito Juárez en la revista Historia Mexicana*, México, El Colegio de México, 2006.
_____, *Epistolario de Benito Juárez*, México, FCE, 1957.
Tanck de Estrada, Dorothy, "En búsqueda de México y los mexicanos en el siglo XVIII", en José Carlos Chiaramonte, Carlos Marichal y Aimer Granados, comps., *Crear la nación. Los nombres de los países de América Latina*, Buenos Aires, Sudamericana, 2008.
Tena Ramírez, Felipe, *Leyes fundamentales de México. 1808-1864*, México, Porrúa, 1964.
Tilman, Rick, *Ideology and Utopia in the Social Philosophy of the Libertarian Economics*, Westport, Greenwood Press, 2001.
Tocqueville, Alexis de, *La democracia en América*, México, FCE, 2001.
_____, *Quince días en las soledades americanas*, México, Aldus, 2008.
Todorov, Tzvetan, *A Passion for Democracy: Benjamin Constant*, Nueva York, Algora Publishing, 1999.
Toro, Alfonso, *Biografía de don Lorenzo de Zavala*, Toluca, Colección de Testimonios del Estado de México, 1979.
Torre Villar, Ernesto de la, ed., *Correspondencia Juárez-Santacilia*, México, Secretaría de Marina, 1972.
Torres, Manuel, *An Exposition of the Commerce of Spanish America with Some Observations upon Its Importance to the United States*, Filadelfia, G. Palmer, 1816.
_____, *Dufief's Nature Displayed in Her Mode of Teaching Language to Man*, Filadelfia, T. & G. Palmer, 1811.
_____, *La naturaleza descubierta en su modo de enseñar las lenguas a los hombres*, Filadelfia, Imprenta de T. & G. Palmer, 1811.
Trejo, Evelia, *Los límites de un discurso. Lorenzo de Zavala, su "Ensayo histórico" y la cuestión religiosa en México*, México, UNAM/INAH/FCE, 2001.

Trollope, Mistress, *Costumbres familiares de los americanos del Norte*, París, Librería de Lecointe, 1835.
Tulea Chopitea, Alejandro, *La primera Conferencia Internacional Americana (1889-1890)*, México, IPGH, 1990.
Tutino, John, *From Insurrection to Revolution in Mexico. Social Bases of Agrarian Violence, 1750-1940*, Princeton, Princeton University Press, 1986.
Urueña Cervera, Jaime, *Bolívar republicano*, Bogotá, Ediciones Aurora, 2004.
Valiente, Porfirio, *La anexión de Cuba y los peninsulares en ella*, Nueva York, Imprenta de José Mesa, 1853.
Valle, Rafael Heliodoro, *Bolívar en México*, México, Acervo Histórico Diplomático-SRE, 1993.
Van Young, Eric, *The Other Rebellion. Popular Violence, Ideology, and the Mexican Struggle for Independence, 1810-1821*, Stanford, Stanford University Press, 2001.
Varela, Félix, *El Habanero. Papel político, científico y literario*, Miami, Ediciones Universal, 1997.
_____, *Escritos políticos*, La Habana, Editorial de Ciencias Sociales, 1977.
_____, *Obras*, La Habana, Editora Política, t. I, 1991.
Vázquez, Josefina Zoraida y Héctor Cuauhtémoc Hernández Silva, eds., *Diario Histórico de México (1822-1848) del Licenciado Carlos María de Bustamente*, CD 1, *1822-1834*, México, CIESAS/El Colegio de México, 2001.
Vázquez Semandeni, María Eugenia, "La masonería durante el periodo juarista", en Conrado Hernández e Israel Arroyo, comps., *Las rupturas de Juárez*, Oaxaca, Universidad Autónoma de Oaxaca, 2007.
Velázquez, Gustavo G., *Lorenzo de Zavala. Desertor de México*, Toluca, Cuadernos del Estado de México, 1968.
Véliz, Claudio, *The Centralist Tradition of Latin America*, Princeton, Princeton University Press, 1980.
_____, *The New World of the Gothic Fox. Culture and Economy in English and Spanish America*, Berkeley, University of California Press, 1994.
Venturi, Franco, *Ilustración y Reformas en el siglo XVIII. De Muratori a Beccaria*, México, Instituto Mora, 2007.
_____, *Utopia and Reform in the Enlightenment*, Cambridge, Cambridge University Press, 1971.
Veyne, Paul, *Cómo se escribe la historia*, Madrid, Alianza Editorial, 1983.
Vicuña, Manuel, *Un juez en los infiernos. Benjamín Vicuña Mackenna*, Santiago de Chile, Ediciones Universidad Diego Portales, 2009.
Vicuña Mackenna, Benjamín, *Diez meses de misión a los Estados Unidos de Norte América como agente confidencial de Chile*, Santiago de Chile, Imprenta de la Libertad, 1867.

Vidaurre y Encalada, Manuel Lorenzo de, *Cartas americanas, políticas y morales que contienen muchas reflexiones sobre la guerra civil de las Américas*, Filadelfia, Juan Francisco Hurtel, 2 vv., 1823.

_____, *Los ideólogos. Plan del Perú y otros escritos*, Lima, Comisión Nacional de Sesquicentenario de la Independencia del Perú, 1971.

_____, *Plan del Perú, defectos del gobierno español antiguo. Necesarias reformas. Obra escrita por el ciudadano Manuel de Vidaurre a principios del año 10 en Cádiz y hoy aumentada con interesantes notas*, Filadelfia, Juan Francisco Hurtel, 1823.

Villaverde, Cirilo, *El Señor Saco con respecto a la revolución de Cuba*, Nueva York, Imprenta La Verdad, 1852.

Villoro, Luis, *El proceso ideológico de la independencia*, México, SEP, 1986.

Viroli, Maurizio, *Republicanism*, Nueva York, Hill and Wang, 2002.

Warden, "Notice sur la Province de Texas", *Bulletin de la Societé de Geographie*, París, núm. 77, primera sección, septiembre de 1829, pp. 101-106.

Weigley, Russell F., comp., *Philadelphia: A 300 Year History*, Nueva York, W. W. Norton, 1982.

White, Hayden, *Metahistoria. La imaginación histórica en la Europa del siglo XIX*, México, FCE, 1992.

Wiarda, Howard J., *Catholic Roots and Democratic Flowers. Political Systems in Spain and Portugal*, Westport, Praeger, 2001.

Williams, Nicolas M., *Ideology and Utopia in the Poetry of William Blake*, Nueva York, Cambridge University Press, 1998.

Williamson, Edwin, *The Penguin History of Latin America*, Londres, The Penguin Press, 1992.

Winock, Michel, *Les voix de la liberté. Les écrivains engagés au XIX*e *siècle*, París, Seuil, 2001.

Withington, Ann Fairfax, *Toward a More Perfect Union. Virtue and the Formation of American Republics*, Nueva York, Oxford University Press, 1991.

Wolin, Sheldon S., *Tocqueville Between Two Worlds. The Making of a Political and Theoretical Life*, Princeton, Princeton University Press, 2001.

Wood, Gordon S., *La revolución norteamericana*, Barcelona, Mondadori, 2002.

Wright, Louis B., *The Cultural Life of the American Colonies*, Nueva York, Harper and Row, 1957.

Zapata, Ramón, *Los libros que leyó el Libertador Simón Bolívar*, Bogotá, Universidad de Bogotá Jorge Tadeo Lozano, 2003.

Zavala, Lorenzo de, *Ensayo crítico de las revoluciones de México desde 1808 hasta 1830*, México, Porrúa, 1969.

_____, *Manifiesto de los principios políticos del Excelentísimo Señor Don J. R. Poinsett*, México, Imprenta del Correo, a cargo de José María Alva, 1828.

_____, *Obras. El historiador y el representante popular*, México, Porrúa, 1976.

_____, *Viaje a Estados Unidos del Norte de América*, México, Bibliófilos Mexicanos, 1963.

Zea, Leopoldo, *Dos etapas del pensamiento en Hispanoamérica. Del romanticismo al positivismo*, México, El Colegio de México, 1949.

Zinn, Howard, *La otra historia de los Estados Unidos*, México, Siglo XXI, 1999.

Zúñiga, Neptalí, *Colección Rocafuerte*, Quito, Edición del Gobierno del Ecuador, 1947.

Índice onomástico

I Premio Internacional de Ensayo Isabel Polanco

Acta del jurado

Reunido en la ciudad de Guadalajara, Jalisco, el 8 de octubre de 2009, el jurado del I Premio Internacional de Ensayo Isabel Polanco, presidido por Carlos Fuentes, quien deliberó vía telefónica desde la ciudad de Londres, e integrado por Natalio Botana, de Argentina; David Brading, de Gran Bretaña; Javier Garciadiego, de México; Jordi Gracia, de España, quien participó telefónicamente desde Barcelona; Liliana Weinberg, de México y, en calidad de secretario, Gonzalo Celorio, de México, determinó por unanimidad otorgar el premio a la obra *Repúblicas de aire: Utopía y desencanto en la Revolución de Hispanoamérica,* firmada con el seudónimo de Benjamin Constant, quien, una vez abierta la plica, resultó ser el ensayista e historiador Rafael Rojas, cubano de origen y residente en México.

El jurado basó su resolución en las siguientes consideraciones:

Se trata de un texto de gran valor literario que aborda con solvencia, a través de una escritura vigorosa, desenvuelta y convincente, la singularidad del republicanismo hispanoamericano. El autor, apoyado en el manejo de una bibliografía exhaustiva que incluye fuentes directas, trata muchos de los grandes tópicos de la emancipación y sus protagonistas. Ofrece, además, una notable muestra de la complejidad de los debates contemporáneos en torno al tema y procura "emancipar a los emancipadores" de las lecturas reduccionistas que han sometido su obra a una visión teleológica que, en buena medida, ha desvirtuado sus aportaciones. Es una obra que procura, con éxito, mostrarnos "la existencia de discursos utópicos republicanos, excluidos o asimilados por la tradición antiimperialista del siglo XX", y plantea el doble proceso de exclusión o asimilación del primer republicanismo hispanoamericano por los discursos nacionalistas posteriores. Cabe destacar que el texto manifiesta una preocupación constante por la relación entre política y moral o entre la política y la ética. Es la de Rafael Rojas una visión comprometida, alimentada por la certeza de los muchos exilios, que busca sacar al gran republicanismo latinoamericano del exilio al que la ha reducido la mirada historiográfica tradicional. La obra se basa en tres ejes: revolución-república, exilio-traducción, y utopía-desencanto, y sostiene que los proyectos políticos de los republicanos no se construyeron por oposición a los Estados Unidos. Es una obra que adopta una visión continental de la idea republicana, que no se limita a la América española sino que incluye el tema del exilio en Filadelfia y en Nueva Orleans de varios de los pensadores políticos del momento; es decir, que ve la Independencia de Hispanoamérica como un fenómeno universal y como parte de la historia mundial. Por último, cabe señalar que esta obra consolida la idea de República basada en una nueva forma de legitimidad.

Impreso y encuadernado por Edamsa Impresiones S.A. de C.V.
Av. Hidalgo No. 111, Col. Fracc. San Nicolás Tolentino
C.P. 09850, Del. Iztapalapa, México, D.F.,
en el mes de noviembre de 2009.

5353433R0

Made in the USA
Lexington, KY
30 April 2010